高等院校金融学专业系列教材

金融经济学(第 2 版)

马孝先　孙鲁鹏　张质彬　编　著

清华大学出版社
北 京

内 容 简 介

本书共分为十四章，内容包括：绪论；金融系统与资产评估；金融市场期望效应理论；金融风险及其度量；风险态度及其度量；基本经济框架与市场微观结构；资产选择行为与资产定价；资产组合理论；均值-方差效应下的投资组合选择；积极的资产组合管理；资本资产定价理论；套利定价模型；有效市场假说与资本配置效率；行为金融理论。

为适应财经类院校本科理论教学改革的需要，本书在内容上突出理论与实际相结合，更注重实践性。本书适用于国内财经类本科院校经济与管理类专业的学生和具有同等文化程度的自学者，以本科生为主，也可供研究生班学员、MBA 学员使用，还可供广大实际经济工作者自学参考。

图书在版编目(CIP)数据

金融经济学/马孝先，孙鲁鹏，张质彬编著. —2 版. —北京：清华大学出版社，2019（2024.8重印）
(高等院校金融学专业系列教材)
ISBN 978-7-302-51660-6

Ⅰ. ①金…　Ⅱ. ①马…　②孙…　③张…　Ⅲ. ①金融学—高等学校—教材　Ⅳ. ①F830

中国版本图书馆 CIP 数据核字(2018)第 257484 号

责任编辑：孟　攀
封面设计：杨玉兰
责任校对：王明明
责任印制：沈　露
出版发行：清华大学出版社
　　　　　网　　　址：https://www.tup.com.cn, https://www.wqxuetang.com
　　　　　地　　　址：北京清华大学学研大厦 A 座　　　　邮　　编：100084
　　　　　社 总 机：010-83470000　　　　　　　　　　邮　　购：010-62786544
　　　　　投稿与读者服务：010-62776969, c-service@tup.tsinghua.edu.cn
　　　　　质量反馈：010-62772015, zhiliang@tup.tsinghua.edu.cn
　　　　　课件下载：https://www.tup.com.cn, 010-62791865
印 装 者：三河市少明印务有限公司
经　　销：全国新华书店
开　　本：185mm×260mm　　　印　张：22.25　　　字　数：540 千字
版　　次：2014 年 9 月第 1 版　2019 年 2 月第 2 版　印　次：2024 年 8 月第 9 次印刷
定　　价：59.00 元

产品编号：080765-01

再 版 前 言

　　金融经济学是金融学、投资学等专业的核心课程，是用经济学的一般原理和方法来分析金融问题，是金融学的微观经济学的理论基础。作为金融研究的入门，它主要侧重于提出金融所涉及的基本经济问题、建立对这些问题进行分析的基本概念、理论框架和一般原理以及在此框架下应用相关原理解决各个相关问题的简单理论模型。这里所建立的概念、框架和原理，如时间和风险、资源配置的优化、风险的禀性和测度、资产的评估等，是金融各具体领域理论研究的基础——从资产定价、投资、风险管理、国际金融到公司财务、公司治理、金融机构、金融创新以及金融监管和公共财务，它把现代金融理论中的许多原理、方法纳入到统一的理论框架进行阐述和演绎。它主要研究市场经济条件下的资源利用问题。为了能够与读者分享我们在财经类院校十多年的金融经济学教学实践，在第一版的基础上对本书进行了结构与内容等改编，同时也接受了诸多院校使用本教材后所给予的宝贵意见和建议，在此一并致谢。本书以适应理论教学改革的需要为出发点，努力贴近本科教学实际，突出应用能力培养，强化实践性教学环节，把握"理论与实践"并重的原则，从内容到形式上都力求有所突破与创新。

　　本版的《金融经济学》在第一版的基础上增加了三章，并对部分内容进行修订或补充，同时增加了金融经济学当前的主流教学内容。全书共分十四章。

　　第一章，绪论。本章作为统领全书内容的章节，主要介绍金融经济学的研究对象与研究方法，讲述金融经济学的发展历史以及金融经济学的研究主题。

　　第二章，金融系统与资产评估。以金融系统作为金融经济学研究生态为起点，从资金的时间价值出发，介绍资产定价的金融思想，建立对金融经济学的基本认识。

　　第三章，金融市场期望效应理论。从偏好关系的概念入手，建立了金融不确定性环境下偏好选择与决策原则。并对期望效应理论的存在性与局限性进行了阐释。

　　第四章，金融风险及其度量。对金融风险的基本特征及其度量方法进行了的分类，对金融风险主观态度的度量提供基础与借鉴。

　　第五章，风险态度及其度量。给出了如何界定不确定条件下不同经济行为主体风险态度的类型。通过确定性等价和风险溢价概念的引入，得到了绝对风险厌恶与相对风险厌恶程度的度量。在此基础上，讨论了经济主体随着财富的变化，其对风险资产态度的变化情况。

　　第六章，基本经济框架与市场微观结构。介绍了在金融市场环境下的基本经济框架和对无套利概念的数理分析，并介绍了市场微观结构，市场微观结构对投资者潜在的投资需求如何转化为真实的价格和成交量，信息如何通过交易反映到价格做出了合理的解释。

　　第七章，资产选择行为与资产定价。通过对人们资产选择行为的介绍，研究了风险中性环境下的资产定价基本定理，为判断金融市场的套利机会提供了理性依据。

第八章，资产组合理论。通过之前所建立的基本经济框架，对于两个资产的投资问题，研究了风险溢价、财富水平、无风险资产收益率、风险资产的风险程度等与最优资产组合选择问题。

第九章，均值-方差效应下的投资组合选择。用基本经济框架，论述了投资组合理论在均值方差效应与期望效应下的一致性条件，进一步介绍了马柯维茨投资组合理论的局限性，并给出了前沿组合的性质。

第十章，积极的资产组合管理。介绍了资产组合业绩的评估和投资分散化当中到国外投资应该注意汇率风险，重点介绍了资产组合管理过程和积极的资产组合管理理论。

第十一章，资本资产定价理论。介绍了资本资产定价模型的假设条件和推导过程。对资本市场线和证券市场线的含义以及两者之间的异同进行了重点介绍。

第十二章，套利定价模型。研究了套利定价理论的假设条件和线性因子模型，并分析了极限套利与市场均衡的关系。

第十三章，有效市场假说与资本配置效率。介绍了有效市场的概念及其三种形式的内容含义。给出了三种不同有效市场的检验方法。在此基础上，讨论了市场有效性与资本配置效率的关系。

第十四章，行为金融理论。介绍了投资者在投资的过程中是有限理性的以及行为金融的核心理论，重点介绍了行为投资的策略，策略主要有逆向投资策略、惯性投资策略、成长平均策略、时间分散化策略。本章的后两节介绍了行为组合理论和行为金融与公司财务政策之间的关系，在行为金融与公司财务政策一节中介绍了行为金融对公司行为的影响以及对公司资本结构的影响。

为便于读者的学习，本书在每章开始时都给出了"学习要点及目标""核心概念""引导案例"，以便提醒读者本章的精髓与实际案例。在每章结束时，都针对本章内容给出"本章小结"，概括本章的要点。在每章的"本章小结"后都列出本章的"实训课堂"及"复习思考题"，以便于读者检查自己的学习效果。

本书由马孝先任主编，进行全书的规划与统筹；孙鲁鹏和张质彬任副主编。第二章、第四章、第六章由张质彬执笔；第十章、第十四章由孙鲁鹏执笔。马孝先对全书进行了修订和统稿。本书在编写过程中参阅、引用了有关著作和教材，在此对所有相关人员表示衷心的感谢！

由于编者的水平和经验有限，书中难免有纰漏，恳请同行及读者斧正。

编 者

前　言

　　金融经济学是金融、投资等各专业的核心课程。用经济学的一般原理和方法来分析金融问题，是金融学的微观经济学的理论基础。作为金融研究的入门，它主要侧重于提出金融所涉及的基本经济问题，建立对这些问题进行分析的基本概念、理论框架和一般原理以及在此框架下应用相关原理解决各个相关问题的简单理论模型。这里所建立的概念、框架和原理，如时间和风险、资源配置的优化、风险的禀性和测度、资产的评估等，是金融各具体领域理论研究的基础——从资产定价、投资、风险管理、国际金融到公司财务、公司治理、金融机构、金融创新以及金融监管和公共财务，它把现代金融理论中的许多原理、方法纳入统一的理论框架进行阐述和演绎。它主要研究市场经济条件下的资源利用问题。为了能够与读者分享我们在财经类院校近 10 年的金融经济学教学体会与经验，我们编写了本书。本书以适应理论教学改革的需要为出发点，努力贴近本科教学实际，突出应用能力培养，强化实践性教学环节，把握"理论与实践"并重的原则，从内容到形式上都力求有所突破与创新。

　　全书共分为 11 章，各章主要内容分别说明如下。

　　第一章，绪论。该章作为统领全书内容的章节，主要介绍金融经济学的研究对象与研究方法，讲述金融经济学的发展历史以及金融经济学的研究主题。

　　第二章，资金的时间价值与金融系统。从资金的时间价值作为起点，以金融系统作为金融经济学研究生态，介绍资产定价的金融思想，建立对金融经济学的基本认识。

　　第三章，期望效用理论。从偏好关系的概念入手，建立了金融不确定性环境下偏好选择与决策原则，并对期望效用理论的存在性与局限性进行了阐释。

　　第四章，金融风险及其度量。对金融风险的基本特征及其度量方法进行了简单的分类，对金融风险主观态度的度量提供基础与借鉴。

　　第五章，风险态度及其度量。给出了如何界定不确定条件下不同经济行为主体风险态度的类型。通过确定性等价和风险溢价概念的引入，得到了绝对风险厌恶与相对风险厌恶程度的度量。在此基础上，讨论了经济主体随着财富的变化，其对风险资产态度的变化情况。

　　第六章，基本经济框架与资产定价。通过对无套利概念的数理分析，研究了风险中性环境下的资产定价基本定理，为判断金融市场的套利机会提供了理论依据，并建立了金融市场环境下的基本经济框架。

　　第七章，资产组合理论。通过上一章所建立的基本经济框架，对于两个资产的投资问题，研究了风险溢价、财富水平、无风险资产收益率、风险资产的风险程度等与最优资产组合选择问题。

第八章，均值-方差效用下的投资组合选择。用基本经济框架，论述了投资组合理论在均值方差效应与期望效应下的一致性条件，进一步介绍了马柯维茨投资组合理论的局限性，并给出了前沿组合的性质。

第九章，资本资产定价理论。介绍了资本资产定价模型的假设条件和推导过程。对资本市场线和证券市场线的含义以及两者之间的异同进行了重点介绍。

第十章，套利定价模型。研究了套利定价理论的假设条件和线性因子模型，并分析了极限套利与市场均衡的关系。

第十一章，有效市场假说与资本配置效率。介绍了有效市场的概念及其3种形式的内容含义。给出了3种不同有效市场的检验方法。在此基础上，讨论了市场有效性与资本配置效率的关系。

为便于读者的学习，本书在每章开始时都给出了"学习要点及目标""核心概念""引导案例"，以便提醒读者该章的精髓与实际案例；在每章结束时，都针对该章内容给出"本章小结"，概括该章的要点；在每章的"本章小结"后都列出该章的"实训课堂"及"复习思考题"，以便于读者检查自己的学习效果。

本书适合于国内财经类本科院校经济与管理类专业的学生和具有同等文化程度的自学者，以本科生为主，也可供研究生班学员、MBA学员使用，还可供广大实际经济工作者自学参考。

本书由马孝先编著。具体编写分工为：第一章～第三章由李红艳编写；第四章～第七章由朱世清编写；第八章～第十一章由刘倩倩编写。马孝先对全书进行了修改和统稿。

本书在编写过程中参阅、引用了有关著作和教材，在此对所有相关人员表示衷心的感谢！

为方便教师教学，本书配有内容丰富的教学资源包(包括精致的电子课件、教案、案例库及案例分析、习题集及参考答案)，下载地址为 http://www.tup.tsinghua.edu.cn。

由于编者的水平和经验有限，书中难免有疏漏之处，恳请同行及读者斧正。

编　者

目　　录

金融经济学(第 2 版)

第一章 绪 论

【学习要点及目标】

- 理解金融经济学的基本概念。
- 掌握金融经济学的定位，并了解其与其他课程的区别和联系。
- 了解现代金融经济学理论发展的历史和脉络。
- 掌握金融经济学的研究主题和机制。

【核心概念】

金融经济学 均衡机制 定价机制

【引导案例】

资产定价：怎样合理进行投资组合

在《鲁滨逊漂流记》中，鲁滨逊在沉船的残骸中取回了最后的一些谷子，他必须现在就消费其中一部分，否则立刻就会饿死；但又不能贪图一时享受把谷子全部吃光，还必须拿出一部分用于耕种，期待来年有所收获以维持生计。到年底为止一切还好，就像经济学教科书中描述的那样有条不紊。但很快鲁滨逊遇到一个新问题：在他耕种的已经很熟悉的那块土地上，每年的产出量都是一个不太多的固定数目，他对此不太满意。一次在岛东边巡视时，他发现了一片看上去非常肥沃的冲积平原。他估计如果把谷子播种在这块土地上，来年可能会有更好的收获。但是他对此又没有十分的把握，如果把所有的种子都投放在这个风险项目(Risk Project)上，而又不幸出了什么差错的话，那么辛辛苦苦一年，到头来仍难逃饿死的厄运。

现在问题复杂了，鲁滨逊必须同时决定现在消费多少谷子、投放多少谷子在原来的土地上，又投放多少在有风险的土地上，怎样对谷子进行分配组合才能使自己生活得更好。换句话说，鲁滨逊必须决定如何跨期地在不确定的环境下，将谷子这一资产进行合理的定价并做出决策。这就是金融经济学所要解决的核心问题。按照现代金融经济学理论的术语，鲁滨逊要求解一个金融资产定价问题，而他至少要做出一个组合投资决策，才能对这一问题提供一个令人满意的答案。

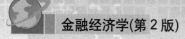

【案例导学】

金融经济学是金融学的微观经济学，主要是从经济学角度研究资产价格的形成和确定、投资者与厂商的金融决策问题，可以概括为4个词——时间、不确定性、选择权和信息，它试图回答：金融资产的价格如何确定？公司如何选择融资方式？个人如何做出组合投资决策？

第一节　金融经济学的概念

金融学是学习和研究金融问题的学科，金融经济学则是金融学的经济学理论基础，作为一门相对独立的学科其具有重要的地位。然而，迄今为止，金融经济学的内涵和外延仍然没有很清楚地被界定。目前，国内的一些相关教材和资料中，都对金融经济学的概念做了一定的描述。例如，王江在他的《金融经济学》引论中提道："金融学关注的焦点是金融市场在资源配置中的作用和效率。具体而言，它分析的是每一个市场参与者如何依赖金融市场达到资源的最优利用，以及市场如何促进资源在参与者之间进行有效配置。金融经济学的目标就是为这样的分析建立一个基本理论框架以及一系列的基本概念和原理，并运用这个框架以及相应的概念和原理对以下 3 个相关联的问题做出具体的分析：①个体参与者如何做出金融决策，尤其是在金融市场中的交易决策；②个体参与者的这些决策如何决定金融市场的整体行为，特别是金融要求权的价格；③这些价格如何影响资源的实际配置。"

金融经济学有广义与狭义之分。广义的金融经济学包括资产定价理论、金融中介理论、风险管理理论和公司理财理论四大部分。汪昌云认为金融经济学是经济学的主要分支之一，他把金融经济学定义为以经济学原理研究金融资产定价以及交易主体和公司的金融决策的科学。无独有偶，毛二万也在他的《金融经济学》引论中对金融经济学做了描述："金融经济学专门探讨金融市场特殊的均衡定价机制和公司财务的经济学机制，是金融学的理论基础。"同时还可以从全面的理论框架角度来理解金融经济学的概念，史树中在他出版的《金融经济学十讲》中解释道："金融经济学是把以前出现在《投资学》《公司财务》等课程中来源于现代理论金融经济学中的各种原理、方法纳入统一的理论框架中。现代金融经济学中最重要的是无套利假设和一般经济均衡框架，所研究的中心问题是在不确定的金融市场环境下对金融资产定价，其中心结果是资产定价基本定理。投资组合分析、资本资产定价模型(CAPM)、套利定价理论(APT)、期权定价理论、市场有效性理论、利率期限结构等都是这一框架中围绕这一中心结果的组成部分。"

狭义的金融经济学则着重讨论金融市场的均衡建立机制，其核心是资产定价，它讨论的是在经济学的理性预期假设下，价值规律说明市场的均衡价格应当反映资产的估值。就像布莱恩·克特耳(Brian Ketell)在他的《金融经济学》引言中给出的金融经济学的另一种解释:"金融经济学为经济学、金融学和投资管理学中涉及金融市场的那些方面。更准确地说，金融经济学主要涉及当投资者力图在不确定的市场中建立投资组合时，确定资产价格模型的建立。"

广义和狭义的金融经济学概念的主要区别是涵盖的范围不同，与广义的概念相比，狭义的金融经济学重点在于资产定价。正如黄基辅和李兹森伯格(Robert H. Litzenberger)的《金融经济学基础》中所讲解的："广义的金融经济学提供公司财务与资本市场两个方面的经济学理论基础，狭义的金融经济学则侧重于资本市场，重点在金融资产的估值与定价，实际上是讨论金融市场有别于一般的商品与服务市场的特殊的均衡建立机制。"

除以上广义和狭义的概念外，金融经济学也有一些中等含义的概念。具有代表性的是宋逢明在他的《金融经济学导论》一书中提到的："金融经济学，又称金融理论，是金融学的微观经济学理论基础，实际上也就是高级微观经济学向不确定经济的延伸。它着重从金融市场均衡来讨论金融资产的估值与定价，以及金融资产的风险管理。因此是金融学其他重要领域如金融工程、投资学、公司财务、金融机构管理学等必不可缺的理论基础。"

金融经济学研究的 3 个核心问题是：①不确定性条件下经济主体跨期资源配置的行为决策；②作为经济主体跨期资源配置行为决策结果的金融市场整体行为，即资产定价和衍生金融资产定价；③金融资产价格对经济主体资源配置的影响，即金融市场的作用和效率。

第二节　金融经济学的定位

一、从研究的层次看定位

金融学理论主要包括微观金融学和宏观金融学两大分支，微观金融学是仿照微观经济学建立起来的一套研究如何在不确定的环境下，通过资本市场，对资源进行跨期最优配置的理论体系。它的核心内容就是：个人在不确定环境下如何进行最优化；企业如何根据生产的需要接受个人的投资；经济组织(市场和中介)在协助个人及企业完成这一资源配置任务时，应当起什么样的作用；其中的关键就在于怎样达成一个合理的均衡价格体系。

微观金融学是对微观经济主体金融活动的分析，主要包括金融市场上的资产定价理论、金融机构中的金融中介理论、一般企业的公司理财和所有经济组织的风险管理。

宏观金融学研究在一个以货币为媒介的交换经济中如何实现高就业、低通货膨胀、国际收支平衡和经济增长。宏观金融学是宏观经济学(包括开放条件下)的货币版本，它着重于宏观货币经济模型的建立，并通过它们得出对于实现高就业、低通货膨胀、高经济增长和其他经济目标可能有用的货币政策结论和建议。

宏观金融学是对宏观金融、经济现象的分析，主要包括货币理论(货币经济学)、货币政策(中央银行学)和国际金融(国际经济学)。

宏观金融学的基础是货币经济学，而微观金融学的基础是金融经济学。国内传统的金融学科体系以货币银行学和国际金融学为核心，因此常常把金融经济学和货币经济学相混淆。金融经济学的着眼点在企业和市场的微观层面，而货币经济学讨论货币、金融与经济的关系，侧重于比较宏观的层面，如图 1-1 所示。二者之间有明显的区别。因此，金融经济学主要定位在微观金融学。

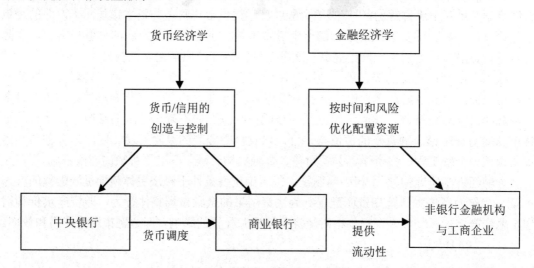

图 1-1　货币经济学和金融经济学

二、从研究的依据看定位

经典的金融经济学是建立在理性预期和有效市场假设的基础之上的，因此也称为理性金融学。目前的金融经济学主要指经典的金融经济学，其研究主要依据的是理性假设和突破了理性假设下的偏好选择。

三、从研究的内容看定位

金融经济学研究的内容可以从广义、狭义和中等含义 3 个不同的层次来理解。

1. 广义的理解

从广义上讲，金融经济学包括资产定价理论、金融中介理论、风险管理理论和公司理财理论。

1) 资产定价理论

资产定价理论是研究进展最快的理论，在过去的半个多世纪中，其新成果层出不穷，对金融经济学的发展起着重要的推动作用。

2) 金融中介理论

金融中介发展到现在已突破了交易成本、信息不对称的范式约束，开始强调风险管理、参与成本和价值增加的影响，使金融中介理论从消极观点(中介把储蓄转化为投资)向积极观点转变。

3) 风险管理理论

风险管理理论包括风险识别、风险度量、风险控制等。

4) 公司理财理论

现代公司理财理论产生于 20 世纪 50 年代，以著名财务学家诺贝尔经济学奖获得者莫迪利亚尼(Modigliani)和米勒(Miller)的 MM 定理为标志。这一时期著名的公司理财理论还有威斯顿(Weston)模型、科普兰德(Copeland)的公司价值评估理论、马柯维茨(Markowits)的资本组合理论及夏普(Sharpe)的资本资产定价模型等。这些公司理财理论的产生促进了财务管理的发展，也大大改变了人们的理财观念，使公司理财进入一个崭新的阶段。

2. 狭义的理解

从狭义上讲，金融经济学只包括资产定价理论，但此类内容却是金融经济学内容研究的主流，有着不可替代的地位。

3. 中等含义的理解

从中等含义上讲，金融经济学包括资产定价理论和公司理财理论，也有说是资产定价理论和金融中介理论的，目前尚无明确定论。

四、与其他课程的关系

加拿大 Simon Fraser 大学金融学教授泊依达斯(Geoffrey Poitras)在其《金融经济学早期历史，1478—1776：从商业算术到年金和股票》一书中的首页指出："金融经济学是金融学和经济学的现代联姻。"这种范畴下的金融经济学外延十分宽广，涵盖所有与金融相关的经济学领域、货币经济、利率与汇率、银行、投资、公司财务等。前面提到，金融经济学是金融学的微观经济学理论基础，实际上也就是高级微观经济学向不确定性经济的延伸，因此它是金融学其他重要领域如金融工程、投资学、公司财务、金融机构管理学等必不可缺的理论基础。

1. 经济学的演化

金融经济学的发展是与经济学从微观到宏观的演化分不开的，从 1780—1930 年是新古典经济学的黄金时代，微观经济学得到了大力发展，主要表现在对资源配置效率的研究，并强调市场机制的作用，成为金融经济学的重要组成部分。在 1936—1970 年间，发生了凯恩斯革命，同时宏观经济学得以建立，凯恩斯研究了资源配置中的市场失灵，提出并强调了国家干预的重要作用，这些与金融经济学密切相关。

2. 金融学的演化

金融经济学的发展也与金融学从宏观到微观的演化相关联，具体指的是1780—1970年新古典经济学中的金融学，它研究了价格水平(货币数量论)、利率决定(利率理论)、资本积累、货币需求与供给等总量金融指标。而从1970年至今，金融学中市场的资源配置机制即资产定价是金融经济学的四大主要问题之一。

3. 微观经济学与金融经济学

微观经济学与金融经济学的分析框架、前提条件和分析目标是相同的。但两者也有很多不同点。在市场环境方面，微观经济学是在单期、确定性环境下进行研究的，而金融经济学研究的是跨期(时间因素)、不确定性环境下的资源配置；在市场均衡与定价机制方面，微观经济学强调的是一般均衡机制和均衡定价，而金融经济学除了研究一般均衡机制，还研究套利均衡机制，相应地，它所使用的是均衡定价与套利定价。因此，可以看出金融经济学与其他课程之间有着密不可分的关系，如图1-2所示。

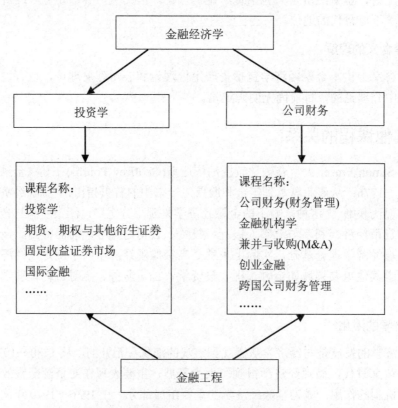

图1-2　金融经济学与其他课程的关系

这些课程的名称在各个院校中可能有所不同，所以图1-2只是一个参考示意图。图中的关系一目了然，需要解释一下的是金融工程。金融工程是金融学的工程化发展，是金融经济学的应用，主要用于设计新金融产品(金融衍生品等)。金融工程的理论基础也正是金融经济学中的资产估值和定价理论。此外，金融经济学是金融计量学的理论，金融计量学是金融经济学的验证。金融学中的基础变量，如货币、利率和物价，也都在金融经济学中被广泛应用。

第三节 金融经济学的历史演进

金融经济学基本上是两次"华尔街革命"——马柯维茨-夏普(Markowitz-Sharpe)理论和布莱克-斯科尔斯-默顿(Black-Scholes-Merton)理论的产物，采用的是数学公理化方法，基本上可纳入"无套利假设"的框架，其结论本质上只与"长期均衡状态"有关，而与信息和行为无关。金融经济学的进一步发展必然是突破"无套利"以及从"信息和行为"出发，随着金融市场的发展而不断发展。

以各种金融市场要素的引入过程为线索，金融经济学的发展大体上可以分为3个阶段：20世纪50年代之前的金融经济学启蒙时期；20世纪五六十年代的金融经济学的奠基时期；近代金融经济学理论发展的"百花齐放"时期。

一、金融经济学的启蒙时期

20世纪50年代以前，被看作是金融经济学发展的启蒙时期，这个时期所发展的金融经济学一般称为早期的金融经济学。

金融经济学的确切起源至今无法考证。有的学者认为金融经济学至少有五六百年历史，泊依达斯的《金融经济学早期历史，1478—1776：从商业算术到年金和股票》认定金融经济学起源于1478年《特里维商业算术》复利算术法。当然，支持泊依达斯的金融经济学起源于1478年观点的经济学学者似乎并不多见，主要是因为这一时期的金融经济学研究仅限于个别的关联度不高的金融或商业概念，没有系统的理论。

也有人认为，金融经济学起源于1738年丹尼尔·贝努利(Daniel Bernoulli)在圣彼得堡科学院发表的题为《关于风险衡量的新理论》的拉丁论文，距今已有近300年。贝努利首次提出了期望效用和风险衡量的思路和方法。该文阐述的中心议题是确定资产价值不是基于其价格，而是根据其提供的效用大小。该文还提出的边际效用递减概念，并以此解释了一个悖论，即现称的"圣彼得堡悖论"(St.Petersberg Paradox)，为后来经济学家发展风险决策理论奠定了基础。

除了以上两种说法外，金融学家们在金融经济学起源上比较达成共识的是法国数学博士路易斯·贝切利尔(Louis Bachelier)于 1900 年完成的博士论文——《投机理论》(Theory of Speculation)，贝切利尔以全新的数学方法对法国股票市场进行了研究，为现代资产定价理论奠定了基础。但该书直到 1954 年才被芝加哥大学教授萨维奇(Savage)无意中发现，并对萨缪尔森(Samuelson)研究股票价格行为有重大影响。贝切利尔的主要创新思路是视股票价格变化为随机过程，买者和卖者在交易股票时对股票价格变化的数学期望都为零(即价格变化服从鞅过程)，并且未来股票价格变化的标准差与时间长度的平方根成正比。他试图运用这些新的理念和方法来研究股票价格变化的规律性。他在书的开头指出：有很多因素决定股票价格变动，所以，想预测它很困难……但可以用数学方法研究在任何一个时点上市场的静态状态。即使不能准确无误地预测到价格的变动，也可以估计这些变动的可能性。这种可能性可以用数学方法来衡量。贝切利尔还考虑了其理论的实际应用，预测某一股价在一定时期内超出或跌至某一水平的概率。虽然贝切利尔的理论较简短(全书仅 59 页)，却在当时的数学领域有很大影响，并对后来的布莱克-斯科尔斯-默顿(Blaek-Scholes-Merton)期权定价公式所运用的概率论、Ito 定理和随机方程等都有直接影响。

此后，1930 年欧文·费雪出版了《利率理论》(The Theory of Interest)，系统化地阐述了多时段投资-消费决策，在此过程中推导出了著名的"费雪分离定理"和定量的货币理论，发明了无差异曲线。费雪首次推导出存在跨期交换和生产条件下的均衡经济模型，证明生产的目的就是现值最大化，并推导出计算现值的利率的决定因素。费雪分离理论(Fisher Separation Theory)的主要内容是：企业的投资决策与业主的偏好无关，这意味着投资决策可授权给经理人；企业的投资决定与融资决策无关。

在金融经济学发展史上理应占有一席之地但似乎被人们淡忘的另一位经济学家是威廉姆斯(John Burr Williams)，他在 1938 年出版的《投资价值理论》(Theory of Investment Value)对投资学和金融学的发展有重要的启发性作用。威廉姆斯第一次证明了股票价格是由股利现值来决定的，在确定性情况下，股票的价值等于它提供的所有未来股利的现值之和。他的现值公式为

$$P_0 = \sum_t D_t / r(t)^t$$

式中：现值之和的时点起始于时期 1 直到∞；D_t为时期 t 股票发放的股利；$r(t)$为时间 t 单位现金流无风险折现收益率；P_0为现时($t=0$)股价。

威廉姆斯立场鲜明地纠正了当时流行的错误观点，即认为股票价格是公司盈余的现值之和。在《投资价值理论》一书中他还特地引用了当时的一段名言来表明他的股票价格应由股利决定的思想："买牛为了挤奶；养鸡为了下蛋；买股票为了什么呢？股息。"

威廉姆斯推导出固定股利增长率下股票价值的简易公式 $P_0=D_1/(r-g)$，其中 g 表示固定的股利年增长率，并指出上述公式成立的条件是 $g<r$。后来戈登(Myron Gordon)对这一公式进行重新表述，后人包括目前的金融学教科书中该公式错误地被命名为"戈登增长公式"(Gordon Growth Formula)，不过，戈登对威廉姆斯的固定股利增长率下股票价值的简易公式

进行了改写，使得其具有更丰富的经济含义，戈登改写的公式为 $k=(D_1/P_0)+g$。在确定性条件下 $k=r$，在不确定性条件下，k 可以被解释为股票的预期收益。这样，股票的盈余(预期收益)由两部分构成，即股利收益率和股利增长率。股利收益率低但增长率高的股票和股利收益率高但增长率低的股票同样都有较高的预期收益。

当时，经济学家们不认为股票市场是正规的市场，而被视为赌场的同义词，股票价格只不过是投资者的资本利得预期和反向资本利得预期作用的结果。凯恩斯(Keynes)在其 1936 年发表的巨著《就业、利息和货币通论》中提出了流动性偏好理论，其含义就是股票没有真实价格可言，因此，经济学家不屑为股票定价问题伤神。从这一意义上讲，威廉姆斯是挑战当时经济学家对金融市场是"赌场"观点的先锋。

其后，1944 年冯·诺依曼(Von Neuman)和摩根斯坦(Morgenstern)发表了《期望效用理论》(Theory of Game and Economic Behavior)，其主要内容包括个人偏好的排序、期望效用理论、风险决策理论和博弈论，奠定了不确定环境下经济主体的偏好及效用函数的基本理论体系。

因此，将 20 世纪 50 年代之前的金融经济学的发展归结为传统的金融经济学，是金融经济学的起步阶段。

二、金融经济学的奠基时代

现代金融经济学始于 20 世纪 50 年代的现代证券组合理论。20 世纪 50—60 年代是金融经济学的奠基时代，对金融经济学的发展起着承上启下的重要作用。

1952 年，哈利·马柯维茨(Harry Markowitz)发表了论文《证券组合理论》(Portfolio Selection)，首次将个体投资决策中面临的收益与风险决策简化为均值和方差这两个具体的数学概念，并给出了风险-收益平面上的投资组合前沿。他在 1959 年出版的《Portfolio selection: Efficient diversification of investments》(证券组合理论：投资的有效性和分散化)一书中以全新的研究方法阐述了证券收益和风险水平确定的主要原理和方法，建立了均值-方法证券组合模型的基本框架，彻底改变了传统金融学仅用描述性语言来表达金融学思想的方法，是金融学的第一次革命。马柯维茨被称为现代证券组合理论或投资理论的创始人，他的贡献既是资产定价理论的奠基石，也是整个现代金融理论的奠基石。这标志着现代金融经济学的发端。

与此同时，剑桥大学的亚瑟·罗伊(Authur Roy)也有类似的成果。他在独立工作的基础上，在《计量经济学杂志》上发表了题为"安全第一与资产持有"一文，该文同样解决了马柯维茨的投资组合选择问题，并且罗伊的证券组合构造方法为金融业界所广泛接受。但由于仅与马柯维茨的论文发表时间相差 3 个月，罗伊与"证券组合理论之父"的头衔无缘。

紧接着，1958 年，托宾(James Tobin)将货币因素加入马柯维茨的理论中，得到了著名的"两基金分离定理"，把证券组合理论向前推进了一大步。他有效地论证了经济个体将通过投资在一种无风险资产(货币)和唯一的风险资产组合(这一组合对所有人都相同)来分散其资产风险。托宾认为，对风险的不同态度，仅导致无风险资产(现金或短期国债)和唯一风险资产的投资比例不同而已。

在此期间，阿罗(K.J.Arrow)和德布鲁(Debreu)在 1954 年严格证明了阿罗-德布鲁一般经济均衡存在性定理。他们对一般经济均衡问题给出了富有经济含义的数学模型，即第一个风险状态下的总体均衡经济模型，还说明了证券和证券市场在风险最佳分配中的作用以及瓦尔拉斯(Walrasian)均衡的存在性和最优性，证明了不完全市场条件下期货市场的存在是总体均衡的先决条件。

20 世纪 50 年代被视为现代金融经济学发端还因为莫迪里安尼(Franco Modigliani)和米勒(Merton H.Miller)在多年合作研究的基础上于 1958 年发表了题为"资本成本、公司理财与投资理论"的论文，首次应用无套利假设探讨了"公司的财务政策是否会影响公司价值的问题"，提出了著名的 MM 定理，开了现代公司金融理论的先河，并奠定了资本市场套利均衡和套利定价分析方法的基础。

MM 定理的主要内容可概括为两项无关联定理。第一项无关联定理是指，在没有交易成本和税收的假设条件下，股权融资和借款之间的选择与一个企业的市场价值和资金的平均成本无关；存在税收的情况下，公司的市场价值随其负债/股权比率增加而呈线性增加，这也即财务杠杆效应。第二项无关联定理是指，在没有交易成本和税收的假设条件下，公司的股利政策与公司的市场价值无关。

随着金融经济学的发展，人们发现马柯维茨-托宾理论还存在一些问题，并且不是非常实用。为了解决这些困难，马柯维茨的学生威廉•F.夏普(William F.Sharpe)引入了市场组合的概念并建立了一个简化的证券分析模型。夏普也是研究资产定价的先锋之一，在特瑞纳发表《关于风险资产市场价值的理论》后不久，他在 1964 年在《金融学杂志》上发表了一篇具有划时代意义的论文——《资本资产价格：一个风险条件下的市场均衡理论》。这就是当今金融学术界和业界人士耳熟能详的资本资产定价模型，简称 CAPM，其核心内容是在一定的假设条件下，单个资产或证券组合的预期收益只与其总风险中的系统性风险部分相关。

CAPM 出现之后，在金融学术界掀起了资产定价理论研究的热潮，并相继出现很多成果。其中讨论比较多的问题是：当假设条件放宽时，CAPM 模型是否会发生变化。例如，1970 年布伦南(Brennan)证明即使引入税收变量，CAPM 的基本结构也不会受太大影响；1972 年布莱克(Black)证明了如果不存在无风险借贷，资产定价依然成立但需要做一定的修改，这一资产定价模型简称零贝塔模型(Zero—Beta CAPM)；同年，迈耶斯(Mayers)指出，即使市场组合中包含不可交易资产，CAPM 的结构也不会发生实质性变化……

紧随着，夏普(Sharpe，1964)、林特纳(Lintner，1965)和莫辛(Mossin，1966)对资本资产定价理论进行了补充。所以当今金融教科书中的资本资产定价模型通称为夏普-林特纳-莫辛(Sharpe-Lintner-Mossin)理论。

尽管 CAPM 得到了布莱克、詹森(Jensen)和斯科尔斯(Scholes)以及法马(Fama)和麦克米斯(MacMeth)等实证研究的广泛支持，但是，1977 年，罗尔(Richard Roll)对 CAPM 进行了批判。他认为，CAPM 理论模型下的市场组合不只限于股票指数，还应包括一个经济体中债券、房地产、人力资本等全部有形或无形财富。这使得对 CAPM 的准确实证几乎成为不可能。也就是说，即使实证证据不支持 CAPM，也无法断定是 CAPM 的问题，还是由于实证检测过程中所使用的市场组合本身不是效率组合的问题。

　　无独有偶，在"罗尔的批评"的同时，斯蒂芬·罗斯(Stephen Ross) 于 1976 年提出了套利定价理论(Arbitrage Pricing Theory, APT)。套利定价理论是一种广义的多因素资本资产定价模型，这些因素代表经济体的基本面风险。假设所有证券收益率都受到 K 个共同因素的影响，在当时还没有合理地考虑这些因素的资产定价模型。APT 对风险资产 i 给出以下定价公式，即

$$R_{it} = a_i + b_{i1}F_{1t} + b_{i2}F_{2t} + \cdots + b_{iK}F_{Kt} + \varepsilon_{it} = a_i + \sum_{k=1}^{K} b_{ik}F_{kt} + \varepsilon_{it}$$

式中：R_{it} 为资产 i 在时间 t 的收益率；F_{1t}，F_{2t}，$\cdots$，F_{Kt} 为影响资产收益的 K 个因素；b_{i1}，b_{i2}，$\cdots$，b_{iK} 为资产 i 对这 K 个因素的敏感度；ε_{it} 为误差；a_i 为当 F_{1t}，F_{2t}，$\cdots$，F_{Kt} 都为零时，资产 i 的期望收益率，或无风险收益率。

　　APT 与 CAPM 的市场均衡方法截然不同。CAPM 采用市场均衡定价法，而 APT 采用的是相对定价法。APT 并不需要 CAPM 那样苛刻的假设条件。APT 的基本假设要求有两个，即投资者都是理性的和市场上不存在无风险套利机会。正如罗斯所指出的，APT 运用"更多的是套利关系而非均衡关系"。套利定价理论用套利概念定义均衡，不需要市场组合的存在性，所需的假设比资本资产定价模型更少、更合理。然而，罗斯的 APT 并没有指出影响资产价格的具体风险因素是哪些，有关因素的种类、数量及其含义问题的争议在该模型提出后一直就没有停止过。

　　在一些经济学家们对资产定价问题争论不休的同时，另一些经济学家们在有效市场方面也取得了新成果。现任芝加哥大学教授尤金·法马(Eugene Fama)于 1965 年在其博士学位论文中正式提出有效市场假说(Efficient Market Hypothesis，EMH)这一理论。EMH 的核心思想是股票价格在任何一时点上都准确地反映公司的内在价值，并由此得出一个重要推论，即任何寻求高于市场平均收益的企图都是徒劳的，基金经理的投资收益也不比常人的高。

　　法马把有效市场从信息集的角度在形式上分为 3 类：第一类是弱有效市场，在弱有效市场上，信息集只包含价格或收益自身的历史(公共信息)，它使技术分析无效；第二类是半强有效市场，在半强有效市场上，信息集包含对所有市场参与者都已知的信息(公开信息)，它使基本分析无效；第三类是强有效市场，在强有效市场上，信息集包含所有对某个市场参与者都已知的信息(私人信息)，它使一切"暗箱操作"无效。

　　在前人理论研究的基础上，1973 年布莱克(Black)和斯科尔斯(Scholes)在《政治经济学》杂志上发表了《期权和公司债务定价》，首次提出欧式期权定价公式，奠定了现代衍生金融工具和公司债券定价的基础。同样是诺贝尔奖得主的默顿(Merton)对该理论做出了 3 个方面的扩展：首先是提出了支付已知红利的股票期权定价公式，其次是推导出随机利率期权定

价模型，再次就是给出股票价格服从跳跃扩散过程的期权定价模型。默顿使以上公式更具有一般性，将其用于其他金融衍生工具的定价。

大部分经济学理论是用来解释经济现实的。但是，B-S 模型是理论指导现实的成功案例。B-S 论文发表在 1973 年 5 月，而第一个期权交易所——芝加哥期权交易所(CBOE)挂牌交易标准化期权合约的时间是 1973 年 4 月，值得庆幸的是该论文在 1970 年就完成了初稿。

除以上重大贡献外，还有一些理论对金融经济学的发展起到巨大的推动作用，如默顿在 1969 年、1971 年和 1973 年研究的连续时间 CAPM 模型(ICAPM)等极大地发展了 CAPM 理论；Harrison 和 Kreps 在 1979 年发展的证券定价鞅理论对 EMH 的检验产生了深刻的影响；Grossman 和 Stiglitz 1980 年在法马的有效市场假说的基础上提出的关于 EMH 的"悖论"将信息不对称问题引入经典金融理论的分析框架之中；Jensen 和 Meckling(1976 年)、Mayers(1984 年)、Ross(1977 年)、Leland 和 Pyle(1977 年)等在代理理论和信息经济学框架下发展了公司金融理论。另外，1979 年，考克斯(Cox)、罗斯(Ross)和鲁宾斯(Rubinstein)在 JFE 上发表了《期权定价：一种简单的方法》一文，该文阐述了二项式期权定价模型，给出了简单的离散时间期权定价方法，这种方法涵盖 B-S 模型，主要适用于美式期权的定价和其他复杂的非欧式金融衍生品的定价。

金融经济学研究的黄金时期在 20 世纪六七十年代，具标志性的理论包括 CAPM 和期权定价理论。达菲(D. Duffie)说："从 1969—1979 年的 10 年间是动态资产定价理论的黄金阶段……1979 年以来的二三十年间，除个别例外，进行的是修修补补的工作。"

三、现代金融理论的"百花齐放"时期

20 世纪 80 年代以后，金融经济学进入了百花齐放的时期，这个时期的理论既是对金融经济学黄金时期重大理论的完善，也是现代金融经济学继续发展的前奏。

在此期间，新的理论研究成果层出不穷，都或多或少地推进了金融经济学的发展。其中比较典型的有以下几项：①利率的期限结构理论及其发展；②金融契约理论和证券设计理论；③金融中介理论：Bodies 的中介职能观、信息生产职能、流动性提供与风险管理职能和降低经济主体市场参与成本的职能；④资本市场理论：探讨 EMH 有效性的各种证券市场异象和(Anomalies)的解释理论；⑤行为金融理论；⑥法与金融；⑦证券市场的微观结构理论。

至此，金融经济学的大厦就完全成形。上述这些经济学家，除了已故的布莱克以及林特纳、莫辛、法马和罗斯外，都先后获得了诺贝尔经济学奖。这一大厦是有共同基础的整体。

第四节 金融经济学的主题

一、金融经济学的研究主题

金融经济学是微观金融的基础理论，或者说是金融学的微观经济学理论基础，它最直接关注的是金融资产，研究经济主体(个人与公司)在不确定性条件下的金融决策行为及其结果。因此，金融经济学的研究主题要从狭义和广义两个方面理解。

从狭义上看，金融经济学的研究主题主要是金融市场均衡机制及金融资产定价，并以此对金融市场上金融资产的创立和交易以及交易主体的最佳决策提供依据。

从广义上看，金融经济学的研究主题除了前述内容外，还包括以数理金融和金融市场的计量经济学方法研究高级资本市场理论和高级公司财务理论。

二、金融经济学的研究机制

金融经济学研究的是由于金融商品及其环境的特殊性而产生的资本市场的风险收益权衡主导的竞争均衡机制和无套利均衡机制。

三、金融资产的定价方法

金融资产的定价方法主要有两种：均衡定价法(绝对定价法)；套利定价法(相对定价法)。

1. 均衡定价法

均衡定价法又称绝对定价法，是对现实世界的抽象化研究，因而它是建立在一系列严格假设条件之上的，如交换经济、初始财富、投资者个体偏好和财富约束下的期望效用最大。在这些条件的约束下，当每个投资者预期效用最大化时，就没有动力通过买卖证券增加自己的效用，从而市场达到均衡，此时的证券价格便是均衡价格。资本资产定价模型，也就是著名的 CAPM 模型，是均衡定价的典型代表。

2. 套利定价方法

套利定价方法是通过其他资产的价格来推断某一资产的价格，其逻辑出发点是功能完好的证券市场不存在套利机会，如果两种证券能够提供投资者同样的收益，那么它们的价格一定相等，即"一价原则"。复制是套利定价的核心分析技术。

四、均衡概念解析及金融市场均衡机制的建立

1. 经济学中的均衡概念简析

均衡最初是一个物理学上的概念，指一个系统的特殊状态，即对立的各种力量对这个系统发生作用，它们正好相互抵消，作用的结果等于零，此时系统处于一个相对静止的状态。1769 年詹姆斯·斯图亚特在经济学中第一次使用这一概念。

马克鲁普给出的均衡定义是："由经过选择的相互联系的变量所组成的群集，这些变量的值已经经过相互调整，以致在它们所构成的模型里任何内在的改变既定状态的倾向都不占优势。"

但经济学上的均衡概念不单单强调一种相对稳定的状态，同时经济均衡概念包含有期望特征，追求自身福利最大化的个人通过市场的作用最终能达到和谐的平衡状态，也就是说，经济学中的均衡点均是在一定约束条件下的效用最大值点。经济学中比较常见的经济均衡有交换均衡与生产均衡、局部均衡与一般均衡以及博弈均衡。

2. 金融经济学研究的金融市场的均衡

资本市场的风险收益权衡的竞争均衡与新古典一般均衡同出一脉，但由于金融商品及其环境的特殊性而产生了一些新特点。由于金融商品及其环境的特殊性产生的无套利均衡机制是金融经济学要研究的资本市场的特殊均衡机制。

无套利均衡是套利力量的作用消除了无风险套利机会所建立的市场均衡。金融市场的无套利均衡分析与金融商品的复制技术紧密关联。套利均衡本质上也由供需作用形成，也是一种供需均衡，但它与一般商品市场的供需均衡相比有两点很大的特殊性：一是无风险；二是自融资。

静态无套利均衡分析是指分析的金融产品对象假设为两时期或一阶段投资，如 MM 理论的无套利均衡分析思想和 APT 的静态无套利均衡定价。

动态无套利均衡分析主要是指期权定价，它的核心原理是动态无套利均衡分析，采用动态复制技术。金融市场是多期的、动态的。

3. 资本市场均衡分析与新古典均衡分析

资本市场均衡分析与新古典均衡分析在构成要素上有一定的差异。二者最大的区别是由于研究对象的不同，致使资本市场均衡分析是在不确定性条件下，以预期效用函数来解决消费选择问题，并研究金融市场的预期均衡。而且，也是由于研究对象的不同，资本市场均衡分析发展出了无套利市场均衡机制。

资本市场均衡分析与新古典均衡分析具有一致性。资本市场均衡分析的对象、过程及引入的相关条件有别于一般均衡理论，但其均衡分析的理论体系在建构上是一样的，以理性选择为起点到市场均衡为结束；其起点理性选择是工具主义的，其理论结果——均衡模型相对社会现实的工具模型或称为抽象标准模型——也是工具主义的，所以，经济学理论体系(包括资本市场理论体系)具有非常强的建构特性。

第五节 金融经济学的基础

金融经济学的基础包括金融学基础、经济学基础和数理学基础，在本课程学习中，大家都对金融学基础和经济学基础有了一定的了解，在此仅重点介绍数理学基础。

1. 几种不同的观点

现代数理经济学是以 1954 年阿罗-德布鲁的一般经济均衡存在定理的出现为标志的。1959 年，德布鲁把他的学位论文以"价值理论"为标题正式出版，从此开创了数理经济学的一个新纪元。这一新纪元的特征在于它完全采用了数学公理化方法。

但是，关于金融学与数学的关系，以及数理在金融理论发展过程中的作用，一直存在不同的观点。例如，有的学者说："目前过多的数理经济学只是一种大杂烩，和它所依赖的初始假设一样不精确，它使作者在矫揉造作的、无用的符号的迷宫中丧失了对现实世界的复杂性和相互关系的洞察力。"也有学者认为："所有这些根本不是把数学运用于现实的经济问题，相反，而是把高度精确、复杂的数学运用于完全想象中的、幻想的经济学的美妙的理想国。"德布鲁也在 1983 年解释说："坚持数学严格性，使公理化已经不止一次地引导经济学家对新研究的问题有更深刻的理解，并使适合这些问题的数学技巧用得更好。这就为向新方向开拓建立了一个可靠的基地。它使研究者从必须推敲前人工作的每一细节的桎梏中脱身出来。严格性无疑满足了许多当代经济学家的智力需要，因此，他们为了自身的原因而追求它，但是作为有效的思想工具，它也是理论的标志。"

马克思曾经说过："一种科学只有成功地运用数学时，才算达到了真正完善的地步。""理论作为一系列重要的假说的集合体，必须根据其对所要加以说明的一系列现象的预言能力加以判断。只有实际证据才能表明它是'正确的'还是'错误的'，或更正确地说，是试验性地被作为有效的理论而加以'接受'，还是被'否定'"， 1953 年，弗里德曼(Milton Friedman)如是说。但是弗里德曼又强调，对理论的假设前提的检验是不必要的，甚至认为假设前提的虚假不仅不是一个缺点，而且是实证经济学的一个"优点"。这一观点引起强烈的反对和争论。尽管如此，弗里德曼的观点却在很大程度上是经济学研究的现实。当经济学家的研究遇到困难时，常常以此来搪塞。CAPM 模型的研究就是一个例子，因此经济学家也常常因此受到各种嘲讽。

2. 金融经济学与数理学

金融理论研究和数学知识的进步之间存在着一定的联系，数学对金融理论的发展有巨大的推动作用，同时由于数学模型本身的一些特点，在作用于金融研究时又有一定的局限性。

一方面，金融学研究需要数学，尤其是研究不确定性，更加需要数学。从解释相关关系的统计学、计量经济学等，到解释随机现象的概率论及数理统计、随机过程、模糊数学、非线性分析等，这些复杂的数理工具离不开数学。因此，金融技术的进步依赖于数学分析工具的进步，金融研究越来越离不开数学知识的运用。同时，数学的规范可以使描述更为清晰，不容易产生歧义，容易进行交流。

另一方面，数学知识是研究金融理论的一个工具，仅此而已。数理模型可以从相关性和随机性角度计算风险，以便降低不确定性的程度，却难以从因果性角度提供确定性。数理知识体系是描述符号之间的逻辑联系，其本身未必反映了真实世界的联系和变化。逻辑是思想的工具，数学运用不能取代思想本身。因此，指望通过数理模型解决金融问题是不现实的。在实际经济中，依然有大量的随机现象还无法用数学来处理，只能靠人们的直觉去决策和冒险。数学的运用是有其界限的，如果面临的是一般的形式逻辑能解决的问题，或者是人们直觉能把握的问题时，并不需要数学或数理逻辑，它只会把问题复杂化，丝毫无助于人们认识的推进。但面临复杂的问题或人们知觉达不到的问题时，数学及以数学原理为基础的一些经济学试验的运用可以得出很有意义的结果，并且直接推动新思想的产生。

3. 掌握数学的程度

在研究金融资产定价时，各类定价模型要求对数学知识的掌握程度不同，习惯上把金融经济学里用到的数学知识分为 3 个层次。

(1) 最基本的层次，要求能看懂和写出公式。理解变量含义及其之间的联系，能够运用公式(如代入数字计算或向程序化模型输入数据)。这一层次只需要初等数学知识(和相关金融知识)。

(2) 要求能从定理出发推导出公式。此处的定理是指对金融活动条件、金融资产价格运动、风险状态等的数学描述，即是用数学语言描述金融活动。不必去验证这些定理成立的数学推导过程，但能从定理出发推导金融资产定价模型，反映出学生对该金融过程有基本认识，但其中仍然有些数学推导需要忽略过程，只取其结论。该层次需要基本高等数学知识。

(3) 要求能从数学角度证明定理的成立并推导公式。从数学角度推导定理是一个纯数学过程，用定理推导公式却是金融过程的数学描述，而公式的运用则是纯金融过程。该层次需要非常深厚、广泛的数学功底，一般只有数学专业的学生才能做到。

4. 本书所需的数学基础

本课程中用到的数学都是基本的高等数学，如线性代数、微积分、初等的概率论与数理统计(介于第一、二层次之间)。在课程的学习中，也会针对个别的理论进行数学的推导，这仅限于介绍数学作为一个研究工具如何在金融理论研究中使用。当然，如果在工作中，想从事金融技术性强的工作，或者需要进一步学习金融学理论，在金融理论方面想有所拓展，就需要扎实地掌握数学工具(至少达到第二层次)，并且早掌握比晚掌握要主动。

本 章 小 结

(1) 金融经济学是金融学的经济学理论基础。金融经济学有广义与狭义之分。广义的金融经济学包括资产定价理论、金融中介理论、风险管理理论和公司理财理论四大部分，如汪昌云、毛二万、史树中等给出的定义；狭义的金融经济学则着重讨论金融市场的均衡建立机制，其核心是资产定价，它讨论的是在经济学的理性预期假设下，价值规律说明市场的均衡价格应当反映资产的估值，如布莱恩·克特耳所说。广义和狭义的金融经济学概念的主要区别是涵盖的范围不同，与广义的概念相比，狭义的金融经济学重点在于资产定价，正如黄基辅和李兹森伯格所说的。

(2) 金融经济学研究的 3 个核心问题是：①不确定性条件下经济主体跨期资源配置的行为决策；②作为经济主体跨期资源配置行为决策结果的金融市场整体行为，即资产定价和衍生金融资产定价；③金融资产价格对经济主体资源配置的影响，即金融市场的作用和效率。

(3) 从研究层次看定位，金融经济学主要定位在微观金融学；从研究的依据看定位，金融经济学主要依据的是理性假设和突破了理性假设下的偏好选择；从研究的内容看定位，金融经济学研究的内容可以从广义、狭义和中等含义 3 个不同的程度来理解。

(4) 以各种金融市场要素的引入过程为线索，金融经济学的发展大体上可以分为 3 个阶段：20 世纪 50 年代之前的金融经济学启蒙时期；20 世纪五六十年代的金融经济学的奠基时代；近代金融经济学理论发展的"百花齐放"时期。

(5) 金融经济学的研究主题要从狭义和广义两个方面理解。从狭义上看，金融经济学的研究主题主要是金融市场均衡机制及金融资产定价，并以此对金融市场上金融资产的创立和交易以及交易主体的最佳决策提供依据。从广义上看，金融经济学的研究主题除了前述内容外，还包括以数理金融和金融市场的计量经济学方法研究高级资本市场理论和高级公司财务理论。

(6) 金融经济学研究的是由于金融商品及其环境的特殊性而产生的资本市场的风险收益权衡主导的竞争均衡机制和无套利均衡机制。

(7) 金融资产的定价方法主要有两种：均衡定价法(绝对定价法)和套利定价法(相对定价法)。

(8) 经济学中的均衡点均是在一定约束条件下的效用最大值点。由于金融商品及其环境的特殊性产生的无套利均衡机制是金融经济学要研究的资本市场的特殊均衡机制。静态无套利均衡分析是指分析的金融产品对象假设为两时期或一阶段投资。动态无套利均衡分析主要是指期权定价，它的核心原理是动态无套利均衡分析，采用动态复制技术。金融市场是多期的、动态的。

(9) 资本市场均衡分析与新古典均衡分析在构成要素上有一定的差异，也有一致性。

(10) 金融学与数学的关系，以及数理在金融理论发展过程中的作用，一直存在不同的观点。数学公理化方法是一种"有效的思想工具，它也是理论的标志"。

(11) 金融理论研究和数学知识的进步之间存在着一定的联系，数学对金融理论的发展有巨大的推动作用，同时由于数学模型本身的一些特点，其作用于金融研究时又有一定的局限性。

(12) 在研究金融资产定价时，各类定价模型要求对数学知识的掌握程度不同，习惯上把金融经济学里用到的数学知识分为 3 个层次：第一层次要求能看懂和写出公式；第二层次要求能从定理出发推导出公式；第三层次要求能从数学角度证明定理的成立并推导公式。

复习思考题

一、基本概念

金融经济学　微观金融学　宏观金融学　均衡定价法　套利定价方法　经济均衡
静态无套利均衡分析　动态无套利均衡分析

二、判断题

1. 宏观金融学的基础是货币经济学，微观金融学的基础是金融经济学。　　　（　　）

2. 金融经济学研究的是由于金融商品及其环境的特殊性而产生的资本市场的风险收益权衡主导的竞争均衡机制和无套利均衡机制。　　　　　　　　　　　　（　　）

3. 均衡定价法是相对定价法。　　　　　　　　　　　　　　　　　　　　（　　）

4. 1973 年，布莱克、斯科尔斯和默顿成功推导出期权定价的一般模型，为当时的金融衍生品定价及广泛应用铺平了道路，开辟了风险度量的全新领域，被称为华尔街的第一次革命。　　　　　　　　　　　　　　　　　　　　　　　　　　　　　（　　）

三、简答题

1. 简述金融经济学研究的 3 个核心问题。

2. 分析违背偏好关系传递性的投资者所面临的经济后果。

第二章　金融系统与资产评估

▦ 【学习要点及目标】

- 理解金融系统的概念。
- 理解金融决策的过程。
- 掌握资金时间价值的含义以及现值和终值的计算，了解资金时间价值产生的原因。
- 理解金融资产价值评估的原则，掌握债券和股票价值评估的方法。

▦ 【核心概念】

金融系统　金融决策　资金的时间价值　现值　终值　普通年金　零息债券　附息债券　一价定律　零息债券　附息债券　市盈率

▦ 【引导案例】

案例一

股票定价：广济药业是否值得收购

证券市场的有效性对公司价值评估有着重要的影响。在一个中长期有效的股票市场上，公司的内在价值一般可以在市场上得到充分体现。因此西方国家的公司大股东及管理层往往十分关注公司价值，价值管理贯穿在公司的日常管理中。在中国，由于证券市场目前市场化程度还不高，投资者偏好从短期交易中获得资本收益，热衷于炒作概念和题材，股票市场对增长概念的追捧超过了对上市公司持续价值创造能力的关注，上市公司股票往往被给予高溢价，股票价格并不能很好地体现公司的内在价值。2004 年后，随着 QFII(Qualified Foreign Institutional Investors)的进入，中国证券市场开始逐渐形成价值投资理念，但是中国证券市场尚不完全具备从发达国家成熟市场借鉴过来的估值模型的应用前提条件，应用估值模型所产生的偏差较大。2005 年以后，随着股权分置改革的完成及全流通时代的到来，未来 A 股上市公司价值通过估值模型来估计其内在价值的可靠性将会上升。2007 年我们可以看到中国股市中一个规模大、流动性强、业绩好的蓝筹公司群体正逐渐形成，虽然到 2008 年时数量仅占沪市上市公司总数的 6%，但却完成了沪市年成交总额的三成，市场对这批蓝筹公司股票的关注程度和投资热情正不断提高。可以预见，随着中国证券市场的逐步成熟，市场将按照成熟资本市场的价值标准，逐步确定自身的价值中枢，价值投资理念在中国证券市场上也将持续得到加强。

湖北广济药业股份有限公司2007年受益于公司主导产品价格暴涨和证券市场走牛,股票价格走出一波波澜壮阔的上升行情,估价从2元起步最高涨到了51元,公司在行业中的地位和未来价值增长潜力受到市场关注。2008年受证券市场转熊和产品降价影响,公司股价在2008年下半年累计跌幅高达80%,且已跌至7元左右。广济药业的真正价值中枢在哪里?目前的价位是否已被低估?该公司股票是否值得长线投资?目前价位有没有并购价值?

　　正是带着这些问题,本章通过学习资产的内在价值和价值评估的方法来初步了解其中存在的问题,从而得出一个相对合理的公司内在价值区间。

(资料来源:高正洁.广济药业价值评估案例分析.华中科技大学.2008)

案例二

股票估值:万福生科财务造假

　　"A股历史上,上市公司造假前仆后继,前有主板臭名昭著的银广夏,近有中小板情节恶劣的绿大地。现在,顶着"稻米精深加工第一股"光环的万福生科(股票代码:300268)承认财务造假,成为创业板造假第一股。"

　　"南方周末记者调查发现,从包装上市到日前公告,万福生科的拙劣造假给投资者留下无尽陷阱,也在处处挑战资本市场的底线。"

　　"作为一名扔掉铁饭碗自主创业的民营企业创始人,我可以自豪地告诉大家,公司的业绩是真实的。"2012年7月31日,龚永福在深交所互动易交流平台信誓旦旦地说。他是创业板上市公司万福生科(湖南)农业开发股份有限公司董事长。

　　仅仅三个月后,2012年11月23日,万福生科收到深交所对公司及相关当事人给予公开谴责的信息,公开致歉。30天前,万福生科发布更正公告,承认"业绩不是真实的":以2012年半年报为例,该公司虚增营业收入1.88亿元、虚增营业成本1.46亿元、虚增利润4023万元,以及未披露公司上半年停产。

　　承认财务造假,在创业板上市公司中尚属首例。在此前的2012年9月18日,证监会对此立案进行调查。

　　万福生科(湖南)农业开发股份有限公司根植于美丽富饶的潇湘大地。自从成立来,公司致力于成为国内领先的粮油加工企业和健康食品的供应商,利用洞庭湖区丰富的稻谷资源为消费者提供营养健康的食品、高品质的生活服务。万福生科集大米结晶葡萄糖、大米高蛋白、高麦芽糖浆等淀粉糖系列产品生产、销售,粮食收购、储备及科技研发为一体,是稻米深加工副产品综合利用循环经济企业,是废水、废渣无害化处理与综合利用的绿色环保企业。公司坚持走产、学、研相结合的道路,与湖南农业大学、中南林业科技大学、长沙理工大学等高校建立了长期的技术联系,并与湖南农业大学联合建立了稻米精深加工研究所。万福生科本是一家业内籍籍无名的稻米加工企业,2011年9月27日,它以每股25元的发行价成功登陆创业板(保荐机构为平安证券),加上超募资金,共募集4.25亿元,曾被多家券商誉为"新兴行业中的优质企业"。

据新浪财经资料显示，2013年6月21日，万福生科已在沪深交易所被停牌。如图 2-1 所示的是截至 2013 年 6 月 13 日，万福生科股票价格的走势，此时股价已跌至 5.65 元，并且这个价格已经持续了一段时间。

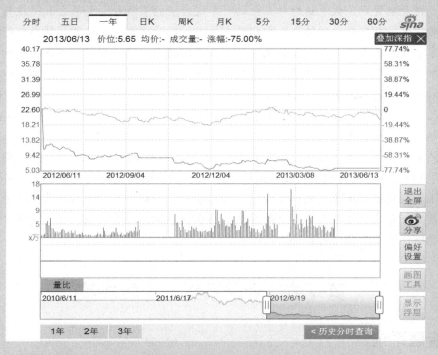

图 2-1　万福生科沪深行情

万福生科的真正价值中枢在哪里？目前的价位是否已被低估？该公司股票是否值得长线投资？正是带着这些问题，本章通过学习资产的内在价值和价值评估的方法来初步了解其中存在的问题，从而得出一个相对合理的公司内在价值区间。

（资料来源：www.sina.com）

【案例导学】

随着证券市场有效性的不断增强，上市公司的经营管理行为直接影响着公司的股票价格和市场价值，管理者面临着在公司短期绩效和长期健康之间进行取舍。从发达国家股票市场发展的漫长历史可以看到，在短期，市场价格确实存在着偏离公司内在价值的现象，但长期来看，市场基本反映了整体经济基本面和公司绩效。因而，很多公司管理者开始把长期股东机制创造作为公司的首要目标，并相信自己的能力最终会反映在公司股票的市场价格之中，以股东价值最大化为公司追求的根本目标成为现代价值管理行为最基本的特征。基于以上情况的考虑，金融资产的价值评估在长期投资中占有尤为重要的地位，投资者该如何看待企业的内在价值？在金融系统中，投资者又该依据什么做出金融决策？

在现代市场经济条件下，投融资活动通常表现为某种金融资产的交易。例如，企业向银行贷款通常要与银行签订贷款合同，合同中明确说明债务人、债权人是谁，债权人发放贷款的时间和数额、债务人偿还贷款的时间和数额等一系列条款。这种贷款合同对银行而言就是一种金融资产，代表银行对未来的一个现金流的索取权。如果企业通过债券融资，那么就必须发行相应数量的债券，承诺还本付息。投资者则用现金购买债券，而债券对投资者而言意味着将来的一系列现金流入。企业通过股票融资，则投资者用现金购买企业发行的股票。根据国家的有关法律，股票投资者有分享公司创造的税后利润的股权，这样意味着一系列未来的现金流。

贷款合同、债券以及股票等之所以被称为金融资产，因为这些融资凭证(证券)虽然不具有实物形态，但同样代表着投资者的未来权益。

虽然金融资产是金融交易的直接对象，但金融交易的本质是当前的现金(流)与未来的现金(流)的交换。在贷款活动中，银行用现金换取了一个未来现金流(利息及本金偿还)；在储蓄活动中，则是银行用未来的一个现金流支出换取了当前的现金流入。由此可见，金融交易的本质之一是实现资金在时空上的呼唤，由于交换必须是等价的，所以开展金融交易的前提是能够计量或者评估未来现金流的当前价值。

第一节　金融系统与金融决策

一、金融系统

(一)金融系统的概念

金融系统又称金融体系，是各种金融工具、金融机构、金融市场和金融制度等一系列金融要素的集合，是这些金融要素为实现资金融通功能而组成的有机系统，包括金融市场、金融中介、金融服务企业以及其他用来执行居民户、企业和政府的金融决策的机构，如图 2-2 所示。有时候特定金融工具的市场拥有特定的地理位置，例如上海证券交易所和深圳证券交易所就是分别设立在上海和深圳。然而，金融市场经常没有一个特定的场所，股票、债券及货币的柜台交易市场——或者场外交易市场的情形就是这个样子，它们本质上是连接证券经纪人及其客户的全球化计算机通信网络。

金融中介被定义为主要业务是提供金融服务和金融产品的企业。它们包括银行、投资公司和保险公司。其产品包括支票账户、银行贷款、抵押、共同基金以及一系列各种各样的保险合同。

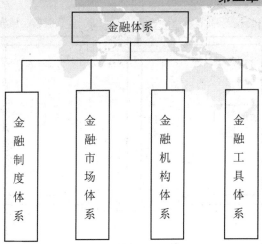

图 2-2　金融系统(1)

由此看来，一个完整的金融体系包括几个相互关联的组成部分：①金融部门，包括各种金融机构和金融市场，它们为经济中的非金融部门提供金融服务；②金融工具，是居民、企业、政府投融资的载体和金融市场的交易对象；③金融制度，金融系统并不是这些部分的简单相加，而是相互适应和协调。因此，不同金融体系之间的区别，不但是其构成部分之间的差别，而且是它们相互关系的不同。

就范围而言，当今的金融体系是全球化的。金融市场和金融中介通过一个巨型国际通信网络相连接，因此，支付转移和证券交易几乎可以 24 小时不间断地进行。

【例 2-1】如果一家总部在德国的大型公司希望为一项重要的新项目融资，那么它将考虑一系列国际融资的可能，包括发行股票将其在纽约证券交易所或者伦敦证券交易所出售，或是从一项日本退休基金那里借入资金。如果它选择从日本退休基金那里借入资金，这笔贷款可能会以欧元、日元甚至美元计价。

(二)资金流动

金融系统是有关资金的流动、集中和分配的一个体系，如图 2-3 所示。它是由连接资金盈余者和资金短缺者的一系列金融中介机构和金融市场共同构成的一个有机体。金融系统是家庭、公司和政府为执行其金融决策而使用的一套市场和中介机构，包括股票、债券和其他证券的市场，还包括银行和保险公司等金融中介机构。资金通过金融系统从资金盈余方流向资金短缺方。这些资金通常通过金融中介机构发生流动。

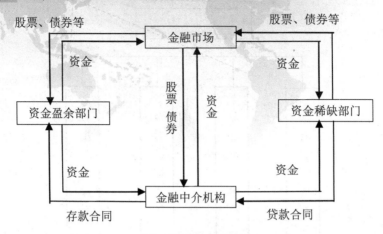

图 2-3　金融系统(2)

宏观经济在运行过程中面临着生产什么商品和生产多少、如何生产、为谁生产等资源配置的问题。这种分配并不是无偿的，而是有偿的，也就是说，获得资源者必须为其获得的资源支付相应的报酬。一方面，经济社会通过市场交换等方式将短缺的资源分配给最需要的生产者和消费者；另一方面，获得资源的生产者和消费者为其获得的资源支付相应的报酬。因此，一个经济体系必然形成物流和资金流，物流和资金流是经济体系运行的两大基本流量。在经济运行中，这两大基本流量相互依赖，互相补充，缺一不可。在现代经济条件下，资金的流动主要是通过金融体系来实现的。

(三)金融系统的职能

金融体系之所以在社会经济运行和金融活动中发挥着重要的作用，是由于其自身具有特殊功能。各国的金融机构大不相同，这有很多原因，如规模、复杂性、技术水平，以及政治、文化和历史背景的差异。金融机构在不同的时期也不一样。甚至即使名称相同，执行的职能也迥然不同。例如，今天美国的银行与 1928 年或 1958 年的银行大不相同，与今天德国和英国称为银行的机构也不同。

建立统一的概念框架，以理解不同国家、不同时期的金融机构为什么不同，在哪些方面不同。所以，可以从以下两个角度来认识金融系统的功能。

1. 功能观和机构观

从功能视角来看，金融职能比金融机构更为稳定，即在不同时期、不同国家，金融职能的变化比较小。

从机构形式来看，金融机构的形式随职能而变化，机构之间的创新和竞争最终会导致金融系统执行各项职能的效率提高。

2. 高效率资源配置职能

从最基本的进行高效率资源配置职能出发，金融体系有六项基本的核心职能：

(1) 为经济资源跨时间、跨国境、在行业之间转移提供途径。金融机构可以帮助实现资金盈余部门和资金短缺部门之间的调剂，实现资源的配置。金融机构能实现资源跨时间的转移，具有资金期限转化功能。金融机构可以同时向资金供求双方提供不同期限的金融产品，短期的资金供给有可能间接地支持长期的资金需求，如购买正确的投资就是把现在的资源放到将来去使用。它同时还能实现资源空间上的转移，比如可以购买过国外的债券和股票，把本国的资源让渡给国外的生产者使用。在良好的市场环境和价格信号引导下，金融机构可以实现资源的最佳配置，比如资金往往会流向生产效益好、利润高的企业。

(2) 金融系统提供管理风险的方法。任何投资都可能面临风险，如果集中投资给一个企业，这个企业破产的可能使投资完全不能收回，投资风险极大。如果将投资风险分散投向许多个企业，一个企业的破产只会使投资者损失一部分的投资，投资风险相对较小。单个的投资者由于资金量小等原因，很难进行有效的分散化投资。金融机构由于集中了大量的资金，又有专业化的队伍，可以有效地进行分散化投资来降低风险。当金融机构规模足够大时，它可以突破地域、行业、资金额的现值，从而使投资风险进一步降低。如大型金融机构可以在国际市场进行借贷活动，可以有效地规避个人难以规避的国内政治风险。

(3) 金融系统提供清算和支付结算的途径，以完成商品、服务和资产的交易。金融机构通过其创造的各种金融工具，如支票、信用卡、电子转账系统和各种转账结算业务，为国民经济各部门和个人进行交易的支付结算提供便利，从而提高了经济的交易效率，促进分工和生产率的发展。

(4) 金融系统提供了有关机制，可以储备资金，购买无法分割的大型企业，或者在很多所有者之间分割一个大型企业的股份。

(5) 金融系统提供价格信息，帮助协调不同经济部门的决策。金融机构不仅提供资金和投资工具，还必须提供各种相关信息，为投资者和融资者决策提供信息支持。由于各种金融交易和清算在金融体系中进行，为金融机构向社会提供交易和相关金融信息提供了可能。

(6) 当交易中的一方拥有另一方没有的信息，或一方作为另一方的代理人为其决策时，金融系统提供解决激励问题的方法。股票期权制使得管理者的报酬依赖于股票价格的表现，从而让管理者和股东的利益变得一致，这也是解决上市公司委托代理人机制所造成的激励问题的一种手段。

二、金融决策

(一)金融决策的主体、内容及目标

1. 主体之一：居民户

大部分居民户是家庭。家庭存在许多形式和规模。一种极端情形是大家庭(extended

family)，由居住在一个屋檐下，同时共享经济资源的几代人构成；另一种极端情形是独自生活的独身者，大部分人通常并不把独身者看作是一个"家庭"。然而，在金融学里，所有这些都被归类为居民户。

居民户主要面临四个基本的决策。

(1) 消费决策和储蓄决策：应当将多少当前财富用于消费，同时应当将收入的多大比例储蓄起来，以备日后之需。它决定了这个家庭当期消费与未来消费如何取舍和如何合理安排。

(2) 投资决策：应该怎么样投资所节省的资金，以及投资到哪里？它是居民户理财的重要组成部分，决定了投资收益。

(3) 融资决策：何时及如何利用市场资金资源来完成消费和投资计划。它是投资决策的继续。

(4) 风险管理决策：做出投融资决策后，居民户该如何减少投资和融资中的风险呢？或者说，居民户应当怎样寻求、以何种条款寻求降低他们面临的金融不确定性，以及什么时候应当增加风险。这就需要做出一个风险管理决策，控制风险，调节风险与收益之间的关系。

在家庭消费中，家庭主要用于购买产品和劳务。消费可分为两种：第一种为自发消费，是为了维持日常生活而必须进行的消费行为；第二种消费主要受到边际消费倾向和收入水平的影响，边际消费倾向越高，表示收入中用于消费的比例就越大，也就是说收入每增加1元，消费支出增加的数量。一般来说，边际消费倾向随着收入的增加而递减。消费与收入水平成正相关，收入越高，相应的消费水平就越高。

作为储蓄部分收入以供未来适用的结果，人们积累了一项能够以不同形式的任意数量持有的财富集合。一种形式是银行账户，另一种形式可能是房地产或是风险企业的股份。所有这些都是资产，而资产是拥有经济价值的任何东西。

由以上四个基本金融决策我们可以看出，其实，居民户金融决策的主要目标是为了满足其消费偏好(这里的偏好是给定的)或消费的效用最大化(跨期消费效用的最大化)。在家庭决策中，居民的储蓄动机主要有交易性动机、谨慎性动机和投资性动机。

储蓄的交易性动机是为了应付未来的消费支出而进行的储蓄。在目前社会中。教育支出、结婚、买房、养老等未来消费支出表现强烈，家庭中储蓄的交易性动机也就比较强烈。

储蓄的谨慎性动机主要是为了预防未来的不时之需而进行的储蓄。例如家庭中可能出现的失业、疾病以及面对自然灾害、意外死亡等事故，对家庭的生活具有潜在的威胁。

储蓄的投资性动机是为了未来实现更多的消费和收入而进行的储蓄，包括银行存款、股票或债券的投资，以及购买的住宅投资等。随着现代社会的发展，居民收入水平的提高，投资性动机显得越来越重要。

2. 主体之二：企业

企业(Enterprise)是金融决策另一个重要主体，它通过一系列的金融决策，在成本一定的情况下实现收益最大化或者在收益一定的情况下实现成本最小化。与家庭决策一致，企业在其日常运营中主要面临三个方面的财务决策。

(1) 资本预算决策主要包括投资项目的评估与决策，即鉴定新投资项目的构思，对其进行评估，决定哪些可以实施，然后贯彻执行。一旦企业已经决定投资于一个项目，就必须清楚怎么样为这个项目融资。

(2) 资本结构决策属于企业金融决策的融资决策。与资本预算决策不同，资本结构决策的分析单位并不是个别的投资项目，而是整个企业。进行资本结构决策的出发点是为该企业确定可行的融资计划，一旦通过努力得到一项可行的融资计划，就可以设法解决最优融资组合的问题。公司的资本结构决定了谁将得到公司未来现金流的何种份额。

【例2-2】债券承诺固定的现金偿付，与此同时，股票支付剩余的残值，这些残余价值是所有其他拥有索取权的人已经得到偿付后剩余的价值。同时，资本结构部分地决定了谁将有机会控制该公司。一般而言，股东通过选举董事会的权利对公司进行控制。但是，债券和其他贷款经常包含约束管理活动的合同条款，这种合同条款被称为承诺。这些承诺性约束给予债券人对该公司事务的某些控制力量。

(3) 营运资本管理是企业日常的资金管理，对企业的成功是极其重要的。如果公司管理层不参与企业的日常金融事务，最好的长期计划也可能失败。即使在一家成长中的成功企业里，现金流入与流出也可能在时间上并不完全匹配。为了保证能够为营运现金流的赤字提供融资，使营运现金流的盈余得到有效投资从而获得良好收益，管理者必须关心向客户收款以及到期支付账单。

企业在所有金融决策领域——投资、融资和盈余资本管理中做出的选择依赖于它的生产技术以及特定的规则、税收和企业运营的竞争环境。政策选择也是高度相互依赖的。在金融学中，企业的决策目标是从影响家庭福利的角度来探讨的，因为，企业的目标是股东财富的最大化。

企业为了让其目标最大化，就得在金融决策领域中做出正确的选择。一国的国内经济环境是决定行业和公司未来销售和经营业绩的重要因素，宏观经济环境是影响企业金融决策的主要因素。

在宏观经济环境因素中，主要有经济周期和经济政策。宏观经济一般重复经济扩张和紧缩的阶段，这种发生繁荣和衰退的波动成为经济周期。经济处于不同的阶段，企业的生产投资和融资管理会出现不同的变化，对企业决策具有决定性的影响。政府具有宏观调控的职能，其制定的经济政策对宏观经济或企业的经济状况产生很大的影响，将直接影响企业的金融决策。

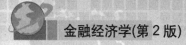

(二)金融决策的实施

1. 金融决策的实施环境

金融决策是在大的金融系统下进行的，金融决策必须借助于金融系统，金融系统为金融决策提供了市场环境，但也会限制金融决策。

2. 金融决策的三大支柱

金融决策的三大支柱是货币的时间价值、资金评估和一价定律。货币具有时间价值，任何投资决策都必须首先要考虑资金的时间价值。资产评估即资产价值的测算过程。在进行多数财务决策时，资产评估是核心内容。进行资产评估的关键内容是测算资产的价值。在此过程中，须使用已知的一个或多个可比较资产的市场价格；根据一价定律，所有相同资产的价格应相等。在竞争性的市场上，如果两个资产是等值的，那么它们的市场价格应倾向于一致。一价定律的体现是市场上套利的结果。

(三)金融决策的结果

金融决策的最终结果是金融市场上的市场均衡及资产价格和衍生金融产品价格的决定。金融决策的结果在决定金融资产价格的基础上，影响了金融市场的配置效率。

第二节　资金的时间价值

一、资金的时间价值概述

(一)资金时间价值的概念

资金的时间价值是指在不考虑通货膨胀和风险性因素的情况下，作为资本使用的货币在其被运用的过程中随时间推移而带来的一部分增值价值。它反映的是由于时间因素的作用而使现在的一笔资金高于将来某个时期的同等数量资金的差额或者资金随时间推延所具有的增值能力。由此可见，资金在不同的时间点上，其价值是不同的。例如，今天的 100元和一年后的 100 元是不等值的。今天将 100 元存入银行，在银行利率 10%的情况下，一年以后会得到 110 元，多出的 10 元利息就是 100 元经过一年时间的投资所增加了的价值，即货币的时间价值。显然，今天的 100 元与一年后的 110 元相等。由于不同时间的资金价值不同，所以，在进行价值大小对比时，必须将不同时间的资金折算为同一时间后才能进行大小的比较。

同样数额的资金在不同时间点上其价值不等，时间价值原理正确地揭示了不同时间点上的资金之间的换算关系，是价值评估、资产定价、财务决策等的基本依据。

从经济学的角度而言，资产的时间价值就是指当前所持有的一定量货币比未来获得的等量货币具有更高的价值。现在的一单位货币与未来的一单位货币的购买力之所以不同，是因为要节省现在的一单位货币不消费而改在未来消费，则在未来消费时必须有大于一单位的货币可供消费，作为弥补延迟消费的贴水。

对于资金的时间价值也可以理解为：如果放弃资金的使用权利(投资、储蓄等)，则相对失去某种收益的机会，也就相当于付出一定代价而产生的一种机会成本。因此，资金的时间价值是企业筹资决策和投资所要考虑的一个重要因素，也是企业估价的基础。

(二)货币时间价值的度量

衡量货币时间价值的大小通常是用利息，其实质内容是社会资金的平均利润。但是，在日常生活中接触到的利息，比如银行存、贷款利息，除了包含时间价值因素外，还包括通货膨胀等因素。所以分析时间价值时，一般以社会平均的资金利润为基础，而不考虑通货膨胀和风险因素。

需要明确的是货币时间价值是指货币在无风险条件下的增值比率。什么叫无风险？就信用理论来看，国家信用是最高的，也就是说贷款给国家是没有风险的。因此，在美国，短期国债利率被作为货币时间价值的代表值。我国由于没有对外发行短期国债，因此可以用银行存款利率代替。

国债利率，银行存、贷款利率，各种债券利率，都可以看作投资报酬率，然而它们并非时间价值率，只有在没有风险和通货膨胀的情况下，这些报酬才与时间价值率相同。由于国债的信誉度最高、风险最小，所以，如果通货膨胀率很低就可以将国债利率视同时间价值率。为了便于说明问题，在研究、分析时间价值时，一般以没有风险和通货膨胀的利息率作为货币的时间价值。

(三)资金的时间价值的特点

1. 资金时间价值是资源稀缺性的体现

经济和社会的发展要消耗社会资源，现有的社会资源构成现存社会财富，利用这些社会资源创造出来的物质和文化产品构成了将来的社会财富，由于社会资源具有稀缺性特征，又能够带来更多社会产品，所以现在物品的效用要高于未来物品的效用。在货币经济条件下，货币是商品的价值体现，现在的货币用于支配现在的商品，将来的货币用于支配将来的商品，所以现在货币的价值自然高于未来货币的价值。市场利息率是对平均经济增长和社会资源稀缺性的反映，也是衡量货币时间价值的标准。

2. 资金时间价值是信用货币制度下流通中货币的固有特征

在目前的信用货币制度下，流通中的货币是由中央银行基础货币和商业银行体系派生存款共同构成，由于信用货币有增加的趋势，所以货币贬值、通货膨胀成为一种普遍现象，现有货币也总是在价值上高于未来货币。市场利息率是可贷资金状况和通货膨胀水平的反映，反映了货币价值随时间的推移而不断降低的程度。

3. 资金时间价值是人们认知心理的反映

由于人在认识上的局限性，人们总是对现存事物的感知能力较强，而对未来事物的认识较模糊，因此人们存在一种普遍的心理就是比较重视现在而忽视未来，现在的货币能够支配现在的商品满足人们的现实需要，而将来的货币只能支配将来商品满足人们将来的不确定需要，所以现在单位货币价值要高于未来单位货币的价值，为使人们放弃现在货币及其价值，必须付出一定代价，利息率便是这一代价。

二、资金时间价值的计算

(一)单利的终值与现值

单利(Simple Interest)是指只对本金计算利息，利息部分不再计息的一种方式。通常用 P 表示现值，F 表示终值，i 表示利率(贴现率、折现率)，n 表示计算利息的期数，I 表示利息。

1. 单利的终值

单利的终值是指一定时期以后的本息和。这是资金的时间价值计算中最简单、最基本的一种计算，但不是很常用。

【例2-3】 现在的1元钱，年利率为10%，如果按照单利进行计算，那么，这1元钱，在第一年年末、第二年年末和第三年年末分别为多少？

【解】现在的1元钱在第一年年末到第三年年末的终值可以计算如下：

1元1年后的终值=1×(1+10%×1)=1.1(元)

1元2年后的终值=1×(1+10%×2)=1.2(元)

1元3年后的终值=1×(1+10%×3)=1.3(元)

因此，可以推算出单利终值的一般计算公式为

$$F = P(1 + i \times n)$$

2. 单利的现值

单利的现值是指未来的一笔资金其现在的值，即由终值倒求现值，一般称为贴现或者折现，所使用的利率为折现率。

【例2-4】 若年利率为10%，如果按照单利进行计算，那么第一年年末、第二年年末和第三年年末的1元钱的现值分别为多少？

【解】从第一年年末到第三年年末每年年末的1元钱的现值可计算如下：

第一年年末1元钱的现值=1/(1+10%×1)=1/1.1=0.909(元)

第二年年末1元钱的现值=1/(1+10%×2)=1/1.2=0.833(元)

第三年年末 1 元钱的现值=$1/(1+10\% \times 3)=1/1.3=0.769$(元)

因此，可以推算出单利现值的一般计算公式为

$$P = \frac{F}{1+i \times n}$$

3. 单利的利息

单利的利息计算公式为

$$I = Pin$$

(二)复利的终值与现值

复利是指每经过一个计息期，要将所生利息加入本金再计利息，逐期滚算，俗称"利滚利"。

1. 复利的终值

复利的终值是在"利滚利"基础上计算的现在的一笔收付款项在未来的本息和。

【例 2-5】 现值的 1 元钱，年利率为 10%，如果按照复利进行计算，那么这 1 元钱在第一年年末、第二年年末和第三年年末分别为多少？

【解】现在的 1 元钱在第一年年末到第三年年末的终值可以计算如下：

1 元 1 年后的终值=$1 \times (1+10\%)^1=1.1$(元)

1 元 2 年后的终值=$1 \times (1+10\%)^2=1.21$(元)

1 元 3 年后的终值=$1 \times (1+10\%)^3=1.331$(元)

因此，可以算出复利终值的一般计算公式为

$$F = P(1+i)^n$$

上式中，$(1+i)^n$ 称为复利终值系数。当计息期数较多时，为简化计算，在 i、n 已知的情况下，可通过查复利终值系数表求得。这样，复利终值即为复利现值与复利终值系数的乘积。

【例 2-6】 李先生现值存入账户 5000 元，年复利 10%，20 年后，该账户中的金额为多少？

【解】查表得知，复利终值系数$(1+10\%)^{20}$ 的值为 6.7275。因此，20 年后该账户中的金额为 $5000 \times (1+10\%)^{20}=5000 \times 6.7275=33637.5$(元)。

2. 复利的现值

复利现值是指未来发生的一笔收付款项其现在的价值。具体地说，就是将未来的一笔收付款项按适当的折现率进行折现而计算出的现在的价值。

【例 2-7】若年利率为 10%，如果按照复利进行计算，那么第一年年末、第二年年末和第三年年末的 1 元钱的现值分别为多少？

【解】从第一年年末到第三年年末每年年末的 1 元钱的现值可计算如下：

第一年年末 1 元钱的现值=$1/(1+10\%)^1$=1/1.1=0.909(元)

第二年年末 1 元钱的现值=$1/(1+10\%)^2$=1/1.21=0.82(元)

第三年年末 1 元钱的现值=$1/(1+10\%)^3$=1/1.331=0.751(元)

因此，可推演出复利现值的一般计算公式为

$$P = \frac{F}{(1+i)^n}$$

其中，$1/(1+i)^n$ 为复利现值系数。为了方便计算，在 i、n 已知的情况下，可直接通过查复利现值系数表求得。复利现值也可理解为复利终值与复利现值系数的乘积。

3. 复利的利息

以复利计算的利息通常以终值和现值的差额来表示，即

$$I = F - P$$

(三)年金的终值与现值

1. 年金的定义

年金是在一定时期内每隔相等时间、发生相等数额的收付款项，是一系列均等的现金流。在经济生活中，年金的现象十分普遍，如零存整取、均等偿付的住房抵押贷款、养老保险金及住房公积金等。

按年金每次发生的时间不同，年金可分为如图 2-4 所示的几种。

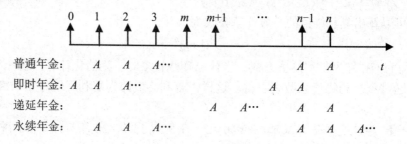

图 2-4　年金的分类

普通年金——也称为后付年金，是在现期的期末才开始的一系列均等的现金流。

即时年金——也称为先付年金，是在每期期初开始的一系列均等现金流。

递延年金——若干期后才开始发生的普通年金。

永续年金——永远发生下去的普通年金。

其中，最常见的年金类型为普通年金和即时年金，这里只对普通年金的终值和现值做介绍，即时年金、递延年金和永续年金的终值和现值可由普通年金的推算得出。

2. 普通年金的终值

普通年金是指一定时期内，每期期末等额收入或支出的本利和，也就是将每一期发生的金额按复利换算到最后一期期末的终值，然后加总，即得到该年金终值。

> **【例2-8】** 你现在在某银行开设了一个零存整取的账户，存期5年，每年存入1000元，每年计息一次，利率为6%，那么到第五年结束时，你的账户上会有多少钱呢？
>
> **【解】** 根据前面的终值公式，可以得到各年存入账户的终值如下：
>
> 第一年：$1000 \times (1+6\%)^4$
>
> 第二年：$1000 \times (1+6\%)^3$
>
> 第三年：$1000 \times (1+6\%)^2$
>
> 第四年：$1000 \times (1+6\%)^1$
>
> 第五年：$1000 \times (1+6\%)^0$
>
> 将各年存入金额的终值相加，就得到第五年结束时你的账户上的余额：
>
> $$1000 \times [(1+6\%)^4+(1+6\%)^3+(1+6\%)^2+(1+6\%)^1+(1+6\%)^0]$$

一般来说，与单利和复利的表示符合相近，设普通年金的终值为 F，利率为 i，期限为 n，每期发生的等量现金流为 A，如图 2-5 所示。

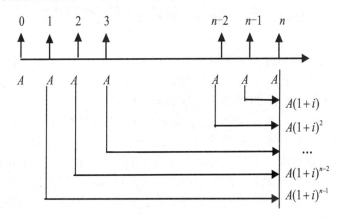

图 2-5　例 2-8 题图

所以，普通年金终值计算公式为

$$F = A \cdot \frac{(1+i)^n - 1}{i}$$

式中：$\dfrac{(1+i)^n - 1}{i}$ 为年金终值系数，记为 $(F/A, i, n)$，可通过年金终值系数表查得。

所以，上式可写为 $F=A(F/A, i, n)$。

> **【例2-9】** 某投资项目在5年建设期内每年末向银行借款100万元，借款年利率为10%，问该项目竣工时应付银行的本息的总额是多少？

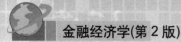

【解】$F_A = A(F/A, i, n) = 100 \times (F/A, 10\%, 5) = 100 \times 6.105 = 610.5$(万元)

3. 普通年金的现值

将每一期发生的金额计算出现值并相加，称为年金现值。普通年金现值计算公式为

$$P_A = A\frac{(1+i)^n - 1}{i(1+i)^n}$$

式中：$\dfrac{(1+i)^n - 1}{i(1+i)^n}$ 为年金现值系数，记为 $(P/A, i, n)$，可通过年金现值系数表查得。

上式可写为 $P_A = A(P/A, i, n)$。

【例 2-10】 某企业现在贷款 1000 万元，在 10 年内以年利率 12%均匀偿还，每年应还多少？

【解】由公式 $P_A = A(P/A, i, n)$，得：

$$A = \frac{P_A}{(P/A, i, n)} = \frac{1000}{(P/A, 12\%, 10)} = \frac{1000}{5.650} = 177\,(\text{万元})$$

第三节　金融资产的价值评估

人们进行金融投资决策时，需要遵循的一个基本原则就是价值最大化，即选择能够给你带来最大收益的投资项目或方案。做出金融决策的前提是投资方案的可比较性，一方面，对于其收益确定的投资项目(如购买固定利率的国债和银行存款等)，可以直接采用本节讲解的贴现分析方法进行比较；另一方面，许多投资项目的收益是不确定的(如股票投资)，这需要对其投资收益进行估计。有价证券的价格随行就市，似乎变化无常，但无论怎样变化，均会遵循价值原则，围绕其内在价值形成一定的变化区间。有价证券的价值评估是决定投资方案的关键因素之一，金融分析师的任务之一就是挖掘并推荐人们购买价值被低估的金融资产，发现并及时提醒人们卖出价值被高估的金融资产，因此，金融资产价值评估就是本节讨论的重要内容。

一、金融资产价值评估的原则与方法

(一)金融资产内在价值的概念

经济学对金融资产价值有许多不同的定义。在金融分析中，金融资产的价值常常被定义为"信息充分的投资者在完全竞争市场上购买该资产时必须支付的价格"。只有在信息充分和完全竞争的市场上，资产价格才能充分地反映其价值。现实市场的信息可能是不充分的(不完全和非对称的)，具有信息优势的人可能利用其优势来获利。现实市场的竞争也可能是不完全的，一些垄断力量试图操纵金融资产价格来获得利润。因此，现实市场价格通常并不等于其内在价值，而是围绕其内在价值波动。

但是，人们在进行金融分析时，通常假定在竞争性市场上，资产价格能够正确反映其内在价值。因为许多信息充分的专业人士努力寻找价格与价值背离的资产，并通过买进价值被低估的资产、卖出价值被高估的资产来获利。其结果将导致偏离其价值的资产价格向价值回归。著名的投资大家本杰明·格雷厄姆说："内在价值是一个非常难以把握的概念，一般来说，内在价值是指一种有事实(如资产、收益、股息、明确的前景)作为依据的价值，它有别于受到人为操纵的心理因素干扰的市场价格。"

(二)金融资产价值评估的方法

金融资产的价值评估方法主要分为两大类：一类是绝对估值法，特点是主要采用折现方法，较为复杂，如现金流贴现法；另一类是相对估值法，特点是主要采用乘数方法，较为简便，如 PE 估值法、PB 估值法、PEG 估值法、PS 估值法、PSG 估值法、EV/EBITDA 估值法等。

1. 现金流贴现法

现金流量贴现法，又称绝对估价法，就是把金融资产未来特定期间内的预期现金流量还原为当前现值。由于金融资产价值的精髓还是它未来盈利的能力，只有当有价证券具备这种能力，它的价值才会被市场认同，因此理论界通常把现金流量贴现法作为金融资产价值评估的首选方法，在评估实践中也得到了大量的应用，并且已经日趋完善和成熟。

这种方法的基本理念是，既然投资的目的是在未来取得投资收益，那么未来可能形成收益的多少就在本质上决定了投资对象内在价值的高低。根据上一节所讲的复利现值的含义，如果贴现率为 10%，1 年后 1 元的现值是 0.909 元，对于是选择今天的 0.909 元，还是 1 年以后的 1 元，投资者完全无所谓，这体现了资金时间价值的本质。当前资产的价值必须处于这样一个水平，使得出售者对是继续得到由资产提供的现金流还是接受资产的卖出价感到无所谓。

用现金流贴现法计算证券价值的步骤：①估计投资对象的未来现金流量，而金融资产的种类和发行人的特征决定了预期现金流的确定性程度，对权益类金融资产的现金流的估计与债务类相比有较大的难度；②选择可以准确反映投资风险的贴现率，风险相同的资产采用相同的贴现率，投资者察觉到预期现金流量风险越大，就要求越高的风险报酬，进而选择较高的贴现率，最终投资者选择的贴现率等于无风险利率与投资者要求的风险溢价之和；③根据投资期限对现金流进行贴现，计算金融资产的内在价值。

现金流贴现法是评估具有确定性现金流和非确定性现金流的金融资产价值的基本模型方法，后面将对债券和股票进行价值评估时主要用的就是这种方法。

2. 一价定律

金融资产价值评估中必须遵循的一个重要原则是"一价定律"。证券市场上的一价定律是指在竞争性市场上，如果两种资产的内在价值是相等的，那么它们的市场价格应该趋于一致。一价定律所描述的均衡状态在目前的经济环境中很难做到，但是经济发展却是遵循这个定律的。

一价定律是由市场中的套利行为导致的。套利(Arbitrage)行为是指买进某种资产后立即卖出以赚取价差利润的行为。如果证券 A 和证券 B 内在价值相等，A 的市场价格高于 B 的市场价格，投资者就会更多地投资于 B 而放弃投资于 A，最终使两者的市场价格趋于一致，从而保证了一价定律的实现。

一价定律和套利机制保障了一个完善的金融市场自动地稳定在无套利均衡的状态，一旦偏离这种均衡，套利行为就会发生，并在很短的时间内回到原来的均衡状态，所以一价定律也被称为无套利定价原则。这样，金融资产在市场上的合理价格(内在价值)，使得市场不存在无风险套利机会，研究者唯一需要确定的是当市场中其他资产价格给定的时候，某种资产的价格应该是多少，才使得市场中不存在套利机会。

其中，比较有代表性的两种套利行为如下。

(1) 相同资产不同市场的套利。当同一种资产在两个市场上具有不同价格时，人们可以在价格较低的市场买进该资产，在价格较高的市场卖出该资产。当不存在交易成本或交易成本低于两个市场的差价时，该交易即可获利。

【例 2-11】 外汇资产在世界许多市场上都可以进行交易，在现代国际金融体系下，不同金融市场间的交易成本甚低，而且金融资产的转移和跨市场交易十分便利。如果美元对欧元汇率在伦敦市场为 1∶1.02，而在纽约市场为 1∶1.01。该如何套利？

【解】 套利者在纽约买进美元后立即在伦敦市场卖出，不计交易成本，可获利 (1.02-1.01)/1.01=1%。

但是，这种套利行为必然对两个市场的资产供求及价格产生影响：纽约市场因为人们大量买进美元而增加其美元需求，导致美元汇率上升；伦敦市场由于人们大量卖出美元而增加其美元供给，导致美元汇率下降。当人们竞相进行这种套利行为时，必然导致两个市场的美元汇率趋于一致。

这种套利行为使等价资产不仅价格趋同，而且其利率也趋同。如果具有同样期限、相同风险的金融资产存在不同利率水平，人们以低利率借入资金，再以高利率贷出资金进行套利。这种套利活动必然使等价资产的利率趋于一致。

(2) 三角套利。人们不仅可以进行相同资产不同市场的套利，而且还可以进行互换的多种资产之间同一市场与不同市场的套利。最典型的就是 3 种资产之间的套利，被称为三角套利。三角套利是利用多种汇价在不同市场间的差价进行套利行为。

【例 2-12】 美元、欧元和日元 3 种货币在纽约市场均可进行交易。假如在纽约市场美元兑欧元汇率为 1∶1.02，欧元兑日元汇率为 1∶120，美元兑日元汇率为 1∶124。如果在这 3 种货币之间进行套利交易，可以获利多少？获利率为多少？

【解】用 100 美元以 1∶124 的汇率买 12400 日元，用 12400 日元以 120∶1 的比率购买 103.33 欧元，再用 103.33 欧元以 1∶1.02 比率购买 101.30 美元。如果不考虑交易成本，则可获利 1.30 美元，获利率为 1.3%。

注意，对于个人交易是很难从这种套利行为中获利的，因为，银行对外汇兑换业务收取服务费(银行的外汇买入价与卖出价的差额)，因此，你需要支付的交易成本可能远远高于进行这种套利可能获得的利差。但是，银行和一些专业的外汇交易商则可能直接利用外汇交易网络进行最低成本的套利活动。

这种大量的低成本三角套利的结果，必然使 3 种资产之间的即时交易无利可套，即一种资产只有一种价格，不管是以一种资产直接购买还是以另一种资产间接购买，价格将趋于一致。在此例中，如果用欧元直接购买美元的价格为 1.02，则通过购买日元，再用日元购买美元所用的欧元也应该为 1.02。据此，如果欧元兑日元的汇率为 1∶120，则美元换日元的汇率必然趋于 1∶122.4(120×1.02=122.4)，即它们必然遵循一价定律。该定律在汇率市场的应用可以概括为：对于任意 3 种竞争性市场上可以自由兑换的货币，只要知道其中任意两种汇率，就可以知道第三种汇率。

一价定律是金融资产价值评估的最基本原则，等价的金融资产在市场上必然遵循一价定律。因此，如果能够应用一价定律直接进行资产价值评估是十分简单的。但是，在现实中并没有完全相同的两种资产，或者并不知道与被评估资产价值完全相同资产的价格。在进行资产价值评估时，大多数情况下只能通过能够与被评估资产的价值进行比较的资产价格，来推断被评估资产的价值。这就是间接应用一价定律进行资产价值的比较评估。在进行这种比较评估时，必须注意这些资产的可比性及其差异。

3. 相对估价法

前面所讲的现金流贴现法主要是将投资者所获得的金融资产的未来现金流进行贴现得出资产的价值，即收益资本化方法。其出发点在于利息或股利收益是投资者未来获得的唯一现金流，只要将其贴现，就应该可以得出金融资产的价值。这一方法在理论上简单明了，具有说服力，应用十分广泛。但是这一方法也有其不足之处，采用现金流贴现法，需要估计大量的参数，而且参数估计的微小误差就可能导致结果出现大幅偏差。因此，这一方法的应用是建立在大量的研究基础之上，非常复杂。为了克服这一缺陷，下面将讨论不同于现金流贴现法的另一种估价方法——相对估价法。相对估价法在现实中的应用非常广泛，如在房地产估价中基本上都是运用相对估价法。

相对估价法就是以一种资产的价格来确定另一种资产的价格。如果两种资产的收益是相同的(假设风险相同)，那么两种资产的市场价格理论上也应该是相同的，否则就会出现套利行为。相对估价法是建立在绝对定价法的基础之上的，在相对定价法中被用作参照物的证券价格，被默认为体现了它的内在价值。

根据相对价值原则，在使用某个共同变量而获得标准化后，任何资产的价值都能够从可比资产的定价中推导出来。与探索内在价值的现金流贴现法不同，相对估价法尤其倚重于市场。这一方法有一个基本的假设，即市场上对于各种金融资产的定价方式在总体上是正确的，但是在对个别金融资产的定价上会出错，但可以通过对各种标准化后的比率进行比较确定错误。而这些错误将随着时间的推移而获得修正。

【例 2-13】 如果某一行业其他公司的股票以 25 倍于盈利的价格进行交易，而有一家公司以 10 倍于盈利的价格进行交易。

【解】由此可以看出，这家公司的股票被低估了。随着时间的推移，这家公司的股票价格将获得修正而上涨，那么买进者就可以获利。

虽然仍然有很多人对相对估价方法持怀疑态度，因为这一方法在理论上显然没有现金流贴现法那样简洁而富有说服力，但是由于其使用方便，相对估价方法仍然得到了广泛的应用，尤其是在股票价值的评估中。其中，应用最广泛的指标包括市盈率、市净率、托宾 q 比率等。利用这些比率，可以方便地获得公司资产价值的估计值，当大量的具有可比性的公司在市场上进行交易时，并且如果市场对这些公司的定价总体上正确，采用相对估价法非常有效。但是，当估计那些独特的、无可比的公司、收益较少甚至为负的公司时，使用相对估价法就有些困难了。这就要求在使用这一方法时要注意模型的适用条件。后面在介绍股票价值评估时，会以市盈率为代表，着重介绍基于相对估价法的简化股票估价方法。

二、债券价值评估

金融资产价值的评估大致可以分为两种基本类型：一种是未来现金流已知的资产价值评估；另一种是未来现金流不确定的资产价值评估。前者的典型代表是债券，后者的典型代表是普通股票。首先来介绍前者。

影响债券价格的因素有很多，既有宏观经济因素，也有微观经济因素，还有市场方面的原因，概括一起，主要包括经济周期、财政政策、货币政策、通货膨胀、资金市场的供求状况及由此形成的利率水平，以及发行人情况(如经营情况、财务状况、资金状况等)和其他特定条款(如债券发行时各种限制性条款)等。这里讨论的债券价格评估，是在忽略其他影响因素的前提下，只分析债券的理论价格与市场利率关系。

对于债券价值的评估，首先必须要知道债券的到期时期、面值、票面利息以及具有类似风险和偿还期的债券利率(即投资者对该债券所要求的必要收益率)。有了这些数据，就可以计算现金流的现值，从而评估债券在某一时点的价值。从债券估价的需要出发，按利息支付方式将债券分为有息债券和零息债券，其中有息债券又进一步划分为附息债券、一次还本付息债券和永久公债 3 类。

(一)有息债券的价值评估

1. 附息债券的价值评估

附息债券是指在债券券面上附有息票的债券，或是按照债券票面载明的利率及支付方式支付利息的债券。息票上标有利息额、支付利息的期限和债券号码等内容。持有人可从债券上剪下息票，并据此领取利息。附息债券的利息支付方式一般会在偿还期内按期付息，如每半年或一年付息一次。投资者不仅可以在债券期满时收回本金(面值)，而且还可以定期获得固定的利息收入。

根据前面讲的资金的时间价值和现金流贴现的概念，债券的价格应该等于债券未来收益即未来现金流量的现值。而债券未来的现金流量包括两部分：持有期间的利息收入和到期时的本金。因此，对于分若干次等额支付利息、到期一次还本的债券，即附息债券，其价格应该等于按市场利率贴现计算出来的债券利息收入和所偿付本金的现值之和，用公式表示为

$$P = \sum_{t=1}^{n} \frac{rF}{(1+i)^t} + \frac{F}{(1+i)^n}$$

式中：P 为债券的理论价格；i 为市场利率(到期收益率)，可以通过参考当前是市场上具有类似风险和偿还期的债券的到期收益率来确定；F 为债券的面值；r 为债券的票面利率；n 为买方自买入至持有债券到期利息支付次数。

利用这个公式，可以在购买债券前，参考市场利率水平，合理地估计债券的理论价格。

【例2-14】 假设 A 公司计划发行 10 年期的债券，该债券的年票面利息是 80 元，同类债券的到期收益率为 8%。A 公司将在接下来的 10 年中，每年支付 80 元的票面利息。10 年后，A 公司将支付给债券持有人 1000 元，问：这张债券的理论价格是多少？

【解】

$$P = \sum_{t=1}^{n} \frac{rF}{(1+i)^t} + \frac{F}{(1+i)^n} = \sum_{t=1}^{10} \frac{80}{(1+8\%)^t} + \frac{1000}{(1+8\%)^{10}} = 1000\,(\text{元})$$

即债券的理论价格为 1000 元。

2. 一次还本付息债券的价值评估

一次还本付息债券所产生的现金流是到期时的本利和。一次还本付息债券的估价就是将到期时债券按票面利率计算出来的本利和再按市场利率进行贴现计算的复利现值，用公式表示为

$$P = \frac{F(1+r)^m}{(1+i)^n}$$

式中：n 为持有剩余期间的期数；m 为整个计息期间的期数，如为新发行债券，$m=n$，其余字母含义同上。

【例2-15】 某债券面值 1000 元，期限为 5 年，票面利率为 8%，市场利率为 6%，到期一次还本付息，其发行的理论价格为多少？

【解】 已知 F，r，i，$m=n=5$，则该债券的理论价格为

$$P = \frac{F(1+r)^m}{(1+i)^n} = \frac{1000 \times (1+8\%)^5}{(1+6\%)^5} = 1097.34(元)$$

如果该债券持有 2 年，则其在第三年的理论价格为

$$P = \frac{F(1+r)^m}{(1+i)^n} = \frac{1000 \times (1+8\%)^5}{(1+6\%)^3} = 1233.67(元)$$

3. 永久性债券的价值评估

永久性债券是指没有到期日，也没有最后支付日，债券投资人可以定期地、持续地获得固定收益的债券。18 世纪，英格兰银行就发明了这种称为"英国永久公债"(也称"英国金边债券")的债券。美国为建造巴拿马运河也曾出售过永久性公债，但美国的永久性公债在发行时附列了赎回条款，因此，它不是完全意义上的永久性债券。

永久性债券实际上是附息债券的特殊形式，即利息支付次数趋向于无穷大。因此，永久公债的计算公式可借助附息债券的计算公式近似求得

$$P = \frac{rF}{i}$$

式中字母含义同上。

(二)零息债券的价值评估

某些债券在其存续期内不支付利息，投资者收益的获取是通过购买价格和期满的差额来实现的，这类债券被称为零息债券(Zero-Coupon Bond)。零息债券又称纯贴现债券(Pure Discount Bond)，它是对所有承诺在未来支付一系列现金流的合同进行价值评估的基础，是最简单的一种债券。

从性质上看，零息债券是属于到期一次还本付息的债券；从计算公式上看，零息债券实际上也是附息债券的一种特殊形式。附息债券未来产生的现金流量为两部分：利息部分和本金(一般为面额)部分，而零息债券未来的现金流量只有面额部分，因此，当零息债券的面值和市场利率确定之后，其估价公式可以表示为

$$P = \frac{F}{(1+i)^n}$$

零息债券的价格随到期时间的缩短而上升，随市场利率的提高而下降。据此可得出已知现金流的资产价值评估的基本原则：市场上所有已经存在的那些承诺在未来支付固定金额的资产，其价格会因市场利率的变化而反向变化，也会随到期时间的缩短而上升。由于债券到期之前的市场利率变动是不确定的，因此，固定收入债券的价格在到期之前也是不确定的。

【例2-16】　某债券票面值为 1000 元，期限为 5 年，不计利息，到期一次还本，假如市场利率为 8%，该债券价格低于多少时才值得投资购买？

【解】已知 F=1000，n=5，i=8%，代入公式得：

$$P = \frac{F}{(1+i)^n} = \frac{1000}{(1+8\%)^5} = 1000 \times 0.681 = 681(元)$$

所以，当该债券的价格等于或低于 681 元时才值得投资购买。

(三)折价债券、溢价债券和等价债券

零息债券一般都按低于面值的价格发行，到期按面值偿还。这种按低于面值的价格发行称为折价发行。零息债券的折价部分实际上就是债券持有期间的利息。那么，债券的折价是怎样产生的呢？

【例2-17】　某债券票面值为 1000 元，期限为 5 年，年利率为 6%，每年付息一次，假如市场利率为 8%，试计算该债券的现值。

【解】已知 F=1000，n=5，r=6%，i=8%，代入公式得：

$$P = \sum_{t=1}^{n} \frac{rF}{(1+i)^t} + \frac{F}{(1+i)^n}$$

$$= 1000 \times 6\% \times \sum_{t=1}^{5} \frac{1}{(1+8\%)^t} + \frac{1000}{(1+8\%)^5}$$

$$= 1000 \times 6\% \times 3.993 + 1000 \times 0.681$$

$$= 239.58 + 681$$

$$= 920.58(元)$$

所以，该债券的现值为 920.58 元。

从例 2-17 可以看出，不仅零息债券产生折价发行，当债券的票面利率(亦称名义利率)低于市场利率(也称实际利率)时，也会产生债券的折价发行，零息债券可以理解为债券的票面利率为零。

债券的折价实质上以市场利率(实际利率)为标准来衡量债券的发行人和投资者之间经济利益关系的一种手段，其产生的直接原因是债券票面利率低于市场利率。对债券发行人而言，折价是计息期少支付利息而在发行时付出的代价；对债券投资者而言，折价则是在债券持有期间少收入利息而在投资购买时给予的补偿。相反，当债券的票面利率高于市场利率时，为平衡发行人和投资者之间的经济关系，债券会产生溢价发行。对发行人而言，溢价是计息期多支付利息而在发行时获得的报酬；对债券的投资者而言，溢价则是持有期间多收入利息而在投资购买时付出的代价。当债券的票面利率正好等于市场利率时，债券将按面值发行，不过这种情况出现得较少。

因此，根据债券发行价格与其面值的大小关系，可以将债券分为折价债券、溢价债券和等价债券。

1. 折价债券

如果债券的发行价格低于其票面价格，即折价发行，那么这种债券被称为折价债券(Discount Bond)。折价债券的到期收益率高于其票面利率，如例2-18所示。

【例2-18】 某面值为100元的10年期国债，每年末按5%的票面利率支付利息，该债券现在已发行5年，当前5年期债券的市场利率水平上升为6%，该债券当前的价格水平如何？

【解】 已知 $F=100$，$n=5$，$r=5\%$，$i=6\%$，代入公式得：

$$P = \sum_{t=1}^{n} \frac{rF}{(1+i)^t} + \frac{F}{(1+i)^n} = 100 \times 5\% \times \sum_{t=1}^{5} \frac{1}{(1+6\%)^t} + \frac{100}{(1+6\%)^5} = 95.79(\text{元})$$

可见，当前该债券价格为95.79元，低于其面值，因而是折价债券。注意折价债券的到期收益率与本期收益率的差别。

折价债券的本期收益率=利息/价格=5/95.79=5.22%

该收益率低估了折价债券的真实收益率。因为它忽略了债券到期时获得的本金是面值100元，而非价格95.79元。因此，反映折价债券的真实收益率是到期收益率而非本期收益率。到期收益率就是使其现金流的现值等于其价格的贴现率。在此为市场利率6%。

由此可见，折价债券的到期收益率高于其本期收益率，本期收益率高于票面利率。折价的幅度越大，到期收益率高于其票面利率的幅度就越大，反之亦然。

2. 溢价债券

如果债券的发行价格高于其面值，即溢价发行，那么这种债券为溢价债券(Premium Bond)。溢价债券的到期收益率低于其票面利率，如例2-19所示。

【例2-19】 以上面值为100元的10年期国债，每年年末按5%的票面利率支付利息，该债券现在已发行5年，当前5年期债券的市场利率水平下降为4%，该债券当前的价格水平如何？

【解】 已知 $F=100$，$n=5$，$r=5\%$，$i=4\%$，代入公式得：

$$P = \sum_{t=1}^{n} \frac{rF}{(1+i)^t} + \frac{F}{(1+i)^n} = 100 \times 5\% \times \sum_{t=1}^{5} \frac{1}{(1+4\%)^t} + \frac{100}{(1+4\%)^5} = 104.46(\text{元})$$

可见，当前该债券价格为104.46元，高于其面值，因而是溢价债券。

溢价债券的本期收益率=利息/价格=5/104.46=4.787%

该收益率高估了溢价债券的真实收益率。因为它忽略了债券到期时获得的本金只有面值100元，而非价格104.46元。因此，反映溢价债券的真实收益率也是到期收益率而非本期收益率。在此为市场利率4%。

由此可见，溢价债券的到期收益率低于其本期收益率，本期收益率低于票面利率。溢价的幅度越大，到期收益率低于其票面利率的幅度就越大，反之亦然。

3. 等价债券

发行价格等于其面值的债券称为等价债券(Par Bond)。等价债券的到期收益率与票面利率相等。

【例 2-20】 某面值为 100 元的 10 年期国债，每年年末按 5% 的票面利率支付利息，该债券的市场利率水平也为 5%，该债券当前的价格水平如何？

【解】 已知 $F=100$，$n=5$，$r=i=5\%$，代入公式得：

$$P = \sum_{t=1}^{n} \frac{rF}{(1+i)^t} + \frac{F}{(1+i)^n} = 100 \times 5\% \times \sum_{t=1}^{10} \frac{1}{(1+5\%)^t} + \frac{100}{(1+5\%)^{10}} = 100(元)$$

可见，当前债券价格与面值相等。

三、股票价值评估

如果投资对象是股票，价值评估工作要复杂得多。股票不像债券，没有偿还期限；除了优先股以外，普通股股票的收益都是不确定的。这里将讨论普通股的估价方法，优先股的估价方法与永久性债券相类似，这里不再涉及。

(一)股利贴现模型

股票价值评估最基本的方法是股利贴现模型(Dividend Discount Model)——股票的价值是该股票预期未来现金流的现值。股利贴现模型是利用现金流贴现方法评估普通股价值的基本方法之一，尽管许多分析已经舍弃了股利贴现模型，并认为它已经过时，但事实上大量新出现的估值模型的基础都是股利贴现模型。

对于普通股股票，计算价值的关键之一是估计未来的现金股票分红——投资人预期可以得到的未来预期收益。由于逐年的红利金额绝非必然等同，故计算普通股股票价值的一般公式为

$$P_s = \frac{D_1}{1+r} + \frac{D_2}{(1+r)^2} + \cdots = \sum_{t=1}^{\infty} \frac{D_t}{(1+r)^t}$$

式中：P_s 为股票的理论价格；$D_t(t=1,2,3,\cdots)$ 为第 t 期的现金股利；r 为股票的折现率。

从企业的盈利考虑，在其发展过程中，不仅不会永远持平，也罕见永远递增或永远递减。从而，持有剩余要求权的股东可以分得的现金红利也不会是一成不变的格局。比如处于创业期和增长期的企业，一般来说，利润增速不稳定，但增速却比较高；进入成熟期以后，增长速度会降下来，但增速却趋于稳定。因而，根据企业在不同寿命期的利润及红利有不同增长速度的判断，需建立红利分阶段增长模型。

所以股票的价值就是用市场资本报酬率贴现的未来所有预期股利之和的现值。虽然股利贴现模型的一般表达式揭示了股票价值的基本决定因素，但是，直接用它估计股票价值是不现实的，因此需要对它做一些变形处理。

根据股票股息在未来的不同分布，普通股的估价模型具体可分为以下几种类型：股息零增长模型、股息以某一固定比率持续增长模型和股息以不同的增长率增长模型。

1. 股息零增长的股票价值评估

股息零增长模型假设公司的股利增长率为 0，也就是说，公司未来的股利都是按一个固定数量(此处设为 D)支付，即 $D = D_1 = D_2 = \cdots = D_t$，$t \to \infty$。

在这一条件下，股票价值可以用级数方法得出，即

$$P_s = \sum_{t=1}^{\infty} \frac{D}{(1+r)^t} = D_1 \sum_{t=1}^{\infty} \frac{1}{(1+r)^t} = D_1 \frac{1/(1+r)}{1-1/(1+r)} = \frac{D_1}{r}$$

即

$$P_s = \frac{D}{r}$$

式中：D 为未来各个时期预期派发的固定金额股利。

股息零增长模型是一个永续年金，一旦确定了 r，股票的价值就可以很容易地确定了。

在这里写出公式的推导过程主要是为了说明公式本身并不重要，重要的是公式所使用的前提假设，任何人都可以通过前提假设来推导公式，因此，在运用公式之前一定要注意公式所适用的前提条件，这一点在学习后面几个模型时也要注意。

在直接运用这一公式时，极其重要的是要认识到，在任何情况下，投资者都是在贴现从现在到无限期的现金流。当适用涉及股息零增长模型的永续年金公式时，这个事实往往很容易被忽视，因为贴现过程是看不见的。但是与其他情形一样，在这个模型中，考虑的是从现在到无限期的所有股利。

2. 股息以某一固定比率持续增长的股票价值评估

假设某公司股票上期股利为 D_0，以后每年都会按某一固定的比率 g 持续增长，且投资者打算长期持有，那么这种股票的价格为

$$P_s = \frac{D_0(1+g)}{1+r} + \frac{D_0(1+g)^2}{(1+r)^2} + \cdots + \frac{D_0(1+g)^t}{(1+r)^t} \tag{2-1}$$

设 $r > g$，在上式两边同乘以 $\frac{1+r}{1+g}$，得

$$P_s \times \frac{1+r}{1+g} = D_0 + \frac{D_0(1+g)}{1+r} + \cdots + \frac{D_0(1+g)^{t-1}}{(1+r)^{t-1}} \tag{2-2}$$

式(2-2)减去式(2-1)，得

$$P_s \times \frac{1+r}{1+g} - P_s = D_0 - \frac{D_0(1+g)^t}{(1+r)^t}$$

由于 $r > g$，当 $t \to \infty$ 时，$\dfrac{D_0(1+g)^t}{(1+r)^t} \to 0$

所以

$$P_s \times \frac{1+r}{1+g} - P_s = D_0$$

$$\frac{P_s(r-g)}{1+g} = D_0$$

$$P_s = \frac{D_0(1+g)}{r-g} = \frac{D_1}{r-g}$$

【例 2-21】　某公司今年已发放股利为每股 0.20 元，今后每年将按 5% 的比率增长，市场资本报酬率为 6%，则目前该股票的每股理论价格为多少？

【解】每股理论价格为

$$P_s = \frac{D_0(1+g)}{r-g} = \frac{0.2 \times (1+0.05)}{0.06-0.05} = 21(元)$$

该式不仅可以用于股票价值评估，而且可以用于对保持稳定增长率的无期限现金流进行估值。但应注意使用该公式时，必须是 $r > g$，这是个合理的假定，在理论上如果股利增长率高于股东所要求的必要收益率，那么从长期看，公司会夸大到不可能的程度。

【小贴士】

股 票 新 王

在 1997 年，微软和奔腾合并的股票市值超过 2240 亿美元。这个数字超过了通用汽车、福特、波音、柯达、J.P Moorgan 等 8 家公司市值的总和。如此辉煌的微软和奔腾收入加起来仅为 303 亿美元，而其他 8 家公司的收入总和达 4252 亿美元。

在微软和奔腾的收入如此之低的情况下，是什么使投资者对微软和奔腾的股票的定价如此之高？原因就在于增长率。微软和奔腾的收益增长率在过去一直大大地高于传统公司。在过去 4 年，微软的收益每年增长 36%，奔腾的收益每年增长 37%。投资者明确地预期这种高速的增长能够继续下去，而其预期就在股票价格上反映出来。

(资料来源：《华尔街日报》，1997 年 3 月 24 日)

3. 股息以不同的增长率增长的股票价值评估

此类估价模型分以下几种情况。

(1) 各年的股利增长率都不同，且长期持有，可通过计算每年的股利的复利现值，然后相加而得股票的价格，用公式表示为

$$P_s = \frac{D_1}{1+r} + \frac{D_2}{(1+r)^2} + \cdots = \sum_{t=1}^{\infty} \frac{D_t}{(1+r)^t}$$

式中：P_s 为股票的理论价格；D_t 为第 t 期支付的股利；其余字母含义同上。

(2) 前若干年股利增长率不等，但经过一定年份，股利又按某一固定比率增长，且长期

持有。现实中很多公司从创业期到成长期的发展进程中，其股利呈现这种分布。

设前 m 期股利按不同的增长率增长，而从 $m+1$ 期开始股利按 g 的增长率增长，则股票的理论价格为

$$P_s = \sum_{t=1}^{m} \frac{D_t}{(1+r)^t} + \frac{D_{m+1}}{(r-g)(1+r)^m}$$

式中：D_t、D_{m+1} 为第 t 期、第 $m+1$ 期的股利；其余字母含义同上。

(3) 股利在前若干期呈某一固定的较高比率快速增长，而从 $m+1$ 期开始股利以 g_2 的比率持续增长，$g_1 > g_2$，则股票的理论价格为

$$P_s = \sum_{t=1}^{m} \frac{D_0(1+g_1)^t}{(1+r)^t} + \frac{D_{m+1}}{(r-g_2)(1+r)^m}$$

上述的各类型的股票估价模型都是基于预测股票未来的现金流量考虑，而一个公司的现金流量的预测的确是件非常复杂的事。它不仅取决于公司的内部经营情况、财务状况等微观因素，还取决于公司所赖以生存的外部经济环境，包括经济周期、各种经济政策(主要是财政货币政策等)、通货膨胀甚至社会政治文化等因素。因此，准确预测公司未来由股票形成的现金流量相对于预测债券利息而言要困难得多。

不仅如此，在证券市场上进行交易的股票的市价，也是由诸多复杂的宏观和微观因素共同作用的结果，股本结构甚至流通股本的规模大小都会影响股票的价格。由于数学模型无法穷尽所有的设定条件，根据预测的未来现金流量通过模型计算来预计未来尤其是较长时期未来股票的市价更是难乎其难。

由此可见，股票的估价模型在实际运用中比债券的估价模型使用范围在条件的限制上要多。尽管如此，仍然要举例来一一证明股票估价模型的具体运用，它可能会为分析经济现象、解决经济问题提供一种有益的思路和方法。

【例2-22】 小张准备投资购买市价为 10 元的 A 公司股票，拟持有两年，第一年和第二年的每股支付股利分别为 0.8 元和 0.92 元，持满 2 年后(即第二年年末)的市价预计为 12 元。假设必要报酬率为 6%，则该股票的理论价格为多少？

【解】由公式可知，该股票的理论价格为

$$P_s = \sum_{t=1}^{n} \frac{D_t}{(1+r)^t} + \frac{P_n}{(1+r)^n} = \frac{0.8}{1+6\%} + \frac{0.92}{(1+6\%)^2} + \frac{12}{(1+6\%)^2} = 12.25(\text{元})$$

【例2-23】 某公司在第一年按每股 0.5 元支付股利，在可预见的未来每年支付的股利将以 10% 的比率增长，假设公司的必要报酬率为 12%，那么该股票的理论价格是多少？

【解】由公式可知，该股票的理论价格为

$$P_s = \frac{D_1}{r-g} = \frac{0.5}{12\%-10\%} = 25(\text{元})$$

【例2-24】 某公司最近支付的股利是 1 元，预计在未来 5 年里股利将以每年 15% 的比率增长，在此之后股利将持续以每年 10% 的比率增长。假设该公司的必要报酬率为 15%，

则该股票的理论价格为多少？

【解】已知 $D_0=1$，$g_1=10\%$，$r=15\%$，$m=5$，则有

$$D_{m+1} = D_6 = 1 \times (1+15\%)^5 \times (1+10\%) = 2.212$$

$$P_s = \sum_{t=1}^{m} \frac{D_0(1+g_1)^t}{(1+r)^t} + \frac{D_{m+1}}{(r-g_2)(1+r)^m}$$

$$= \sum_{t=1}^{5} \frac{1 \times (1+15\%)^t}{(1+15\%)^t} + \frac{2.212}{(15\%-10\%) \times (1+15\%)^5} = 27(元)$$

(二)市盈率定价法

从理论上讲，股票定价的最好方法就是股利定价法。但有时候，该方法难以运用，如果一家公司不支付股息，或者股息的增长率极为不稳定，那么运用这种方法的结果就可能令人不满意。

前面曾经介绍过，股东获得的现金流主要来自股利，而股利进而来源于盈利。很明显，对于股票，最重要的两个财务数据就是股利和盈利。每股股利除以当前的每股价格被称为股票的盈利率。而它的倒数就是市盈率，即

$$\text{MER}_t = P_t / E_t$$

式中：MER 为市盈率；P 为股票的市场价格；E 为每股收益。

市盈率也称为 PE 比率、价格收益比或本益比，表明市场购买股票的价格是当期收益的多少倍，可以看出，计算市盈率所需的数据非常容易得到，分子中的价格就是市场价格，分母中的每股股利可以在公司每年的年报中获得。或许正是数据的容易获得性以及计算的简易性，使得市盈率成为目前应用最为广泛的相对价值评估方法。从首次公开募股(IPO)到日常价值的评估，该比率的简洁性成为颇具吸引力的选择。因此，市盈率定价法成为比较流行的定价方法之一。

市盈率是股市上投资者每天言及的一个概念，不同公司和行业之间市盈率的变动非常大，处于同行业的公司从长远看会有相似的市盈率。

市盈率之所以是衡量股票价值的一个重要指标，是因为当每股收益不变时，它在静态上反映了投资者完全靠现金股利来收回投资本金所需的时间，市盈率越高，收回投入的本金所花的时间就越长；反之，市盈率越低，收回投资所花费的时间就越短。

市盈率表明有多少年的公司盈利体现在股票价格中。市盈率越高，表明购买股票的投资者对这一股票的成长性越乐观，即他们相信未来的每股盈利将大大高于当前的每股盈利，因此，成长性的股票大多拥有更高的市盈率。市盈率低的股票很可能是因为价值被低估，但是在购买之前一定要确定其价值是否被低估，因为还有一种可能是这个公司正在走下坡路甚至面临困境。所以，市盈率要和公司的成长性结合在一起来看，才能完全反映股票的投资价值。

市盈率定价法就是将被评估公司近期的每股收益乘以多个可比公司的平均市盈率以估计该公司股票价值的方法，是一种相对定价法，即

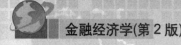

股票价格=可比公司的平均市盈率×每股收益

市盈率定价法对私人持股的公司和不支付股息的公司定价非常有用。如果持有某个交易并不活跃的家族公司的股份，这些股票的价值如何呢？如果可以找到一家上市公司，盈利能力、风险状况和成长机会都与这家公司基本相同，就有可能得到令人满意的估计结果，只要将该公司的利润与参照公司的市盈率相乘即可。

在市盈率定价法中被用作参照物的证券价格，被默认为体现了它的内在价值，或者认为可比公司的市盈率是合理的，因此，该定价法的弱点是：由于使用行业的平均市盈率，可能造成一家公司的长期市盈率高于或低于平均值，因此，一些特殊的因素在分析中被忽略了。

第四节　金融资产的波动性度量

金融市场的波动性主要表现为金融资产的波动性，指金融资产价格偏离其均衡价值。这种波动性在不同时间和不同市场表现出不同的特征，如何认清金融资产这种波动性对于合理度量和控制金融市场风险具有重要的意义，本节主要以债券为例，研究债券价格的波动性。

一、债券价格波动性的度量

(一)债券价格波动性的度量指标

在债券管理中最应该考虑的是收益率变化对不同债券的价格和收益的影响。不同的债券类型会因为利率变化而产生不同的债券价格，所以期限和息票利率都会影响债券的价格变动。尽管期限是度量债券的指标，但是它仅仅考虑了到期日本金的偿还，并不是一个充分的指标。例如，两种期限都是 15 年、息票利率分别为 7%和 14%的债券，投资者如果持有息票利率为 14%的债券，就可以很快地收回原始投资。因此，需要引入一个新的指标来度量债券期限过程中的完整模式，这个新的指标就是久期，1938 年由弗雷德里克·麦考利提出的。

(二)久期的概念

久期是从现值的角度度量了债券现金流的加权平均期限。也就是说，在计算加权平均期限时，现金流的现值被用做权重。因此，久期就是在给定某债券现金流情况下，完全收回购买该债券的支出所需要的年数，也是收回所有利息和本金的加权平均时间。

(三)久期的计算

久期的计算，必须先计算加权时期。用 t 表示收到现金流的时期，单位为年。当所有的 t 被赋予权重并加总时，就可以得到以年为单位的久期。

久期的公式为

$$\text{麦考利久期} = \sum_{t=1}^{n} \frac{PV(CD_t)}{\text{市场价格}} \times t \tag{2-3}$$

式中：t 为预计收到现金流的时期；n 为到期期限；$PV(CF_t)$ 为 t 期现金流的现值(到期收益率作为贴现率)；市场价格代表债券当时的价格或者所有现金流的现值。公式(2-3)表示，以每笔现金流权重乘以每笔现金流收到的时期，然后加总就可以计算出久期，存续期以年为单位。久期的计算取决于债券的最终期限、利息支付和到期收益率。

【例 2-25】如果一种 3 年期债券的息票率为 6%，每年支付一次利息，到期收益率为 6%，计算该债券的久期。如果到期收益率为 10%，那么久期是多少？

【解析】假设债券面值是 100 元，那么债券现在价格也是 100 元，因为息票率与到期收益率相等，债券平价发行。久期为

$$D=[6/(1+6\%)\cdot1+6/(1+6\%)^2\cdot2+106/(1+6\%)^3\cdot3]/100=2.85 \text{ 年}$$

如果债券到期收益率为 10%，则债券现在的价格为 90.05 元，债券价格变化率为-9.95%。则 D'=[6/(1+10%)·1+6/(1+10%)^2·2+106/(1+10%)^3·3]/90.05=2.54 年。

从上可以发现：到期收益率越高，久期越短。

(四)久期的特点

（1）在息票利息支付和到期收益率不变的情况下，久期随着到期期限的增加而增加，但增加的速度递减。

（2）付息票债券的久期总是小于到期期限，零息票债券的久期与它的到期期限相同。

（3）在利息支付和期限保持不变的情况下，到期收益率和久期成反向关系。

二、债券价格波动性计算

久期指标的运用综合考虑了息票利率和到期期限这两个传统指标，息票利率和到期期限是投资者在预期利率变动时要考虑的重要因素。并且久期与息票利率负相关，和到期期限正相关。债券的价格波动性与久期有着密切的关系。

保持利率变动，债券价格变动的百分比和其久期成一定的比例。在式(2-3)的基础上提出了修正久期：

$$\text{修正久期} = D^* = D/(1+r) \tag{2-4}$$

修正久期是用麦考利久期除以(1+r)。式中：D^* 为修正久期；r 为债券到期收益率。

修正久期可以用来计算已知到期收益率的变动，以及债券价格变动的百分比可表示为

$$\text{债券价格变动的百分比} \approx \frac{-D}{(1+r)} \times r \text{变动的百分比} \tag{2-5}$$

又可以表示为

$$\frac{\Delta P}{P} \approx -D^* \Delta r \qquad (2\text{-}6)$$

式中：ΔP 为价格变动；P 为债券的价格；$-D^*$ 为修正久期的负值；Δr 为收益率的瞬间变动。

债券价格的变化率是修正久期和债券到期收益率变化的乘积。因为债券价格变化率与修正久期成正比例，所以修正久期可以用来测度债券在利率变化时的风险敞口。在实际情况中，式(2-5)或式(2-6)，对于债券收益率的大幅度变化仅仅是近似有效，只考虑较小或局部的收益率变化时才有效。

【例 2-26】以上述到期收益率为 6%、久期为 2.85 年的债券为例，假设到期收益率瞬间变动 20 个基点(+0.002)，即从 6%上调至 6.20%。由式(2-6)可以得到价格变动的近似值：

$$\Delta P / P = -2.85 \times (0.0020) \times 100\% = -0.57\%$$

假设原来的价格为 100 元，则根据上述价格变动的百分比，估计价格为 99.43 元，由式(2-5)或式(2-6)可以计算出收益率微小变动的近似值。

三、凸性

如图 2-6 表明，债券价格和收益率之间并不是线性关系，对于债券收益率发生的较小变化，久期法则可以给出良好近似的值。但是，对于较大的变化，它给出的数值就不太精确。

如图 2-7 表明了债券价格变化的百分比是对债券到期收益率变化的反应。曲线代表着债券价格实际价格变化的百分比。直线代表的是根据久期预测的债券价格变化的百分比。直线的斜率是债券在初始到期收益率时的修正久期，注意这两条线在初始收益率时相切。所以，对于债券到期收益率较小的变化，久期的度量非常精准。但是对于较大变化，两条线之间的差距越大，说明久期越不准确。

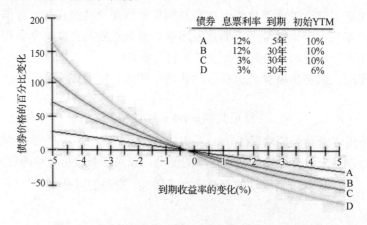

图 2-6 作为到期收益率变化的函数的债券价格变化

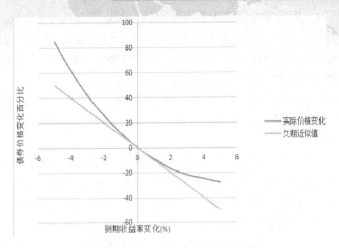

图 2-7 债券价格的凸性

久期的近似值(直线)总是低于债券的价值。随着收益率变动的增大,使用直线来估计曲线所代表的价格轨迹造成的误差就会增大。当收益率下降时,它低估了债券价格的上升程度,并且当收益率上升时,它高估了债券价格的下降程度。这是因为真实价格-收益关系的曲率,曲线的形状比如价格-收益关系的形状是凸的。价格-收益曲线的曲率被称为债券的凸性(Convexity)。

债券的息票利率越低、到期期限越长以及到期收益率越低,则凸性越强。凸性越强,久期的变动越大,而对债券价格变动预期的不准确性也就越大。

本 章 小 结

(1) 金融系统可以看作是市场及其他用于订立金融合约和交换资产及风险的机构的集合,包括市场、中介、服务公司和其他用于实现家庭、企业及政府的金融决策的机构。它是由连接资金盈余者和资金短缺者的一系列金融中介机构和金融市场共同构成的一个有机体。

(2) 金融决策是在大的金融系统下进行的,金融决策必须借助金融系统,金融系统为金融决策提供了市场环境,但也会限制金融决策。

(3) 介绍了资金时间价值的概念,以及资金时间价值的度量和特点,指出资金在不同时间点具有不同的价值,这种时间差异产生的价值增值源于资金参加社会的再生产过程,随着借贷关系的普遍出现,资金时间价值以利率形式表现出来,但是时间价值只是利率的一部分。

(4) 关于时间价值的计算有复利和年金两种形式,为了便于比较,本章还介绍了单利的计算。根据时点的不同,时间价值计算分现值和终值的计算。

(5) 金融资产的价格通常并不等于其内在价值，而是围绕其内在价值波动。金融资产价值评估中必须遵循的一个重要原则是"一价定律"。一价定律是由市场中的套利行为导致的。

相对估价法就是以一种资产的价格来确定另一种资产的价格，由于其使用方便，相对估价方法仍然得到了广泛的应用，尤其是在股票价值的评估中。

(6) 现金流贴现方法既考虑了投资项目的现金流量，又考虑了现金流量产生的时间，即时间价值，是一种非常重要的微观金融决策分析方法。现金流贴现分析是进行不同时间货币价值比较的基本方法。

(7) 时间价值计算在债券和股票等有价证券的估价上具有重要作用。债券运用时间价值原理得出的估价模型要比股票具有更切合实际的意义。债券可根据未来确定的利息收入采用适当的折现率计算的现值即为债券价格，而股票未来的现金流量不易确定。

(8) 度量债券价格的波动性以及度量其指标。久期和修正久期的计算以及久期的特点。

(9) 债券价格的凸性，债券的息票利率越低、到期期限越长以及到期收益率越低，则凸性越强。凸性越强，久期的变动越大，而对债券价格变动预期的不准确性也就越大。

实 训 课 堂

基本案情：

代码为 000896 的 1996 年记账式(六期)国债，期限为 7 年，票面利率 8.56%，每年付息一次，发行始日为 1996 年 11 月 1 日。该债券为附息债券。其发行价格为面值 100 元。其发行日为等价债券，到期收益率等于票面利率，为 8.56%。

此时 5 年期银行存款利率为 9%，2 年期银行存款利率为 7.92%，据此可推算 7 年期零息债券的到期收益率为(以一个 5 年期存款利息加一个 2 年期存款利息计算)

$$i = \left[\sqrt[7]{(1+0.09 \times 5)(1+0.0792 \times 2)} - 1 \right] \times 100\% = 7.69\%$$

该期国债的到期收益率比用同期银行定期存款利率折算的零息债券的到期收益率高 8.56%-7.69%=0.87 个百分点。

利用公式以零息债券的到期收益率为贴现率计算该国债的发行时的价值为

$$P = \sum_{t=1}^{n} \frac{rF}{(1+i)^t} + \frac{F}{(1+i)^n}$$

$$P = \sum_{t=1}^{7} \frac{8.56\% \times 100}{(1+7.69\%)^t} + \frac{100}{(1+7.69\%)^7} = 104.58(元)$$

但该国债 1996 年 11 月 21 日上市开盘价仅为 99.90 元，最高为 99.99 元。以后一直下降。显然其投资价值并未被人们所认识。直到 1997 年 7 月 2 日降到 95.93 元后，其投资价值凸显，以后一路上升，经过两次派息除息，1999 年 8 月 18 日涨到最高价 129.88 元。

思考讨论题:

如果 1997 年 7 月 2 日以 95.93 元买进面值 100 元的国债 100 手,1999 年 8 月 18 日以最高价 129.88 元卖出,其盈利为多少?收益率为多少?

1997 年 11 月 1 日第一次派息后的价值为多少?1988 年 11 月 1 日第二次派息后的价值又为多少?

分析要点:

(1) 年平均收益率近似值=(年利息收入+价格变动/持有时间)/买入价

(2) 当时银行 5 年期存款利率下调为 6.66%,1 年期存款利率下调为 5.67%。据此可以推算出 6 年期零息债券的到期收益率为

$$i = \left[\sqrt[6]{(1+0.0666\times5)(1+0.567)} - 1 \right] \times 100\% = 5.88\%$$

复习思考题

一、基本概念

资金的时间价值　单利　复利　现值　终值　普通年金　现金流贴现法　一价定律零息债券　附息债券　永久性债券　折价债券　溢价债券　等价债券　股利贴现模型股票　市盈率　金融系统　金融决策

二、简答题

1. 谈谈你对时间价值的理解。
2. 试比较单利和复利在计算上的异同。
3. 谈谈你对股利增长率 g 的理解。
4. 如何利用连续复利进行计息?
5. 何谓一价定律?它是什么经济行为的结果?为什么?
6. 什么是市盈率?如何用它对股票进行价值评估?
7. 债券和股票价值评估的基本方法是怎样的?
8. 居民户与企业必然做出的基本决策分别是什么?举出每个类型的一项例证。

三、计算题

1. 假设企业按 10%的年利率取得贷款 100 000 元,要求在 6 年内每年年末等额偿还,则每年的偿付金额应为多少元?

2. 某人拟于 2008 年 4 月 1 日购买一张面额为 1000 元的债券,其票面利率为 12%,每年 4 月 1 日计算并支付一次利息,并于 5 年后的 3 月 31 日到期。市场利率为 10%,债券

的市价为 1080 元，问是否值得购买该债券？

3. 某债券面值为 1000 元，期限为 10 年，票面利率为 10%，市场利率为 8%，到期一次还本付息，如在发行时购买，多高的价格是可接受的？

4. 某公司目前普通股的每股股利为 1.8 元，公司预期以后的 4 年股利将以 20% 的比率增长，再往后则以 8% 的比率增长，投资者要求的报酬率为 16%，请计算该普通股的每股理论价值。

5. 某公司的普通股基年股利 3 元，估计股利年增长率为 8%，期望收益率为 15%，打算 3 年以后转让出去，估计转让价格为 20 元，试计算该普通股的理论价格。

6. 你有两张除了票面利息和价格外，完全一模一样的债券。到期期限都是 2 年，面值 1000 元，第一张的票面利率是 10%，销售价格为 935 元。如果第二张的票面利率是 12%，你认为它的卖价应该是多少？

7. 某公司发行 2 年期的附息债券，票面价格是 100 元，票面利率是 10%，如果发行价格是 95 元，请问：

(1) 如果发行当天你以 95 元买入并持有到期则获得的到期收益率是多少？

(2) 该投资的本期收益率是多少？

四、论述题

目前东海公司没有发放现金红利，并且在今后 4 年中也不打算发放。它最近每股收益为 5 元，并被全部用于再投资。今后 4 年公司的权益利润率预计为每年 20%，同时收益被全部用于投资。从第五年开始，新投资的权益利润率预计每年下降 2%，至第十年权益利润率稳定在 10%，东海公司的资本成本为每年 15%。

(1) 投资者估计东海公司股票的内在价值为多少？

(2) 假设现在东海公司股票的市场价格等于内在价值，投资者预计明年它的价格会如何？

第三章　金融市场期望效用理论

■【学习要点及目标】

- 掌握偏好关系的概念及其需要满足的条件。
- 了解效用的概念及效用理论，理解效用函数。
- 了解风险和不确定性，掌握不确定性下的偏好关系和偏好选择。
- 掌握期望效用函数和不确定条件下的理性决策原则。
- 通过阿莱悖论了解期望效用理论的局限性。

■【核心概念】

偏好关系　效用函数　期望效用函数　理性决策原则　阿莱悖论

第一节　偏　　好

一、偏好关系

(一)偏好关系的概念

对偏好关系的理解源自偏好原理的需要，偏好原理是出自经济学和决策科学中的选择理论，其含义是理性的经济人依据自己的偏好来做出选择决策，确定了偏好关系才能更好地理解偏好原理，并用于解决经济问题。

偏好是建立在消费者可以观察的选择行为之上的。每个经济参与者都希望使用他所掌握的资源以满足自身的经济需求，他的需求和资源一起决定他的经济行为，而他做出决策行为的前提便是排序，通过对不同商品或商品组合的排序才能做出理性决策。

偏好关系(Preference Relation)是指消费者对不同商品或商品组合偏好的顺序。它可以用一种二维(或二元)关系(Binary Relation)表述出来。经济上，偏好关系是指参与者对所有可能的投资(消费)计划的一个排序。

(二)偏好关系的数学表示

设 C 表示所有待比较对象组成的集合，集合 C 在不同问题中有其具体的设置。例如，在消费决策中，C 表示消费者的消费计划集，其待比较对象是不同的消费计划，具体表现为在每个消费计划中对不同商品的消费数量；在投资决策中，C 表示投资者的投资计划集，其待比较对象是不同的投资计划，具体表现为在不同金融资产上的投资金额。

令 x、y 表示消费计划集 C 中的任意两个消费计划。偏好关系是指消费者心目中存在一个比较消费计划好坏的完整的序，按照这个序，消费者可以判断哪个消费计划比较好。因为偏好关系是一个二元关系，用 $\succeq$ 表示，可以在消费计划集上建立下面的偏好关系或者偏好顺序：

(1) x 弱偏好于 y，即 x 至少与 y 一样好，表示为 $x \succeq y$。

(2) x 强偏好于 y，即 x 只会比 y 好，不会比 y 差，也不会和 y 一样好，表示为 $x \succ y$。

(3) x 无差异于 y，即 x 与 y 一样好，表示为 $x \cong y$。

有了这 3 个条件，就可以对不同的待比较对象进行排序，在现实生活中并不是所有的实物都可以建立偏好关系，有很多元素是不可以建立偏好关系的，通过下面一个例子可以加深对偏好关系的理解。

【例 3-1】 长城基金管理有限公司成立于 2001 年 12 月 27 日，旗下共有 23 只基金，2013 年 4 月 8 日统计的这 23 只基金的业绩如表 3-1 所列。

表 3-1 例 3-1 表

基金名称	基金代码	今年来回报	近1周回报	近1月回报	近3月回报	近1年回报	近2年回报	成立以来回报
基金久富	184720	14.92%	1.37%	16.23%	49.05%	143.45%	183.50%	171.28%
基金久嘉	184722	-1.37%	-3.50%	-5.20%	-1.37%	3.09%	-18.20%	261.16%
长城久兆积极指数	150058	9.26%	-4.56%	-6.79%	6.89%	-11.13%	—	-16.20%
长城久兆稳健指数	150057	2.01%	0.10%	0.50%	1.91%	6.34%		7.51%
长城久富	162006	4.06%	-1.74%	-4.17%	2.39%	10.85%	-5.92%	63.72%
长城久兆	162010	5.44%	-2.47%	-3.72%	4.26%	-4.12%		-7.00%
长城久恒平衡混合	200001	6.01%	-1.33%	-2.32%	4.89%	14.27%	-5.61%	219.72%
长城保本混合	200016	1.19%	-0.29%	0.29%	0.99%	—		2.40%
长城优化	200015	-1.02%	-2.15%	-3.14%	-1.97%	—	—	6.87%
长城积极增利债券A	200013	3.24%	0.00%	0.54%	3.05%	12.06%		11.50%
长城岁岁金理财	200017	—	0.10%	0.30%	—			0.60%
长城双动力股票	200010	8.22%	-2.08%	-1.57%	6.91%	15.70%	-17.56%	-0.02%
长城景气行业龙头混合	200011	2.10%	-1.62%	-3.57%	1.36%	6.46%	-17.83%	-0.65%
长城中小盘成长	200012	7.50%	-2.20%	-3.31%	5.62%	6.55%	-14.29%	-15.40%
长城货币A	200003	0.98%	0.06%	0.30%	0.92%	3.74%	8.24%	23.89%
长城久泰	200002	-1.81%	-0.92%	-5.17%	-2.00%	-0.63%	-23.48%	157.67%

续表

基金名称	基金代码	今年来回报	近1周回报	近1月回报	近3月回报	近1年回报	近2年回报	成立以来回报
长城安心回报混合	200007	4.99%	-1.29%	-2.20%	3.17%	12.40%	-2.40%	99.44%
长城消费	200006	1.20%	-1.41%	-2.84%	0.14%	4.80%	-6.16%	145.49%
长城稳健增利债券	200009	3.60%	0.00%	0.26%	3.50%	8.78%	5.20%	26.62%
长城品牌	200008	-4.85%	-0.47%	-7.03%	-5.40%	2.86%	-16.82%	-27.77%
长城久利保本	000030	—	—	—	—	—	—	—
长城积极增利C	200113	3.17%	0.00%	0.45%	2.89%	11.50%		10.50%
长城货币B	200103	1.05%	0.07%	0.32%	0.98%	—		3.97%

【解】由表3-1可以看出，可以就"今年来回报""近一周回报""近1月回报"、……对这23只基金在不同时期的业绩做出比较，即在某一特定阶段，任意两个基金的业绩可以建立偏好关系；然而，如果同时考虑两个指标，如"今年来回报"和"近1周回报"，就这两个指标而言，任意两只基金的业绩不能做出比较，这样的比较没有任何意义，也就是说，任意两只基金不同时期的回报不可以建立偏好关系。

二、偏好关系应满足的基本公理

(一)消费者偏好的3条公理

经济学家常常会就消费者偏好的"一致性"做一些假设。例如，$x \succ y$同时又$y \succ x$的情况似乎是不大合理的——且不说是自相矛盾的，因为这意味着消费者明确偏爱的是消费计划x，而不是消费计划y……，反之亦然。

所以通常做一些有关这些偏好关系如何起作用的假设。有些关于偏好的假设是很重要的，有时把这些假设称为消费者理论的"公理"。

【公理3-1】　完备性(Completeness)。对任意两个消费集C中的消费计划x和y是可以比较好坏的，即$x \succeq y$、$y \succeq x$或者$x \cong y$中有一种关系成立。

这个条件要求对任意两个消费计划x和y，要么x优于y，也就是$x \succ y$；要么$y \succeq x$；或者两者都成立，即x和y是无差异的。完备性假定保证了消费者具备选择判断的能力，任意任何两个消费(投资)计划一定有一个是较优的，或者两个是无差异的。它排除了消费(投资)计划之间无法比较的可能性。

对于完备性公理，几乎没有人提出异议，至少对那些经济学家们普遍考察的选择类型来说是没有异议的。说任何两个消费计划是可以比较的，只不过是说只要有两个消费(投资)计划，消费者就可以做出选择。人们也许会想象一些涉及生与死选择的极端情况，在这类情形中，要做出选择也许是困难的，甚至是不可能的，但这些选择大部分不属于经济学分析的范围。

【公理 3-2】 自反性(Reflexivity)。任何消费计划至少与它本身一样好，也可以表示为：对于任意的消费计划 x，都有 $x \succeq x$ 成立。

自反性保证了消费者对同一商品的偏好具有明显的一贯性。这个公理是极普通的，任何消费计划与同样的消费计划相比当然至少是同样好的。幼儿园的家长有时也许会注意到违背这一假设的行为，但这条公理对于绝大多数成人的行为来说似乎是理所当然的。

【公理 3-3】 传递性。不会发生循环的逻辑选择，对于任意消费计划 x、y、z，如果 $x \succeq y$，$y \succeq z$，则 $x \succeq z$。同理，如果 $x \succ y$ 且 $y \succ z$，则有 $x \succ z$。

该条件表明决策主体的偏好具有一致性，不存在自相矛盾的地方，保证了消费者在不同商品之间选择的首尾一贯性。传递性也是偏好的一致性条件，如果两个参与者的偏好违反了传递性，那么其行为因为缺乏一致性而违背理性。让我们来看下面的例 3-2。

【例 3-2】假设一个投资者对投资计划 a、b 和 c 有以下的偏好关系：$a \succ b$，$b \succ c$，$c \succ a$。考虑以下交易。

(1) 以价格 p 卖给他 c。

(2) 用 b 与他交换 c，由于对他来讲 $b \succ c$，他愿意额外支付一个价格 q_1。

(3) 用 a 与他交换 b，由于对他来讲 $a \succ b$，他愿意额外支付一个价格 q_2。

(4) 用 c 与他交换 a，由于对他来讲 $c \succ a$，他愿意额外支付一个价格 q_3。

(5) 再用价格 p 购回 c，这样又回到了原始状态。但他付出了 $q_1 + q_2 + q_3$，却什么也没得到。如果他还坚持他的这种偏好，那么可以继续不断地与他进行这种交易，直至他的财富为零。

传递性也是理性经济人的基本要求之一。偏好的传递性是否是偏好必然具有的特征这一点还不清楚。仅以纯逻辑为基础的偏好是可以传递的这一假设似乎还不那么令人信服。事实上并非如此。传递性是关于人们选择行为的一种假设，而不是纯逻辑学的一个陈述。它是否是逻辑学上的一个基本事实并不是问题的关键，关键是它是否合理、正确地描述了人们的相关行为。

偏好关系的公理 3-1、公理 3-2 和公理 3-3 形成的"理性"，即一个有理性的当事人能做出选择并且他的选择具有一致性。

(二)其他基本选择公理

上述 3 条公理或性质是偏好关系最基本的要求，为了更具体和准确地刻画参与者的经济行为，偏好关系还需满足以下 4 个选择公理。

【公理 3-4】 连续性(Continunity)。连续性是指偏好关系不会发生突然逆转。也就是说，如果消费计划集 C 中有一串消费计划 $x_i (i=1,2,\cdots)$，所有的 x_i 都不差于消费计划集 C 中的某个消费计划 x，即有 $x_i \succeq x (i=1,2,\cdots)$；而 $x_i (i=1,2,\cdots)$ 收敛于(无限逼近于)一个消费计划 $\bar{x}$(由消费计划集的闭性知，$\bar{x}$ 也是一定属于 C)，则一定有 $\bar{x} \succeq x$。

连续性的等价定义：对消费计划集 C 中的任意消费计划 x，偏好于 x 的比较对象构成的子集和坏于 x 的比较对象构成的子集均为开集，即集合 $\{y \in C | y \succeq x\}$ 和集合 $\{y \in C | x \succeq y\}$ 均为闭集。

即如果 x 是一组至少与 y 一样好的消费束，而且它趋近于另一消费束 z，则 z 与 y 至少同样好。这样就可以得到一条连续的无差异曲线。也即如果两个计划非常接近，它们在所有时期和状态下都提供相似的消费，那么它们的排序也应该是非常接近的，没有人愿意用一个消费计划去交换另一个消费计划而支付很大的金额。

【公理 3-5】 单调性(Monotonicity)。对消费计划集 C 中的任意两个消费计划 x 和 y，如果 $x \geqq y$，则有 $x \succeq y$。

单调性说明增加一点商品至少与原来的情况同样好。只要商品是有益的，单调性就必然成立。强调单调性说明同样的物品，如果其中有些种类的数量严格多于原来的物品，消费者则必定严格偏好于它们。同理，如果 $x \succeq y$ 且 $x \neq y$，则 $x \succ y$，如图 3-1 所示。

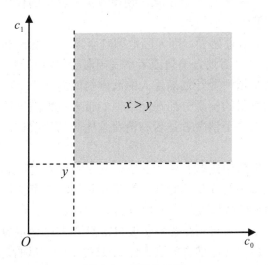

图 3-1　公理 3-5 图

【公理 3-6】 局部非饱和性(Local Non-satiation)，也称不满足性。对于任何一个消费计划集中的消费计划，一定可以通过对它稍作修改，获得严格比它好的消费计划。也就是说，没有一个消费计划能够使消费者完全满意。

也可以这样解释，只可能存在消费者的无差异曲线(或曲面)，而不存在无差异区域。在技术上，局部非饱和性和单调性保证了无差异曲线具有一个负的(或正的)斜率。

【公理 3-7】 凸性(Convexity)。对任意的消费计划 x 和 y，$\lambda \in (0,1)$，如果 $x \succ y$，那么 $\lambda x + (1-\lambda)y \succ y$。

严格凸性(Strictly Convexity)是指对于任意消费集 C 中的任意 3 个消费计划 x、y 和 z，如果 $x \succeq z$，$y \succeq z$ 且 $x \neq y$，那么 $\lambda x + (1-\lambda)y \succ z$。凸性可理解为边际替代率递减。值得注意的是，凸性是凹函数的特征。

第二节　效用与效用函数

一、效用

(一)效用的概念

偏好关系对于比较消费计划而言，在概念上虽然比较直观，但形式上却比较抽象，而且不方便分析，因此，希望找到一种更加易于分析的表达方式来帮助运用偏好关系。效用就是一种比偏好关系更加易于分析的表述方式。对于给定的一个偏好关系，可以给每一个消费计划赋予一个实数，叫作效用(Utility)，使得对消费集中的任意两个消费计划，由偏好的好坏关系变成效用数值的大小关系。

效用是一种纯主观的心理感受，因人因地因时而异。在经济学概念里，效用(作为最常用的概念之一)是指对于消费者通过消费或者享受闲暇等使自己的需求、欲望得到满足的一个度量，或者说，效用是指消费计划满足人的欲望的能力评价。经济学家用它来解释有理性的消费者如何把他们有限的资源分配在能给他们带来最大满足的商品上。一个消费计划对消费者是否有效用，取决于消费者是否有消费这些商品的欲望，以及这些商品是否具有满足消费者欲望的能力。

效用这一概念与人的欲望是联系在一起的，它是消费者对商品满足自己欲望的能力的一种主观心理评价。在维多利亚女王时代，哲学家和经济学家曾经轻率地将效用当作一个人整个福利指标。效用一度被认为是个人快乐的数学测度。

效用的概念是丹尼尔·贝努利在解释圣彼得堡悖论(丹尼尔的堂兄尼古拉·贝努利故意设计出来的一个悖论，后面会详细讲解这个悖论)时提出的，目的是挑战以金额期望值作为决策的标准。

(二)效用理论及其发展

从西方效用理论的发展过程来看，大体上有 3 条主线贯穿始终，即：①从绝对效用价值论到相对效用价值论；②从主观效用价值论到客观效用价值论；③从基数效用理论到序数效用理论。值得注意的是，效用理论发展的 3 条主线不是不同时期相互独立的，而是在各个时期 3 条主线有叠加、并存相互作用，从而推动着理论继续向深度和广度发展。

效用更多是一种心理感受，要准确计量非常困难，在绝对效用价值向相对效用价值转变的过程中，还有另一条主线，即从基数效用理论向序数效用理论的转变。

基数效用论是以效用的可测量和可比较为前提的，边际效用理论首先遇到难题就是作为主观范畴的效用是不可能精确计量的。由于边际效用论的内容是主观的，而用来度量内容的数学方法是客观形式。这种"内容和形式的矛盾"使边际效用理论不能大规模应用数学方法，也限制了效用理论的进一步发展。帕累托为了解决这个矛盾，从消费者偏好某种商品的直接经验事实出发，分析消费者对不同商品的态度，提出消费偏好的概念。在回避效用在量上差异同时反映了效用的连续性。这样，以消费者行为代替消费者感觉，帕累托为效用理论建立了序数效用论。

(三)基数效用和序数效用

效用理论是消费者行为理论的核心，效用理论按对效用的衡量方法分为基数效用论和序数效用论。

基数和序数这两个术语来自数学。基数是指 1,2,3,…，基数是可以加总求和的，如基数 3+9=12、3×4=12 等。19 世纪，一些早期经济学家，如威廉姆·斯坦利·杰文斯、里昂·瓦尔拉斯和阿尔弗雷德·马歇尔等，认为效用如同人们的身高和体重一样是可以测量的；另一些经济学家，如英国的杰文斯、奥地利的门格尔等也认为，人的福利或满意可以用他从享用或消费过程中所获得的效用来度量，对满意程度的这种度量就叫作基数效用。也就是说，基数效用是指用 1,2,3,…基数来衡量效用的大小，这是一种按绝对数衡量效用的方法，这种基数效用分析方法为边际效用分析方法。

在 19 世纪和 20 世纪初期，西方经济学家普遍使用基数效用的概念。但是，20 世纪意大利的经济学家帕累托等发现，效用的基数性是多余的，消费理论完全可以建立在序数效用的基础上，另外，约翰·希克斯尝试了只在序数性效用的假定下，也取得了很多的研究成果。他认为，效用的数值表现只是为了表达偏好的顺序，并非效用的绝对数值。

序数是指第一，第二，第三，……，可以是 10、20 和 50，也可以是 11、19 和 21。他所要表明的仅仅是第二大于第一，第三大于第二，至于第一、第二和第三本身各自的数量具体是多少是没有意义的。序数效用是指按第一、第二、第三等序数来反映效用的序数或等级，这是一种按偏好程度进行排列顺序的方法，也就是说，序数效用是以效用值的大小次序来建立满意程度的高低，而效用值的大小本身并没有任何意义，这种序数效用采用的是无差异曲线分析法。

到了 20 世纪 30 年代，序数效用的概念开始为大多数西方经济学家所使用。在现代微观经济学里，通常使用的也是序数效用的概念。本章所使用的也正是序数效用。

二、效用函数

假设对于给定的偏好关系，可以给每一个消费计划赋予一个实数，也就是前面所说的效用，使得对于消费集 C 中的任意两个消费计划 x 和 y，如果 $x \succeq y$，则意味着 x 的效用值不小于 y 的效用值，这个从消费计划到实数的映射叫作效用函数(Utility Function)。也就是说，效用函数是一个从消费集 C 到实数集 $\mathbf{R}$ 的实函数 U，如果 $x > y$，则 $U(x) \geqslant U(y)$。

显然，效用函数作为描述偏好关系的工具处理起来较为方便。例如，如果要从给定的消费计划集中选择一个消费计划，可以分别计算出集合中每一个消费计划的效用值，按大小排列，效用值最高的那个消费计划就是最优选择。因此，给定一个偏好关系，如果存在对应的效用函数的话，它就完全表达了偏好关系。

下面给出偏好关系的效用函数存在定理。有了偏好关系与效用函数的一一对应关系，以后讨论参与者的偏好时，就可以用效用函数代替。

【存在定理 3-1】 (Debreu)如果消费者在闭凸消费集 C 上的偏好关系具有完备性、自返性、传递性和连续性，则存在一个能够代表偏好顺序的连续效用函数 U：$C \rightarrow \mathbf{R}$，使得对于任意消费计划 x 和 y，如果 $x \succeq y$，则有 $U(x) \geqslant U(y)$。

效用函数 $U(\cdot)$ 可以说是唯一的，除了对它做严格正的仿射变换。也就是说，如果 $U(\cdot)$ 是效用函数，则所有的 $a + bU(\cdot)$，$b > 0$ 也都是效用函数，这里的 a 和 b 是任意实数，除了这种线性变换外，$U(\cdot)$ 是唯一的。

利用效用函数作为偏好的一种表达形式，把偏好关系的不满足性公理、连续性公理和凸公理以效用函数的形式表达如下。

【不满足性公理】 如果 $x \geqslant y$，那么 $U(x) \geqslant U(y)$。

【连续性公理】 $\lim\limits_{n \to \infty} U(a_n) = U(a)$，$a_n \to a$。

【凸性公理】 如果 $U(a) > U(b)$ 且 $\lambda \in (0,1)$，那么 $U[\lambda a + (1-\lambda)b] > U(b)$。

【例 3-3】 Lucas 树(Lucas-Tree)经济。这个经济的资源来源于一棵桃树。今年桃树结了 100 个桃子，明年会结多少个桃子取决于明年的天气。天气有好、坏两种可能，其发生的概率相等；相应地，桃树的产出分别为 200 和 50。假设此后桃树即停止产出，经济也随之结束。因此这个经济有两个时间点，即今年和明年；明年有两个完全由自然决定的可能状态。这个经济的环境可以用下面的树来描述：

$$100 \begin{cases} 200 \quad (w=1\text{-好天气}),\ \text{概率为 } 1/2 \\ 50 \quad (w=1\text{-坏天气}),\ \text{概率为 } 1/2 \end{cases}$$

因为由天气所定义的自然状态和树的产出之间存在一一对应的关系，因而也可以用产出水平来描述状态。用 c_0 和 c_1 表示在今年和明年的两个可能状态下的消费，状态 a 对应于好天气，而状态 b 对应于坏天气。假设经济中的某个参与者有以下的效用函数，即

$$U(c_0, c_{1a}, c_{1b}) = \log c_0 + 1/2(\log c_{1a} + \log c_{1b})$$

在以下 3 个消费计划中，他将会选择哪一个？

$$\text{计划 A: } 1 \begin{cases} 1 \\ 1 \end{cases} \quad \text{计划 B: } 1/2 \begin{cases} 3/2 \\ 3/2 \end{cases} \quad \text{计划 C: } 1 \begin{cases} 3/2 \\ 1/2 \end{cases}$$

【解】 对于计划 A、B 和 C，分别计算其效用值，即

$$U_A = U(c_0, c_{1a}, c_{1b}) = U(1,1,1) = \log 1 + 1/2(\log 1 + \log 1) = 0$$

$$U_B = U(c_0, c_{1a}, c_{1b}) = U(1/2, 3/2, 3/2) = \log 1/2 + 1/2(\log 3/2 + \log 3/2) = -0.49$$

$$U_C = U(c_0, c_{1a}, c_{1b}) = U(1, 3/2, 1/2) = \log 1 + 1/2(\log 3/2 + \log 1/2) = -0.14$$

显然，对 3 个消费计划的排序是 $A \succ C \succ B$，因此他会选择 A。

由上例可以看出，通过一个特定的效用函数，可以将有序的偏好关系转变成易于比较的数字，也就是说，在确定的环境下，效用函数实现了序数关系与基数关系的转换。为了加深对这个问题的理解，再来看例 3-4。

【例 3-4】　在同一个经济中，另一参与者的效用函数是

$$V(c_0, c_{1a}, c_{1b}) = c_0 \sqrt{c_{1a} c_{1b}}$$

它对例 3-3 3 个消费计划的排序是什么？

【解】因为它的效用函数给出的效用值分别为

$$V_A = V(c_0, c_{1a}, c_{1b}) = V(1,1,1) = 1\sqrt{1 \times 1} = 1$$

$$V_B = V(c_0, c_{1a}, c_{1b}) = V(1/2, 3/2, 3/2) = 1/2\sqrt{3/2 \times 3/2} = 0.75$$

$$V_C = V(c_0, c_{1a}, c_{1b}) = V(1, 3/2, 1/2) = 1\sqrt{3/2 \times 1/2} = 0.87$$

可以看出，它对 3 个消费计划的排序与例 3-3 完全一样。实际上，这对所有的可能消费计划都成立。也就是说，上面的两个参与者各自的效用函数分别为 U 和 V，但它们具有相同的偏好。事实上，U 和 V 两个效用函数互为正单调变换：

$$U(c_0, c_{1a}, c_{1b}) = \log V(c_0, c_{1a}, c_{1b})$$

因此，对于不同的消费计划，U 和 V 给出了相同的排序且它们描述了同样的偏好就不足为奇了。

例 3-4 说明了以下结论：从定理 3-1 中得到的效用函数只是序数的(Ordinal)，即它只给出了消费计划的排序。序数效用的任意单调变换不会改变这样的排序。效用函数的实际数值并不重要。由此得出以下定理。

【存在定理 3-2】一个效用函数可以通过正单调变换而获得另一个效用函数，这个新效用函数与原来的效用函数具有同样的偏好关系，令 $\bar{u}(x) \equiv f[u(x)]$，且 $f(\cdot)$ 是单调递增函数，则有 $\bar{u}(x) \geq \bar{u}(y) \Leftrightarrow u(x) \geq u(y)$。

为了最优化求解的方便，一般对序数效用函数的性质做进一步的假定，如单调性、二次可微性、拟凹性、凹性。其中关于序数效用函数所有假设均可以归结到关于偏好关系性质的假设，因此对于偏好关系性质的理解是至关重要的。

第三节　不确定性条件下的偏好关系

本节重点介绍参与者的偏好，因为它对于我们的分析是很基本的，在第一节中，对偏好有 7 个基本要求：完备性、自反性、传递性、连续性、单调性、局部非饱和性和凸性，

这些使得能用递增的、凹的效用函数来表示偏好。但对于效用函数 $U(c)$ 的具体形式和性质则没有更为详细的结论了。在本节中,考虑对偏好添加更多的条件,这些条件将简化效用函数的形式,并得到偏好的一些具体性质。

一、关于风险与不确定性

(一)确定性、风险和不确定性

首先来看一下奈特(Knight.F)在《风险、不确定性和利润》一书中对确定性、风险和不确定性概念的解释。

他指出确定性是指自然状态如何出现已知,并替换行动所产生的结果已知,它排除了任何随机事件发生的可能性;而风险是指那些涉及已知概率或可能性形式出现的随机问题,但排除了未数量化的不确定性问题,即对于未来可能发生的所有事件,以及每一事件发生的概率有准确的认识,但对于哪一种事件会发生却事先一无所知;最后,不确定性是指发生结果未知的所有情形,那些决策的结果明显地依赖于不能由决策者控制的事件,并且仅在做出决策后,决策者才知道其决策结果的一类问题,即知道未来世界的可能状态(结果),但对于每一种状态发生的概率不清楚。

奈特不承认"风险=不确定性",提出"风险"是有概率分布的随机性,而"不确定性"是不可能有概率分布的随机性,然而他的观点并未被普遍接受。但是这一观点成为研究方法上的区别。

由于对有些事件的客观概率难以得到,人们在实际中常常根据主观概率或者设定一个概率分布来推测未来的结果发生的可能性,因此学术界常常把具有主观概率或设定概率分布的不同结果的事件和具有客观概率的不同结果的事件同时视为风险。即风险与不确定性有区别,但在操作上,引入主观概率或设定概率分布的概念,其二者的界限就模糊了,几乎成为一个等同概念。

(二)风险的来源

习惯上,人们对风险的来源有 3 种不同的看法:①风险与不确定性联系在一起。风险可以由其收益的不可预测性的波动性来定义,而不管收益波动采取什么样的形式;②风险与其可能带来的不利后果相联系。风险可以由收益波动的损失来定义;③风险是与不确定性和相应的不利后果相联系的。即以价格或收益的波动(为代表)衡量不确定性,在这种不确定性给投资者带来损失时就构成一项经济活动的风险。

(三)在投机与赌博中的风险

风险是指承担风险一定要求风险补偿。投机是指在获取相应报酬时承担一定的风险。赌博是为一个不确定的结果打赌或下注。

二、不确定性条件下的偏好关系

(一)不确定性条件下的偏好关系的概念

现在，让我们把偏好关系和效用函数的概念引入不确定性经济中。一般认为，系统完整地讨论经济中的不确定性问题发端于冯·诺依曼-摩根斯坦的名著《博弈论与经济行为》(Von Neumann and O.Morgenstern: Theory of Games and Economic Behavior. Princeton University Press,1944)，他们发展出一种分析框架，在人们的行为满足某些公理性条件时，可以刻画人们面向不确定性的选择。在金融经济学中，所说的不确定性就是指风险。

首先来解释一下随机消费计划的含义，它代表了定义在概率空间 (Ω, P) 上，取值于闭凸集 C 的一个随机变量，其中 Ω 表示状态空间，其元素一般用 ω 表示。

所有的随机消费计划形成随机消费计划集，任何一个随机消费计划都包括 3 个要素——状态、状态概率、状态取值，对于任意两个随机消费计划，如果这 3 个要素中有一个不同，则这两个随机消费计划不同；而实际处理中，一般认为一个消费计划可以由两个要素表述——闭凸集 C 上的取值和相应的取值概率，从而一个随机消费计划可以由一个定义在闭凸集 C 上的概率分布来表示，而随机消费计划集就变成了定义在闭凸集 C 上的概率分布函数集。

【例 3-5】 假设 Ω 包括 3 种自然状态 ω_1、ω_2、ω_3，分别表示经济衰退、经济正常、经济繁荣。构造以下两个随机消费计划，如表 3-2 所列。

表 3-2 例 3-5 表

计划一	概 率	取 值	计划二	概 率	取 值
ω_1	0.25	1	ω_1	0.25	3
ω_2	0.5	2	ω_2	0.5	2
ω_3	0.25	3	ω_3	0.25	1

【解】 通过简单计算可知这两个随机消费计划的概率分布函数是一样的，但是考虑到具体的经济状态，这两个随机消费计划显然是不同的。并且对于决策者而言，这两者之间可能存在一定的偏好关系。很明显，与第一个随机消费计划相比，第二个随机消费计划有助于平缓由于经济周期引起的消费波动，从而对多数投资者而言，第二个随机消费计划所代表的投资机会可能对投资者更具有吸引力。

由例 3-5 可知，决策过程中，应该将取值与其所对应的状态结合起来考虑，这也意味着仅仅考虑两要素的处理方法是不严谨的。但是鉴于考虑三要素的处理方法的复杂性，所以下面也仅建立在考虑两要素的处理方法上，即随机消费计划集退化为闭凸集 C 上的概率分布函数集，也意味着任意随机消费计划 c 可以由其在闭凸集 C 的取值分布刻画，即等同于由 $\tilde{c}$ 刻画。

具体地，对于消费计划 $c = (c_0, c_1)$，c_0 是 $t=0$ 时期发生的消费，被认为是已知的、确定的；c_1 则是在未来 $t=1$ 时期将会发生的消费，是未知的、不确定的，也就是前面所定义的随机消费计划，以后简称消费计划，所以应该把整个消费计划记为 $\tilde{c} = (c_0, \tilde{c}_1)$，对应于 $t=1$ 时期各个不同的状态，$\tilde{c}_1$ 消费商品的数量是预先计划好的。

对一个投资者来说，消费计划 $\tilde{c} = (c_0, \tilde{c}_1)$ 中的 c_0 都是一样的，需要比较的是 $\tilde{c}_1$。$\tilde{c}_1$ 可能取各种不同的值，即消费商品的数量，对于每个 $\tilde{c}_1$ 来讲，取不同值的概率分布是不一样的。如果所有被消费商品的数量都取为整数，在只有一种商品时，$\tilde{c}_1$ 就对应一个概率分布 $\pi(\tilde{c}_1) = \pi(\tilde{c}_1 = n)$ $(n=0,1,\cdots)$，多种商品的情况也是如此，这里不再赘述。

对于各个不同的消费计划 $\tilde{c} = (c_0, \tilde{c}_1)$，有不同的 $\tilde{c}_1$，因此也就对应有不同概率分布 $\pi(\tilde{c}_1)$。在不确定经济中，偏好关系建立在不同的概率分布之间。一个消费计划是一个随机变量，它的概率性质由相应的概率分布 π 定出，所以这里的概率分布是与作为随机变量的消费计划相联系的，每个消费计划都对应一个概率分布。所有的概率分布组成一个概率空间 (Ω, P)，偏好关系就是建立在此概率空间上，将这个偏好关系记为 $\underline{\Phi}$。

这里要注意的是，偏好关系 $\underline{\Phi}$ 和原来的偏好关系 $\succeq$ 是不一样的。后者建立在消费集 C 上，比较的是确定的消费量之间的好坏；前者则建立在概率空间 (Ω, P) 上，比较的是不确定的消费量之间的好坏。当然，后者是前者的基础。

(二)不确定条件下偏好关系应满足的公理

与确定条件下的偏好关系一样，不确定条件下的偏好关系也要满足完备性、自反性和传递性等公理，为了建立期望效用理论，在上述公理外还需要满足以下两条行为公理。

【行为公理 3-1】独立性。如果 $p, q \in C$，且 $p \underline{\Phi} q$，则对于任意的 $r \in C$ 和 $\alpha \in (0,1)$，一定有 $\alpha p + (1-\alpha)r \underline{\Phi} \alpha q + (1-\alpha)r$。

也就是说，在不确定经济下，引入一个额外的不确定性的额外计划不会改变原有的偏好，即消费者对于一个给定事件中的消费 p、q 的满意程度并不依赖于如果另外事件发生时，消费 r 将会是什么，换言之，消费者看待 $\alpha p + (1-\alpha)r$ 和 $\alpha q + (1-\alpha)r$ 的差别仅取决于 p 和 q 的差别。这就是独立性的含义，独立性公理(Independent Axiom)有时也称为替换公理 (Substitute Axiom)。

独立性公理是不确定性环境下决策理论的核心，它提供了把不确定性嵌入决策模型的基本结构。通过该假设，消费者将复杂的概率决策行为，分为相同和不同的两个独立部分，整个决策行为仅由其不同的部分来决定。

【行为公理 3-2】阿基米德性。如果消费计划 $p, q, r \in C$ 且 $p \underline{\Phi} q \underline{\Phi} r$，则存在实数 $\alpha, \beta \in (0,1)$，使得 $\alpha p + (1-\alpha)r \underline{\Phi} q \underline{\Phi} \beta p + (1-\beta)r$。

这是阿基米德法则的变形。根据阿基米德法则：不管一个数字 n 多么小，另一个数字 m 多么大，总存在一个整数 k，使得 $kn > m$。所以，即使 p 非常好而 r 非常坏，总可以找到它们的适当组合，比任何一个中间状态 q 好或者坏。

阿基米德性公理(Archimedean Axion)有两层含义。

(1) 不存在无限差的消费计划。再差的消费计划 r，与好计划 p 组合时，当计划 r 发生的概率足够小时，r 与 p 的组合就会好于中等计划 q。

(2) 不存在无限好的消费计划。没有哪一个消费计划 p 好到使得对任意满足 $q \underline{\Phi} r$ 的消费计划 q、r，无论概率 b 多么小，组合 $bp+(1-b)r$ 不会比 q 差。

三、不确定性条件下的偏好选择

(一)不确定性条件下选择的表述方法

自然状态是指特定的会影响个体行为的所有外部环境因素。通常用 S 表示自然状态的集合：$S=\{1,\cdots,s\}$。自然状态集合是完全的、相互排斥的，即有且只有一种状态发生，不会出现两种状态同时发生的情况。

个体会对每一种状态的出现赋予一个主观的判断，即某一特定状态 s 出现的概率 $P(s)$ 满足：$0 \leqslant p(s) \leqslant 1$ 且 $\sum_{s \in S} P(s)=1$。这里的概率 $P(s)$ 就是一个主观概率，也称为个体对自然的信念。不同个体可能会对自然状态持有不同的信念，但通常假定所有的个体的信念相同，这样特定状态出现的概率就是唯一的。

(二)两种选择方法

1. 状态依存结果的优序选择

状态依存结果的优序选择法又称状态偏好方法，这个方法是用彼此排斥和详尽无遗的自然状态组成的集合，而不是用概率来反映个人所面临的随机性。

假定 X 表示不确定环境下可选择行为的集合，S 表示所有可能的状态集合，并用 C 表示可选择行为的结果的集合，那么行为 $x \in X$ 和 $s \in S$ 结合产生了结果 $c \in C$。可以用函数 $f(\cdot)$ 把行为、状态和结果对应起来，即 $(s,x) \to c=f(x,s)$。为了便于理解，下面用例 3-6 来解释这个方法。

【例3-6】假设天气仅有下雨和不下雨两种状态，分别用 s_1 和 s_2 表示，其中 $s_1, s_2 \in S$。当天气状态为下雨 s_1 时，有两种行为选择：带伞或不带伞，记为 x_1 和 x_2；当天气状态为不下雨 s_2 时，也有两种选择：带伞或不带伞，记为 x_3 和 x_4，如表 3-3 所列。

表3-3　例3-6表

情　况	状态集 S	选择行为集 X	结果集 C
天气	下雨：s_1	带伞：x_1	(下雨，带伞) $\to c_1$
		不带伞：x_2	(下雨，不带伞) $\to c_2$
	不下雨：s_2	带伞：x_3	(不下雨，带伞) $\to c_3$
		不带伞：x_4	(不下雨，不带伞) $\to c_4$

【解】由表 3-3 可以看出，在不同的状态和行为的选择下，可以得出 4 种可以决定的结果，即 $(s_1, x_1) \to c_1 = f(x_1, s_1)$、$(s_2, x_2) \to c_2 = f(x_2, s_2)$、$(s_3, x_3) \to c_3 = f(x_3, s_3)$ 和 $(s_4, x_4) \to c_4 = f(x_4, s_4)$。

当经济主体在可行的行为之间进行选择时，以被选行为产生的结果为基础进行选择。但是行为对于决定特别的结果来说，常常是不充足的。其他因素会与选择的行为相互作用产生一个特别的结果。这些其他因素，超越了经济行为人的控制，被称为自然状态(如下或者不下雨、升或者降等)。大量的自然状态的存在使得目前所采取的任何行为的将来结果是不确定的。

在决定行为的过程中，主体面临的自然状态是不确定的，这些状态将共同确定被选行为的结果。选择行为 x 就为每一自然状态 s 决定了一个结果 $c = f(x, s)$，对 X 中行为的选取从而被视为对依赖状态(或偶然状态)结果的选取。

通过观察函数 f 可以容易区分确定条件下和不确定条件下的决策。若 $c = f(x, s)$ 关于自然状态是不变的，即自然状态不会影响产生的结果，则可以认为是确定条件下的决策。若不同的状态导致不同的结果，则可以认为是不确定条件下的决策。

【例 3-7】 如果风险投资基金投资到一家企业，这家企业有上市和不上市两个状态(不赋予信念)，风险投资基金的行为选择是投资(股份比例不一样)或不投资，那么对于风险投资公司来说，如果无论该企业上市或者不上市，它的投资结果都是一样的，就说这是确定条件下的投资决策; 否则，就是不确定条件下的投资决策。

2. 行为结果的概率分布选择

行为结果的概率分布选择，就是常说的概率方法。既然在行为、现实的状态和结果之间的关系通过函数 $f: S \times X \to C$ 来描述，那么在 S 上定一个概率测度，即对任意 $x \in X, s \in S$，存在一个结果集 C 上的概率分布: $F_x \equiv P\{s \in S, x \in X \mid x(s) \le c\}$。

这个概率表述表明，在一个行为既定的情况下，特定结果出现的概率等于导致这个特定结果出现的可能性状态的概率。由于某个特定行为结果发生的概率取决于经济主体选择的行为，因此，可以等价地认为，对于行为结果的选择等同于对某个特定结果的概率分布的选择。

因此，不确定性条件下的行为选择可以理解为行为主体在不同的概率分布中进行选择。这意味着，行为主体自己偏好关系的可行行为集合 X 必须具备以下性质: 对任意的 $s \in S, x \in X$，都有 $x(s) \in C$。

在这种情况下，可以用定义在 C 上的一个函数 $P(\cdot)$ 来表示行为 x，其中，$P(c)$ 是使选择行为 x 的结果等于 c 的概率，与状态 s 和行为 x 有关。因此，对于所有的结果 $c \in C, P(c) \ge 0$ 且 $\sum_{c \in C} P(c) = 1$，有了概率描述不确定性，就可以进行理性决策了。

【例 3-8】 还是以例 3-7 为基础，给企业赋予一个信念，即假设被投资企业上市的概率为 60%，不上市的概率为 40%，而风险投资基金有 3 种选择行为：不投资、投资 100 万元(占 10%的股份)和投资 900 万元(占 90%的股份)。那么针对不同的投资行为，投资公司的投资计划收益(结果)是可以确切计算的，如表 3-4 所列。

表 3-4 收益结果

投资情况 / 上市情况	不投资	投资 100 万元(10%)	投资 900 万元(90%)
上市(60%)	0	1000 万元	9000 万元
不上市(40%)	0	-100 万元	-900 万元

【解】这样计算出在不同状态下，选择不同行为的结果，很明显，在企业上市时，投资 900 万元可能获得的收益最高，而不上市时，投资 900 万元，可能有最大的亏损。

在以上 6 种情况下，哪一个都有可能发生，哪一个又都不一定发生，所以必须确定选择的行为准则，如设置期货市场最大化等准则。

3. 不确定条件下的选择的两种方式比较

第一种方法是在依存状态的结果之间进行的选择，属于定性决策和事后决策。而第二种方法是在不同结果的概率分布之间进行的选择，把不确定性通过概率分布释放出来，并转移到其他环节。当然，只是一种矛盾的转移，转移的价值与选择的工具所带来的价值有关。与第一种方法相对应，第二种方法属于定量决策，它是一种事前行为，通过设置行为准则来定量选择。定量来源于历史数据，所以必须结合定性，定性思维是历史的延续。

第四节 期望效用函数

一、冯·诺依曼-摩根斯坦期望效用函数

期望效用理论是不确定性选择理论中最为重要的价值判断标准。期望效用函数作为对不确定性条件下经济主体决策者偏好结构的刻画，具有广泛的用途。不确定性下的选择问题是使其效用最大化的问题，不仅是对自己行动的选择，也取决于自然状态本身的选择或随机变化。

众所周知，一般的效用函数 $U(c)$ 依赖于两个因素，即未来状态的概率分布以及在各状态下对消费者的偏好。譬如，若知道某一特定状态的概率接近于 0，那么在这个状态下的消费对效用的影响理应不大。在现在的框架中，未来状态的概率分布自然给定而且所有参与者都知道。因此，一个直观的想法是把参与者个人的消费偏好对 $U(c)$ 的影响与所有参与者都知道的外生概率对 $U(c)$ 的影响分离开来。

让我们进一步考虑下面这个想法，以一个简单的情形作为例子。从 $t=1$ 时期没有不确定

性的情形开始，此时，两个时期的消费都是确定的，记确定性消费路径的效用为 $u(c_0, c_1)$。

现在假设 $t=1$ 时期有两种可能的状态，记为 a 和 b，两者发生的概率相等，相应地，在两个状态下的消费分别为 c_{1a} 和 c_{1b}。如果出现的是状态 a，消费路径为 (c_0, c_{1a})，获得的效用为 $u_a(c_0, c_{1a})$；同样地，如果出现的是状态 b，消费路径为 (c_0, c_{1b})，获得的效用为 $u_b(c_0, c_{1b})$。这里，u 有下标 a 或 b，表明允许某一特定消费路径的效用除了依赖于消费水平以外，还依赖于状态。因为每一状态发生的机会只有一半，因而一个简单的想法是把每一消费路径得到的效用，以它所发生的概率为权重得到的平均值作为不确定消费计划的效用。在这个例子中，它就是 $1/2 u_a(c_0, c_{1a}) + 1/2 u_b(c_0, c_{1b})$，这也就是不同可能的消费路径效用的期望值。

如果上述想法在一般情形下也能成立，那么效用函数就可以表示成不同消费路径效用的期望值，即 $U(c) = \sum_{\omega \in \Omega} \pi_\omega u_\omega(c_0, c_{1\omega})$，这种形式的效用函数也叫作期望效用函数(Expected Utility Function)。其中，$u: C \to \mathbf{R}$ 是普通序数效用函数，而 $U: C \to \mathbf{R}$ 是 VNM 效用函数。

更一般地，可以表述为：$U(c) = E[u_\omega(c_0, c_{1\omega})] = \sum_{\omega \in \Omega} \pi_\omega u_\omega(c_0, c_{1\omega})$，其中，$u_\omega(c_0, c_{1\omega})$ 是一个随机变量。其含义为：一种未定商品的效用等于该未定商品所涉及的确定商品的效用的均值。

期望效用函数存在唯一性定理：定义在 C 上的偏好关系，若它满足阿基米德公理与独立性公理，则该偏好关系可以用冯·诺依曼和摩根斯坦期望效用函数表示，并且期望效用函数是唯一的。

二、不确定性下的理性决策原则

不确定性下的理性决策原则是金融经济学的一个价值观，可以用来比较不同行为的尺度，从而帮助决策者做出理性选择。

(一)数学期望收益最大化原则

在确定性条件下，经常采用的投资决策准则是实现期末收益最大化。比如例 3-9 正是用了这一决策准则。

【例 3-9】令 P 表示单位产品的价格，Q 表示产品的生产数量，$C(Q)$ 表示生产 Q 数量产品的成本，那么，厂商的最优产量该如何计算？

【解】根据微观经济学的相关理论，厂商的目标是实现利润最大化。可以将其利润函数表示为 $\pi(Q) = PQ - C(Q)$，通过一阶条件，可以很容易地找出实现该厂商利润最大化的最优产量。

而在金融市场中，更多面对的是金融资产收益的不确定性，这使得实现收益最大化决策规则变为无效的规则，如例 3-10 所示。

【例 3-10】 某公司面临两项投资计划: A_1 和 A_2, A_1 是投资一种金融产品, 有 30% 的概率获得 10% 的年收益率, 有 40% 的概率获得 9% 的年收益率, 有 30% 的概率获得 11% 的年收益率; A_2 是投资可获得 10% 年固定收益的债券。该公司选择哪个投资计划能获得更高的收益?

【解】 此种情况下, 就无法根据年收益最大化准则比较出 A_1 和 A_2 两个投资计划孰优孰劣。

因为收益和风险同时存在, 对于不确定条件下的收益分布, 很自然地考虑到每种可能结果出现的概率, 然后求其期望收益最大化。

数学期望收益最大化准则是指使用不确定性下各种可能行为结果的预期值比较各种行动方案优劣。这一准则有其合理性, 它可以对各种行为方案进行准确的优劣比较, 而收益最大化准则只有在确定环境才可以计算收益, 数学期望收益最大化准则正是收益最大化准则在不确定情形下的推广。那么, 例 3-10 中的问题就可以得到解决了, 对于 A_1 投资计划, 其期望收益率为 $30\% \times 10\% + 40\% \times 9\% + 30\% \times 11\% = 9.9\%$, 而 A_2 投资计划的收益率为 10%, 根据期望收益最大化准则, 该公司应该选择 A_2 投资计划。

为了加深理解, 再来看例 3-11。

【例 3-11】 假设国债的固定利率为 4%; 存款的浮动利率为 3%+CPI, 其中 CPI 是一个随机变量, CPI 升 1.5% 的概率是 60%, 升 0.5% 的概率是 40%, 决策者该选择购买国债还是把钱存到银行?

【解】 CPI 升 1.5% 和升 0.5% 到底发生哪个是不确定的, 为了可以进行行为的比较, 计算存款的浮动利率期望: $3\% + (60\% \times 1.5\% + 40\% \times 0.5\%) = 4.1\%$, 而国债的固定利率为 4%。因此, 理性的决策者会选择浮动利率的存款。

由以上的例子提出一个问题: 是否数学期望最大化准则是最优的不确定性下的行为决策准则? 对于这个问题的回答, 没有确定的答案。一般人会考虑是不是决策者的行为有问题, 不过也有可能是价值观的问题, 到底是行为问题还是价值观有问题呢? 这些还需要继续检测。

(二)圣彼得堡悖论

考虑这样一个掷硬币赌局: 第一次掷币正面朝上, 赢 2 美元; 接着掷币且正面朝上, 赢 4 美元; 再接着掷币且正面朝上, 赢 8 元; 以此类推, 如表 3-5 所示。

表 3-5　贝努利掷硬币赌局

局　次	概　率	赌　注	期望所得
1	1/2	2	1
2	1/4	4	1
3	1/8	8	1
4	1/16	16	1

局　次	概　率	赌　注	期望所得
5	1/32	32	1
6	1/64	64	1
7	1/128	128	1
8	1/256	256	1
9	1/512	512	1
10	1/1024	1024	1
…	…	…	…
n	$1/2^n$	2^n	1

　　这一赌局的期望所得为 $E(\cdot) = 1/2 \times 1 + 1/4 \times 4 + 1/8 \times 8 + \cdots = \infty$，但试验的结果表明，一般理性的投资者参加该游戏愿意支付的成本(门票)仅为 2～3 元，没有人愿意以巨额财富甚至付出 100 美元投身上述赌博。这种数学期望与实际投资者行为不相称的情况即称圣彼得堡悖论(St. Petersberg Paradox)。

　　面对无穷的数学期望收益的赌博，为何人们只愿意支付有限的价格？圣彼得堡悖论的提出者——丹尼尔·贝努利是出身于瑞士名门的著名数学家，1725—1733 年期间一直在圣彼得堡科学院研究投币游戏。他在 1738 年发表的"对机遇性赌博的分析"一文中提出并解决了"圣彼得堡悖论"的"风险度量新理论"。指出人们在投资决策时不是用"钱的数学期望"来作为决策准则，而是用"道德期望"来行动的。而道德期望并不与得利多少成正比，而与初始财富有关。穷人与富人对于财富增加的边际效用是不一样的。"钱的效用期望"即人们关心的是最终财富的效用，而不是财富的价值量，虽然上述赌局的期望所得是无穷大，但参加赌博者的效用总是有限的，这是因为随着财富的增加，单位增加的财富带来的效用是递减的。而且，财富增加所带来的边际效用(货币的边际效用)是递减的。

　　贝努利选择的道德期望函数为对数函数，即对投币游戏的期望值的计算应为对其对数函数期望值的计算：$E(\cdot) = \sum_{n=1}^{\infty} 1/2^n \alpha \log 2^n \approx 1.39\alpha$。其中，$\alpha > 0$ 为一个确定值。

　　1728 年，克莱姆(Crammer)采用幂函数的形式的效用函数对这一问题进行了分析。假定 $u(x) = \sqrt{x}$，则 $E[u(x)] = \sum_{x=1}^{\infty} p(x)u(x) = \sum_{x=1}^{\infty} 1/2^x \sqrt{2^{x-1}} = (2 - \sqrt{2})^{-1}$，那么，就可以求得 $x = \{E[u(x)]\}^2 = 2.914$。

　　因此，期望收益最大化准则在不确定情形下可能导致不可接受的结果。而贝努利提出的用期望效用取代期望收益的方案，可能为不确定情形下的投资选择问题提供最终的解决方案。

根据期望效用，20%的收益不一定和 2 倍的 10%的收益一样好，可能更好；20%的损失也不一定与 2 倍的 10%损失一样糟，可能更糟，符合温水煮青蛙原理。原因是对财富经过一个效用函数变换，只有线性函数，才能保证可加性。

对于证券投资来讲，只追求期望收益最大化的投资者绝不会选择一个多元化的资产组合。如果一种证券具有最高的期望收益，这个投资者会把他的全部资金投资于这种证券。如果几种证券具有相同的最大化期望收益，对这个投资者来说，投资于若干这些证券的组合或者只是其中的某一种证券是无差别的。由此可见，如果认为多元化是投资的基本原则，必须否定仅仅最大化期望收益原则的目标假定。

期望效用最大化准则是期望收益最大化准则的一个自然推广，它可以处理更多的问题。效用函数有很多利弊，根据不同人的偏好，效用函数也不同，可以有幂函数，有的人偏好风险，有的人厌恶风险，所以，期望效用最大化准则也不是 100%有用。

第五节　期望效用理论的局限性

许多经典的金融学理论都是建立在期望效用理论基础之上的，而期望效用理论中的一些公理和性质与诸多的生活事实相抵触，这也促进了金融学新的研究角度和方向的发展，主要包括由阿莱斯悖论等各种试验引发的新的期望效用理论，如前景理论、遗憾理论、加权的期望效用理论、非线性的期望效用理论等行为金融学和非线性经济学对期望效用的新的解释。

一、期望效用准则的矛盾

反对期望效用准则的最有趣和最相关的论证，通常包括这样的特例：受试者经过深思熟虑之后，反而会选择不符合该准则的行动方案。结论只能是，或者期望效用准则不是理性行为，或者人们有一种非理性的天生偏好，即使是在他思考最多的时候。

【例 3-12】　投资者可以选择以下 3 种彩票。

彩票 A 赢得 1000 美元的机会是 1/1000。

彩票 B 赢得 100 美元的机会是 1/100。

彩票 C 是 AB 的组合，赢得 1000 美元的机会是 1/2000，赢得 100 美元的机会是 1/200。

你会选择哪一种彩票？是 A、是 B 还是 C？如果选 C，又会选 C 的 A 还是 B？

要求受试者在方案 A、B、C 之间进行选择，他们经常会表示出对 C 的明确偏好。但是，U_C 不可能比 U_A 和 U_B 更大。对那些显示偏好 C 的受试者，可以继续提问，问他们在 A 和 B 之间是否更偏好 A 或者相反。因此，争论仍然存在。

为具体起见，假定 A 偏好 B。再来询问他是否愿意要确定性的 A 或者要得到 A 或 B 的机会各半的方案。换言之，是直接选中 A 还是通过抛硬币来决定选 A 或 B？实验证明，那些表示 A 偏好 B 的投资者一致认为，他们愿意选择 A，而不是 A 或 B 的机会各半。不难发现，抛硬币选择 A 或 B 的结果的概率分布与彩票 C 的分布完全相同。因此可以将投资者的偏好概括如下：C 偏好 A；A 偏好 A 或 B 各 50%；但是 A 和 B 各 50%又恰好与 C 一样好。因此 C 明确偏好 A，而 A 明确偏好 C，依然矛盾。

二、阿里亚斯悖论

独立性公理在实际的心理学试验中经常失效，最著名的例子就是阿里亚斯悖论(Allais Paradox，也称阿莱悖论或阿莱斯悖论)。考虑下面的两对抽奖中奖法。

方案 A：确定得到 100 元。

方案 B：得到 500 元的概率是 0.1。

得到 100 元的概率是 0.89。

得到 0 元的概率是 0.01。

那么受试者会选哪一个方案呢？很明显，方案 A 的期望效用小于方案 B 的期望效用。但他发现，在方案 A 和方案 B 这一对方案中，他的受试者大部分偏好于方案 A 而不是方案 B。他们喜欢确定的 100 元，而不喜欢在大概率下得到 100 元同时可能在小概率下得到 500 元或者什么也得不到。于是，他进一步要求受试者考虑以下情形。

方案 C：以 0.11 的概率得到 100 元；以 0.89 的概率得到 0 元。

方案 D：以 0.10 的概率得到 500 元；以 0.90 的概率得到 0 元。

那么受试者又会选择哪一个方案呢？很明显，方案 C 的期望效用小于方案 D 的期望效用，大多数人在面对这第二对选择方案时会选择方案 D 而不是方案 C。

因此了解到，当方案 A 和 B 作为备选方案时，理性经济人会选择方案 A；当 C 和 D 作为备选方案时，理性经济人会选择方案 D。这违背了独立性公理，即引入一个不确定的投资或消费计划，不影响原来的偏好。

假设投资者的效用函数 U，则有：

$$E(U_A) = 1 \times 100 = 0.89 \times 100 + 0.11 \times 100$$

$$E(U_C) = 0.89 \times 0 + 0.11 \times 100$$

$$E(U_B) = 0.89 \times 100 + 0.01 \times 0 + 0.1 \times 500$$

$$E(U_D) = 0.9 \times 0 + 0.1 \times 500 = 0.89 \times 0 + 0.01 \times 0 + 0.1 \times 500$$

也就是说，方案 A-0.89 概率得 100 元=方案 C；方案 B-0.89 概率得 100 元=方案 D。如果在方案 A 和 B 中选择了 A，根据期望效用原则，应该有：$E(U_A) > E(U_B)$，那么：$E(U_A) - 0.89 \times 100 > E(U_B) - 0.89 \times 100$，即，$E(U_C) > E(U_D)$。则由 A 偏好于 B，根据期望效用最大化原则，推出 C 偏好于 D。事实上，D 偏好于 C。这是一个矛盾。

显然，期望效用理论受到了"阿里亚斯悖论"的严峻挑战。"阿里亚斯悖论"实质上是要解释，许多建立在独立性假设上的期望效用，尤其是建立在追求期望效用最大化基石上的模型，都忽略了人的心理因素对概率分布的影响。因此，在"阿里亚斯悖论"提出后，许多学者包括经济学家和心理学家均尝试着对不确定性下的选择行为做进一步探索，力图揭示其中的心理因素与心理机制。如在 1979 年，卡尼曼(Daniel Kahneman)和特韦斯基(Amos Tversky)开始从心理学的角度探讨不确定性条件下的行为决策问题并提出了前景理论(Prospect Theory)。

尽管如此，直到现在为止，在具有不确定性的经济学问题的研究中，承认冯•诺依曼–摩根斯坦期望效用函数的还是主流，尤其是在决策理论、保险理论、金融经济学等实用科学中，更是视冯•诺依曼–摩根斯坦期望效用函数的存在为理论基础。就像新古典主义微观经济学虽然已被发现有许多不足，但在代替它的理论还没有得到充分发展之前，多数人还继续用它来处理各种经济学问题。与新古典主义经济学一样，数学上的简单和传统(这里又是"最优化原理")又是大家不愿放弃它的主要原因。

本 章 小 结

(1) 本章首先介绍了偏好关系的概念，偏好关系是指消费者对不同商品或商品组合偏好的顺序。它可以用一种两维(或二元)关系(Binary Relation)表述出来，给出了偏好关系的 3 种数学表示，即 $x \succeq y$、$x \succ y$ 和 $x \cong y$。

(2) 偏好关系需要满足 7 个选择公理：完备性公理、自反性公理、传递性公理、连续性公理、单调性公理、局部非饱和性公理和凸性公理。

(3) 对于给定的一个偏好关系，可以给每一个消费计划赋予一个实数，叫作效用，使得对消费集中的任意两个消费计划，由偏好的好坏关系变成效用数值的大小关系。这个从消费计划到实数的映射叫作效用函数。效用理论按对效用的衡量方法分为基数效用论和序数效用论。

(4) 效用函数满足 Debreu 存在定理和单调变换期望函数次序不变存在定理。

(5) 学术界常常把具有主观概率或设定概率分布的不同结果的事件和具有客观概率的不同结果的事件同时视为风险。

(6) 一个消费计划是一个随机变量，它的概率性质由相应的概率分布定出，所以这里的概率分布是与作为随机变量的消费计划相联系的，每个消费计划都对应一个概率分布。所有的概率分布组成一个概率空间，偏好关系就是建立在此概率空间上。

(7) 不确定条件下的偏好关系也要满足完备性、自反性和传递性等公理，为了建立期望效用理论，在上述公理之外还需要满足独立性和阿基米德性两条行为公理。独立性公理是不确定性环境下决策理论的核心，它提供了把不确定性嵌入决策模型的基本结构。

(8) 在不确定条件下，行为主体进行选择可以有两种方式：作为一种在依存状态结果之间进行的选择和作为一种在不同结果的概率分布之间进行的选择。

(9) 在独立性公理的假设下，效用函数可以表示不同消费路径效用的期望值：$U(c) = \sum\limits_{\omega \in \Omega} \pi_\omega u_\omega(c_0, c_{1\omega})$，即期望效用函数。

(10) 不确定性经济下，理性人有两种决策原则：数学期望收益最大化原则和期望效用原则。数学期望收益最大化准则是指使用不确定性下各种可能行为结果的预期值比较各种行动方案优劣。贝努利提出的用期望效用取代期望收益的方案，可能为不确定情形下的投资选择问题提供最终的解决方案。

(11) 本章最后还通过阿里亚斯悖论举例说明了期望效用准则的矛盾。说明了许多建立在独立性假设上的期望效用，尤其是建立在追求期望效用最大化基石上的模型，都忽略人的心理因素对概率分布的影响。

复习思考题

一、基本概念

偏好关系　二元关系　完备性　传递性　效用　效用函数　基数效用　序数效用　风险不确定性下的偏好关系　独立性公理　阿基米德性公理　期望效用函数　阿里亚斯悖论

二、判断题

1. 用效应函数度量的偏好关系是序数关系；套利定价法是绝对定价法。　（　　）
2. 效用最大化的投资目标准则可以适用于任何投资决策问题，收益最大化准则只适用于部分投资决策问题。　（　　）
3. $U(c)$和$V(c)$是两个效用函数，$c \in \mathbf{R}_+^N$，且$V(x) = f(U(x))$，其中$f(\cdot)$是一正单调函数，那么这两个效用函数表示了相同的偏好。　（　　）

三、简答题

1. 什么是期望效用函数？
2. 解释偏好关系的完备性。
3. 解释效应偏好完备性的金融意义。
4. 比较期望收益最大化准则与期望效应最大化准则的区别。
5. 举例说明违背偏好关系的一致性公理就是违背理性。
6. 简述一致性公理是理性的。
7. 简述偏好关系的传递性是理性的。

四、计算题

1. 投资者以初始财富 1200 元参与一个赌博，50%的概率可以获得 10000 元，50%的概率可以得到 100 元，假设他的效用函数为 lg 函数，计算这个投资者为避免赌博而愿意缴纳的罚金以及他的确定性等价财富，并分析说明罚金和确定性等价财富的经济意义。

2.　$U(c) = c - 1/2ac^2$ 是一可能的效用函数，其中 $c \in \mathbf{R}_+^N$，a 是非负的系数。$U(c)$ 具有不满足性吗？如果不，那么 a 取什么值和/或 c 在什么范围内时 $U(c)$ 具有不满足性？

五、论述题

1. 证明以下形式的期望效用函数：

$$U(c) = u_0(c_0) + \sum_{\omega \in \Omega} \pi_\omega u_1(c_{1\omega})$$

满足独立性公理。

2. 在 1 期，经济有两个可能状态 a 和 b，它们发生的概率相等：

$$\dashv \begin{matrix} a \\ b \end{matrix}$$

考虑定义在消费计划 $c = [c_0,\ c_{1a},\ c_{1b}]$ 上的效用函数：

$$U(c) = \log c_0 + \frac{1}{2}(\log c_{1a} + \log c_{1b})$$

$$U(c) = \frac{1}{1-\gamma}c_0^{1-\gamma} + \frac{1}{2}\left(\frac{1}{1-\gamma}c_{1a}^{1-\gamma} + \frac{1}{1-\gamma}c_{1b}^{1-\gamma}\right)$$

$$U(c) = -e^{-\alpha c_0} - \frac{1}{2}(e^{-\alpha c_{1a}} + e^{-\alpha c_{1b}})$$

证明它们符合：不满足性、连续性和凸性。

第四章　金融风险及其度量

⊞【学习要点及目标】

- 了解风险的基本概念及主要特征。
- 了解风险的分类。
- 掌握主要金融风险的相关度量。
- 重点掌握风险度量方法及其应用。

⊞【核心概念】

风险　风险度量　敏感性　方差法和标准差法　β 系数法　VaR 法

⊞【引导案例】

金融风险

案例一：市场风险

雷曼兄弟破产事件

2008 年 9 月 15 日，美国第四大投资银行雷曼兄弟按照美国公司破产法案的相关规定提交了破产申请，成为了美国有史以来倒闭的最大金融公司。

拥有 158 年历史的雷曼兄弟公司是华尔街第四大投资银行。2007 年，雷曼在世界 500 强排名第 132 位，2007 年年报显示净利润高达 42 亿美元，总资产近 7000 亿美元。从 2008 年 9 月 9 日，雷曼公司股价一周内暴跌 77%，公司市值从 112 亿美元大幅度缩水至 25 亿美元。第一季度中雷曼卖掉了 1/5 的杠杆贷款，同时又用公司的资产作抵押，大量借贷现金为客户交易其他固定收益产品。第二季度变卖了 1470 亿美元的资产，并连续多次进行大规模裁员来压缩开支。然而雷曼的自救并没有把自己带出困境。华尔街的"信心危机"，金融投机者操纵市场，一些有收购意向的公司则因为政府拒绝担保没有出手。雷曼最终还是没有逃离破产的厄运。

受次贷危机的影响。次贷问题及所引发的支付危机，最根本原因是美国房价下跌引起的次级贷款对象的偿付能力下降。因此，其背后深层次的问题在于美国房市的调整。美联储在 IT 泡沫破灭之后大幅度降息，实行宽松的货币政策。2000 年以后，实际利率降低，全球流动性过剩，借贷很容易获得。这些都促使了美国和全球出现的房市繁荣。而房地产市场的上涨，导致美国消费者财富增加，增加了消费力，使得美国经济持续快速增长，又进一步促进了美国房价的上涨。2000 至 2006 年美国房价指数上涨了 130%，是历次上升周期中涨幅最大的。房价大涨和低利率环境下，借贷双方风险意识日趋薄弱，次级贷款在美国快速增长。同时，浮动利率房贷占比和各种优惠贷款比例不断提高，各种高风险放贷工具增速迅猛。

但从 2004 年年中开始，美国连续加息 17 次，2006 年起房地产价格止升回落，一年内全美国平均房价下跌 3.5%，为自 1930 年代大萧条以来首次，尤其是部分地区的房价下降超过了 20%。全球失衡达到了无法维系的程度是本轮房价下跌及经济步入下行周期的深层次原因。全球经常账户愈合的绝对值占 GDP 的百分比自 2001 年持续增长，而美国居民储蓄率却持续下降。当美国居民债台高筑难以支撑房市泡沫的时候，房市调整就在所难免。这亦导致次级和优级浮动利率按揭贷款的拖欠率明显上升，无力还贷的放贷人越来越多。一旦这些按揭贷款被清收，最终造成信贷损失。

和过去所有房地产市场波动的主要不同是，此次次贷危机，造成整个证券市场，尤其是衍生产品的重新定价。而衍生产品估值往往是由一些非常复杂的数学或者是数据性公式和模型做出来的，对风险偏好十分敏感，需要不断的调整，这样就给整个次级债市场带来很大的不确定性。投资者难以对产品价值及风险直接评估，从而十分依赖评级机构对其进行风险评估。然而评级机构面对越来越复杂的金融产品并未采取足够的审慎态度。而定价的不确定性造成风险溢价的急剧上升，并蔓延到货币和商业票据市场，使整个商业票据市场流动性迅速减少。由于金融市场中充斥着资产抵押证券，美联储的大幅注资依然难以彻底清除流动性抽紧的状况。到商业票据购买方不能继续提供资金的时候，流动性危机就形成了。更糟糕的是由于这些次级债经常会被通过债务抵押债券方式用于产生新的债券，尤其是与优先级债券相混合产生 CDO。当以次级房贷为基础的次级债证券的市场价值急剧下降，市场对整个以抵押物为支持的证券市场价值出现怀疑，优先级债券的市场价值也会大幅下跌。次级债证券市场的全球化导致整个次级债危机变成一个全球性的问题。

案例二：信用风险

金融风险——浙江企业"跑路潮"回流

2011 年上半年温州地区累计发生民间借贷 485.5 亿元人民币，且借贷利息飙升，一路疯涨至 3～5 分，个别甚至达到 6 分～1 角。4 月以来，个别中、小企业因资金链断裂而发生老板潜逃、跳楼自杀、企业倒闭、员工欠薪等事件。全市至少已有 80 多家企业老板逃跑、企业倒闭。其中 9 月份发生 26 起，自 9 月 22 日以来，温州市发生 3 起因债务危机后老板被逼上绝路而跳楼自杀事件，造成 2 死 1 伤恶果。除温州外，民营经济同样较为发达的台州等地此类事件也时有发生。到 9 月底，台州除了有十几家企业老板跑路，还有至少两位老板因资金链断裂而自杀。

在众多跑路老板中，尤以浙江信泰集团董事长胡福林名气最大，他的"出逃"被认为是事态进一步恶化的标志，资金链断裂的情况开始由中、小企业传导至龙头企业。信泰集团内部高管透露，其中，欠款达20多亿元，民间高利贷12亿元，月利息2000多万元；银行贷款达8亿元，其中中国银行温州分行是最大债权银行；与其他眼镜光学企业的关联担保，金额达数亿元。

2011年，温州有21家银行受资金链断裂牵连，直接或间接收到牵连的资金是15.86亿元。然而温州当地银监局认为，温州的不良贷款余额为22.72亿元，即使15.86亿元全变成不良贷款，总牵涉资金也只有38.58亿元，约占温州现有6123亿元贷款总额的0.62%，因此判断温州银行业不良贷款当时不可能出现明显上升的趋势。

温州中、小企业生存状况引发各级政府关注。9月29日，温州市政府出台了多项措施，包括要求银行业机构不抽资压贷，当地政府抽调25个工作组进驻市内各银行，与银行一道，对所属信贷企业排查摸底。温州市银监局也要求当地各家银行调低贷款利率(见图4-1)，最高上浮不能超过30%；如企业财务危机牵涉多家银行贷款，银行间要"同进同退"，不得单独抽资。10月13日，温州市政府设立了5亿元专线资金，作为企业应急转贷专项资金。温州市财政出台"税费新政17条"，重点是帮扶企业摆脱困境，解决兼并重组中遇到的相关税费问题。在局面扭转之际，孙福财、胡福林等企业主10月分别从美国等地返回，并表示了立足自救、重整企业的信心。

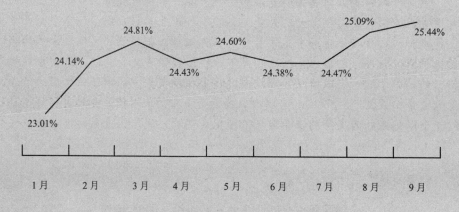

图4-1　温州2011年民间借贷综合年利率

原因分析

一方面，主要是外部经营环境恶化导致中小企业经营困难。2011年，在控制通胀、流动性不断收紧的影响下，融资困境迫使企业不得不转向民间借贷。温州民间借贷空前活跃，民间融资利息水平大幅上升。目前，浙江多数地区民间借贷利率年息在25%～30%之间，温州地区民间借贷利率水平已超过历史最高值。而做实业的大多数温州中小企业毛利润不超过10%，一般在3%～5%内。在高额民间融资成本压力下，企业正常经营难以为继，从而亏损、倒闭，影响到银行信贷资金的安全。

对于浙江企业主"跑路潮"，金融融资体系不完善、民间借贷高利贷化等成为众矢之的，然而在浙江地区，尤其是温州，广大的中、小私营企业本来就是银行的重要客户来源和利润来源。温州地下钱庄、标会等二十几年前也已经存在，民间借贷一直都很活跃，只不过近几年资金规模迅速膨胀，行业间的资金壁垒被打通。因此，信贷紧缩、民间借贷泛滥只是压死浙江企业的最后一根稻草。

另一方面，企业自身行为失范是问题根源之一，浙江大部分企业盲目投资、过度扩张或偏离主业是导致资金紧张、经营亏损的主要原因。如果企业按照正常经营，一般不会在资金方面出现太大的问题，就算周转不灵也只是某一项业务。"老板跑路"通常是摊子铺得太大或者实业之外的房地产、股票、黄金等投资崩盘，内忧外困下寻求高利贷反而加重债务负担。

(资料来源：卢亚娟. 金融风险管理案例集[M]. 南京：南京审计学院金融学院，2009.

银行业风险案例精析，2011 年 11 月)

【案例导学】

社会经济生活中的许多因素都是在不断发展变化的。它们的变化或多或少地影响到我们的投资对象，进行金融投资或融资都可能会面临许多不确定性因素带来损失的风险。因此，我们要正确理解风险，掌握风险测量方法，有助于我们进行投资分析。

第一节　金融风险的概念

一、金融风险的定义

1. 风险与不确定性

金融决策是时序决策，它们包括选择、选择的结果向将来延伸。由于将来是未知的，金融决策不可避免地在不确定条件下进行。为了对金融经济学进行研究，必须对"确定"和"不确定"进行概念上的区分。美国经济学家、芝加哥学派创始人奈特(Knight)在其 1921年出版的名著《风险、不确定性及利润》中，他认为真正的不确定性与风险有着密切的联系，也有着本质的区别。

根据费兰克·奈特(Frank H.Knight)的观点，"不确定性"状态是指那些每个结果的发生概率尚未知的事件，如明年是否发生地震是不确定的。因此，不确定性是指经济行为人面临的直接或间接影响经济活动的无法充分准确地分析、预见的各种因素，而风险是从事前角度来看的由于不确定性因素而造成的损失。不确定性只是风险的必要而非充分条件。当不确定性给人们的工作和生活带来不利影响时，不确定性才成为风险。

【小贴士】

Frank Hyneman Knight(1885—1972)是 20 世纪最有影响力的经济学家之一，也是美国经济学界最有权威的人物之一，1950 年他被推选为美国经济学会会长，1957 年获得弗朗西斯·沃尔克奖章，这是美国经济学会的最高奖。

他在《风险、不确定性和利润》一书中，不承认"风险=不确定性"，提出"风险"是有概率分布的随机性，而"不确定性"是不可能有概率分布的随机性。Knight 的观点并未被普遍接受。但是这一观点成为研究方法上的区别。

奈特一生撰写过许多学术著作。除了《风险、不确定性和利润》(1921)外，主要还有《经济组织》(1933)《竞争的伦理学及其他文论》(1935)《自由与改革：经济学与社会哲学文论集》(1947)等。

2. 定义

风险是一个人们常用却又十分模糊的概念，它最早出现在航海贸易及保险业中，到目前为止，学术界对风险的定义虽然说法不一、莫衷一是，但其核心的思想是共同的。在金融经济学中，认为金融风险是指金融主体在金融活动或投资经营活动中，由于某些风险源变化的不确定性给金融主体带来损失的可能性。风险的概念在更大程度上是指投资风险或金融交易风险。

在现代金融市场中，投资收益通常具有不确定性，既有可能获得较高的收益，也有可能遭受损失。一般来说，不确定性的程度越高，风险就越大；不确定性的程度越低，风险则越小。市场中除了短期国库券和银行活期存款外，其他的投资工具都具有程度不同的风险。如资本市场工具，它们的期限长，价格波动远远大于货币市场，要想知道投资的未来实际收益很困难，不确定性程度高，因而是颇有风险的投资。

这里，将金融风险定义为：经济主体在金融活动或投资经营活动中遭受损失的不确定性。

二、金融风险的特征

一般来说，风险的主要特征有客观性、复杂性、不确定性、双重性、扩张性、可控性，下面分别对其加以介绍。

(1) 客观性。风险是不以人的意志为转移并超越人们的主观意愿的客观存在。金融风险存在于具体的金融活动中，依赖于具体的客观事件。它是一种客观存在，不以人的喜好存在。

(2) 复杂性。风险是一种极其复杂的自然、社会现象，人类只能在有限的空间和时间内控制和改变风险，不可能完全消除风险。

(3) 不确定性。风险的基本特征就是不确定性，不确定性是客观存在的，不确定性是整个事物发展变化过程中普遍存在、不以人的意志为转移的客观现象，同样，在金融活动及金融事件的发展中必然存在不确定性。这些不确定性既可能向着有利于投资者的方向发展，也可能向着不利于投资者的方向发展，正是金融风险的不确定性给金融市场带来了生机和活力。

(4) 双重性。因为风险既可能给从事金融活动的经济主体带来损失，也有可能给他们带来收益，因此风险具有双重性。金融风险的积极性在于它是金融市场充满活力的源泉，正是由于未来收益的不确定性，投资者对未来收益的预期和判断持不同观点，使得金融市场充满活力。此外，由于人们为达到获利目的而想尽办法降低风险，市场参与者通过进行不断的金融创新来分散或规避风险，使得金融创新不断发展。金融风险的消极性在于它可能会使得市场参与者血本无归，从事金融活动可能给个人造成巨大损失。

(5) 扩张性。现代金融业的发展，各金融机构更加紧密相连，使得金融风险具有扩张性的特点。现代金融体系中的银行、证券公司、保险公司等各金融机构之间密切相关，他们之间相互作用、相互影响，一旦某家银行发生问题，很可能会导致整个资金链发生问题，引发多家相关金融机构倒闭，往往会使整个金融体系周转不灵乃至引发信用危机，从而形成"多米诺骨牌"效应。

(6) 可控性。金融机构可以通过采取增加资本金、调整风险性资产来增强抵御风险的能力，并及时以转移、补偿等方式将风险控制在一定的范围和区间内，从而使得风险具有一定的可控性。

三、金融风险的分类

风险的种类很多，按照不同的分类方法可以将其分为不同的类型。风险的分类有助于突出引起风险的因子的变化特征，管理者可以针对不同的风险采取不同的处理方法。在此着重讨论与市场运动和经济环境变化相关的风险。

(一)按风险来源分类

1. 市场风险

市场风险是由于市场各因素(如利率、汇率、通货膨胀率等)变化引起资产价格的波动而导致投资者亏损的可能性，市场风险一般指资产价格波动的风险，即商品或金融资产价格不确定变动给相关经济主体带来经济损失的不确定性。

根据衍生工具价格变动的不同原因，又可将市场风险分为 4 种。

(1) 利率风险，由于利率变化而引起损失的可能性。

(2) 汇率风险，由于汇率的不利变动而引起损失的可能性。

(3) 权益风险，市场总的股票价格变动或单只股票价格变动所带来的风险。

(4) 商品风险，由于商品价格的不利变动所带来的风险。

流动性风险是指金融资产的变现风险。证券的流动性主要取决于二级市场的发达程度和期限的长短。一般来说，采用在价格不变或较小价位波动的情况下。能够卖出或买入衍生工具的数量或金额来衡量流动性的大小。如果能够卖出或买入的数量或金额较大，则该衍生工具的流动性较好；反之，流动性则较差。

2. 信用风险

信用风险又称违约风险，它是衍生工具合约的一方违约所引起的风险，包括在贷款、掉期、期权交易及结算过程中，因交易对手不能或不愿履行合约承诺而遭受的潜在损失。比如，银行向某个企业提供贷款后，该企业到期不能归还贷款，将给提供贷款的银行带来经济损失。在贷款发放后直到贷款收回之前，银行都面临着受到损失的威胁。

金融衍生工具信用风险的成因是多方面的，其主要因素包括 3 种：①交易对手的资信等级；②衍生工具交易的场所和结算方式；③交易对手的动机和策略。一般来说，通过风险管理控制及要求对手保持足够的抵押品、支付保证金和在合同中规定净额结算条款等程序，可以最大限度地降低和规避信用风险。

3. 操作风险

操作风险又称营运风险，指在日常操作和工作流程失误所产生的风险。操作风险表现有对市场的异常现象反应不及时、交易系统有故障、越权交易、隐瞒头寸等。如 1995 年 2月巴林银行的倒闭，突出说明了实际操作风险管理及控制的重要性。英国银行监管委员会认为，巴林银行倒闭的原因是新加坡巴林期货公司的一名职员越权、隐瞒的衍生工具交易带来了巨额亏损，而管理层对此却没有丝毫察觉。该交易员同时兼任不受监督的期货交易、结算负责人的双重角色。巴林银行未能对该交易员的业务进行独立监督，并且未将前台和后台职能进行严格分离等操作风险，导致了巨大损失并最终毁灭了巴林银行。

(二)按是否可以通过投资组合加以分散分类

1. 系统性风险

系统性风险是由那些影响整个金融市场的风险因素所引起的，市场中所有证券资产的收益都会受到这些因素的影响。这些因素包括经济周期、宏观经济政策的变动等。如世界经济或某国经济发生严重危机、持续的通货膨胀、特大自然灾害等。这是由于市场环境发生变化而产生的风险，这种风险是所有市场主体都必须承受的，无法通过投资组合来分散风险，如购买力风险、利率风险、汇率风险等都是系统风险。

系统性风险中的经济周期波动等因素对股市的打击非常严重，任何股票都无法逃脱它的打击，每个股市投资者承担的风险基本上是均等的。不过这种整体风险发生的概率是比较小的。

2. 非系统性风险

非系统性风险是指与特定的公司或行业相关的风险，它与经济、政治和其他影响所有金融变量的因素无关，如企业面临经营困难、工人要求提供工资、法律诉讼等。在市场中，不同企业之间通过资产组合可以相互抵消风险。非系统性风险可以通过分散投资降低，因此又可称为可分散风险。如破产风险、违约风险、经营风险等都是非系统性风险。

这类风险由于与股票公司的经营状况、市场情况关系密切，所以它是经常作用于股市的风险，对每一个投资者来说，这类风险是时时存在的。

(三)按风险发生的原因分类

1. 客观风险

客观风险是指实际结果与未来的结果之间的相对差异和变动程度，这种变动程度越大风险也就越大。它独立于人的主观意志。

2. 主观风险

主观风险是指根据个人心理感受对风险的判断和估计，是一种由于精神和心理状态所引起的不确定性，它与投资者的风险偏好有关，表现为人们对某种偶然的不幸事故造成的损失后果有所顾虑。

在银行企业中，主观风险主要表现为道德风险，其形成的原因有从业人员的主观原因、考核制度、市场寻租行为等。例如，银行从业人员由于其从事行业的特殊性，面临更多的利益诱惑，一些从业人员往往由于一念之差犯下大错，英国巴林银行的倒闭就是一个很好的例子。而客观风险主要表现为市场风险，是由于利率、汇率、股票等变化导致银行损失的风险。

第二节　风险度量方法

在发达的市场经济中，投资者进行金融资产的投资，需要对金融资产的价值进行评估，主要考虑 4 个方面：资产本身的收入、资本收益率、交易成本和风险。全面衡量这 4 个方面至关重要。现实中金融市场的波动性几乎是没有规律可循的，无论什么时候投资，都不知道是涨还是跌，需要进行风险度量来预知未来损失的可能性大小。在进行风险的测量时，标准之一就是金融资产未来价值可能偏离其预期价值的程度，为此需要知道金融资产收益的大小和收益或损失发生的概率。

本节主要讨论风险的几种度量方法，从历史来看，金融风险的度量方法经历了从方差和标准差到 Beta 系数，再到 VaR 方法的演变过程。

一、距离法

距离法描述的是各种可能的收益偏离其预期收益率的程度，主要包括方差法、标准差法、下半方差法、下半标准差法、均值－绝对偏差及下半绝对偏差。

方差法和标准差法是距离分析法的一种，在金融经济学中，人们一般用方差或标准差来对风险进行客观度量。Markowitz(1952)假定投资风险可视为投资收益的不确定性，这种不确定性可用投资收益率的方差或标准差度量。

在假定把风险视为未来投资收益的不确定性下，便可用收益(或收益率)的方差或标准差来度量风险。其方差和标准差越大，说明其可能的各种收益偏离其预期收益率的程度越大，其收益率的不确定性越大，投资风险越大。理性投资者在投资时总是追求收益率和收益之间的最佳平衡，即在风险一定下追求收益最大或收益一定下追求风险最小。为了分析方便，下面重点讨论金融资产的收益率及其方差和标准差。

1. 预期收益率

【例 4-1】假设今年投资成长型基金和稳健型基金的收益率的 5 种可能性: 50%、30%、5%、–10%、–30%。它们出现的概率分别为 0.15、0.20、0.30、0.20、0.15。计算其投资的预期收益率。

【解】金融资产的预期收益率为其所有可能收益的加权平均数，权重为每种可能收益出现的概率。预期收益率的计算公式为

$$E(r) = \sum_{i=1}^{n} P_i r_i \tag{4-1}$$

式中，r_i 为第 i 个可能的收益率；P_i 为收益率 r_i 的概率；$E(r)$ 为收益率的期望值。

因此本例投资的预期收益率为

$$E(r) = 0.15 \times 50\% + 0.2 \times 30\% + 0.3 \times 5\% + 0.2 \times (-10\%) + 0.15 \times (-30\%) = 0.085$$

2. 单个证券的方差和标准差

(1) 收益率 r 为离散型随机变量，这里 r 是随机变量。

收益的方差 σ^2 是各种收益偏离预期收益率的离差平方和的加权和，权重为其出现的概率。方差的计算公式为

$$\sigma^2(r) = \sum_{i=1}^{n} P_i [r_i - E(r)]^2 \tag{4-2}$$

标准差 σ 的计算公式为

$$\sigma(r) = \sqrt{\sum_{i=1}^{n} P_i [r_i - E(r)]^2} \tag{4-3}$$

式中：r_i 为第 i 个可能的收益率；P_i 为收益率 r_i 的概率；$E(r)$ 为收益率的期望值。

如例 4-1：计算其收益率的方差为

$$\sigma^2 = 0.15 \times (50\% - 8.5\%)^2 + 0.2 \times (30\% - 8.5\%)^2 + 0.3 \times (5\% - 8.5\%)^2$$
$$+ 0.2 \times (-10\% - 8.5\%)^2 + 0.15 \times (-30\% - 8.5\%)^2 = 0.064525$$

计算其收益率的标准差为

$$\sigma = \sqrt{\begin{array}{l} 0.15 \times (50\% - 8.5\%)^2 + 0.2 \times (30\% - 8.5\%)^2 + 0.3 \times (5\% - 8.5\%)^2 \\ + 0.2 \times (-10\% - 8.5\%)^2 + 0.15 \times (-30\% - 8.5\%)^2 \end{array}} = \sqrt{0.064525} \approx 0.254$$

(2) 收益率 r 是一个连续型的随机变量，设 $f(r)$ 为 r 的 D 概率密度函数，则有：

$$E(r) = \int_{-\infty}^{+\infty} r f(r) \mathrm{d}r$$

$$\sigma(r) = \int_{-\infty}^{+\infty} [r - E(r)]^2 f(r) \mathrm{d}r$$

【例 4-2】 某公司目前有两个投资项目 E 和 F，E 是一个高科技项目，该领域竞争很激烈，如果经济发展迅速并且该项目搞得好，取得较大市场份额，利润会较大；否则，利润很小甚至亏本。F 项目是一个老产品并且是生活必需品，销售前景可以准确预测出来。假设未来的经济情况有 3 种：繁荣、正常、衰退，其概率分布和预期收益率如表 4-1 所示。

表 4-1 投资项目的预期收益率即概率

经济环境	概　率	E 项目预期收益率	F 项目预期收益率
繁荣	0.3	40%	20%
正常	0.4	15%	15%
衰退	0.3	−10%	10%

分别计算 E、F 两个投资项目的预期收益率的标准差。

【解】E、F 两个投资项目的预期收益率：

E 项目的预期收益率为： $0.3 \times 40\% + 0.4 \times 15\% + 0.3 \times (-10\%) = 15\%$ 。

F 项目的预期收益率为： $0.3 \times 20\% + 0.4 \times 15\% + 0.3 \times 10\% = 15\%$ 。

E、F 两个投资项目的标准差：

E 项目的标准差为： $\sqrt{(40\% - 15\%)^2 \times 0.3 + (15\% - 15\%)^2 \times 0.4 + (-10\% - 15\%)^2 \times 0.3}$
$= 19.36\%$

F 项目的标准差为： $\sqrt{(20\% - 15\%)^2 \times 0.3 + (15\% - 15\%)^2 \times 0.4 + (10\% - 15\%)^2 \times 0.3}$
$= 3.87\%$

方差和标准差是最常用的波动性分析方法，另外常见的波动性分析方法还有以下几种。

(1) 下半方差：

$$V_-(r) = E[(\max\{0, E(r) - r\})^2]$$

(2) 下半标准差:

$$\sigma_-(r) = \sqrt{E[(\max\{0, E(r) - r\})^2]}$$

(3) 均值-绝对偏差:

$$w(r) = E(|r - E(r)|)$$

绝对偏差风险度量比较适合解决大型问题。

(4) 下半绝对偏差:

$$w_-(r) = E\left|[\max\{0, E(r) - r\}]\right|$$

上述几种方法都是用实际收益率偏离期望收益率的程度,以及收益率的波动性来计量风险。但是以方差度量风险存在一些不足,首先,这种度量是有一些严格假设的,如每种证券的收益率都服从正态分布等,必须在一系列假设成立的条件下才能用其度量风险。其次,虽然用方差来估计证券收益的风险可以很好地胜任单项资产或简单投资组合的风险度量,但是当投资组合包含的资产数量较多时,标准差的计算变得异常复杂。最后,方差是用来衡量收益率的不确定性或易变性的,用其反映风险是不恰当的。

二、β 系数法

在介绍 β 系数之前先简单介绍一下灵敏度分析。灵敏度是收益的方差与产生这一方差的某一随机变量(如利率等)的方差之比,它是两个方差的比值。令 R 表示收益,x 表示影响收益的市场随机变量,d 表示灵敏度,则

$$d = \frac{\Delta R}{\Delta x}$$

或者用两方差的百分比的比值表示为

$$d = \frac{\Delta R / R}{\Delta x / x}$$

灵敏度分析时测量由于单位市场因子变化所导致的资产组合价值变化的程度,β 系数则是灵敏度分析在证券市场中的应用。

William Sharp 于 1964 年提出的资本资产定价模型。模型中的 β 系数是系统风险的计量指标,描述了证券资产相对于市场经济运行的敏感程度。当证券市场有效时,β 系数表现了资产相对于市场投资组合的敏感程度。它表示个别证券受整个市场冲击的程度,我们知道投资者面临的投资风险主要源于证券价格的波动,而有效的投资组合可使投资者承受的非系统性风险趋近于零。

β 系数是一种评估证券系统性风险的工具,用以度量一种证券或一个投资证券组合相对总体市场的波动性。它是通过寻找单个证券(或证券组合)收益率与整个市场组合收益率之间的关系或通过单个证券(或证券组合)风险在整个市场组合风险中的份额来测量单个证券(或证券组合)风险的。本节主要介绍单项资产的 β 系数。

单项资产的 β 系数等于证券的期望收益率变化量与市场的平均收益率变化量的比值。即整个市场收益率变动 1% 时，单个证券所变动的百分比，即

$$\beta_i = \frac{\Delta r_i}{\Delta r_m} \tag{4-4}$$

式中：Δr_i 为第 i 种证券期望收益率的改变量；Δr_m 为市场组合收益率(市场平均收益率)的改变量；β_i 为第 i 种证券的 β 系数。

当 $\beta = 1$ 时表示该单项资产的风险收益率与市场组合平均风险收益率呈同比例变化，其风险情况与市场投资组合的风险情况一致；当 $\beta > 1$ 时说明该单项资产的风险收益率高于市场组合平均风险收益率，则该单项资产的风险大于整个市场投资组合的风险；当 $\beta < 1$ 时说明该单项资产的风险收益率小于市场组合平均风险收益率，则该单项资产的风险程度小于整个市场投资组合的风险。

单项资产的 β 系数计算公式为

$$\beta_i = \frac{\mathrm{Cov}(r_i, r_m)}{\mathrm{Var}(r_m)} = \frac{\sigma_{im}}{\sigma_m^2} \tag{4-5}$$

其中：

$$\sigma_m^2 = \mathrm{E}[r_m - \mathrm{E}(r_m)]^2 \tag{4-6}$$

$$\sigma_{im} = \sum_{i=1}^{n} [r_i - \mathrm{E}(r_i)] [r_m - \mathrm{E}(r_m)] P_i \tag{4-7}$$

式中：σ_{im} 为第 i 种资产的收益率 (r_i) 与市场收益率 (r_m) 之间的协方差；σ_m^2 为市场收益率的方差。

【例 4-3】 假设市场组合的标准差为 18%，某证券的标准差为 40%，该证券与市场的相关系数为 0.5。计算该证券的 β 系数。

【解】根据已知条件可得：$\sigma_m = 18\%$，$\sigma_i = 40\%$，$\rho_{im} = 0.5$

由定义可知，$\beta_i = \dfrac{\mathrm{Cov}(r_i, r_m)}{\mathrm{Var}(r_m)} = \dfrac{\sigma_{im}}{\sigma_m^2}$，而 $\rho_{im} = \dfrac{\mathrm{Cov}(r_i, r_m)}{\sigma_i \sigma_m}$，因此，有

$$\beta_i = \frac{\rho_{im} \sigma_i}{\sigma_m} = \frac{0.5 \times 0.4}{0.18} = \frac{10}{9}$$

【例 4-4】 假设证券 A 的预期收益率为 10%，标准差为 12%；证券 B 的预期收益率为 15%，标准差为 18%，A、B 的投资比例分别为 60% 和 40%。

(1) 计算该投资组合的预期收益率。

(2) 如果证券 A、B 的相关系数为 0.6，投资组合与整个证券市场的相关系数为 0.8，整个证券市场的标准差为 10%，计算该投资组合的 β 系数。

【解】(1) 该投资组合的预期收益率为：$10\% \times 60\% + 15\% \times 40\% = 12\%$。

(2) 证券投资组合的标准差公式为：$\sigma(R_p) = \sqrt{W_A^2 \sigma_A^2 + W_B^2 \sigma_B^2 + 2W_A W_B \sigma_{AB}}$，而

$$\sigma_{AB} = \rho_{AB}\sigma_A\sigma_B$$

代入数据得：$\sigma(R_p) = \sqrt{60\%^2 \times 12\%^2 + 40\%^2 \times 18\%^2 + 2 \times 60\% \times 40\% \times 12\% \times 18\% \times 0.6}$

$$= 12.88\%$$

由定义可知，$\beta_i = \dfrac{\text{Cov}(r_i, r_m)}{\text{Var}(r_m)} = \dfrac{\sigma_{im}}{\sigma_m^2}$，而 $\rho_{im} = \dfrac{\text{Cov}(r_i, r_m)}{\sigma_i \sigma_m}$，因此，有

$$\beta(R_p) = \frac{\rho_{mR_p}\sigma(R_p)}{\sigma_m} = \frac{0.8 \times 12.88\%}{10\%} = 1.03$$

β 系数不仅适用于单个证券，也适合于证券组合。

β 系数法看上去似乎与方差无关，但在数学上等价于方差，同样存在方差法面临的局限性，如以方差度量风险需要有一些严格的假设等。

三、VaR 方法和 CVaR 方法

1. VaR 方法

VaR(Value at Risk)是 1993 年 J.P.Morgon、G30 集团在考察衍生产品的基础上提出的一种新的风险测度方法。VaR 译为风险价值或称在险价值，是指在正常的市场条件和一定的置信水平 α(通常是 95%或 99%)下，某一金融资产或证券组合在未来特定的一段时间 Δt 内所面临的最大可能损失，或者说，在正常的市场条件和给定的时间段内，该项金融资产或证券组合发生风险价值损失的概率仅为给定的概率水平。

风险价值 VaR 用数学方法表示为

$$P(x(t) > \text{VaR}) = 1 - \alpha$$

式中：$x(t) = V(t) - V(t + \Delta t)$ 为在 $t \sim t + \Delta t$ 时间内资产的损失绝对值；$V(t)$ 为 t 时刻资产的价值。

VaR 实际上是指一个资产或证券组合在持有期内将有 α 的概率能保障损失最大不会超过 VaR 值。例如，持有期为 1 天，置信水平为 97.5%的某一证券组合的 VaR 是 10 万元，根据 VaR 的定义，可以以 97.5%的可能性保证该证券组合在未来的 24h 内的价值损失最大不会超过 10 万元。

举例来说，1994 年，摩根公司测定置信水平为 95%的每日 VaR 值为 960 万美元，其含义指该公司能够以 95%的把握保证，1994 年某一特定时点上，该公司的金融资产在未来 24h 内，由于市场价格变动带来的损失不会超过 960 万美元；或者说，只有 5%的可能损失超过 960 万美元，如图 4-2 所示。

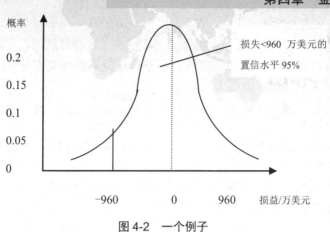

图 4-2　一个例子

VaR 方法越来越为人们所熟知和认可，但其本身存在的一些缺陷也是不容忽视的。如 VaR 方法衡量的主要是市场风险，如果单纯依靠 VaR 方法就会忽视其他种类的风险，如信用风险等；VaR 的另一个缺陷是它基于历史数据，然而我们知道，过去的数据以及经验事实并不能说明未来会发生什么情况，VaR 方法并不能预测到投资组合的确切损失程度；另外 VaR 不满足凸性，其局部最优解不一定是全局最优解等。

2. CVaR 方法

CVaR 方法是在 VaR 方法的基础上发展起来的一种期权风险度量方法。CVaR(Conditional Value at Risk)即条件风险价值，是由 Rockafellar 和 Uryasev 等于 1997 年提出的一种比 VaR 更优的风险计量技术，其含义是在投资组合的损失超过某个给定 VaR 值的条件下，该投资组合的平均损失值。若设定投资组合的随机损失为 $X(X<0)$ ，VaR_β 是置信水平为 $1-\beta$ 的 VaR 值，则 CVaR 可以用数学公式表示为

$$\text{CVaR}_\beta = E(X|X \geqslant \text{VaR}_\beta)$$

度量方法是基于 VaR 基础上建立起来的，自然比 CVaR 方法更加理想与完善。它避免了由于 VaR 自身缺陷有可能带来的风险，有效地弥补了 VaR 尾部损失测量的补充性。但作为新兴的金融工具，CVaR 也还有许多不足之处，这里不再详述。

本章只是简单地介绍了 VaR 方法和 CVaR 方法的基本概念，具体的应用可查阅风险管理类的书籍。

本 章 小 结

(1) 首先分析了不确定性与风险的区别及联系，在此基础上给出了风险的一般定义，即经济主体在金融活动或投资经营活动中遭受损失的不确定性。

(2) 在风险定义的基础上，介绍了客观风险的分类及主要特征，并且给出了客观风险度

量的几种方法。

(3) 距离法中主要介绍了方差法和标准差法，描述了各种可能的收益偏离其预期收益率的程度，方差和标准差越大，说明其可能的各种收益偏离其预期收益率的程度越大，其收益率的不确定性越大，投资风险越大。

(4) $\beta_i = \dfrac{\mathrm{Cov}(r_i, r_m)}{\mathrm{Var}(r_m)}$，$\beta$ 系数是一种评估证券系统性风险的工具，用以度量一种证券或一个投资证券组合相对总体市场的波动性。它表示个别证券受整个市场冲击的程度。

(5) VaR 法是指在一定的概率水平(置信度)下，某一金融资产或证券组合在未来特定的一段时间内的最大可能损失。用数学公式可表示为 $P(x(t) > \mathrm{VaR}) = 1 - \alpha$。

(6) CVaR 指的是条件在险价值或称平均超值损失，它是在投资损失大于某个给定的 VaR 值条件下的期望损失。用数学公式可表示为：$\mathrm{CVaR}_\beta = E(X \,|\, X \geqslant \mathrm{VaR}_\beta)$。

实 训 课 堂

基本案情：

2003 年下半年：中国航油公司(新加坡)(以下简称"中航油")开始交易石油期权(Option)，最初涉及 200 万桶石油，中航油在交易中获利。

2004 年一季度：油价攀升导致公司潜亏 580 万美元，公司决定延期交割合同，期望油价能回跌；交易量也随之增加。

2004 年二季度：随着油价持续升高，公司的账面亏损额增加到 3000 万美元左右。公司因而决定再延后到 2005 年和 2006 年才交割；交易量再次增加。

2004 年 10 月：油价再创新高，公司此时的交易盘口达 5200 万桶石油；账面亏损再度大增。

10 月 10 日：面对严重资金周转问题的中航油，首次向母公司呈报交易和账面亏损。为了补加交易商追加的保证金，公司已耗尽近 2600 万美元的营运资本、1.2 亿美元银团贷款和 6800 万美元应收账款资金。账面亏损高达 1.8 亿美元，另外已支付 8000 万美元的额外保证金。

10 月 20 日：母公司提前配售 15%的股票，将所得的 1.08 亿美元资金贷款给中航油。

10 月 26 日和 28 日：公司因无法补加一些合同的保证金而遭逼仓，蒙受 1.32 亿美元实际损失。

11 月 8 日到 25 日：公司的衍生商品合同继续遭逼仓，截至 25 日的实际亏损达 3.81 亿美元。

12 月 1 日：在亏损 5.5 亿美元后，中航油宣布向法庭申请破产保护令

（资料来源：卢亚娟. 《金融风险管理》案例集）

思考讨论题：

1. 结合案例分析中航油破产的原因有哪些？
2. 从中航油破产案例中得到什么启示？

分析要点：

可从管理层方面分析一下主观风险等。

复习思考题

一、基本概念

风险　方差法和标准差法　β 系数法　VaR 法　CVaR 法

二、判断题

1. 分散投资不能完全消除非系统性风险。   （   ）
2. 1973 年，布莱克、舒尔斯、默顿成功推导出期权定价的一般模型，为当时的金融衍生品定价及广泛应用铺平了道路，开辟了风险度量的全新领域，被称为华尔街的第一次革命。   （   ）
3. 通过将 75% 的资金投入到国库券，25% 的资金投入到市场组合，可以构建 β 值为 0.75 的投资组合。   （   ）

三、单项选择题

1. 当预期债券价格将要下跌而把货币保留在手中时，这种行为是出于（   ）。
   A. 交易动机　　　C. 投机动机　　　B. 预防动机　　　D. 保值动机
2. 下面不是系统风险来源的是（   ）。
   A. 经济周期　　　　　　　　　　B. 利率
   C. 人事变动　　　　　　　　　　D. 通货膨胀率
   E. 汇率
3. 风险的存在意味着（   ）。
   A. 投资者将受损
   B. 多于一种结果的可能性
   C. 收益的标准差大于期望价值
   D. 最后的财富大于初始财富
   E. 最后的财富小于初始财富

4. 某个证券的市场风险 β，等于(　　)。

　　A. 该证券收益与市场收益的协方差除以市场收益的方差

　　B. 该证券收益与市场收益的协方差除以市场收益的标准差

　　C. 该证券收益方差除以它与市场收益的协方差

　　D. 该证券收益与市场收益的方差除以市场收益的方差

　　E. 以上各项均不准确

5. 下列关于 VaR 的说法，正确的是(　　)。

　　A. 均值 VaR 度量的是资产价值的相对损失

　　B. 均值 VaR 度量的是资产价值的绝对损失

　　C. 零值 VaR 度量的是资产价值的绝对损失

　　D. 零值 VaR 度量的是资产价值的相对损失

　　E. VaR 只用作市场风险计量与监控

6. 可以用来量化收益率的风险或者说收益率的波动性的指标有(　　)。

　　A. 预期收益率　　　　　　　　　　B. 标准差

　　C. 方差　　　　　　　　　　　　　D. 中位数

　　E. 众数

7. X、Y 分别表示两种不同类型借款人的违约损失，其协方差为 0.08，X 的标准差为 0.90，Y 的标准差为 0.70，则其相关系数为(　　)。

　　A. 0.630　　　　　　　　　　　　B. 0.072

　　C. 0.127　　　　　　　　　　　　D. 0.056

四、简述题

1. 如何改进在险价值作为风险度量所存在的问题？

2. 市场风险的主要计量方法有哪些？

3. 风险价值(Value at Risk)用于度量风险的三个主要缺陷是什么？

第五章　风险态度及其度量

【学习要点及目标】

- 认识投资者的风险态度。
- 了解并掌握如何界定不确定条件下不同经济行为主体风险态度的类型。
- 理解主观风险态度的等价性条件。
- 掌握确定性等价和风险溢价的概念及其计算方法。
- 掌握绝对风险厌恶度量与相对风险厌恶度量。
- 掌握主观风险态度与投资风险的关系。

【核心概念】

风险态度　风险厌恶　风险偏好　风险中性　效用函数　确定性等值　风险溢价
阿罗-普拉特绝对风险厌恶系数　相对风险厌恶系数

【引导案例】

案例一

对待风险的两种态度

米泉市羊毛工镇蒋家湾村农民马占青是从一辆毛驴车发家的，如今，他已拥有一个资产上千万元的轧花厂。他的创业史中最关键的一步是2000年，当时已经有一家榨油厂的马占青，看到农民交棉花困难，立即将所有家当100多万元投进去建了这个轧花厂。厂子迅速建好，相关的工商、税务、消防等手续在其后一个个补办完。之后，厂子迅速红火起来，有了今天这个局面。

联想一下，当初马占青做决定时，是个什么样的状态。具体的细节无法猜测，但有一点可以肯定，做决定时他肯定想得不多。如果他左思右想，把前前后后都考虑清楚，这个厂子很有可能就建不起来了。

在他人眼里，马占青的决定是一个冒险的决定。他冒的这个险是一般人不敢碰触的。那是不是说，马占青的举动完全是个个例，无规律可循呢？

当然不是。这里需要分析一个词——风险。风险是什么？风险是一种不确定的可能性。它有两个要素，一个是"不确定"，另一个是"可能性"。之所以很多人不愿冒险，是对风险中的"不确定"转化为"确定"的努力上。

这是两种不同的对待风险的态度。对待风险的态度不同，结果自然大不相同。这其中最大的不同是，惧怕风险的人失去了"做事"的权利，或者说放弃了"做事"的权利；而敢于冒险的人赢得了"做事"的权利。因为人的能力是在具体"做"的过程中得以表达得到加强的。放弃了"做事"权利的人，其自身能力呈闲置萎缩状态，无论是经济状况还是生活心态都不可能有好的表现。这样的人往往很容易抱怨。赢得了"做事"权利的人，其自身能力呈表达强化状态，人就越活越积极，越活越舒展。

那么，是什么决定了人对待风险的两种态度，或者说，这背后隐藏着的人的深层的心理背景是什么？用蒙古族学者孟驰北先生在《草原文化与人类历史》一书中创建的"活性心理元素"和"惰性心理元素"的概念可以有一个较为透彻的解释。

敢冒风险的人是一群活性心理元素占主导的人，抗争、拼搏、进取的精神在他们的心中很强烈，一旦带着风险的机遇来临，就会被他们俘获。然后在"做"的过程中，他们内在的曾经被遮蔽的不为他人所知甚至不为自己所知的能力得以充分表达。一个人，只有表达了他内在的真实，他的自我价值才能得到最大限度的体现。也就是说，他终于成为他自己，一个真正意义上接近于真实的他。

惧怕风险的人是一群惰性心理元素占主导的人，退却、胆怯、妥协的心理元素束缚着他们，机遇来临时，他们更多想到的是困难，是对"不确定"的恐惧，然后眼睁睁地看着机遇从眼前溜过。因为一次次对机遇的丧失，他们身体里的力量始终处于蛰伏状态。他们无法表达自己，最后让自己成为一个"不完整"的人。

这里分析的"敢冒风险的人"和"惧怕风险的人"是两个极端，大多数人处于这两个极端之间，不断变化转化。农业社会将人的活性心理元素压抑了，使人倾向于惧怕风险；工业社会激发人的活性心理元素，就有可能将人从"惧怕风险"的状态中带出来，一步步走向"敢冒风险"。今天，这样的人已经越来越多了。

案例二

股民对待风险的态度是一条变色龙

股市风起云涌，机会与风险并存，馅饼与陷阱同在，在某一时点上，股民们皆可能一念天堂一念地狱。

这里的"念"说的就是投资者对风险的态度，投资者对待风险态度的不同，就会有不同的操作策略，市场上之所以会有众多流派的投资理念，也多半是由于创始人对待风险的态度不同而导致操作理念的不同，比如以安全边际为基石的保守型价值投资理念就是由格雷厄姆在经历大萧条的洗涤后对风险深恶痛绝之际撰写出来的，这个时候的他对风险的态度就是厌恶，因此他在《证券分析》中尤为强调安全边际的重要性。

然而，在投资实践中，投资者对待风险的态度往往不是一成不变的，往往此时还是风险喜好型，彼时便成了风险厌恶型。至于这其中喜好和厌恶之间的转换过程，可以从一个小故事里看出。

有个小孩走进林子里用捕猎机捕鸟。捕猎机像一只箱子，用木棍支起后，木棍上系着的绳子一直接到隐蔽的灌木丛中。只要小鸟受撒下的鸟食的诱惑，一路啄食，就会进入箱子，只要一拉绳子就会大功告成。他支好箱子，藏起不久，就飞来一群小鸟，共有 9 只。大概是饿久了，不一会儿就有 6 只小鸟走进了箱子。他正要拉绳子，又觉得另外 3 只也会进去的，再等等吧！等了一会儿，那 3 只非但没进去，反而走出来 3 只。他后悔了，对自己说，哪怕再有一只走进去就拉绳子。接着，又有两只走了出来。如果这时拉绳，还能套住一只，但他对失去的好运不甘心，心想，总该有些要回去吧！终于，连最后那一只也走出来了。最后，他连一只小鸟也没能捕捉到，还搭上不少鸟食。

入林子的瞬间，他是属于风险厌恶型的，他的风险是搭上了粮食之后没捉到小鸟，他在捕鸟初期自然是不愿意这样的事情发生的，所以属于风险厌恶型，然而，当有 6 只小鸟进入他设的箱子后他便在贪心的作用下变得只顾收益不顾风险了，此时的他逐渐向风险喜好型转移，而当有 3 只小鸟走出后的一系列过程，他已经完全从风险厌恶转到了风险喜好。于是出现了他最不想要的结局：赔了粮食又折鸟。

在股市中，当遭遇不确定性风险时，很多投资人的心理与捕鸟者无异。

一个有趣的现象是，当风险来临时，投资人往往会急于抛掉账户里尚且盈利的股票而留下那些亏损的股票，也就是说当股民的股票在盈利的时候他属于风险厌恶型，一有风吹草动便卖掉盈利个股，而当手中的股票亏损时，股民们反而变成风险喜好型，对风险已经麻木，于是往往做出一副"死猪不怕开水烫"的模样，一直持有亏损的股票，让亏损越来越大，自己却越来越没感觉，于是从短线做到长线，从长线做到股东，只是这个股东是被动做的。

香港股神曹仁超在介绍他的投资经验时说"止蚀不止赚"，意思就是要克服上述投资人止盈不止损的常态，而要克服这种常态，必须了解投资人对风险的态度对投资的影响机制，知此，方可止蚀不止赚，让亏损消停，让利润奔跑。

(资料来源：http://blog.eastmoney.com/xietianchang/blog_170562344.html

http://www.rs66.com/a/5/22/2999_2.html)

【案例导学】

从以上案例可以看出，人们的风险态度不同，对待同一投资风险，不同人的态度是不同的；同样，同一个人对待同一投资风险，在不同时间其风险态度也可能不同。

现在有两个投资选择：货币市场基金和股票指数基金(易方达深证 100ETF)，只能选择其中之一，众所周知，投资货币市场基金风险小，更安全，投资股票指数基金风险大但是收益可能是货币市场基金的好几倍。你会如何选择？在现实生活中，经济行为主体对待风险的态度是存在差异的。热衷冒险的人往往会选择风险大但是收益高的股票指数基金；风险厌恶者则会选择风险小的货币市场基金；而另一些人对风险可能采取一种无所谓的态度。

大多数的行为主体则认为风险是一种折磨，尽可能地回避风险。

在第三章介绍了期望效用理论，本章是在期望效用理论基础上给出风险厌恶的定义及其度量。在日常生活中，人们对风险的态度并非都是一样的，有的人喜欢冒险，有的人则比较保守。本章利用效用函数反映了人们对风险的态度及风险厌恶度量。

第一节　主观风险态度

一、风险态度的描述

对于同一个具有不确定结果的事物，每个经济主体对待风险的态度是不同的。以买彩票为例，有的经济主体可能回避风险，他们一般不会购买彩票，而是稳妥地持有现有的货币财富；有的经济主体可能喜欢冒险，他们总是去买彩票；另外有些经济主体保持中立态度，买与不卖对他们来说是无所谓的。本书风险态度主要分为 3 种：风险厌恶者、风险偏好者、风险中立者。

在介绍风险态度之前，有必要知道公平博弈的含义。

18 世纪著名的数学家 Daniel Bernoulli 在研究博弈问题时发现，人们往往对博弈输掉的钱看得比可能赢的钱更重。例如，有一个掷硬币的赌局，假定硬币是完全对称的，正面朝上可以赢 2000 元，反面朝上一分钱也没有。现在入局费为多少，才能使这场博弈为一场公平的博弈？

【定义 5-1】　公平博弈是指不改变个体当前期望收益的赌局，如一个博弈的随机收益为 ε，其期望收益为 $E(\varepsilon)$，如果 $E(\varepsilon)=0$，那么就称其为公平博弈。

当然，既然是博弈，通常隐含地假设其收益的方差大于零，即其收益不会是确定值零。或者公平博弈是指一个博弈结果的预期收益只应当和入局费相等的博弈。

对于上述掷硬币的例子，可以求出入局费为：

$$\frac{1}{2}\times2000+\frac{1}{2}\times0=1000$$

才能使这场博弈为一场公平的博弈。

如考虑一个博弈，它以概率 P 有一个正的回报 h_1，以概率 $(1-P)$ 有负的回报 h_2，它称为一个公平的博弈是指 $Ph_1+(1-P)h_2=0$。

公平博弈不改变个体原来的期望收益，但它提供了个体增加或减少原来收入的机会。如果经济主体拒绝接受公平博弈，这说明该个体在确定性收益和博弈之间更偏好确定性收益，称该主体为风险厌恶者。如果一个经济主体在任何时候都愿意接受公平博弈，则称该主体为风险偏好者。

【小贴士】

现有这样一个赌局：抛硬币，如果字在上面你能得到 200 元，否则你什么都得不到。如果参加的本金分别为 100、50、0，判断是否为公平博弈。

分析：设本金为 x 时这场赌局为公平博弈。抛硬币字在上面的概率为 $\frac{1}{2}$，则你会以 $\frac{1}{2}$ 的概率得到正收益 $200-x$；字在下面的概率也为 $\frac{1}{2}$，则你会以 $\frac{1}{2}$ 的概率得到负收益 $-x$，由于是公平博弈，则有 $\frac{1}{2}(200-x)+\frac{1}{2}(-x)=0$，解得 $x=100$。

因此只有参加的本金为 100 时才是公平博弈。

二、效用函数及风险态度

(一)风险态度的定义

【定义 5-2】 u 是经济主体的 VNM(Von Neumann-Morgenstern)效用函数，w 为个体的初始禀赋，如果对于任何满足 $E(\varepsilon)=0$ 和 $\mathrm{Var}(\varepsilon)>0$ 的随机变量 ε 有

$$u(w)>u(E(w+\varepsilon))$$

则称个体是(严格)风险厌恶(Risk Aversion)。

如果 $u(w)<u(E(w+\varepsilon))$，则称个体是风险偏好(Risk Loving)。

如果 $u(w)=u(E(w+\varepsilon))$，则称个体是风险中性(Neutral)。

对于一个具有初始禀赋 w 和效用函数 $u(\cdot)$ 的经济主体，如果他不参与公平博弈，则其效用值是 $u(w)$，如果他愿意参加公平博弈，则其财富将发生变化，即以概率 P 得到 $(w+x_1)$，以概率 $(1-P)$ 得到 $(w+x_2)$，因此它的期望效用为 $Pu(w+x_1)+(1-P)u(w+x_2)$。比较投资者对效用值 $u(w)$ 和期望效用 $Pu(w+x_1)+(1-P)u(w+x_2)$ 之间的态度，可以判断投资者的风险态度。

【例 5-1】 已知某经济主体的初始财富为 100 万元，效用函数为 $u(\cdot)$。现在面临一张彩票：中彩概率为 10%可得 50 万元，不中彩的概率为 90%，经济主体损失 50 万元(购买彩票的钱)。通过比较初始财富给消费者带来的效用和买彩票获得的期望效用可以判断投资者的风险态度。

【解】经济主体买彩票获得的效用期望值为

$u(150)\times 10\%+u(50)\times 90\%=0.1u(150)+0.9u(50)$，经济主体初始财富效用为 $u(100)$。

如果 $0.1u(150)+0.9u(50)<u(100)$，则经济主体为风险厌恶者。

如果 $0.1u(150)+0.9u(50)>u(100)$，则经济主体为风险偏好者。

如果 $0.1u(150)+0.9u(50)=u(100)$，则经济主体为风险中性者。

1. 风险厌恶

如果投资者不愿意接受或者无差异于所有公平博弈，就说投资者是风险厌恶者。

假设 $u(\cdot)$ 是经济主体的效用函数，w 为个体的初始禀赋，根据风险厌恶的定义，得出

$$u(w) \geqslant Pu(w+x_1) + (1-P)u(w+x_2) \tag{5-1}$$

由于是公平博弈，所以

$$w = P(w+x_1) + (1-P)(w+x_2)$$

所以式(5-1)可以改写为

$$u(P(w+x_1) + (1-P)(w+x_2)) \geqslant Pu(w+x_1) + (1-P)u(w+x_2)$$

或

$$u(E(x)) \geqslant E(u(x))$$

这表明，风险厌恶的经济主体偏好未来收益分布的期望值，而不是未来收益分布本身。即对于风险厌恶的经济主体而言，确定性收益(数学期望值)的效用大于效用的期望值。基于这个性质，认为风险厌恶者的效用函数为凹函数。个体风险厌恶是指个体不愿意接受或至多无差异于任何公平的博弈。

同样地，可以定义严格风险厌恶，个体严格风险厌恶是指个体不乐意接受任何公平的博弈。由严格风险厌恶的定义得出

$$u(w) > Pu(w+x_1) + (1-P)u(w+x_2) \tag{5-2}$$

其效用函数是严格凹函数。风险厌恶者的效用函数曲线如图 5-1 所示。

令 $A = w+x_1, B = P(w+x_1) + (1-P)(w+x_2), D = w+x_2,$

则 $u(A) = u(w+x_1), u(B) = Pu(w+x_1) + (1-P)u(w+x_2),$

$u(C) = u[P(w+x_1) + (1-P)(w+x_2)], u(D) = u(w+x_2)$

在 A 点，经济主体收入为 $w+x_1$，效用水平为 $u(w+x_1)$；在 D 点，经济主体收入为 $w+x_2$，效用水平为 $u(w+x_2)$；在 B 点，经济主体收入为 $w = P(w+x_1) + (1-P)(w+x_2)$。参与公平博弈，收入可能为 $w+x_1$，概率为 P；收入也可能为 $w+x_2$，概率为 $1-P$，即存在着不确定性。有不确定性就有风险。参与公平博弈的期望效用水平为 $u(B) = Pu(w+x_1) + (1-P)u(w+x_2)$，但是如果经济主体不参与公平博弈，可以万无一失地获取收入 w，其效用水平会达到 $u(C)$，显然效用水平 $u(C) > u(B) = Pu(w+x_1) + (1-P)u(w+x_2)$。这说明在风险厌恶者看来，$u[P(w+x_1) + (1-P)(w+x_2)] > Pu(w+x_1) + (1-P)u(w+x_2)$。一个确定性的收入 w 所带来的效用要比不确定的两种结果所带来的效用水平高。

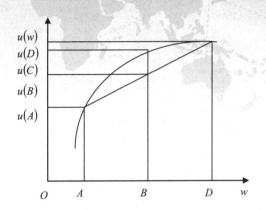

图 5-1　风险厌恶者的效用函数曲线

【例 5-2】　某风险厌恶者效用函数为 $u(x)=100-x^2$，假定有一个公平游戏，即投资者投资 5 万元，获利 1 万元的概率为 0.5，亏损 1 万元的概率也为 0.5。

试问：该投资者会参加此公平游戏吗？

【解】投资者参加该游戏的期望效用为

$$Pu(w+x_1)+(1-P)u(w+x_2)=0.5(100-36)+0.5(100-16)=74$$

投资者不参加游戏的确定性收益的期望为

$$u(w)=u(5)=75$$

因此 $u(w)>Pu(w+x_1)+(1-P)u(w+x_2)$，所以该投资者不会参加该公平游戏。

2. 风险偏好

如果投资者愿意接受或者无差异于所有公平博弈，就说投资者是风险偏好的。由风险偏好的定义得出

$$u(w)\leqslant Pu(w+x_1)+(1-P)u(w+x_2) \tag{5-3}$$

或

$$u(E(x))\leqslant E(u(x))$$

相对于风险厌恶的经济主体，风险偏好的经济主体偏好未来收益分布本身，而不是未来收益分布的期望值。对于风险偏好的经济主体而言，确定性收益(数学期望值)的效用小于效用的期望值。基于这一性质，认为风险偏好者的效用函数为凸函数。

如果投资者愿意接受所有公平博弈，就说投资者是严格风险偏好的。由严格偏好定义得出

$$u(w)<Pu(w+x_1)+(1-P)u(w+x_2) \tag{5-4}$$

风险偏好者的效用函数为凸函数，其效用函数曲线如图 5-2 所示。

其中，$A=w+x_1, B=P(w+x_1)+(1-P)(w+x_2), D=w+x_2$，

则 $u(A)=u(w+x_1), u(B)=Pu(w+x_1)+(1-P)u(w+x_2)$，

$$u(C) = u[P(w+x_1) + (1-P)(w+x_2)], u(D) = u(w+x_2)$$

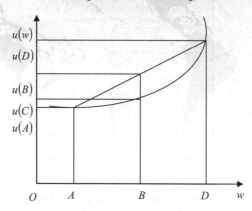

图 5-2　风险偏好者的效用函数曲线

在 A 点，经济主体收入为 $w+x_1$，效用水平为 $u(w+x_1)$；在 D 点，经济主体收入为 $w+x_2$，效用水平为 $u(w+x_2)$；在 B 点，经济主体收入为 $w = P(w+x_1) + (1-P)(w+x_2)$。参与公平博弈，收入可能为 $w+x_1$，概率为 P；收入也可能为 $w+x_2$，概率为 $1-P$，即存在着不确定性。有不确定性就有风险。参与公平博弈的期望效用水平为 $u(B) = Pu(w+x_1) + (1-P)u(w+x_2)$，但是如果经济主体不参与公平博弈，可以万无一失地获取收入 w，其效用水平会达到 $u(C)$，显然效用水平 $u(C) < u(B) = Pu(w+x_1) + (1-P)u(w+x_2)$。这说明在风险偏好者看来，$u[P(w+x_1) + (1-P)(w+x_2)] < Pu(w+x_1) + (1-P)u(w+x_2)$。一个确定性的收入 w 所带来的效用要比不确定的两种结果所带来的效用水平低。

【例 5-3】 某风险偏好者的效用函数为 $u(x) = x^2$，假定有一个公平游戏，即投资者投资 5 万元，获利 1 万元的概率为 0.5，亏损 1 万元的概率也为 0.5。

试问：该投资者会参加此公平游戏吗？

【解】 投资者参加该游戏的期望效用为

$$Pu(w+x_1) + (1-P)u(w+x_2) = 0.5 \times 36 + 0.5 \times 16 = 26$$

投资者不参加游戏的确定性收益的期望为

$$u(w) = u(5) = 25$$

因此 $u(w) < Pu(w+x_1) + (1-P)u(w+x_2)$，所以该投资者不会参加该公平游戏。

3. 风险中性

如果投资者对是否参与所有公平的博弈没有任何差别，则称投资者是风险中性型。由定义得出

$$u(w) = Pu(w+x_1) + (1-P)u(w+x_2) \tag{5-5}$$

或

$$u(E(x)) = E(u(x))$$

对于风险中性的经济主体，确定性收益(数学期望值)的效用等于效用的期望值。风险中性者的效用函数为线性函数。这时，投资者对风险采取完全无所谓的态度，不对风险资产要求任何风险补偿。投资者只是按照预期收益率来判断风险投资。风险的高低与风险中性投资者无关，这意味着不存在风险妨碍。对这样的投资者来说，资产组合的确定等价报酬率就是预期收益率。

风险中性者的效用函数曲线如图 5-3 所示，其中令

$$A = w + x_1, B = P(w + x_1) + (1 - P)(w + x_2), D = w + x_2,$$

则 $u(A) = u(w + x_1), u(B) = Pu(w + x_1) + (1 - P)u(w + x_2), u(D) = u(w + x_2)$

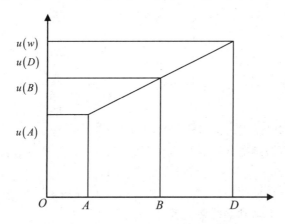

图 5-3　风险中性者的效用函数曲线

在图 5-3 中，$u[P(w + x_1) + (1 - P)(w + x_2)] = Pu(w + x_1) + (1 - P)u(w + x_2)$。这说明在风险中性者看来，一个确定性的收入 w 所带来的效用要与不确定的两种结果所带来的效用水平无差异。经济主体对于风险持中立的态度，既不喜欢，也不讨厌。

【例 5-4】　某风险中性者的效用函数为 $u(x) = 3x$，假定有一个公平游戏，即投资者投资 5 万元，获利 1 万元的概率为 0.5，亏损 1 万元的概率也为 0.5。

试问：该投资者会参加此公平游戏吗？

【解】投资者参加该游戏的期望效用为

$$Pu(w + x_1) + (1 - P)u(w + x_2) = 0.5 \times 18 + 0.5 \times 12 = 15$$

投资者不参加游戏的确定性收益的期望为

$$u(w) = u(5) = 15$$

因此 $u(w) = Pu(w + x_1) + (1 - P)u(w + x_2)$，所以参加与不参加该公平游戏对投资者来说是一样的。

【例 5-5】　某经济主体有 10 万元的初始财富，效用函数为 $U(\cdot)$，正考虑参与博弈，赢得 5 万元的概率为 50%，赔 5 万元的概率也是 50%，这次博弈的预期值是 10 万元。经济主

体风险态度不同，则所做出的选择不同。

【解】如果经济主体是风险厌恶者，则其具有确定收益10万元的财富给他带来的效用期望值高于不确定的收益15和5所带来的效用期望值。即

$$U(10) > 0.5U(15) + 0.5U(5)$$

因此风险厌恶者不会参与博弈，参见图5-4。

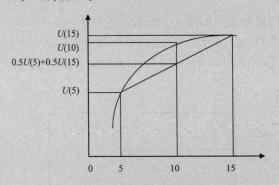

图 5-4　风险厌恶者

如果经济主体是风险偏好者，则其具有确定收益10万元的财富给他带来的效用期望值低于不确定的收益15和5所带来的效用期望值，即

$$U(10) < 0.5U(15) + 0.5U(5)$$

因此风险偏好者会参与博弈，参见图5-5。

如果经济主体是风险中性者，则其具有确定收益10万元的财富给他带来的效用期望值等于不确定的收益15和5所带来的效用期望值，即

$$U(10) = 0.5U(15) + 0.5U(5)$$

因此参与和不参与博弈对经济主体来说无差异，参见图5-6。

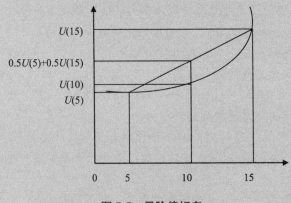

图 5-5　风险偏好者

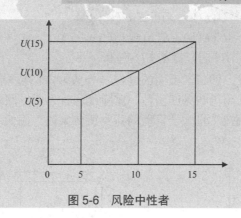

图 5-6　风险中性者

(二)风险态度与效用函数的关系

首先要给出凹函数的定义

【定义 5-3】 对于函数 $u(x)$，有以下特性：如果对于 $\forall x, y$ 和 $\alpha \in (0,1)$，有

$$u(\alpha x + (1-\alpha)y) \geqslant \alpha u(x) + (1-\alpha)u(y)$$

那么就称函数 $u(x)$ 为凹函数。如果不等号 $(\geqslant)$ 是严格的不等号 $(>)$，则 $u(x)$ 是严格凹函数。

判断凹函数的一般方法是看其二阶导数是否不大于零。如函数 $f(x) = -x^2$，其二阶导数为 $-2 < 0$，因此函数 $f(x)$ 是凹函数，并且是严格凹函数。

【定理 5-1】 一个投资者是(严格)风险厌恶的，其充分必要条件(等价条件)是投资者的确定性效用函数 U 是(严格)凹函数。

证明： (1) 必要性。即证明风险厌恶意味着 U 的凹性。

W 表示财富，P 表示概率，U 表示效用函数。给 w_1，$w_2(w_2 > w_1)$，P 属于 $(0，1)$，构造以下博弈 $g = \{g_1, g_2\}$ 两者状态，其概率为 $\{P, 1-P\}$，并且 $g_1 = -(1-P)(w_2 - w_1)$，$g_2 = P(w_2 - w_1)$。很明显，$E(g) = g_1 P + g_2(1-P) = 0$，是一个公平博弈。定义 $w = Pw_1 + (1-P)w_2$，则 $w_1 = w + g_1$，$w_2 = w + g_2$。

由风险厌恶的定义，对于投资者持有的原始财富 w，一个公平博弈 g，财富的预期效用大于财富效用的预期，即

$$U(w) \geqslant PU(w_1) + (1-P)U(w_2)$$

即

$$U(Pw_1 + (1-P)w_2) \geqslant PU(w_1) + (1-P)U(w_2)$$

对于任意的 w_1，w_2 都成立，所以 U 是凹函数。

(2) 充分性。凹函数意味着风险厌恶。

凹函数的等价定义：$w + g = w + g_1, w + g_2, \cdots, w + g_n, 0 < \alpha_1, \alpha_2, \cdots, \alpha_n < 1, \sum(\alpha_i) = 1$

有

$$U(\sum(\alpha_i(w + g_i))) \geqslant \sum(\alpha_i U(w + g_i))$$

$$U(E(w+g)) \geqslant E(U(w+g))$$
$$U(E(w)+E(g)) \geqslant E(U(w+g))$$

$U(E(w)) \geqslant E(U(w+g))$，对任意的 $E(g)=0$。

根据厌恶风险的定义，即得。上面的过程 $\geqslant$ 换成 $>$，即得严格的结论。

因此风险厌恶者的效用函数为凹函数。风险厌恶者之所以回避公平博弈，从直观上讲，是因为损失带来的"不愉快"量大于可能的盈利所带来的"愉快"量。

如图 5-7 所示，$\Delta u_1 > \Delta u_2$。

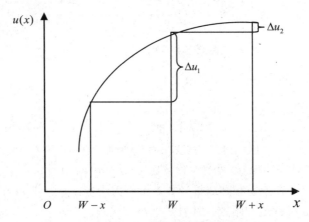

图 5-7　风险厌恶者

同样地，可以得到风险偏好者和风险中性者的效用函数的特征。

对于风险偏好者而言，有

$$u(w) < Pu(w+x_1) + (1-P)u(w+x_2)$$

且其效用函数为凸函数。风险偏好者之所以参加公平博弈，从直观上讲，是因为损失带来的"不愉快"量小于可能的盈利所带来的"愉快"量。

如图 5-8 所示，$\Delta u_1 < \Delta u_2$。

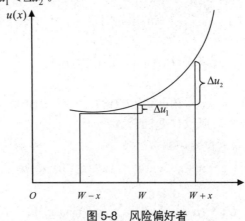

图 5-8　风险偏好者

对于风险中性者而言，有

$$u(w) = Pu(w+x_1) + (1-P)u(w+x_2)$$

其效用函数为线性效用函数。对于风险中立者来说，参加公平博弈与不参加是一样的，从直观上讲，是因为损失带来的"不愉快"量等于可能的盈利所带来的"愉快"量。

如图 5-9 所示，$\Delta u_1 = \Delta u_2$。

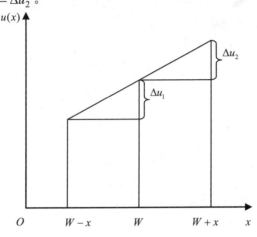

图 5-9　风险中性者

通过下面两个例题来更直观地说明投资者投资风险态度与效用函数之间的关系。

【例 5-6】 假定有一个公平游戏，即投资者投资 10 万元，获利 5 万元的概率为 50%，亏损 5 万元的概率也是 50%，因此，这一投资的期望收益为 0。

(1) 某风险厌恶者的效用函数为 $\ln(w)$，试问该风险厌恶者会参与该游戏吗？并验证其投资收益的边际效用是递减的。

(2) 某风险偏好者的效用函数为 $e^{w/100000}$，则该风险偏好者会参与该游戏吗？并验证其投资收益的边际效用是递增的。

【解】(1) $\ln(100000) \approx 11.51; \ln(150000) \approx 11.92$；

效用增加值为：$11.92 - 11.51 = 0.41$；期望效用增加值：$0.5 \times 0.41 = 0.21$。

$$\ln(50000) \approx 10.82；$$

效用减少值：$11.51 - 10.82 = 0.69$；期望效用减少值：$0.5 \times 0.69 = 0.35$。

这笔投资的期望效用为

$$0.5\ln(150000) + 0.5\ln(50000) = 11.37$$

由此可以看出，风险厌恶者的效用函数 $\log(w)$ 是边际效用递减的，损失 5 万元造成的效用减少超过了获利 5 万元形成的效用增加。

另外 10 万元的效用是 11.51，比参与公平游戏的期望 11.37 要大，风险厌恶者不会参与该游戏，也就是风险厌恶者不会参与公平游戏。

(2) $e^{100000/100000} = e \approx 2.72$；$e^{150000/100000} = e^{1.5} \approx 4.48$；

效用增加值为：$4.48 - 2.72 = 1.76$；期望效用增加值：$0.5 \times 1.76 = 0.88$。

$$e^{50000/100000} = e^{0.5} \approx 1.65;$$

效用减少值：$2.72 - 1.65 = 1.07$；期望效用减少值：$0.5 \times 1.07 = 0.53$。

这笔投资的期望效用

$$0.5 \times e^{1.5} + 0.5 \times e^{0.5} \approx 3.07$$

通过以上计算可得，风险偏好者的效用函数 $e^{\frac{w}{100000}}$ 是边际效用递增的，损失 5 万元造成的效用减少值 1.07 小于获利 5 万元的效用增加值 1.67。

另外 10 万元的效用是 2.72，比参与公平游戏的期望 3.07 要小，因此风险偏好者会参与该游戏。

投资者的风险态度不同，他们的效用函数的形态不同，设投资收益为 w，投资者从收益中得到的效用函数为 $U(w)$，根据上面的分析可以得出投资者的风险态度及其效用函数之间的关系。

(1) 若 $U'(w) \geqslant 0$，$U''(w) < 0$，则投资者为风险厌恶者，其效用函数 $U(w)$ 为凹函数，效用函数曲线如图 5-1 所示，是上凹形态，投资收益的边际效用是递减的。

(2) 若 $U'(w) \geqslant 0$，$U''(w) > 0$，则投资者为风险偏好者，其效用函数 $U(w)$ 为凸函数，效用函数曲线如图 5-2 所示，是上凸形态，投资收益的边际效用是递增的。

(3) 若 $U'(w) \geqslant 0$，$U''(w) = 0$，则投资者为风险中性者，其效用函数 $U(w)$ 为一条直线，效用函数曲线如图 5-3 所示，投资收益的边际效用是不变的。

【例 5-7】通过效用函数来判断以下投资者是风险厌恶者、风险偏好者还是风险中性者。

(1) 线性函数 $u(w) = a + bw$，$b > 0$。

(2) 负指数函数 $u(w) = -e^{-aw}$，$a > 0$。

(3) 平方效用函数 $u(w) = w - \frac{1}{2}bw^2$，$b > 0$，$w \in [0, 1/b]$。

(4) 幂函数 $u(w) = \frac{1}{\gamma}w^{\gamma}$，其中 $\gamma < 1$ 且 $\gamma \neq 0$。

(5) 对数函数 $u(w) = \ln(w)$。

【解】(1) $U'(w) = b > 0, U''(w) = 0$，因此投资者为风险中性者。

(2) $U'(w) = ae^{-aw} > 0, U''(w) = -a^2 e^{-aw} < 0$，因此投资者为风险厌恶者。

(3) $U'(w) = 1 - bw > 0, U''(w) = -b < 0$，因此投资者为风险厌恶者。

(4)　$U'(w) = w^{\gamma-1} > 0, U''(w) = (\gamma-1)w^{\gamma-2} < 0$，因此投资者为风险厌恶者。

(5)　$U'(w) = \dfrac{1}{w} > 0, U''(w) = -\dfrac{1}{w^2} < 0$，因此投资者为风险厌恶者。

效用函数的凸凹性的局部性质：传统的经济学说明，人们的风险态度分为 3 种：风险厌恶、风险中性和风险偏好。大多数人在通常情况下是风险厌恶的，即在将来的预期期望收益一定的情况下，人们希望获得一种更为确定的收益。他们的确定性收益效用大于效用的期望值。然而在现实生活中，经济行为主体效用函数的凸凹性实际上是一种局部性质。即一个经济主体可以在某些情况下是风险厌恶者，在另一种情况下是风险偏好者。

弗里德曼-萨维奇(1948)解释了这种现象。他们认为，效用函数是由几个不同的部分组成。在人们财富较少时，部分投资者是风险厌恶的；随着财富的增加，投资者对风险有些漠不关心；而在较高财富水平阶段，投资者则显示出风险偏好。

图 5-10 所示为复合型的风险偏好，c 表示投资者拥有的财富，$u(\cdot)$ 表示投资者的效用函数，由图 5-10 可见，在 OK 阶段，投资者是风险厌恶的；在 KL 阶段，投资者是风险偏好的。

在 OK 阶段，当人们的财富数量较少时，其边际效用往往是递减的，表现为风险厌恶的特征；在 KL 阶段，当人们的财富数量较大时，其边际效用往往是递增的，表现为风险偏好的特征。

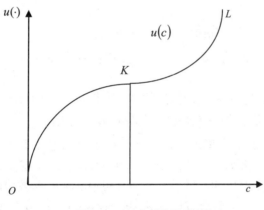

图 5-10　复合型的风险偏好

第二节　风险态度的度量

第一节中给出了风险态度的定义，很自然地考虑到如何量化它。通过观察发现，大部分受过高等教育的人士通常表现为风险厌恶型，现假设所有的投资者都是风险厌恶型的，每个人的厌恶程度不同，因此需要对厌恶程度给出一个度量。本节主要给出风险厌恶的几种度量方法，包括阿罗-普拉特绝对风险厌恶系数(Arrow-Pratt Absolute Aversion)及相对风险

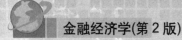

厌恶系数。

一、风险溢价与确定性等值

风险厌恶的参与者偏好于确定性支付,这种偏好的强度可以由风险溢价(Risk Premium)来衡量,在介绍风险度量方法之前,需要知道风险溢价的含义。

设 W 为投资者的初始财富,ε 表示一个公平博弈事件,$f(W,\varepsilon)$ 是投资者为了避免参与博弈(一个不确定性)愿意放弃的财富或缴纳罚金的最大数量。这个特定的额度称为罚金 $\rho = f(W,\varepsilon)$ 马柯维茨风险溢价(Markowitz Risk Premium)。从风险厌恶者的角度理解,大于这个最大数量后,他就会参加该博弈。它的值越大表示人们为避免参加公平博弈愿意支付的费用越多,从而表明他的风险厌恶程度越大。

$W - \rho$ 称为确定性等值(Certainty Equivalent Wealth)。确定性等值是一个完全确定的量,它是在给定赌局 ε,与该赌局期望效用水平无差异的确定的财富,即当风险厌恶者个体面临随机收益时,确定性地得到一笔收益与面临这个随机收益是无差异的。在此收入水平(认为 $(W - \rho)$ 是一个确定性财富值)上的效用水平等于不确定条件下财富的期望效用水平(对于该风险厌恶者)。

它们满足

$$u(W - \rho) = E(u(W + \varepsilon))$$

其含义是一个确定的初始财富减去一个特定的额度后的效用相当于不确定财富的期望效用。

这里,ε 为公平博弈的随机收益(即报酬的微小增量),W 为初始禀赋,ρ 为马柯维茨风险溢价。其值越大表明经济主体风险厌恶的程度越高。$f(W,\varepsilon)$ 是一个收益额度,当一个完全确定的收入减去该额度后所产生的效用水平仍等于不确定性条件下财富的期望效用水平。该额度越大,表明投资者为了避免博弈愿交的罚金越多,因而就越厌恶风险。

通过前面公平博弈的学习可知,对于一个具有初始禀赋 W 和效用函数 $u(\cdot)$ 的经济主体,如果他愿意参加公平博弈 ε,并且会以概率 P 得到 $(W + x_1)$,以概率 $(1 - P)$ 得到 $(W + x_2)$,则可以得到以下关系,即

$$W = P(W + x_1) + (1 - P)(W + x_2)$$

如消费者面临两种不同的收入结果:w_1 和 w_2,获得这两种收入的概率分别为 P_1 和 P_2,效用函数为 $u(\cdot)$,则

$$E(u(W + \varepsilon)) = P_1 u(w_1) + P_2 u(w_2), \quad u(W - P) = E(u(W + \varepsilon)) = P_1 u(w_1) + P_2 u(w_2)$$

风险溢价是指风险厌恶者为避免承担风险而愿意放弃的投资收益,或让一个风险厌恶的投资者参与一项博弈所必须获得的风险补偿。

对于投资风险而言,风险厌恶者要求风险溢价大于零,即 $\rho > 0$,对于一个风险厌恶者,

必须给予一定的风险补偿才会去冒风险；风险偏好者的风险溢价小于零，即 $\rho < 0$，对于风险偏好者，不但不要求风险补偿，为了获得冒险机会甚至愿意付出风险折扣；风险中性者的风险溢价等于零，即 $\rho = 0$，风险中性者既不要求风险补偿也不付出风险折扣，对于风险采取无所谓的态度。

可以用图 5-11 说明上述的一些概念。

$W + h_1$ 和 $W + h_2$ 分别为经济主体参与公平博弈两种不同的收入结果。$W - \rho$ 为确定性等值，ρ 为风险溢价，其中 $u(W - \rho) = E(u(W + \varepsilon))$。

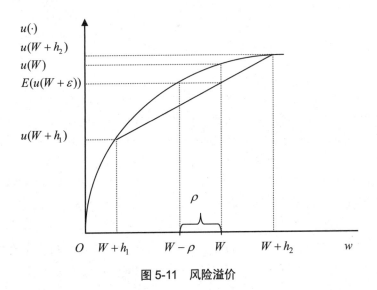

图 5-11　风险溢价

风险溢价的测度依赖于人们的主观条件，与决策者的主观评价或者说偏好关系有关；而前面介绍的方差对于风险的测度是客观的，描述了选择结果偏离预期值的程度，与人们的主观条件无关。

下面通过求解风险溢价的例子进一步理解确定性等值及风险溢价的含义。

【例 5-8】　投资者面临以下一个博弈。假设他的初始财富为 10，其效用函数为对数函数，计算这个投资者为避免该博弈而愿意缴纳的罚金以及他的确定性等价财富，并分析说明罚金和确定性等价财富的经济意义。

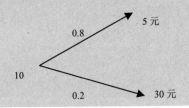

【解】初始财富为 10 是一个确定性的收入水平，如果消费者不参与博弈，其资产不变；如果参与博弈，有两种可能：一是以 0.8 的概率获得资产 5 元；二是以 0.2 的概率获得资产 30 元。

已知初始财富 $W=10$，效用函数 $u(w)=\log(w)$，设罚金为 ρ，

$$E(u(W+\varepsilon))=0.8\times u(5)+0.2\times u(30)$$
$$=0.8\times\log(5)+0.2\times\log(30)$$
$$u(W-\rho)=\log(10-\rho)$$

根据定义知 $u(W-\rho)=E(u(W+\varepsilon))$

即

$$\log(10-\rho)=0.8\times\log(5)+0.2\times\log(30)$$

解得

$$\rho\approx4.40 \qquad W-\rho\approx5.60$$

因此投资者为避免该博弈而愿意缴纳的罚金为 4.40 元，其经济意义是惩罚风险厌恶者 4.40 元时，该投资者才参与这项投资。他的确定性等价财富为 5.60 元。确定性等价财富 5.60 元的意义是该投资者参与该博弈愿意出的最高价格为 5.60 元。

【例 5-9】 设某消费者的效用函数为 $u(w)=\ln(w)$，此消费者进行博弈的盈亏都为 h，概率都为 50%，消费者原来资产水平为 w_0，求其确定性等价财富和风险溢价。

【解】原来的资产 w_0 是一个确定性的收入水平，如果消费者不参与博弈，其资产不变；如果参与博弈，有两种可能，一是盈利，资产变为 w_0+h；二是亏损，资产变为 w_0-h。

由已知条件：初始财富为 w_0，效用函数为 $u(w)=\ln(w)$，

$$E\big(u(W+\varepsilon)\big)=\frac{1}{2}u(w_0+h)+\frac{1}{2}u(w_0-h)$$
$$=\frac{1}{2}\ln(w_0-h)+\frac{1}{2}\ln(w_0-h)$$
$$=\ln\left(\sqrt{w_0^2-h^2}\right)$$
$$u(W-\rho)=\ln(w_0-\rho)$$

由定义知：$u(W-\rho)=E(u(W+\varepsilon))$

即

$$\ln(w_0-\rho)=\ln\left(\sqrt{w_0^2-h^2}\right)$$

求得：$w_0-\rho=\sqrt{w_0^2-h^2}$

$$\rho=w_0-\left(w_0^2-h^2\right)^{\frac{1}{2}}$$

因此确定性等价财富为 $w_0 - \rho = \sqrt{w_0^2 - h^2}$，风险溢价为 $\rho = w_0 - (w_0^2 - h^2)^{\frac{1}{2}}$。

【例5-10】　一种彩票，可能以 0.2 的概率获得 900 元，也可能以 0.8 的概率输掉 100 元，消费者的效用函数形式为 $u = \sqrt{w}$，问消费者愿意拿出多少钱去买这张彩票？其风险溢价是多少？

【解】如果消费者购买该彩票，则消费者愿意拿出的钱等于确定性等值 $W - \rho$，

$$E(u(W + \varepsilon)) = 0.2u(900) + 0.8u(100)$$
$$= 0.2\sqrt{900} + 0.8\sqrt{100}$$
$$= 14$$
$$u(W - \rho) = E(u(W + \varepsilon)) = 14$$

即 $\sqrt{W - \rho} = 14$

得：$W - \rho = 196$

所以，消费者购买该股票愿意出的最高价格为 196 元。

因为是公平博弈，可以得到

$$W = 0.2 \times 900 + 0.8 \times 100 = 260$$
$$\rho = 260 - 196 = 64$$

因此风险溢价为 64。

二、风险厌恶系数

(一)绝对风险厌恶系数

在介绍绝对风险厌恶系数之前，首先回忆一下泰勒公式。

若函数 f 在点 x_0 存在直至 n 阶导数，则有

$$f(x) = f(x_0) + f'(x_0)(x - x_0) + \frac{f''(x_0)}{2!}(x - x_0)^2 + \cdots + \frac{f^{(n)}(x_0)}{n!}(x - x_0)^n + o((x - x_0)^n)$$，称此

展开式为泰勒公式。

对于风险很小的公平博弈行为，也即预期收益为 0 且预期收益的方差很小的博弈行为，这里，用小风险的方差来度量其本身是否为小风险。如果效用函数是二次连续可微的，可对等式

$$u(W - \rho) = E(u(W + \varepsilon))$$

两边在 W 做泰勒级数展开，即

$$u(W) - u'(W)\rho + \text{Re} = E\left[u(W) + u'(W)\varepsilon + \frac{1}{2}u''(W)\varepsilon^2 + \text{Re}\right]$$

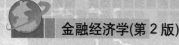

即

$$u(W) - u'(W)\rho + \text{Re} = u(W) + u'(W)E(\varepsilon) + \frac{1}{2}u''(W)\text{Var}(\varepsilon) + \text{Re}$$

我们知道 $E(\varepsilon) = 0$，这里，Re 为高阶余项，由于是风险很小的公平博弈，所以，Re 可省略。由此可以得到

$$u(W) - u'(W)\rho = u(W) + \frac{1}{2}u''(W)\text{Var}(\varepsilon)$$

由风险溢价的定义可得

$$\rho \approx -\frac{1}{2}\frac{u''(W)}{u'(W)}\text{Var}(\varepsilon) \tag{5-6}$$

式(5-6)的右边由两个部分构成：$u''(W)/u'(W)$ 是体现个体偏好的因素；$\text{Var}(\varepsilon)$ 则是公平博弈随机收益的方差，体现不确定性风险，度量风险的大小。风险溢价与风险大小成正比，而比例系数反映了参与者的风险厌恶程度。将随具体博弈的 ε 因素除去，留下仅反映个体主观因素的部分，可以得到一个比风险溢价更为一般的风险厌恶测度指标，即

$$R_A(W) = -\frac{u''(W)}{u'(W)}$$

经济学家普拉特(Pratt，1964)和阿罗(Arrow，1970)分别证明了在一定的假设条件下，反映经济主体的效用函数特征的 $u''(W)/u'(W)$ 可以用来度量经济主体的风险厌恶程度。因此，将 $R_A(W)$ 称为经济主体的阿罗-普拉特绝对风险厌恶系数(Arrow-Pratt Absolute Aversion)。绝对风险厌恶不仅依赖于效用函数，它也依赖于财富水平 W。对于小风险，绝对风险厌恶是经济人对风险厌恶程度的度量。经济人的绝对风险厌恶越高，完全投资于风险资产的最小风险溢价也就越高。

如果经济主体是风险厌恶的，$u(\cdot)$ 为凹，则 $R_A(W) > 0$；如果经济主体是风险偏好者，$u(\cdot)$ 为凸，则 $R_A(W) < 0$；如果经济主体是风险中性者，则 $R_A(W) = 0$。

定义阿罗-普拉特绝对风险厌恶系数的倒数为个体的风险容忍系数(Risk Tolerance)，即

$$T(W) = \frac{1}{R_A(W)} = -\frac{u'(W)}{u''(W)} \tag{5-7}$$

$T(W)$ 越大表示个体能够容忍的风险越大；反之则反。

一般来说，表达经济人风险规避倾向强弱的方式有以下两种。

(1) 比较不同 VNM 效用函数的凹形强度。VNM 效用函数越凹(值在递增凹变换下把一个效用函数变成另一个效用函数)，风险规避倾向越强。

(2) 比较不同 VNM 效用函数下的风险厌恶度量函数。风险厌恶度量函数的值越大，表示风险规避倾向越强。

(二)相对风险厌恶系数

阿罗–普拉特风险厌恶度量是对于给定绝对大小的风险而定义的。它并不考虑风险对于参与者的总财富的相对大小。在金融理论中，时常需要相对测度量，如证券投资者关心的一般不是以多大的概率获得多少绝对收益，而是以多大概率获得百分之几的收益。相应地，可以推导出个体的相对风险测度。事实上，要得到相对意义上的风险溢价，只需要将绝对风险厌恶系数的两边除以个体的初始禀赋即可，即

$$\frac{\rho}{W} = -\frac{1}{2}\frac{u''(W)}{u'(W)W}\mathrm{Var}(\varepsilon)$$

即

$$\frac{\rho}{W} = -\frac{1}{2}\frac{u''(W)W}{u'(W)}\mathrm{Var}\left(\frac{\varepsilon}{W}\right)$$

$\mathrm{Var}(\varepsilon/W)$ 是公平博弈相对收益的方差，另一部分

$$R_{\mathrm{R}}(W) = -\frac{u''(W)W}{u'(W)} \tag{5-8}$$

称为个体的阿罗–普拉特相对风险厌恶系数(Arrow-Pratt Relative Aversion)，或者是对下式泰勒展开，即

$$u(W(1-\gamma)) = E(u(W(1+\varepsilon)))$$

这里 γ 是以总财富 W 作为基数的风险溢价，$\gamma = \frac{\rho}{W}$，γ 与总财富成比例。博弈的盈亏为 $W\varepsilon$，与总财富也是成比例的。

两边在 W 做泰勒级数展开，有

$$u(W) - u'(W)W\gamma + \mathrm{Re} = E\left[u(W) + u'(W)W\varepsilon + \frac{1}{2}u''(W)W^2\varepsilon^2 + \mathrm{Re}\right]$$

即

$$u(W) - u'(W)W\gamma + \mathrm{Re} = u(W) + u'(W)WE(\varepsilon) + \frac{1}{2}u''(W)W^2\mathrm{Var}(\varepsilon) + \mathrm{Re}$$

这里，$u'(W) = 0$，Re 为高阶余项，由于是风险很小的公平博弈，所以 Re 可省略。由此可以得到

$$u(W) - u'(W)W\gamma = u(W) + \frac{1}{2}u''(W)W^2\mathrm{Var}(\varepsilon)$$

由相应的风险溢价可得

$$\gamma \approx -\frac{1}{2}\frac{u''(W)W}{u'(W)}\mathrm{Var}(\varepsilon)$$

由此从马柯维茨的风险溢价推出阿罗–普拉特相对风险厌恶系数，记作 $R_{\mathrm{R}}(W)$，定义为

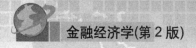

$$R_R(W) = -\frac{u''(W)W}{u'(W)}$$

从定义可以看出，风险厌恶的度量(绝对风险厌恶度量和相对风险厌恶度量)与风险本身是相联系的，本节引入的绝对和相对风险厌恶都是相对于小风险而言的，它们可能不适合于面临大风险时的风险厌恶度量。

下面给出常见效应函数的绝对与相对风险厌恶系数求解。

【例 5-11】

(1) 已知线性或风险中性效用函数 $u(w) = a + bw$，求其绝对风险系数和相对风险系数。

(2) 已知负指数效用函数：$u(w) = -e^{-aw}, a > 0$，求其绝对风险系数和相对风险系数。

(3) 已知平方效用函数：$u(w) = w - \frac{1}{2}bw^2, b > 0, w \in [0, 1/b]$，求其绝对风险系数和相对风险系数。

(4) 已知幂函数效用函数：$u(w) = \frac{1}{\gamma}w^\gamma$，其中 $\gamma < 1$ 且 $\gamma \neq 0$，求其绝对风险系数和相对风险系数。

(5) 已知对数效用函数：$u(w) = \ln(w)$，求其绝对风险系数和相对风险系数。

【解】(1) 由已知条件可得：$u'(w) = b, u''(w) = 0$，

根据定义绝对风险系数 $R_A(W) = -\frac{u''(W)}{u'(W)} = 0$，

相对风险系数 $R_R(W) = -\frac{u''(W)W}{u'(W)} = 0$。

(2) 由已知条件可得：$u'(w) = ae^{-aw}, u''(w) = -a^2 e^{-aw}$，

根据定义绝对风险系数 $R_A(W) = -\frac{u''(W)}{u'(W)} = a$，

相对风险系数 $R_R(W) = -\frac{u''(W)W}{u'(W)} = aw$。

(3) 由已知条件可得：$u'(w) = 1 - bw, u''(w) = -b$，

根据定义绝对风险系数 $R_A(W) = -\frac{u''(W)}{u'(W)} = \frac{b}{1-bw}$，

相对风险系数 $R_R(W) = -\frac{u''(W)W}{u'(W)} = \frac{bw}{1-bw}$。

(4) 由已知条件可得：$u'(w) = w^{\gamma-1}, u''(w) = (\gamma-1)w^{\gamma-2}$，

根据定义绝对风险系数 $R_A(W) = -\frac{u''(W)}{u'(W)} = \frac{1-\gamma}{w}$，

相对风险系数 $R_R(W) = -\dfrac{u''(W)W}{u'(W)} = 1 - \gamma$。

(5) 由已知条件可得: $u'(w) = \dfrac{1}{w}, u''(w) = -w^{-2}$,

根据定义绝对风险系数 $R_A(W) = -\dfrac{u''(W)}{u'(W)} = \dfrac{1}{w}$,

相对风险系数 $R_R(W) = -\dfrac{u''(W)W}{u'(W)} = 1$。

【例 5-12】 参与者的初始财富为 w 且他的绝对风险厌恶系数为常数 a。现在他必须承担风险 ε, ε 是一公平博弈(即他的财富变为 $w + \varepsilon$)。当具有以下分布时计算风险溢价。

(1) 取值为 $-b$ 和 b 的二项分布。

(2) 均值为 0、标准差为 σ 的正态分布。

(3) 讨论在以上情形下,风险溢价如何依赖于初始财富 w。从中你能得出什么结论?并解释你的结论。

【解】 为简便起见,假设效用函数为 $u(w) = -\mathrm{e}^{-aw}$,由风险溢价的定义知 $u(w - \rho) = E(u(w + \varepsilon))$。

(1) $u(w - \rho) = -\mathrm{e}^{-a(w-\rho)}$

$$E(u(w + \varepsilon)) = \frac{1}{2}u(w + b) + \frac{1}{2}u(w - b) = -\frac{1}{2}(\mathrm{e}^{-a(w+b)} + \mathrm{e}^{-a(w-b)})$$

因此, $E(u(w + \varepsilon)) = \dfrac{1}{2}u(w + b) + \dfrac{1}{2}u(w - b) = -\dfrac{1}{2}(\mathrm{e}^{-a(w+b)} + \mathrm{e}^{-a(w-b)})$

解得: $\rho = \dfrac{1}{a}\ln\left(\dfrac{1}{2}\mathrm{e}^{ab} + \dfrac{1}{2}\mathrm{e}^{-ab}\right)$

(2) $u(w - \rho) = -\mathrm{e}^{-a(w-\rho)}$

$$E(u(w + \varepsilon)) = \int_{-\infty}^{+\infty} -\mathrm{e}^{-a(w+x)} \frac{1}{\sqrt{2\pi}\sigma} \exp\left(-\frac{x^2}{2\sigma^2}\right)\mathrm{d}x = -\mathrm{e}^{-aw + \frac{a^2\sigma^2}{2}}$$

因此, $E(u(w + \varepsilon)) = \displaystyle\int_{-\infty}^{+\infty} -\mathrm{e}^{-a(w+x)} \dfrac{1}{\sqrt{2\pi}\sigma} \exp\left(-\dfrac{x^2}{2\sigma^2}\right)\mathrm{d}x = u(w - \rho) = -\mathrm{e}^{-a(w-\rho)}$

解得: $\rho = \dfrac{a\sigma^2}{2}$

(3) 通过上面的求解可以看出,风险溢价都不依赖于初始财富 w,也就是说,参与者对待公平博弈的态度与财富无关。

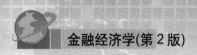

第三节 风险态度与投资风险资产的关系

第二节介绍了绝对风险厌恶系数和相对风险厌恶系数，其中，绝对风险厌恶系数主要考察在初始财富相同的条件下，具有不同风险厌恶程度的经济主体的风险性为特点。而相对风险厌恶系数则主要考察经济行为主体随个人财富或消费收益的变化，对风险资产投资行为的变化。如果投资者风险态度不同，那么他们对风险资产的投资行为肯定不同。

一、相同财富水平下风险厌恶的度量

首先讨论一下绝对风险度量的性质。

由上一节知道 $p \approx -\dfrac{1}{2}\dfrac{u''(W)}{u'(W)}\mathrm{Var}(\varepsilon)$，$R_A(W) = -\dfrac{u''(W)}{u'(W)}$，显然如果 $R_A(W) > 0$，那么风险溢价 $p > 0$，则表明经济主体是风险厌恶的；如果 $R_A(W) < 0$，那么风险溢价 $\rho < 0$，则表明经济主体是风险偏好的；如果 $R_A(W) = 0$，那么风险溢价 $\rho = 0$，则表明经济主体是风险中性的。从几何上看，$-\dfrac{u''(W)}{u'(W)}$ 是曲线 $u(\cdot)$ 的曲率(弯曲程度)，它的数值越大，表明曲线弯曲得越厉害。符号表示弯曲的方向。

阿罗-普拉特绝对风险厌恶度量是一种局部风险厌恶度量，它依赖于人们的财富水平。对于具有相同财富水平的经济主体，可以用 3 种不同的方法来比较两者之间的风险厌恶程度。

1. 绝对风险厌恶度量

对于任意给定的初始财富水平 W，如果下式成立，则表明经济主体 i 比经济主体 j 更加厌恶风险，即

$$R_A^i \geqslant R_A^j$$

2. 风险溢价度量

对于任意给定的初始财富水平 W，为避免相同的风险，如果经济主体 i 比经济主体 j 需要更多的风险溢价补偿，则经济主体 i 比经济主体 j 更厌恶风险，即

$$\rho_i(W) > \rho_j(W)$$

3. 效用函数的曲率

从几何上看，绝对风险厌恶系数代表了效用函数的曲率(弯曲程度)，如果经济主体 i 较经济主体 j 更加厌恶风险，则表明，经济主体 i 有比经济行为主体 j 更加凹的效用函数。更确切地讲，经济行为主体 i 的效用函数 $u_i(W)$ 是经济行为主体 j 的效用函数 $u_j(W)$ 的一个凹

变换，即存在一个递增的、严格凹的函数 $G(\cdot)$ 使得

$$u_i(W) = G(u_j(W))$$

对于任意的 W 都成立。

4. 普拉特定理

【定理 5-2】　假设 $u_i(W)$ 和 $u_j(W)$ 是两个二次可微、严格单调递增的效用函数，则以下 3 种表述是等价的。

(1) 对所有的 W，有 $R_A^{\ i} \geqslant R_A^{\ j}$。

(2) 存在一个严格单调递增和严格凹的二阶可微函数 $G(\cdot)$，使得 $u_i(W) = G(u_j(W))$。

(3) 任何公平博弈 ε 对经济主体 i 的风险溢价较经济主体 j 的风险溢价高，即 $\rho_i(W) > \rho_j(W)$。

证明：(1) $\Rightarrow$ (2)：因为 u_j 是严格递增的，定义 $G(y) \equiv u_i(u_j^{-1}(y))$，其中，$u_j^{-1}$ 是 u_j 为反函数。将 $y = u_j(W)$ 代入定义中记得 $u_i(W) = G(u_j(W))$。下面证明 $G(\cdot)$ 是严格递增和凹的，对 $u_i(W) = G(u_j(W))$ 求导得

$$u'(W) = G'(u_j(W))u'_j(W) \tag{1}$$

因为 $u'_i(W) > 0$ 和 $u'_j(W) > 0$，所以 $G'(u_j(W)) > 0$。因此 $G(\cdot)$ 在其定义域内严格递增。

对式(1)关于 W 求导得

$$u''_i(W) = G''(u_j(W))[u'_j(W)]^2 + G'(u_j(W))u''(W) \tag{2}$$

将式(2)除以式(1)得

$$R_A^i = -\frac{G''(u_j(W))}{G'(u_j(W))}u'(W) + R_A^j \tag{3}$$

因为对所有的 W，有 $R_A^i \geqslant R_A^j$，又 $G'(u_j(W)) > 0$，所以 $G''(u_j(W)) < 0$，因此 $G(\cdot)$ 是凹函数。得证。

(2) $\Rightarrow$ (3) 对于任意博弈 ε，有

$$
\begin{aligned}
u_i(W - \rho_i) &= E[u_i(W + \varepsilon)] \\
&= E[G(u_j(W + \varepsilon))] \\
&\leqslant G(E[u_j(W + \varepsilon)]) \\
&= G(u_j(W - \rho_j)) \\
&= u_i(W - \rho_j)
\end{aligned}
$$

因为效用函数 u_i 是严格递增的，因此 $\rho_i(W) > \rho_j(W)$。

(3) $\Rightarrow$ (1) 对于小博弈而言，有 $\rho_i(W) > \rho_j(W)$，意味着 $R_A^{\ i} \geqslant R_A^{\ j}$。

二、不同财富水平下风险厌恶的度量

在经济主体的财富水平发生变化时，仅仅区别投资者的风险态度是不够的，还需要考察经济行为主体随个人初始财富水平的变化而对风险资产投资数量的变化。即考察投资者是将风险资产看作是正常品还是劣等品。也就是需要对绝对风险厌恶系数做进一步分析。

1. 绝对风险厌恶系数的性质定理

【定义5-4】

(1) 如果经济主体的绝对风险厌恶系数 $R_A(\cdot)$ 是严格递减的函数，即 $\dfrac{dR_A(W)}{dW} < 0, \forall W$，则这类经济行为主体是严格递减绝对风险厌恶的(Strictly Decreasing Absolute Risk Aversion)，即经济主体风险厌恶随着财富的增加而减少。

(2) 如果经济主体的绝对风险厌恶系数 $R_A(\cdot)$ 是严格递增的函数，即 $\dfrac{dR_A(W)}{dW} > 0, \forall W$，则称这类经济主体为严格递增绝对风险厌恶的(Strictly Increasing Absolute Risk Aversion)，即经济主体的风险厌恶随着财富的增加而增加。

(3) 如果经济主体的绝对风险厌恶系数 $R_A(\cdot)$ 是常数函数，即 $\dfrac{dR_A(W)}{dW} = 0, \forall W$，则称这类经济行为主体是常数绝对风险厌恶的(Constant Absolute Risk Aversion)，即经济主体风险厌恶不受财富变化的影响。

类似地，如果经济主体的绝对风险厌恶系数 $R_A(\cdot)$ 是单调递减的函数，即 $\dfrac{dR_A(W)}{dW} \leqslant 0, \forall W$，则这类经济行为主体是递减绝对风险厌恶的(Decreasing Absolute Risk Aversion)。如果经济主体的绝对风险厌恶系数 $R_A(\cdot)$ 是递增的函数，即 $\dfrac{dR_A(W)}{dW} \geqslant 0, \forall W$，则称这类经济主体为递增绝对风险厌恶的(Increasing Absolute Risk Aversion)。

个体绝对风险厌恶的特性让我们可以判断出个体在从单个有风险资产和一个无风险资产之间进行选择时，他是否像对待正常商品一样对待有风险资产。

【例5-13】 若一个人的效用函数为 $u = w - \alpha w^2$。证明：其绝对风险厌恶系数是财富的严格增函数。

【解】 直接运用绝对风险规避系数的定义：

当 $w \neq \dfrac{1}{2\alpha}$ 时，$R_A(w) = -\dfrac{u''(w)}{u'(w)} = \dfrac{2\alpha}{1 - 2\alpha w}$

因此，当 $w \neq \dfrac{1}{2\alpha}$ 时，$\dfrac{dR_A(w)}{dw} = -\dfrac{-(2\alpha)^2}{(1 - 2\alpha w)^2} > 0$

即绝对风险厌恶系数是财富的严格增函数。

【例5-14】 在下列效用函数中，哪些显示出递减的风险厌恶行为：

(1) $u(w) = (w+\alpha)^{\beta}, \alpha \geqslant 0, 0 < \beta < 1$。

(2) $u(w) = w^3$。

(3) $u(w) = \ln(w+\alpha), \alpha \geqslant 0$。

【解】

(1) 由定义知：$R_A(w) = -\dfrac{u''(w)}{u'(w)} = -\dfrac{\beta(\beta-1)(w+\alpha)^{\beta-2}}{\beta(w+\alpha)^{\beta-1}} = \dfrac{1-\beta}{w+\alpha}$，因此，$\dfrac{\mathrm{d}R_A(w)}{\mathrm{d}w} =$

$-\dfrac{1-\beta}{(w+\alpha)^2} < 0$，所以该效用函数显示出递减的风险厌恶行为。

(2) 由定义知：$R_A(w) = -\dfrac{u''(w)}{u'(w)} = -\dfrac{6w}{3w^2} = -\dfrac{2}{w}$，$\dfrac{\mathrm{d}R_A}{\mathrm{d}w} = \dfrac{2}{w^2} > 0$，所以该效用函数不显示

递减的风险厌恶行为，而是递增的风险厌恶行为。

(3) 由风险厌恶系数定义知：$R_A(w) = -\dfrac{u''(w)}{u'(w)} = \dfrac{-1/(w+\alpha)^2}{1/w+\alpha} = \dfrac{1}{w+\alpha}$，

$\dfrac{\mathrm{d}R_A}{\mathrm{d}w} = -\dfrac{1}{(w+\alpha)^2} < 0$，因此该效用函数显示出递减的风险厌恶行为。

【定理5-3】 阿罗-普拉特定理。

对于递减绝对风险厌恶的经济主体，随着初始财富的增加，其对风险资产的投资逐渐增加，即他视风险资产为正常品；对于递增绝对风险厌恶的经济主体，随着初始财富的增加，他对风险资产的投资减少，即他视风险资产为劣等品；对于常数绝对风险厌恶的经济行为主体，他对风险资产的需求与其初始财富的变化无关。

设 W_0 为投资者的初始财富，a 为投资量，则有：

如果 $\dfrac{\mathrm{d}R_A(W)}{\mathrm{d}W} < 0, \forall W$，那么，对于任意 W_0，$\dfrac{\mathrm{d}a}{\mathrm{d}W_0} > 0$；

如果 $\dfrac{\mathrm{d}R_A(W)}{\mathrm{d}W} > 0, \forall W$，那么，对于任意 W_0，$\dfrac{\mathrm{d}a}{\mathrm{d}W_0} < 0$；

如果 $\dfrac{\mathrm{d}R_A(W)}{\mathrm{d}W} = 0, \forall W$，那么，对于任意 W_0，$\dfrac{\mathrm{d}a}{\mathrm{d}W_0} = 0$。

当初始财富变化时，个体的最优有风险资产投资的变化可以按以下方式确定。

(1) 对个体的初始财富求一阶导数来得到最优化条件(这取决于一个给定的初始财富水平)。

(2) 令一阶导数等于 0 来沿着该个体的最优投资组合路径移动。

(3) 求解有风险资产投资的变化与初始财富变化的蕴含关系，这样将使个体的初始财富变化时，其有风险资产的投资额沿着一条最优的路径来相应变化。

证明：这里证明第一种情况(严格递减绝对风险厌恶的情况)，如果 $\dfrac{\mathrm{d}R_A(W)}{\mathrm{d}W} < 0, \forall W$ ，那么，对于任意 W_0，$\dfrac{\mathrm{d}a}{\mathrm{d}W_0} > 0$。

在只有一只无风险证券和一只有风险证券的市场上，假设风险厌恶者的初始财富为 W_0，投资于风险资产的财富为 a，投资者最优投资的一阶充分必要条件是

$E\{u'(\tilde{W})(\tilde{R} - R_f)\} = 0$，其中 $\tilde{W} = W_0 R_f + a(R - R_f)$

在等式两边对 W_0 求导得

$$E\left\{u''(\tilde{W})(\tilde{R} - R_f)\left[R_f + \frac{\mathrm{d}a}{\mathrm{d}W_0}(\tilde{R} - R_f)\right]\right\} = 0$$

从而可以得到

$$\frac{\mathrm{d}a}{\mathrm{d}W_0} = \frac{R_f E\left[u''(\tilde{W})(\tilde{R} - R_f)\right]}{-E\left[u''(\tilde{W})(\tilde{R} - R_f)^2\right]}$$

因为经济主体为严格厌恶，所以 $u''(\tilde{W}) < 0$，分母是大于零的。下面来分析一下分子，看分子部分是大于零、小于零还是等于零。

当 $\tilde{R} > R_f$ 时，$\tilde{W} = W_0 R_f + a(\tilde{R} - R_f) > W_0 R_f$，因为在严格递减绝对风险厌恶下，$\dfrac{\mathrm{d}R_A(W)}{\mathrm{d}W} < 0, \forall W$，因此，$R_A[\tilde{W}] < R_A(W_0 R_f)$

当 $\tilde{R} = R_f$ 时，$\tilde{W} = W_0 R_f + a(\tilde{R} - R_f) = W_0 R_f$，因此 $R_A[\tilde{W}] = R_A(W_0 R_f)$。

当 $\tilde{R} < R_f$ 时，$\tilde{W} = W_0 R_f + a(\tilde{R} - R_f) < W_0 R_f$，因此 $R_A[\tilde{W}] > R_A(W_0 R_f)$。

综合为

$$R_A(\tilde{W})\begin{cases} < R_A(W_0 R_f), \tilde{R} > R_f \\ = R_A(W_0 R_f), \tilde{R} = R_f \\ > R_A(W_0 R_f), \tilde{R} < R_f \end{cases}$$

上式两边同时乘以 $-u'(\tilde{W})(\tilde{R} - R_f)$ 得到

当 $\tilde{R} > R_f$ 时，$-u'(\tilde{W})(\tilde{R} - R_f) < 0$，所以 $-R_A(\tilde{W})u'(\tilde{W})(\tilde{R} - R_f) > -R_A(W_0 R_f)u'(\tilde{W})(\tilde{R} - R_f)$ 即，$u''(\tilde{W})(\tilde{R} - R_f) > -R_A(W_0 R_f)u'(\tilde{W})(\tilde{R} - R_f)$

当 $\tilde{R} = R_f$ 时，$-u'(\tilde{W})(\tilde{R} - R_f) = 0$，因此 $u''(\tilde{W})(\tilde{R} - R_f) = -R_A(W_0 R_f)u'(\tilde{W})(\tilde{R} - R_f)$

当 $\tilde{R} < R_f$ 时，$-u'(\tilde{W})(\tilde{R} - R_f) > 0$，因此 $u''(\tilde{W})(\tilde{R} - R_f) > -R_A(W_0 R_f)u'(\tilde{W})(\tilde{R} - R_f)$

综合为

$$u''(\tilde{W})(\tilde{R} - R_f)\begin{cases} > -R_A(W_0 R_f)u'(\tilde{W})(\tilde{R} - R_f) \\ = -R_A(W_0 R_f)u'(\tilde{W})(\tilde{R} - R_f) \\ > -R_A(W_0 R_f)u'(\tilde{W})(\tilde{R} - R_f) \end{cases}$$

由于 $\tilde{R}$ 是随机变量，且 $p\{\tilde{R} > R_{\mathrm{f}}\} \in (0,1)$，$P\{\tilde{R} < R_{\mathrm{f}}\} \in (0,1)$，所以 $\mathrm{prob}(\tilde{R} \neq R_{\mathrm{f}}) > 0$，即不会出现 $\tilde{R} \equiv R_{\mathrm{f}}$，又因为只要 $\tilde{R} \neq R_{\mathrm{f}}$，就有

$$u''(\tilde{W})(\tilde{R} - R_{\mathrm{f}}) > R_{\mathrm{A}}(W_0 R_{\mathrm{f}})[-u'(\tilde{W})](\tilde{R} - R_{\mathrm{f}})$$

因此，得出

$$E\{u''(\tilde{W})(\tilde{R} - R_{\mathrm{f}})\} > E\{R_{\mathrm{A}}(W_0 R_{\mathrm{f}})[-u'(\tilde{W})](\tilde{R} - R_{\mathrm{f}})\} = -R_{\mathrm{A}}(\tilde{W} R_{\mathrm{f}})E[u'(\tilde{W})(\tilde{R} - R_{\mathrm{f}})]$$

又 $E\{u'(\tilde{W})(\tilde{R} - R_{\mathrm{f}})\} = 0$，因此，

$$E\{u''(\tilde{W})(\tilde{R} - R_{\mathrm{f}})\} > 0$$

所以 $\dfrac{\mathrm{d}a}{\mathrm{d}W_0} = -\dfrac{R_{\mathrm{f}}E[u''(\tilde{W})(\tilde{R} - R_{\mathrm{f}})]}{E[u''(\tilde{W})(\tilde{R} - R_{\mathrm{f}})^2]} > 0$

第二种情况和第三种情况的证明过程类似。

〔证毕〕

掌握了投资者的绝对风险厌恶系数，当其财富变化时，可以知道其投资风险资产的绝对数量的变化，但是不能回答相对于总财富的风险投资比例是增加还是减少。

绝对风险厌恶的性质与风险资产的需求有关，因此具有严格递减、常数或者严格递增绝对风险厌恶效用函数的经济人，当其财富严格增加时，其投资风险资产的比例可能严格递增、保持不变或者严格递减。

2. 相对风险厌恶系数的性质定理

众所周知，当 $\dfrac{\mathrm{d}R_{\mathrm{A}}(W)}{\mathrm{d}W} < 0, \forall W$ 时，对于任意 W_0，$\dfrac{\mathrm{d}a}{\mathrm{d}W_0} > 0$，但并不知道 $\dfrac{a}{W_0}$ 的变化趋势。所以，绝对风险厌恶系数不能完全刻画个体的行为特征，因此需要引入相对风险厌恶系数的概念。

在阿罗-普拉特绝对风险厌恶的基础上，阿罗-普拉特定义了相对风险厌恶，即 $R_{\mathrm{R}}(W) = R_{\mathrm{A}}(W)W$，在严格递增相对风险厌恶条件下，即 $\dfrac{\mathrm{d}R_{\mathrm{R}}(W)}{\mathrm{d}W} > 0, \forall W$，对于递增相对风险厌恶的经济主体，其风险资产的财富需求弹性小于 1(即随着财富的增加，投资于风险资产的财富相对于总财富的比例下降)；在严格递减相对风险厌恶条件下，即 $\dfrac{\mathrm{d}R_{\mathrm{R}}(W)}{\mathrm{d}W} < 0, \forall W$，对于递减相对风险厌恶的经济行为主体，风险资产的财富需求弹性大于 1(即随着财富的增加，投资于风险资产的财富相对于总财富的比例上升)；如果经济主体的相对风险厌恶系数 $R_{\mathrm{R}}(\cdot)$ 是常数函数，即 $\dfrac{\mathrm{d}R_{\mathrm{R}}(W)}{\mathrm{d}W} = 0, \forall W$，对于常数相对风险厌恶的经济行为主体，风险资产的需求弹性等于 1(即随着财富的增加，投资于风险资产的财富相对于总财富的比例不变)。

对于在时期 0 具有初始财富 W 的经济主体，设 η 为他的风险资产需求弹性，则有

如果 $\dfrac{\mathrm{d}R_{\mathrm{R}}(W)}{\mathrm{d}W} > 0 \Rightarrow \eta < 1$。

如果 $\dfrac{\mathrm{d}R_{\mathrm{R}}(W)}{\mathrm{d}W} < 0 \Rightarrow \eta > 1$。

如果 $\dfrac{\mathrm{d}R_{\mathrm{R}}(W)}{\mathrm{d}W} = 0 \Rightarrow \eta = 1$。

证明： 这里证明第一种情况，如果 $\dfrac{\mathrm{d}R_{\mathrm{R}}(W)}{\mathrm{d}W} > 0 \Rightarrow \eta < 1$。人们对风险资产需求弹性可以表示为

$$\eta = \frac{\mathrm{d}a}{\mathrm{d}W_0}\frac{W_0}{a}$$

$$= \frac{E[u''(\tilde{W})(\tilde{R}-R_{\mathrm{f}})]R_{\mathrm{f}}}{-E[u''(\tilde{W})(\tilde{R}-R_{\mathrm{f}})]}\frac{W_0}{a}$$

$$= 1 + \frac{E[u''(\tilde{W})(\tilde{R}-R_{\mathrm{f}})]R_{\mathrm{f}}W_0 + E[u''(\tilde{W})(\tilde{R}-R_{\mathrm{f}})^2]a}{-aE[u''(\tilde{W})(\tilde{R}-R_{\mathrm{f}})^2]}$$

$$= 1 + \frac{E[u''(\tilde{W})(\tilde{R}-R_{\mathrm{f}})[W_0 R_{\mathrm{f}} + a(\tilde{R}-R_{\mathrm{f}})]]}{-aE[u''(\tilde{W})(\tilde{R}-R_{\mathrm{f}})^2]}$$

$$= 1 + \frac{E[u''(\tilde{W})\tilde{W}(\tilde{R}-R_{\mathrm{f}})]}{-aE[u''(\tilde{W})(\tilde{R}-R_{\mathrm{f}})^2]}$$

$$\eta - 1 = \frac{E[u''(\tilde{W})\tilde{W}(\tilde{R}-R_{\mathrm{f}})]}{-aE[u''(\tilde{W})(\tilde{R}-R_{\mathrm{f}})^2]}$$

由于 $u''(.) < 0$，所以分母是严格正的。所以 $\eta - 1$ 的符号取决于 $E[u''(\tilde{W})\tilde{W}(\tilde{R}-R_{\mathrm{f}})]$。

当 $\tilde{R} > R_{\mathrm{f}}$ 时，$\tilde{W} = W_0 R_{\mathrm{f}} + a(\tilde{R}-R_{\mathrm{f}}) > W_0 R_{\mathrm{f}}$，因为在严格递增相对风险厌恶下，$\dfrac{SR_{\mathrm{R}}(W)}{\mathrm{d}W} > 0, \forall W$，因此，$R_R[\tilde{W}] > R_R(W_0 R_{\mathrm{f}})$

当 $\tilde{R} = R_{\mathrm{f}}$ 时，$\tilde{W} = W_0 R_{\mathrm{f}} + a(\tilde{R}-R_{\mathrm{f}}) = W_0 R_{\mathrm{f}}$，因此 $R_R[\tilde{W}] = R_R(W_0 R_{\mathrm{f}})$

当 $\tilde{R} < R_{\mathrm{f}}$ 时，$\tilde{W} = W_0 R_{\mathrm{f}} + a(\tilde{R}-R_{\mathrm{f}} < W_0 R_{\mathrm{f}})$，因此 $R_R[\tilde{W}] < R_R(W_0 R_{\mathrm{f}})$

综合如下

$$R_{\mathrm{R}}(\tilde{W}) \begin{cases} < R_{\mathrm{R}}(W_0 R_{\mathrm{f}}), & \tilde{R} > R_{\mathrm{f}} \\ = R_{\mathrm{R}}(W_0 R_{\mathrm{f}}), & \tilde{R} = R_{\mathrm{f}} \\ > R_{\mathrm{R}}(W_0 R_{\mathrm{f}}), & \tilde{R} < R_{\mathrm{f}} \end{cases}$$

上式两边同时乘以 $-u''(\tilde{W})(\tilde{R}-R_{\mathrm{f}})$ 得到：

当 $\tilde{R} > R_\mathrm{f}$ 时，$-u'(\tilde{W})(\tilde{R} - R_\mathrm{f}) < 0$，所以 $-R_\mathrm{R}(\tilde{W})u'(\tilde{W})(\tilde{R} - R_\mathrm{f}) < -R_\mathrm{R}(W_0 R_\mathrm{f})u'(\tilde{W})(\tilde{R} - R_\mathrm{f})$

即，$u''(\tilde{W})\tilde{W}(\tilde{R} - R_\mathrm{f}) < -R_\mathrm{R}(W_0 R_\mathrm{f})u'(\tilde{W})(\tilde{R} - R_\mathrm{f})$。

当 $\tilde{R} = R_\mathrm{f}$ 时，$-u'(\tilde{W})(\tilde{R} - R_\mathrm{f}) = 0$，因此 $u''(\tilde{W})\tilde{W}(\tilde{R} - R_\mathrm{f}) = -R_\mathrm{R}(W_0 R_\mathrm{f})u'(\tilde{W})(\tilde{R} - R_\mathrm{f})$

当 $\tilde{R} < R_\mathrm{f}$ 时，$-u'(\tilde{W})(\tilde{R} - R_\mathrm{f}) > 0$，因此 $u''(\tilde{W})\tilde{W}(\tilde{R} - R_\mathrm{f}) = -R_\mathrm{R}(W_0 R_\mathrm{f})u'(\tilde{W})(\tilde{R} - R_\mathrm{f})$

综合如下：

$$u''(\tilde{W})\tilde{W}(\tilde{R} - R) \begin{cases} < -R_\mathrm{R}(W_0 R_\mathrm{f})u'(\tilde{W})(\tilde{R} - R_\mathrm{f}) \\ = -R_\mathrm{R}(W_0 R_\mathrm{f})u'(\tilde{W})(\tilde{R} - R_\mathrm{f}) \\ < -R_\mathrm{R}(W_0 R_\mathrm{f})u'(\tilde{W})(\tilde{R} - R_\mathrm{f}) \end{cases}$$

由于 $\tilde{R}$ 是随机变量，且 $p\{\tilde{R} > R_\mathrm{f}\} \in (0,1)$，$p\{\tilde{R} < R_\mathrm{f}\} \in (0,1)$ 所以 $prob(\tilde{R} \neq R_\mathrm{f}) > 0$，即不会出现 $\tilde{R} \equiv R_\mathrm{f}$，又因为只要 $\tilde{R} \neq R_\mathrm{f}$，就有

$$u''(\tilde{W})\tilde{W}(\tilde{R} - R_\mathrm{f}) < R_\mathrm{R}(W_0 R_\mathrm{f})[-u'(\tilde{W})](\tilde{R} - R_\mathrm{f})$$

因此，我们得出：

$$E\{u''(\tilde{W})(\tilde{R} - R_\mathrm{f})\} < E\{R_\mathrm{R}(W_0 R_\mathrm{f})[-u''(\tilde{W})](\tilde{R} - R_\mathrm{f})\} = -R_\mathrm{R}(\tilde{W}R_\mathrm{f})E[u'(\tilde{W})(\tilde{R} - R_\mathrm{f})]$$

又 $E\{u'(\tilde{W})(\tilde{R} - R_\mathrm{f})\} = 0$，因此，

$$E\{u''(\tilde{W})\tilde{W}(\tilde{R} - R_\mathrm{f})\} < 0$$

所以 $\eta - 1 = -\dfrac{E[u''(\tilde{W})\tilde{W}(\tilde{R} - R_\mathrm{f})]}{aE[u''(\tilde{W})(\tilde{R} - R_\mathrm{f})^2]} < 0$

〈证毕〉

三、几种常用的效用函数

1. 双曲线绝对风险厌恶效用函数

金融经济学理论有时需要对个体的偏好做出某种假设。其中，常用的一个假设是个体具有线性的风险容忍系数 LRT(Linear Risk Tolerance)，满足这一假设的 VNM 效用函数具有 LRT 形式，即

$$u(W) = \frac{1-\gamma}{\gamma}\left(\frac{\alpha W}{1-\gamma} + \beta\right)^\gamma, \beta > 0, \gamma < 1, \gamma \neq 1$$

在这种形式下，容易验证个体的风险容忍系数为其初始财富的线性函数。

$$u'(W) = \alpha\left(\frac{\alpha W}{1-\gamma} + \beta\right)^{\gamma-1}$$

$$u''(W) = -\alpha^2\left(\frac{\alpha W}{1-\gamma} + \beta\right)^{\gamma-2}$$

$$T(W) = \frac{1}{R_A(W)} = \left(\frac{1}{1-\gamma}\right)W + \frac{\beta}{\alpha}$$

从上式可以看出，个体的风险容忍系数与初始财富呈线性关系。

在上式中，当 $\gamma > 1$ 时，个体的风险容忍系数随财富的增加而减少；当 $\gamma < 1$ 时，个体的风险容忍系数随财富的增加而增加。

另外，由于该函数的绝对风险厌恶系数为

$$R_A = \left(\frac{W}{1-\gamma} + \frac{\beta}{\alpha}\right)^{-1}$$

为一条双曲线，所以，这一效用函数也称为双曲线绝对风险厌恶效用函数(Hyperbolic Absolute Risk Aversion，HARA)。这是一个综合的效用函数。

LRT 效用函数是一个函数族，在不同的参数下，将呈现出不同的形式：

(1) $\gamma \to 1 \Rightarrow$ 线性函数：$u(W) = a + bW, b > 0$。

(2) $\gamma \to 2 \Rightarrow$ 二次函数：$u(W) = W - \frac{b}{2}W^2, b > 0$。

(3) $\beta = 1, \gamma \to -\infty \Rightarrow$ 负指数函数：$u(W) = -e^{-\alpha W}$。

(4) $\beta = 0, \gamma < 1 \Rightarrow$ 幂函数：$u(W) = \frac{W^\gamma}{\gamma}$。

(5) $\alpha = 1, \beta = 0, \gamma \to 0 \Rightarrow$ 对数函数：$u(W) = \ln W$。

2. 不同效用函数的性质

(1) 二次效用函数的性质。

二次效用函数的形式为 $u(W) = W - \frac{b}{2}W^2, b > 0$，拥有这种效用函数的个体在投资风险资产时只考虑资产的期望收益和方差，以此为基础资本资产定价模型得到了风险资产定价的线性表达式。但二次函数作为效用函数存在局限性：超过一定的财富水平后，个体收入的边际效用为负值。对上述(2)中二次函数的财富 W 求导，有

$$u'(W) = 1 - bW, \quad u''(W) = -b$$

因此，只有 W 在 $[0, 1/b]$ 时，个体的边际效用才会大于零。

该函数的绝对风险厌恶系数为

$$R_A = \frac{b}{1 - bW}$$

对 W 求导，有

$$R_A'(W) = \frac{b^2}{(1 - bW)^2} > 0$$

这表明拥有二次效用函数的个体的绝对风险厌恶系数是其财富的单调递增函数，随着财富的增加，经济主体投资于资本市场的财富量是减少的。

相对风险厌恶系数为

$$R_R = -\frac{u''(W)W}{u'(W)} = \frac{bW}{1-bW}$$

对 W 求导，有

$$R_R'(W) = \frac{b}{(1-bW)^2} > 0$$

对于递增相对风险厌恶的经济主体，其风险资产的财富需求弹性小于1，即拥有二次效用函数的经济主体随着财富的增加，投资于资本市场的财富比例是下降的。

凹二次效用函数见图 5-12。

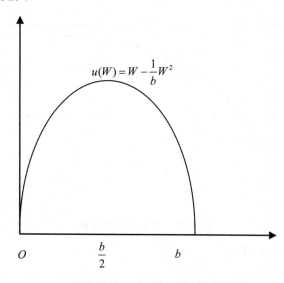

$$u(W) = W - \frac{1}{b}W^2$$

图 5-12　凹二次效用函数

(2) 负指数效用函数的性质。

负指数效用函数的形式为：$u(W) = -e^{-\alpha W}$，其绝对风险厌恶系数为

$$R_A(W) = -\frac{u''(W)}{u'(W)} = \alpha , \quad R_A'(W) = 0$$

因此如果个体的效用函数为负指数效用函数，则他对风险的厌恶程度与收入无关。这种个体在风险资产上的投资量不受其收入水平的影响。负指数效用函数具有常数绝对风险厌恶(Constant Absolute Risk Aversion，CARA)，即随着财富的增加，经济主体投资于资本市场的财富量是不变的。而相对风险厌恶系数则不同。

负指数效用函数的相对风险厌恶系数为

$$R_R(W) = -\frac{u''(W)W}{u'(W)} = aw$$

对 W 求导，有

$$R'_R(W) = \alpha > 0$$

我们知道对于递增相对风险厌恶的经济主体，其风险资产的财富需求弹性小于 1，因此拥有负指数效用函数的经济主体随着财富的增加，投资于风险资产的财富相对于总财富的比例下降。

负指数效用函数如图 5-13 所示。

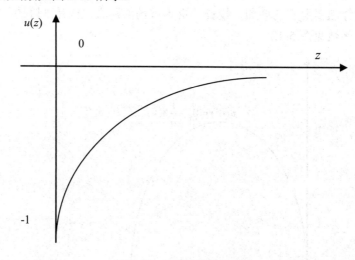

图 5-13　负指数效用函数

(3) 幂函数效用函数的性质。

幂函数效用函数的形式为 $u(W) = \dfrac{W^\gamma}{\gamma}, \gamma < 1$，其绝对风险厌恶系数为

$$R_A(W) = -\frac{u''(W)}{u'(W)} = \frac{1-\gamma}{W}$$

对 W 求导，有

$$R'_A(W) = -\frac{1-\gamma}{W^2} < 0$$

因此效用函数为幂函数的经济主体是递减绝对风险厌恶的经济主体，随着初始财富的增加，其对风险资产的投资逐渐增加，即他视风险资产为正常品。

相对风险厌恶系数为

$$R_R(W) = -\frac{u''(W)W}{u'(W)} = 1 - \gamma，且 1 - \gamma > 0，R_R'(W) = 0$$

因此幂函数效用函数的绝对风险厌恶随着财富的增加而递减，但是相对风险系数是常数，而对于常数相对风险厌恶的经济行为主体，风险资产的需求弹性等于1，因此对于效用函数为幂函数的经济主体随着财富的增加，投资于风险资产的财富相对于总财富的比例不变。把幂函数效用函数称为具有常数相对风险厌恶(Constant Relative Risk Aversion, CRRA)。

(4) 对数函数效用函数的性质。

对数函数的形式为 $u(W) = \ln W$，其绝对风险系数为

$$R_A(W) = -\frac{u''(W)}{u'(W)} = \frac{1}{W}$$

对 W 求导，有

$$R_A'(W) = -\frac{1}{W^2} < 0$$

因此效用函数为对数函数的经济主体是递减绝对风险厌恶的经济主体，与幂函数一样，经济主体随着初始财富的增加，其对风险资产的投资逐渐增加，即他视风险资产为正常品。

相对风险系数为

$$R_R(W) = -\frac{u''(W)W}{u'(W)} = 1，R_R'(W) = 0$$

因此对数函数效用函数的绝对风险厌恶随着财富的增加而递减，但是相对风险系数是常数，而对于常数相对风险厌恶的经济行为主体，风险资产的需求弹性等于1，因此对于效用函数为对数函数的经济主体随着财富的增加，投资于风险资产的财富相对于总财富的比例不变。

不同效用函数的绝对厌恶理论和相对厌恶理论的应用如下。

【例 5-15】 假定投资者具有以下形式的效用函数：$u(w) = -e^{-2w}$，其中 w 是财富，并且 $w > 0$，请解答以下问题。

(1) 证明：①该投资者具有非满足性偏好；②该投资者是严格风险厌恶的。

(2) 求绝对风险规避系数和相对风险规避系数。

(3) 当投资者的初期财富增加，该投资者在风险资产上的投资机会增加？减少？不变？

(4) 当投资者的初期财富增加1%时，该投资者投资在风险资产上投资增加的百分比是大于1%？等于1%？小于1%？

【解】(1) 证明：因为投资者具有以下形式的效用函数：$u(w) = -e^{-2w}$，所以：

$$u'(w) = -2 \times (-e^{-2w}) = 2e^{-2w} > 0$$

因此该投资者具有非满足性偏好。

又 $u''(w) = -4e^{-2w} < 0$，所以该投资者的效用函数严格凹的，因此该投资者是严格风险厌

恶的。

(2) 绝对风险厌恶系数为

$$R_A(w) = -\frac{u''(w)}{u'(w)} = \frac{-4e^{-2w}}{2e^{-2w}} = 2$$

相对风险厌恶系数为

$$R_R(w) = R_A(w)w = 2w$$

(3) 因为 $\frac{dR_A(w)}{dw} = 0$，所以 $\frac{da}{dw} = 0$，其中 a 是投资者在风险资产上的投资，因此当投资者的初期财富增加，该投资者在风险资产上的投资不变。

(4) 因为 $\frac{dR_R(w)}{dw} = 2 > 0$，所以 $\eta < 1$，因此当投资者的初始财富增加 1%时，该投资者投资在风险资产上投资增加的百分比小于 1%。

【例 5-16】 假定以投资者的效用函数为 $u(w) = \frac{1}{B-1}(A+Bw)^{1-\frac{1}{B}}$，其中 w 是财富，并且 $B > 0, w > \max\left[-\frac{A}{B}, 0\right]$，请回答以下问题。

(1) 求绝对风险厌恶系数与相对风险厌恶系数。

(2) 当该投资者的初始财富增加时，他对风险资产的需求增加还是减少？为什么？

(3) 什么情况下，当投资者的初始财富增加 1%时，该投资者投资在风险资产上投资增加的百分比是大于 1%？等于 1%？小于 1%？

【解】

(1) $u'(w) = (A+Bw)^{-\frac{1}{B}}, u''(w) = -(A+Bw)^{-\frac{1}{B}-1}$

绝对风险厌恶系数为

$$R_A(w) = -\frac{u''(w)}{u'(w)} = \frac{1}{A+Bw}$$

相对风险厌恶系数为

$$R_R(w) = R_A(w)w = \frac{w}{A+Bw}$$

(2) 因为 $\frac{dR_A(w)}{dw} = -\frac{B}{(A+Bw)^2} < 0$，因此 $\frac{da}{dw} > 0$，其中 a 是投资者在风险资产上的投资，因此当投资者的初始财富增加，该投资者在风险资产上的投资增加。

(3) $\frac{dR_R(w)}{dw} = \frac{A}{(A+Bw)^2}$

当 $A > 0$ 时，$\frac{dR_R(w)}{dw} > 0$，所以 $\eta < 1$。

因此当投资者的初始财富增加 1%时，该投资者投资在风险资产上投资增加量的百分比小于 1%。

当 $A=0$ 时，$\dfrac{\mathrm{d}R_{\mathrm{R}}(w)}{\mathrm{d}w}=0$，所以 $\eta=1$。

因此当投资者的初始财富增加 1%时，该投资者投资在风险资产上投资增加量的百分比等于 1%。

当 $A<0$ 时，$\dfrac{\mathrm{d}R_{\mathrm{R}}(w)}{\mathrm{d}w}<0$，所以 $\eta>1$。

因此当投资者的初始财富增加 1%时，该投资者投资在风险资产上投资增加量的百分比大于 1%。

本 章 小 结

(1) 如果一个博弈的随机收益的期望收益 $E(\varepsilon)=0$，那么就称其为公平博弈。

(2) 人们对待风险的态度是不同的，对于风险厌恶的经济主体而言，他们不愿意接受任何统计公平博弈，确定性收益(数学期望值)的效用大于效用的期望值；对于风险偏好的经济主体而言，他们愿意接受公平博弈，确定性收益(数学期望值)的效用小于效用的期望值；对于风险中性的经济主体，参与和不参与公平博弈无差异，确定性收益(数学期望值)的效用等于效用的期望值。

(3) 可以从两个方面来判断经济主体的风险态度。一方面，考虑经济参与者的效用函数 $u(\cdot)$，如果 $u(\cdot)$ 是凹函数，则经济主体是风险厌恶者；如果 $u(\cdot)$ 是线性函数，则经济主体是风险中性者；如果 $u(\cdot)$ 是凸函数，则经济主体是风险偏好者。另一方面，考虑风险溢价 $p=f(W,\varepsilon)$，如果 $p>0$，则经济主体是风险厌恶者；如果 $p<0$，则经济主体是风险偏好者；如果 $p=0$，则经济主体是风险中性者。

(4) 当且仅当一个投资者的确定性效用函数 U 是(严格)凹函数，该投资者是(严格)风险厌恶的。

(5) 初始财富与罚金之差称为确定性等值。确定性等值是一个完全确定的量，对于风险厌恶者而言，在此收入水平上的效用水平等于不确定条件下财富的效用水平，即

$$u(W-p)=E\big(u(W+\varepsilon)\big)$$

(6) 风险溢价(Risk Premium)是指风险厌恶者为避免承担风险而愿意放弃的投资收益，或者说是让一个风险厌恶的投资者参与一项博弈所必须获得的风险补偿。

(7) 对于小风险，绝对风险厌恶是经济人对风险厌恶程度的度量。$R_{\mathrm{A}}(W)=-\dfrac{u''(W)}{u'(W)}$，绝对风险厌恶不仅依赖于效用函数，它也依赖于财富水平 W。对于 $R_{\mathrm{A}}\neq0$ 的经济人，定义

$T(W) = \dfrac{1}{R_A(W)} = -\dfrac{u'(W)}{u''(W)}$ 为人们的风险容忍系数，度量人们的风险容忍程度。

(8) 相对于小风险而言，阿罗-普拉特相对风险厌恶系数定义为 $R_R(W) = -\dfrac{u''(W)W}{u'(W)}$。

(9) 假设 $u_i(W)$ 和 $u_j(W)$ 是两个二次可微、严格单调递增的效用函数，则以下 3 种表述是等价的：对所有的 W，有 $R_A{}^i \geqslant R_A{}^j$；存在一个严格单调递增和严格凹的二阶可微函数 $G(\cdot)$，使得 $u_i(W) = G(u_j(W))$；任何公平博弈 ε 对经济主体 i 的风险溢价较经济主体 j 的风险溢价高，即 $p_i(W) > p_j(W)$。

(10) 阿罗-普拉特定理。对于递减绝对风险厌恶的经济主体，随着初始财富的增加，其对风险资产的投资逐渐增加，即他视风险资产为正常品；对于递增绝对风险厌恶的经济主体，随着初始财富的增加，他对风险资产的投资减少，即他视风险资产为劣等品；对于常数绝对风险厌恶的经济行为主体，他对风险资产的需求与其初始财富的变化无关。

(11) 阿罗-普拉特关于相对风险厌恶的定理。对于递增相对风险厌恶的经济主体，其风险资产的财富需求弹性小于1(随着财富的增加，投资于风险资产的财富相对于总财富的比例下降)；对于递减相对风险厌恶的经济主体，风险资产的财富需求弹性大于1(随着财富的增加，投资于风险资产的财富相对于总财富的比例增加)；对于常数风险厌恶的经济主体，风险资产的需求弹性等于1(随着财富的增加，投资于风险资产的财富相对于总财富的比例不变)。

实 训 课 堂

基本案情：

我国自 1982 年恢复商业保险以来，保险业的发展取得了令世人瞩目的成就，保险已成为国民经济的重要组成部分。但是，和发达国家相比，我们的差距还非常大。仅从参加保险的比例来看，一个 13 亿多全球人口的大国，目前仅有 3 亿多的国民参加保险。其中原因固然与我国保险业的机制、服务质量以及国民的生活水平等方面有关，更重要的原因之一就是全民的保险意识极其薄弱，不能主动地寻求防范和解决风险的办法，甚至有的人没有什么"风险偏好"，以至于不能选择科学的风险决策方案来主动摆脱风险带来的各种损失。

从心理学的角度看，人们对风险的不同态度取决于每个人的人格心理结构，个人的心理结构是由每个人的思维原创性、性格倾向、自我中心、焦虑程度、攻击性、表现欲等成分组成，这些成分在每个人身上表现的程度不同，从而形成人们在面临同样风险时具有不同的心理和行为特征，这些行为特征实际上就是个人的风险决策。

保险是一种充满不确定性的特殊的金融产品，保险是规避和分散风险的一种手段，因此人们购买保险的过程实际上是一种风险决策的过程。

(资料来源：肖芸茹. 保险需求与风险态度分析.Nankai Economic Studies，No.4,2000)

思考讨论题：

1. 在保险业中，投保人愿付的保险金与本书中的风险溢价有什么不同呢？

2. 举一例子来说，如果一个消费者的效用函数是 $u = w^{0.5}$，设 $w_0 = 90000$(元)，如果发生火灾会损失 h，且 $h = 80000$(元)，发生火灾的概率 $\alpha = 0.05$。

求消费者愿意支付的保险价格 R 以及保险公司在消费者支付 R 时的利润。

分析要点：

在保险业中，投保人愿付的保险金(设为 R)与风险溢价 p 既有区别又有联系，它们的区别在于风险溢价一般不是投保者对保险愿意付的保险价格总额。风险溢价是对期望收入 $E(g)$ 做出的缩水，是说你对有风险的项目，不应相信期望收入 $E(g)$，而应对 $E(g)$ 再减去一个 p。但投保人买保险则不是从 $E(g)$ 出发，而是从自己的财产原值 w_0 出发。他要比较的只是买保险后避免了风险与不买风险会遇上风险这两种局面，他只是根据这两种局面对自己应"无差异"为标准，才决定出多少保险费给保险公司。若他买保险，又假定他买了保险后保险公司是会对损失全额赔偿的，则买保险后的效用函数应为 $u(w_0 - R)$，这里，R 代表保险费总和；若他不买保险，则结局是 $u(g)$。应该从 $u(w_0 - R) = u(g)$ 出发，来决定消费者愿意支付的保险金总额 R 的最高限。

答案：

$$u(w_0 - R) = 0.95(90000)^{\frac{1}{2}} + 0.05(10000)^{\frac{1}{2}}$$

$$(90000 - R)^{\frac{1}{2}} = 0.95(90000)^{\frac{1}{2}} + 0.05(10000)^{\frac{1}{2}}$$

解得 $R = 5900$　$\alpha h = 0.05(80000) = 4000$

保险公司赔付的额度为 4000 元，但保险费为 5900 元。所以，保险公司的利润是 1900 元。

复习思考题

一、基本概念

风险厌恶　风险偏好　风险中性　效用函数　确定性等值　风险溢价　阿罗-普拉特绝对风险厌恶系数　相对风险厌恶系数　普拉特定理　递增绝对风险厌恶系数　递减相对风险厌恶系数

二、判断题

1. 风险喜好者的边际效用递增。   (   )

2. 边际期望效用值随着预期风险的增大而减少，相对于期望收益的边际期望效用值随着期望收益的增大而增大。   (   )

3. 对风险的度量包括对客观风险的度量，还应包括对主观风险态度的度量，两个方面都会影响投资者的决策。   (   )

4. 当具有线性的风险厌恶效用时，其确定性等值就是其财富的数量，其风险溢价为零。   (   )

5. 当具有二次函数的风险厌恶效用时，其确定性等值就是其财富的数量，其风险溢价为零。   (   )

6. 风险偏好投资者随着财富的增加，其效用在增加，边际效用也在增加。   (   )

三、单项选择题

1. 衡量风险的指标有(   )。

    A. 方差   B. 久期   C. 凸度   D. 风险价值(VaR)   E. 期望收益

2. 公平赌博(   )。

    A. 风险厌恶者不会参与   B. 是没有风险溢价的风险投资

    C. 是无风险投资   D. 风险喜好者不会参与

3. 如果国库券的收益是 6%，风险厌恶的投资者不会选择(   )。

    A. 一项资产有 0.6 的概率获得 10%的收益，有 0.4 的概率获得 2%的收益

    B. 一项资产有 0.4 的概率获得 10%的收益，有 0.6 的概率获得 2%的收益

    C. 一项资产有 0.5 的概率获得 10%的收益，有 0.8 的概率获得 3.75%的收益

    D. 一项资产有 0.7 的概率获得 10%的收益，有 0.6 的概率获得 3.75%的收益

4. 下面有关风险厌恶者的陈述正确的是(   )。

    A. 他们只关心收益率

    B. 他们接受公平游戏的投资

    C. 他们只接受在无风险利率之上有风险溢价的风险投资

    D. 他们愿意接受高风险和低收益

5. 艾丽丝是一个风险厌恶的投资者，戴维的风险厌恶程度小于艾丽丝，因此(   )。

    A. 对于相同风险，戴维比艾丽丝要求更高的回报率

    B. 对于相同收益率，艾丽丝比戴维要求更高的风险

    C. 对于相同风险，艾丽丝比戴维要求较低的收益率

    D. 对于相同收益率，戴维比艾丽丝要求更高的风险

6. 下面有关风险喜好者的陈述正确的是(   )。

    A. 他们只关心收益率

B. 他们接受所有公平游戏的投资

C. 他们只接受在无风险利率之上有风险溢价的风险投资

D. 他们愿意接受高风险和低收益

7. 关于狭义的风险与不确定性(　　)。

A. 二者没有区别

B. 风险与不确定性都可以给投资者带来损失，但是造成损失不一样多

C. 风险可以用某个概率分布度量，不确定性难以用某一概率刻画

D. 不确定性比风险包括的范围更广泛

8. 国库券支付6%的收益率，有40%的概率取得12%的收益，有60%的概率取得2%的收益。风险厌恶的投资者是否愿意投资于这样一个风险资产组合(　　)。

A. 愿意，因为他们获得了风险溢价　　　　B. 不愿意，因为他们没有获得风险溢价

C. 不愿意，因为风险溢价太小　　　　　　D. 不能确定

9. Ⅰ风险厌恶投资者拒绝公平游戏的投资；Ⅱ风险中性的投资者只通过预期收益评价风险资产；Ⅲ风险厌恶的投资者只通过风险来评价风险资产；Ⅳ风险喜好者不参与公平游戏，下列正确的是(　　)。

A. 只有Ⅰ　　　　　　　　　　　　　　B. 只有Ⅱ

C. 只有Ⅰ和Ⅱ　　　　　　　　　　　　D. 只有Ⅱ和Ⅲ

E. 只有Ⅱ、Ⅲ和Ⅳ

10. 投资者可以选择投资于年收益6%的国债和年终有23200美元现金流的风险资产组合，如果投资者要求10%的风险溢价，那么他愿意为这项风险资产支付(　　)。

A. 100000美元　　　　B. 108000美元　　　　C. 200000美元

D. 145000美元　　　　E. 以上都不是

四、简述题

1. 简述阿罗-普拉特关于绝对风险厌恶的定理。

2. 什么是确定性等值？

3. 简述相对风险厌恶态度与财富弹性的关系。

4. 分析对数效应下投资者的绝对风险态度和相对风险态度。

5. 分析指数效应下投资者的相对风险态度。

6. 分析持有二次效用的投资者，随着财富的变化其对风险资产的投资态度如何。进一步说明这个投资群体的风险态度特征。

五、综合分析题

1. 如何判断投资者的相对风险厌恶态度？并应用阿罗-普拉特相对风险厌恶定理，对投资到风险资产的财富占总财富比例的变化情况进行分析。

2. 给出持有负指数效用的投资者对风险资产的投资态度，并加以论证。

$$u(w) = -e^{-aw}, a > 0$$

3. 投资者是严格风险偏好的，证明其等价条件是投资者的确定性效用函数是严格凸函数。

六、论述题

论证如果一个投资者是严格风险厌恶的，其等价条件是投资者的确定性效用函数是严格凹函数。

第六章　基本经济框架与市场微观结构

【学习要点及目标】

- 掌握无套利概念。
- 掌握金融市场均衡的特殊机制——无风险套利均衡机制。
- 掌握资产定价基本定理。

【核心概念】

基本经济框架　支付矩阵　无摩擦市场　帕累托最优　有效市场　完全市场　均衡市场　套利　无套利原理　市场微观结构理论　研究领域　市场结构类型

【引导案例】

案例一

市场持续无效套利也能爆仓

通常来讲，套利交易是利用市场交易行为的短时无效性，针对相关标的的价差进行交易，基于在有效的市场中，不合理价差终将回归合理范围，常见的有期现套利、跨期套利、跨市场套利甚至跨品种套利。一般情况下，此类交易的风险极低，也常被市场称为"无风险套利"。不过，在 A 股市场上，也曾经出现过投资者实施了套利交易但面临极高风险的情况。

一位曾经任职于某期货公司的股指期货研究员向中国证券报记者讲述了他在 2010 年 A 股出现"十月革命"时进行期现套利的"惊险"遭遇。

"2010 年 10 月 18 日正好是 IF1011 合约新上市，首日时这个合约与沪深 300 指数现货价差还属于合理范围，大约在 25 点以内，"他回忆道："到 19 日就不是很正常了，价差开始扩大，盘中一直涨，理论上超过 35 点就有相当不错的套利机会了，这时候买入沪深 300 股票，同时卖出等量 IF1011，最多持有 1 个月就能赚 5%左右，风险很小，而且很可能不用持有一个月，5~10 天应该就能回到理论价差，这个收益率就很好了。"

"结果当天收盘的价差快到 50 点了，去掉交易成本和股票组合的误差，年化收益率都超过 100%了。"他向记者展示了当时 IF1011 合约和沪深 300 指数的价差走势图："所以我当时用模拟盘进行套利操作。不过逐一买入沪深 300 股票太麻烦了，只买了前 50 只权重股，期间总共用了总资金量的 30%。"

"后面的事是我没想到的。"他带着无奈的表情继续说道:"20 日收盘时价差到了 61 点了,我觉得怎么说也该下了,就把仓位加到 60%。结果 21、22 日价差继续往上走,到了 80 多点,这时候我仓位已经加到 90% 了。"

"结果最高到了 124 点。"笔者看过走势图后插话道:"你当时怎么办?"

"没办法了,价差上了 100 点我就没可用资金了,只能平仓,也就是你们常说的'爆仓'"。

"最终还是回到了 20 点以内的合理价差。"

"对,不过这之前在 80 点以上振荡了有 5 个交易日,50 点时进场套利的投资者几乎没有机会等到赚钱。幸亏是做模拟盘,实盘的话会很惨,因为那时候你是信心满满的,肯定是重仓。"

这位研究员表示,此次套利失败主要原因在于当时股指期货推出时间仅有半年,投资者对于套利机会并不敏感,期现价差虽然远远超越了合理水平,但并未吸引大量资金涌入进行套利,资金行为没有对套利空间形成负反馈,总的来说,市场的有效性相对较差。

谈及这一阶段的市场失效时,某期货公司负责人告诉记者,当时期现价差不合理的现象一度引起了中金所的注意,并打电话要求结算会员动用自有资金进场套利。"那时候是典型的市场失效,因为参与者还没有这个意识。"他说:"不过经历过一次后,相信未来市场不会再出现这么极端的情况。但我们的市场中仍然存在一些非理性或者非市场化的行为,比如炒概念、炒垃圾股、权重股护盘等,都会对套利交易或者其他对冲交易产生影响。"

案例二

无法实现"精确对冲"

目前 A 股市场中可以实现做空交易的仅有股指期货的 4 个上市合约,10 只可融券 ETF,以及 278 只可融券股票。对于对冲交易来说,衍生品类型和关联标的过于稀少,加之交易制度并不完善,这使得交易效果下降,甚至根本无法实施。

前述股指期货研究员表示,由于标的较少,目前在国内股票市场上的套利都属于不完全套利。他指出,在大多数套利交易中,由于套利机会通常不会持续太长时间,且套利空间一般比较小,因此利用沪深 300 指数期货合约与一揽子沪深 300 股票现货进行套利在技术上是不可行的,因为很难按比例买入全部沪深 300 股票。因此一直以来,套利交易者一直使用市场中为数不多的 ETF 作为现货组合,在沪深 300ETF 诞生之前,常用的有上证 50ETF、上证 180ETF、深 100ETF、红利 ETF 等,将这些 ETF 基金的线性组合来逼近沪深 300 现指,不过这种套利方式无法做到精确,因为 ETF 基金组合与沪深 300 现指有差距。此外,由于股票市场是 T+1,而股指期货是 T+0,因此如果在交易当日就出现了平仓条件,期货能平仓但股票不能平仓,也使得套利交易无法完成。

"事实上,即便在发达市场,也很少有投资者利用股票指数期货与股票现货组合进行套利,应用最多的还是期权,不过在国内市场,也只能是退而求其次了,但效果一般。"一位私募基金负责人说:"所以我们还是以双向投机交易为主。"

"用股指期货进行 Alpha 策略也有技术上的困难,"上述人士表示:"现在市场下跌,手中的股票跌得少,期货跌得多,股票赔钱但期货赚钱,这没问题。不过市场上涨时问题就来了。当市场上涨时,手中的股票上涨,赚钱多,同时期货赔钱,但赔钱少,总的来说赚到了 Alpha。但期货交易是带杠杆的,赔到一定程度就需要补充保证金,而一般情况下你手里的股票头寸和期货头寸是分开结算的,所以需要从总资产中不断拨现金给期货头寸以防止不被强行平仓。这时候你的现金从哪里来就是问题,如果你留足现金,那资金占用就成问题,如果你把股票平仓来补现金,两边的量就不平衡。"

从现实的情况来看,由于目前 A 股衍生工具仍然处于发展阶段,很多对冲交易策略应用起来并不顺利。对此,一些专业人士表示,需要继续推进金融创新,丰富衍生品种类,较为可行的是扩大融资融券标的范围,推出行业指数期货、中小板指数期货及创业板指数期货等,此外在交易制度上也应有所改变,比如实施股票 T+0 交易。

(资料来源:《中国证券报》,2012-12-05)

【案例导学】

通过以上引导案例,大致了解了套利以及无套利在现实市场中的运作。本章主要介绍无套利定价理论和资产定价基本理论。

在分析基本的经济框架理论的基础上给出套利及无套利的概念,进而给出无套利定价理论,初步提出资产定价基本理论。首先,给出经济市场的描述,主要定义了所要考虑的各个经济因素,给出它们的基本概念。其次,在经济市场的基础上提出证券市场,并且给出套利的定义、无套利定价理论及资产定价基础理论。

第一节　经济市场的描述

一、经济环境

从金融学的角度来看,一个经济结构包括 3 个方面:首先是它所处的自然环境;其次是经济中各参与者的经济特征;最后是金融市场。给定经济所处的自然环境和其中的参与者,进一步要考虑如何在有限的资源下实现经济人的效用最大化,即如何配置资源来满足参与者的经济需求,本节主要介绍经济市场环境及在经济市场环境下的帕累托最优。

对外部环境的描述,需要抓住两个关键因素:时间和风险。一般来说,时间点不同,资源和需求就不同;风险不同,即在未来可能发生的情形就不同,那么资源和需求肯定也不同。为了描述这两个因素,考虑两期模型(0 和 1),时期 0 表示现在,时期 1 表示未来,用有限可能状态表示。定义未来每一可能情形为自然的一个状态(State),假定状态集合是有限的，设总共有 S 个状态，用 S 来表示状态数，这里 S 是任意的，是所有状态的集合，$s=\{1,2,\cdots,S\}$。用 s 表示状态，$s\in S$，取值可以为 $1,2,3,4,\cdots,S$。

令 ρ_s 表示状态 s 发生的概率，且 $0\leq\rho_s\leq 1$，$\sum\limits_{s=1}^{S}\rho_s=1$，集合 $\rho=\{\rho_s,s\in S\}$ 称为状态空间上的概率测度(Probability Measure)。下面用一棵"状态树"来描述经济环境。

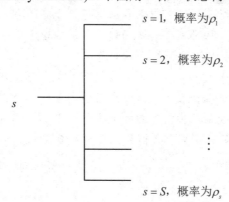

下面通过一个例子来具体描述经济环境。

【例6-1】某卖伞的商人在晴天时能卖出 50 把雨伞，在阴天能卖出 75 把雨伞，在雨天能卖出 100 把雨伞，假设今天卖出 100 把雨伞，明天卖出多少把雨伞取决于明天的天气状况，假设天气有晴天、阴天、雨天 3 种可能，其发生的概率相等，都为 $\dfrac{1}{3}$。假设这个经济有两个时间点，即今天和明天，而明天有 3 个完全由自然决定的可能状态，试问如何描述这个经济环境？

【解】根据题意，可以用以下的状态树来描述这个经济环境：

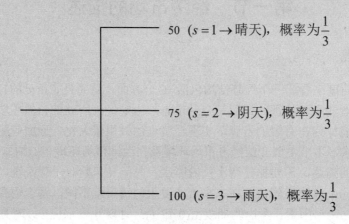

二、经济参与者

假设经济中有 I 个经济参与者，$i=1,2,\cdots,I$，每个经济参与者的经济需求取决于他在不同时期和未来不同状态下的消费。对于经济参与者 i，记其在 0 期的初始禀赋为 e_0^i，在 1 期的初始占有为一矢量，即

$$e_1^i = \begin{pmatrix} e_{11}^i \\ e_{12}^i \\ \vdots \\ e_{1S}^i \end{pmatrix}$$

e_{1S}^i 表示时期 1 时在状态 S 下的初始占有，因此 i 的初始占有可以表示为

$$e^i = \begin{pmatrix} e_0^i \\ e_1^i \end{pmatrix} = \begin{pmatrix} e_0^i \\ e_{11}^i \\ \vdots \\ e_{1S}^i \end{pmatrix}$$

由此可见，每个经济参与初始占有为 $1+S$ 维实欧几里得(Euclide)空间 $\mathbf{R}_+^{1+S}$ 上的一个元素，也就是说 $e^i \in \mathbf{R}_+^{1+S}$，这里假设初始占有为非负。

同样定义经济参与者 i 在 0 期的消费为 c_0^i，在 1 期的消费为 c_1^i，则消费者的消费为

$$c^i = \begin{pmatrix} c_0^i \\ c_1^i \end{pmatrix} = \begin{pmatrix} c_0^i \\ c_{11}^i \\ \vdots \\ c_{1S}^i \end{pmatrix}$$

其中：$c_{1S}^i \in \mathbf{R}_+^{1+S}$。

三、证券市场

众所周知，金融市场在资源配置过程中起着核心作用，上述用状态树描述了经济环境，下面用其来描述金融市场。经济人通过金融市场来对其不同时期和状态上的资源需求进行配置，在所要构建的简单框架中，金融市场由一组证券(Security)构成，一个证券就是一份金融或有要求权。

(一)支付矩阵

假设经济中有 N 种证券，记作 $n=1,2,\cdots,N$。第 n 种证券的期初(在时期 0)价格为 p_n，记 N 种证券的价格向量为

$$p = \begin{pmatrix} p_1 \\ p_2 \\ \vdots \\ p_N \end{pmatrix}$$

证券是一种要求权，一只证券是一份金融要求权，它在时期 0 的价格为 p，在 1 期会给其所有者带来支付，支付价格取决于 1 期的经济状态。令 D_n 为第 n 种 $(n=1,2,\cdots,N)$ 证券在 1 期的支付价格，令 d_{sn} 为第 n 种证券在状态 s $(s=1,2,\cdots,S)$ 下的支付价格，$D_n = (d_{1n}, d_{2n}, \cdots, d_{sn})$，支付向量 $\boldsymbol{D}_n$ 是一个列向量。

【定义 6-1】 N 种证券的支付矩阵为

$$\boldsymbol{D} = (\boldsymbol{D}_1, \cdots, \boldsymbol{D}_n, \cdots, \boldsymbol{D}_N) = \begin{pmatrix} d_{11} & \cdots & d_{1n} & \cdots & d_{1N} \\ \vdots & \ddots & \vdots & \ddots & \vdots \\ d_{n1} & \cdots & d_{nn} & \cdots & d_{nN} \\ \vdots & \ddots & \vdots & \ddots & \vdots \\ d_{S1} & \cdots & d_{Sn} & \cdots & d_{SN} \end{pmatrix}$$

这样定义了证券市场中所有交易证券的支付，支付矩阵又称为市场结构(Market Structure)。

(二)投资组合与冗余证券

1. 投资组合

通常一个投资组合由若干数量的资产构成，每种资产占有一定的比例。投资组合是由市场上所有风险资产构成的组合，在该组合中，每种风险资产的投资比例等于该风险资产的市场价值所占有风险资产市值总和的比例。

设一个投资组合对于第 n 种证券的持有量为 θ_n，其中 $(n=1,2,\cdots,N)$，则市场中 N 种证券的投资组合或交易策略可定义为：$\theta = (\theta_1, \theta_2, \cdots, \theta_N)$。

上面给出了市场中 N 种证券的支付矩阵 $\boldsymbol{D} = (\boldsymbol{D}_1, \cdots, \boldsymbol{D}_n, \cdots, \boldsymbol{D}_N)$，现在考虑任意一个投资组合 $\theta = (\theta_1, \cdots, \theta_n, \cdots, \theta_N)$ 的支付 d。

$$d = \boldsymbol{D}\theta = (\boldsymbol{D}_1, \cdots, \boldsymbol{D}_n, \cdots, \boldsymbol{D}_N) \begin{pmatrix} \theta_1 \\ \vdots \\ \theta_n \\ \vdots \\ \theta_N \end{pmatrix} = \begin{pmatrix} d_{11}\theta_1 & \cdots & d_{1n}\theta_n & \cdots & d_{1N}\theta_N \\ \vdots & \ddots & \vdots & \ddots & \vdots \\ d_{n1}\theta_1 & \cdots & d_{nn}\theta_n & \cdots & d_{nN}\theta_N \\ \vdots & \ddots & \vdots & \ddots & \vdots \\ d_{S1}\theta_1 & \cdots & d_{Sn}\theta_n & \cdots & d_{SN}\theta_N \end{pmatrix}$$

其中，第 n 列是组合 θ_n 的支付向量。

2. 冗余证券

冗余证券指支付矩阵列向量之间的关系，市场中交易证券的支付可能是相关联的，如可能存在一种证券的支付可以表示成其他证券支付的线性组合，这样，支付矩阵 D 不是满秩的。

现在假设证券 n，即第 n 种证券为冗余证券，令 $\theta = (\theta_1, \cdots, \theta_n, \cdots, \theta_N)$ 为所有 N 只证券组成的一个组合，$\bar{\theta} = (\theta_1; \cdots; \theta_{n-1}; \theta_{n+1}; \cdots; \theta_N)$ 为去除证券 n 后的 $N-1$ 只证券的组合；令 $\bar{D} = (D_1, \cdots, D_{n-1}, D_{n+1}, \cdots, D_N)$ 为去除证券 n 后的支付矩阵。假设 $\bar{D}_n$ 是其他 $N-1$ 只证券支付向量的线性组合，则存在 $\bar{\bar{\theta}}$ 使得

$$\bar{D}_n = \bar{D}\bar{\bar{\theta}}$$

那么投资组合 θ 的支付 d 可表示为

$$d = D\theta = (D_1, \cdots, D_n, \cdots, D_N) \begin{pmatrix} \theta_1 \\ \vdots \\ \theta_n \\ \vdots \\ \theta_N \end{pmatrix}$$

$$= \bar{D}\bar{\theta} + D_n\theta_n = \bar{D}\bar{\theta} + \bar{D}\bar{\bar{\theta}}\theta_n = \bar{D}(\bar{\theta} + \bar{\bar{\theta}}\theta_n)$$

由此可知，没有证券 n 的支付矩阵也可以得到投资组合 θ 的相同的支付，因此证券 n 为冗余证券。

3. 无摩擦市场

在现实的市场中，由于存在参与成本、交易成本、参与者交易头寸的限制(如对借贷的限制和能否卖空证券)、交易本身对价格的影响及税收等，所有这些因素的存在导致市场存在摩擦，在基本经济框架中，将忽视这些摩擦因素，由此定义无摩擦市场。

【定义 6-2】

(1) 所有参与者都可以无成本地参与证券市场。

(2) 没有交易成本。

(3) 对于参与者的证券持有量没有头寸限制。

(4) 个体参与者的交易不会影响证券价格。

(5) 没有税收。

满足以上 5 个假设的证券市场通常称为无摩擦市场(Frictionless Market)。

(三)基本经济模型

【定义 6-3】　一个经济的定义如下。

(1) 经济分为两个时期：0 和 1，且 1 时期有 S 个可能的状态出现，对于这些未来可能状态有概率密度 ρ 与之对应；整个经济中只有一种不可储存的商品。

(2) 经济中有 I 个经济人，标号为 $i = 1, 2, \cdots, I$。

① 每个经济人对未来状态发生的可能性都具有相同的信息，并且这些信息用 ρ 来描述。

② 每一个经济人具有初始占有 $e^i \in \mathbf{R}^{1+S}$。

③ 每一个经济人有定义于 $C = \mathbf{R}^{1+S}$，且满足性质 1、性质 2 和性质 3 的偏好关系 $\succeq^i$。

(3) 有一个市场结构为 D 的无摩擦证券市场。

在上面的定义中，如果所有的参与者的 1 时期初始占有都可以表示为其初始证券组合的支付，则称该经济为证券市场经济。

(四)市场均衡

市场均衡需要通过两方面来实现：①给定交易证券，每一参与者选择最优的证券持有量以期得到最理想的支付，即参与者各自优化；②参与者对证券的需求会共同影响证券的价格，即市场出清。如果价格使得对证券的需求恰好等于它的供给，那么市场达到了均衡。

资本市场的均衡条件是：市场价格恰好使得每个证券的供应量等于其需求量。在本模型框架下，市场均衡的条件之一是：具有相同状态依存的收益向量的任何两种证券或者证券组合必须有相同的定价。这个就是一价定律。

若允许卖空，则市场均衡的第二个必要条件是不存在套利机会。

1. 参与者各自优化

现在，考虑经济人 i 的初始占有为 e^i，如果他不在市场上交易，那么他只能消费他的禀赋，得到的效用为 $U(e^i)$，如果在证券市场上进行交易，参与者可以显著地扩大可供选择的消费计划集。假设他购买组合 θ，他的消费变为

$$c_0^i = e_0^i - \boldsymbol{p}^{\mathrm{T}} \theta$$

$$c_1^i = e_1^i + \boldsymbol{D}\theta$$

也就是说，通过购买组合 θ 他可以用一个市场化的支付 $\boldsymbol{D}\theta$ 来改变他的未来消费。这个消费计划也称为由交易 θ 融资的消费计划。而购买组合 θ 所用的成本即代表消费者 0 时期的储蓄，负的储蓄即意味着借贷。显然，给定初始占有 e_0^i，θ 唯一地确定了消费计划 c，因此，消费者可以选择任意交易 $\theta \in \mathbf{R}^N$，因而他可选择的消费计划集为

$$B(e^i, \boldsymbol{p}, \boldsymbol{D}) = \{c \geqslant 0 \mid c_0^i = e_0^i - \boldsymbol{p}^{\mathrm{T}}\theta, c_1 = e_1^i + \boldsymbol{D}\theta, \theta \in \mathbf{R}^N\}$$

$B(e^i, \boldsymbol{p}, \boldsymbol{D})$ 也称为具有初始占有 e^i 的经济人在价格和支付为 $(\boldsymbol{p}, \boldsymbol{D})$ 的证券市场中的预算集。他的选择由下面的优化问题给出，即

$$\max \quad U^i(c^i) \tag{6-1}$$

$$\text{s.t.} \quad c_0^i = e_0^i - \boldsymbol{p}^{\mathrm{T}}\theta, \quad c_1^i = e_1^i + \boldsymbol{D}\theta$$

$$c_0, c_1 \geq 0$$

优化问题的解给出了每一参与者对证券的需求量，即 $\theta^i(e^i, p)$。

2. 市场出清

在给定的价格 p 下，每一参与者有证券需求量为 $\theta^i(e^i, p)$，为了使市场出清，交易证券的总需求量必须等于总供给。在上面的描述中，对于每一参与者 i，其初始禀赋为 e^i，因此，他的初始证券持有量为 0，即 $\overline{\theta}^i = 0, \forall i$。在这个特定的表述中，任意证券的总供给也是 0。因此，市场出清的条件为

$$\sum_{i=1}^{I} \theta^i(e^i, p) = 0$$

这就决定了交易证券的均衡价格。

因为 $c_0^i = e_0^i - p^{\mathrm{T}}\theta$，由市场出清的条件可以得到

$$\sum_{i=1}^{I} c_0^i = \sum_{i=1}^{I} e_0^i - p^{\mathrm{T}} \sum_{i=1}^{I} \theta(e^i, p) = \sum_{i=1}^{I} e_0^i$$

上式中，左边是 0 时期消费的总需求，右边是 0 时期消费的总供给，因此它表明的是 0 时期商品市场的出清。同理，因为 $c_1^i = e_1^i + X\theta$，由市场出清的条件可以得到

$$\sum_{i=1}^{I} c_1^i = \sum_{i=1}^{I} e_1^i + X \sum_{i=1}^{I} \theta(e^i, p) = \sum_{i=1}^{I} e_1^i$$

上式中，左边是 1 时期消费的总需求，右边是 1 时期消费的总供给，因此它表明的是 1 时期商品市场的出清。因此，证券市场的出清意味着商品市场的出清，这个结果称为 Walras 法则，把它写为

$$\sum_{i=1}^{I} c^i = \sum_{i=1}^{I} e^i$$

因此，求解均衡包括两个步骤：第一，对任意的价格向量 p 求解每个经济人的最优证券组合，这给出了他对证券的需求 $\theta^i(e^i, p)$；第二，通过市场出清的条件求解均衡价格得到 p，一般地，可以写作

$$p = p(P; \{U^i; e^i; i = 1, \cdots, I\}; D)$$

这在形式上表明了证券价格取决于经济的"基本面"或"本源"：经济面临的风险，经济中参与者的偏好和禀赋以及证券市场的结构。

(五)帕累托最优

证券市场中资源配置的效率是关注的一个核心问题，也就是说，通过市场实现的资源配置是否是最好的可能配置。下面来介绍资源配置中的帕累托占优。

【定义 6-4】 如果对于所有的 $i = 1, 2, \cdots, n$，$U^i(a^i) \geq U^i(b^i)$，且不等式至少对一个经济

人成立，配置 $\{a^i; i=1,2,\cdots,n\}$ 帕累托占优于配置 $\{b^i; i=1,2,\cdots,n\}$。

【定义 6-5】 给定经济的总供给 $\{e^i; i=1,2,\cdots,I\}$，如果 $\sum_{i=1}^{n} c^i = \sum_{i=1}^{n} e^i$，则称这个配置 $\{c^i; i=1,2,\cdots,n\}$ 是可行的。

【定义 6-6】 如果配置 $\{c^i; i=1,2,\cdots,I\}$ 是可行的，且不存在另外的帕累托占优于其他的可行配置，则它是帕累托最优(Pareto Optimality)的。

更一般的表述帕累托最优：如果一个可行的财富分配方案，不存在帕累托占优于它可行的财富分配方案，则称此方案是帕累托最优方案，也叫有效配置。 其经济意义：帕累托最优即在不牺牲其他参与人的福利或使用更多资源的前提下，不能改进任何一个参与者的福利。

【定义 6-7】 帕累托最优配置也叫作有效(Efficient)配置。如果证券市场允许参与者达到帕累托最优配置，它就叫作有效市场(Efficient Mcharket)。

(六)阿罗-德布鲁(Arrow-Debreu)经济

【定义 6-8】 状态 s 或有要求权，就是当状态 s 出现时支付为 1 而在其他状态下支付为 0 的证券。

因此，状态 s 或有要求权有以下的支付分布：

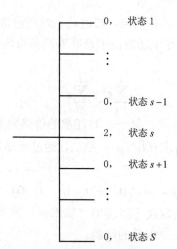

对于每一个状态，可以定义相应的状态或有要求权。总括来说，共有 S 个状态或有要求权，这些状态或有要求权或者状态或有证券也称为阿罗-德布鲁证券(Arrow-Debreu Security)。由所有可能的状态或有证券，也就是它们的完全集合所构成的证券市场就叫作阿罗-德布鲁证券市场。在这个市场中，不同证券的个数等于可能的状态数，即 $N=S$。如果按照对应的状态来排列或有证券，那么由它们给出的支付矩阵，也即市场结构，就是一个

单位矩阵，即

$$D^{A-D} = \begin{bmatrix} 1 & \cdots & 0 & \cdots & 0 \\ \vdots & \ddots & \vdots & \ddots & \vdots \\ 0 & \cdots & 1 & \cdots & 0 \\ \vdots & \ddots & \vdots & \ddots & \vdots \\ 0 & \cdots & 0 & \cdots & 1 \end{bmatrix} = I$$

【定义 6-9】 记 ϕ_s 为状态 s 或有证券在 0 时期的价格，因为状态 s 或有证券在 1 时期只有当状态为 s 时才支付 1 单位的消费品，因而它的价格也叫作状态 s 的状态价格。

由于阿罗-德布鲁证券市场是一个状态或有证券的完全集合，因此就拥有了状态价格的完全集合，状态价格向量记为

$$\phi = \begin{pmatrix} \phi_1 \\ \vdots \\ \phi_S \end{pmatrix}$$

状态价格有一个重要的性质：它们必须为正。

上面定义的阿罗-德布鲁证券有一个重要的性质，即可以用状态或有要求权的组合为任意未来消费计划融资。记 1 时期的消费计划为

$$d = \begin{pmatrix} c_{11} \\ \vdots \\ c_{1s} \\ \vdots \\ c_{1S} \end{pmatrix}$$

考虑以下的状态或有证券的组合：c_{11} 单位的状态 1 或有证券，……，c_{1s} 单位的状态 s 或有证券，……，c_{1S} 单位的状态 s 或有证券，即证券组合 $\theta = (c_{11} \quad \cdots \quad c_{1s} \quad \cdots \quad c_{1S})^{\mathrm{T}}$，而

$$D\theta = D^{A-D} (c_{11} \quad \cdots \quad c_{1s} \quad \cdots \quad c_{1S})^{\mathrm{T}} = (c_{11} \quad \cdots \quad c_{1s} \quad \cdots \quad c_{1S})^{\mathrm{T}} = d$$

因此，它的支付就是 d。仅由债券构成的交易证券组合就可以提供所希望的消费计划。另外，这个支付不是无代价的。它的成本是：

$$\phi^{\mathrm{T}} \theta = \sum_{s=1}^{S} \phi_s c_{1s}$$

【定义 6-10】 市场中任何一个投资计划，都可以由有限成本的可交易证券的组合来融资，那么就称这个证券市场是完全的。市场完全等价于独立支付证券数量=状态数。

下面通过一个例子来理解完全市场的定义。

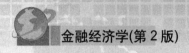
【例6-2】 假设市场中有一种无风险债券和一种有风险债券,它们的支付如下:

假设参与者对以下的消费计划感兴趣:

也就是说,在第一种状态下消费为3,在第二种状态下消费也为3。

【解】 容易看出仅由这两种债券构成的交易证券组合不可能提供所希望的消费计划,因为在两种状态下债券的支付是不相同的,而参与者的消费计划中在两种状态下的支付是相同的。因此,只由这两种债券构成的市场是不完全的。用反证法来证明。

假设参与者的消费计划可以通过这两种债券的组合来融资,设此组合为 $\theta = (c_1, c_2)^{\mathrm{T}}$,则可得到以下方程组,即

$$\begin{cases} c_1 + c_2 = 3 \\ c_1 + 2c_2 = 3 \end{cases}$$

显然无解,因此假设不成立。只由这两种债券构成的市场是不完全的。

第二节　套利与无套利原理

在学习套利和无套利原理前,先简单介绍一下套利。套利(Arbitrage)有时也称为价差交易。严格意义上的套利指的是利用一种实物资产或证券的不同价格来赚取无风险利润的行为。在中国10年前几乎没有人听说过"套利"一词,随着金融市场的快速发展,人们对于套利越来越熟悉。

如1996年东南亚金融危机的热钱套利,国际游资通过分析认为泰铢等东南亚货币的币值被高估了,于是先以美元为担保换取大批泰铢贷款,然后将其全部兑换成美元;当时整个泰铢的外汇储备大约为200亿美元,国际游资只需要投入20亿美元就可以贷到相当于200亿美元市值的泰铢,而如此疯狂地抛售泰铢势必导致泰铢贬值。导致抛售的平均价格和后来回补的价格之间的汇率产生变化,假设汇率差为15%,国际游资通过此举即可获得30亿美元的利润。

一、套利的定义

由第一节定义市场中 N 种证券的价格向量为 $\boldsymbol{p} = \begin{pmatrix} p_1 \\ p_2 \\ \vdots \\ p_N \end{pmatrix}$ ，支付矩阵为 $\boldsymbol{D}$ ，感兴趣的是价

格 $\boldsymbol{p}$ 如何确定，特别是 $\boldsymbol{D}$ 和 $\boldsymbol{p}$ 之间的关系。

把从 $\boldsymbol{D}$ 到 $\boldsymbol{p}$ 的映射称为资产定价关系(Asset Pricing Relation)或者资产定价模型。

现考虑一个交易证券的组合 $\theta = \begin{pmatrix} \theta_1 \\ \theta_2 \\ \vdots \\ \theta_N \end{pmatrix}$ 。投资者持有资产组合 θ 意味着在 0 时期的投资或

成本是 $\boldsymbol{p}^{\mathrm{T}}\theta$ ，即其初始价值(Initial Value)为

$$\boldsymbol{p}^{\mathrm{T}}\theta = \sum_{i=1}^{N} p^i \theta^i$$

在 1 时期的支付向量为 $\boldsymbol{D}\theta$ ，即期末支付价值(Terminal Payoff)向量为

$$\boldsymbol{D}\theta = \begin{pmatrix} \boldsymbol{D}_1\theta \\ \boldsymbol{D}_2\theta \\ \vdots \\ \boldsymbol{D}_S\theta \end{pmatrix} = \begin{pmatrix} \sum_{i=1}^{N} D_{1i}\theta_i \\ \sum_{i=1}^{N} D_{2i}\theta_i \\ \vdots \\ \sum_{i=1}^{N} D_{Si}\theta_i \end{pmatrix}$$

证券或组合可能在未来某一状态带来负的支付。负的未来支付也叫作责任(Liability)，称未来支付非负，也就是 $\boldsymbol{D}\theta \geq 0$ 的组合具有有限责任(Limited Liability)。

【定义 6-11】　套利：如果投资组合满足下列条件。

(1) $\boldsymbol{p}^{\mathrm{T}}\theta \leq 0$ ；是一个数值。

(2) $\boldsymbol{D}\theta \geq 0$ ；是一个列向量。

(3) 上面两个式子至少一个为不等式。

上面定义的套利可以分为 3 种类型。

第一类套利： $\boldsymbol{p}^{\mathrm{T}}\theta < 0, \boldsymbol{D}\theta = 0$ 。

第二类套利： $\boldsymbol{p}^{\mathrm{T}}\theta = 0, \boldsymbol{D}\theta > 0$ 。

第三类套利： $\boldsymbol{p}^{\mathrm{T}}\theta < 0, \boldsymbol{D}\theta > 0$ 。

第一类套利：期初组合的价值为负，也就是说，参与者在得到组合的同时，还得到了一个正的支付(Payoff、损益、现金流)，而在未来任意不确定的状态下的支付为 0。也就是

说，允许参与者获得收益，而不需承担任何未来的责任，这一类的主要特征是它的支付没有任何不确定性。今天的支付为正，而未来的支付为0。

第二类套利：期初投资为0，而得到未来正的支付。这里，正的支付意味着支付在所有状态下非负，且在某些状态下严格为正。这类套利的支付(现金流)是不确定的，但这种不确定是"好"的。

第三类套利：由第一类套利和第二类套利组合而成。

【例6-3】 市场中仅有两只交易证券，分别为A和B，它们的支付和价格如下：

A：1 ⊣ $\begin{matrix} 1 \\ 1 \\ 1 \end{matrix}$　　　　　B：2 ⊣ $\begin{matrix} 2 \\ 0 \\ 0 \end{matrix}$

由此得出，证券A的价格为1，证券B的价格为2，因此价格向量为 $p=(1;2)$，支付矩阵为

$$D=\begin{bmatrix} 1 & 2 \\ 1 & 0 \\ 1 & 0 \end{bmatrix}$$

考虑以下组合 $\theta=(2;-1)$，看市场中是否存在套利机会，如果存在，是第几类套利？

【解】 组合 $\theta=(2;-1)$ 表示买入2单位的证券A同时卖出1单位的证券B，买入2单位的证券A需要付出2，卖出1单位的证券B可收入2，因此这个组合的净成本 $p^T\theta=2-2=0$。该组合在1时期的净支付为

$$D\theta=\begin{bmatrix} 1 & 2 \\ 1 & 0 \\ 1 & 0 \end{bmatrix}\begin{bmatrix} 2 \\ -1 \end{bmatrix}=\begin{bmatrix} 0 \\ 2 \\ 2 \end{bmatrix}$$

该组合的初始投资为0，未来支付为正，因此，这是第二类套利。

【例6-4】 市场上交易的5只证券分别为 A_1、A_2、A_3、A_4、A_5，它们的支付矩阵 D 为

$$D=\begin{bmatrix} 1 & 1 & 0 & 0 & 0 \\ 1 & 2 & 1 & 0 & 0 \\ 1 & 3 & 2 & 1 & 0 \\ 1 & 4 & 3 & 2 & 1 \end{bmatrix}，价格向量为 p^T=\left(1,2,\frac{1}{2},1,\frac{3}{2}\right)$$

(1) 考虑以下的组合 $\theta=\begin{pmatrix} 1 \\ -1 \\ 1 \\ 0 \\ 0 \end{pmatrix}$，也就是说，投资者买入1单位的 A_1，需要花费1；卖出(做

空)1 单位的 A_2，相应收入 2；买入 1 单位的 A_3，相应收入 $\frac{1}{2}$；对于 A_4 和 A_5，既不买也不卖。

(2) 如果组合为 $\theta = \begin{pmatrix} 1 \\ -1 \\ 1 \\ 1 \\ 2 \end{pmatrix}$，即投资者买入 1 单位的 A_1，需要花费 1；卖出(做空)1 单位

的 A_2，相应收入 2；买入 1 单位的 A_3，相应收入 $\frac{1}{2}$；买入 1 单位的 A_4，相应收入 1；买入 2 单位的 A_5，相应收入 3；则在这样的价格和支付下该组合存在套利机会吗？

【解】(1) 这个组合的净成本为 $\boldsymbol{p}^{\mathrm{T}}\theta = 1 + 2 \times (-1) + \frac{1}{2} + 0 + 0 = -\frac{1}{2}$，负的成本表示有正的现金流入。组合在 1 时期的净支付为 $D\theta$：

$$D\theta = \begin{bmatrix} 1-1+0+0+0 \\ 1-2+1+0+0 \\ 1-3+2+0+0 \\ 1-4+3+0+0 \end{bmatrix} = \begin{bmatrix} 0 \\ 0 \\ 0 \\ 0 \end{bmatrix}$$

它的所有未来状态均为 0，$\boldsymbol{p}^{\mathrm{T}}\theta < 0, D\theta = 0$，因此是第一类套利：有正的现金流入而未来现金流总为 0。第一类套利的主要特征就是今天的支付为正而未来的支付为 0，通过进一步观察可以发现存在第一类套利的原因是支付相同的资产的交易价格却不一样。

考虑由证券 A_2 和 A_3 构成的组合[0;1;-1;0;0]，这个组合的支付是

$$D\theta = \begin{bmatrix} 0+1+0+0+0 \\ 0+2-1+0+0 \\ 0+3-2+0+0 \\ 0+4-3+0+0 \end{bmatrix} = \begin{bmatrix} 1 \\ 1 \\ 1 \\ 1 \end{bmatrix}$$

这与 1 单位的证券 A_1 的支付完全一样。证券 A_1 的价格为 1，而这个组合的价格为 $2 - \frac{1}{2} = \frac{3}{2}$。因此，买入较便宜的资产即 1 单位的证券 A_1 同时卖出支付相同但较昂贵的资产即证券 A_2 和 A_3 构成的组合就可得到第一类套利。

(2) 该组合的净成本为 $\boldsymbol{p}^{\mathrm{T}}\theta = 1 + 2 \times (-1) + \frac{1}{2} + 1 + 3 = \frac{7}{2} > 0$，不满足套利定义 $\boldsymbol{p}^{\mathrm{T}}\theta \leqslant 0$，因此该组合在这样的价格和支付下不存在套利机会。

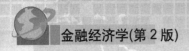

二、无套利原理

上面的例子表明，给定支付矩阵，证券价格不能是任意的，否则就有可能存在套利机会。很明显，允许存在套利可能的价格不可能是市场均衡的结果。

【定理 6-1】 在市场均衡时不存在任何套利机会。

证明： 用反证法来证明这个结论。假定对于任一个消费者 i，$(\theta_1^{i*}, \cdots, \theta_N^{i*})$ 是产生均衡消费配置的证券持有交易策略。如果在给定均衡价格下又存在着一套利策略 $(\theta_1', \cdots, \theta_N')$，那么，新的交易策略 $(\theta_1^{i*} + \theta_1', \cdots, \theta_N^{i*} + \theta_N')$ 在现有均衡条件下，绝不会比原来的消费少，在某些状态下还会超过原来的消费。这对于非饱和的消费者而言，肯定会选择新的交易策略，并由此得到更多的消费。但这与均衡状态下，消费者不会偏好与均衡消费不同的其他配置相矛盾。因此在市场均衡时不存在任何套利机会。

无套利原理的假设条件如下。

(1) 市场参与者(至少部分参与者)是非饱和的。这里，并不要求所有的参与者都是非饱和的，只要市场上有一些或几个(至少有一个)参与者是非饱和的套利者，就可以驱动其他主体的配置趋于均衡，并在这一过程中帮助市场提高效率。

(2) 市场无摩擦。

由于无套利是直接针对价格体系或者说定价的，借助无套利原理，可以建立一种相对价格理论，这种定价方法并不注重资产的内在价值，避免了考察偏好效用或劳动时间等，用以建立整个均衡体系的一些重要假设前提和基本构成要素，同一般均衡方法相比，更简洁、明快。

上面给出了套利的定义，下面给出无套利的定义。

【定义 6-12】 无套利：如果投资组合满足以下条件。

(1) 如果投资组合 $\theta \in \mathbf{R}^N$ 在每一状态下有正收入 $D\theta \in \mathbf{R}^S$，并且至少在一个状态下有严格正收入，即 $D\theta > 0$，那么就有严格正市场价值 $p^{\mathrm{T}}\theta > 0$。

(2) 如果任何投资组合 $\theta \in \mathbf{R}^N$ 在每一状态正收入 $D\theta \in \mathbf{R}^S$，那么就有正的市场价值 $p^{\mathrm{T}}\theta \geqslant 0$。

第三节　市场微观结构理论

在传统的市场研究中，对于价格的调整过程并没有详细的说明，而是把市场看成一个"黑箱"，在输入一些参数后，价格就会自然地浮现出来。然而，对于投资者潜在的投资需求是怎么转化成真实的价格和成交量，信息是怎么通过交易反映到价格之中的，传统理论并没有给出解释。市场微观结构理论(Market Microstructure Theory)是金融学一个重要的新兴分支，为人们解决上述问题提供了一个很好的视角。主要研究目的在于解释市场如何把投资者的潜在投资需求转化为实际交易的，揭示这个"黑箱"的运作过程，以及市场微观结构在金融资产价格形成过程中的作用。

一、市场微观结构定义基本内涵

最早涉及市场微观结构的文献是德姆塞茨(Demsetz,1968)的《交易成本》，他研究了供求双方由于在时间上的差异而对市场价格造成的影响，以及如果交易者想立即达成交易所要付出的成本。

市场微观结构有狭义和广义之分。狭义的市场微观结构仅指价格发现机制；广义的市场微观结构是各种交易制度的总称，包括价格发现机制、清算机制、信息传播机制等。一般，市场微观结构由五个关键部分组成：技术(Technology)、规则(Regulation)、信息(Information)、市场参与者(Participants)和金融工具(Instruments)。市场组织者的主要作用是将上述五个部分合理地组织起来发挥最大的效用。市场微观结构还包括两个层面：一个是静态层面，主要指技术、规则、信息、市场参与者和金融工具等基本要素，以及这些要素结合在一起所形成的各种交易制度；另一个层面是动态层面，主要指这些要素之间相互作用和竞争，从而将信息融入价格的过程。而这个动态过程，正是被传统经济学所忽略的"黑箱"。市场通常采用流动性(Liquidity)、波动性(Volatility)、交易成本(Transaction Cost)和透明度(Transparency)四个指标反映市场质量(Marketquality)或者市场效率(Market Efficiency)。从市场微观结构理论来看，如果市场组织者改变一个或者一组市场微观结构的组成部分，这种改变的效果可以通过评价新的市场组成是否增加流动性和透明性，以及减少风险和交易成本来衡量。

【小贴士】

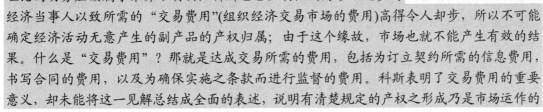

哈罗德·德姆塞茨(Harold Demsetz，1930—)：美国经济学家。其精彩论文"产权理论探讨"(Toward a Theory of Property Rights, American Economic Review, May 1967)回答了"什么是交易？"

虽然产权理论显然都是从科斯的著名论文"社会成本问题"(Ronald Coase, The problem of Social Cost;1960)发轫，但是发现这个理论的功劳应该属于谁并不明确，科斯也已证明，因为涉及过多的经济当事人以致所需的"交易费用"(组织经济交易市场的费用)高得令人却步，所以不可能确定经济活动无意产生的副产品的产权归属；由于这个缘故，市场也就不能产生有效的结果。什么是"交易费用"？那就是达成交易所需的费用，包括为订立契约所需的信息费用，书写合同的费用，以及为确保实施之条款而进行监督的费用。科斯表明了交易费用的重要意义，却未能将这一见解总结成全面的表述，说明有清楚规定的产权之形成乃是市场运作的

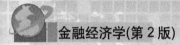

先决条件。哈罗德·德姆塞茨的精彩论文"产权理论探讨"乃是首次完成这种总结。

产权依靠交易费用，交易费用又依靠获得市场信息的费用。所以，产权理论与信息费用理论密切相关，劳动力市场上的雇佣契约最好地说明了这一点。雇佣合同只写明工人的劳动工资和劳动时间，没有具体规定劳动速度和强度，从本质上讲合同是"不完全的"。固然可以用失业这根"大棒"威胁工人，用升级这根"胡萝卜"笼络工人，但这种做法只有在经常检查工人劳动成绩时才有效。这样，雇佣关系基本上是一个信息问题。在一篇开拓性论文"生产、信息费用和经济组织"(H. Demsetz and A.A. Alchian, Production, Information Costs, and Economics Organization, American Economic Review, December 1972)中，德姆塞茨和阿尔奇安(Armen A. Alchian)认为，雇佣关系不论表面现象如何，可以看作是付出"公平的每日工资"的雇主和提供"公平的每日劳动"的雇员间的一种自愿交换形式。换句话说，劳动力市场要求，借用奥肯的名言，用"看不见的握手"(Invisible Handshake)取代管制其他市场的运转的"看不见的手"(Invisible Hand)。这种不完全雇佣合同理论，又称为"含合同理论"(Implicit Contract Theory)或"委托—代理问题"(Principal Agency Problem)，现已被其他一些研究劳动经济学和宏观经济学的经济学家所采纳。

二、市场微观结构的研究领域

市场微观结构的研究从各个层面展开。按照马达(Madhavan，2000)的划分，市场微观结构的研究领域主要分为 4 个部分。

(1) 价格形成与价格发现。主要分为两部分：一部分是存货成本观点，分析由于交易的时间不一致所造成的交易成本，早期的微观结构研究主要集中在这一领域。另一部分是研究当信息不断融入市场时价格变化的动态过程。这个领域在 20 世纪 80 年代后期成为市场微观结构研究的重点，这些研究主要把市场的参与者划分为有信息优势的内部人和流动性交易者，以及一个负责确定市场出清价格的做市商。通过研究以上 3 类投资者的博弈行为，可以揭示出内幕消息是怎样通过交易逐渐反映到价格中去的。通过这两边的研究。人们可以发现交易成本起因于存货成本和信息的不对称。

(2) 市场结构和设计。交易机制和市场结构对于价格的影响一直是微观结构领域的重要问题。其核心是考察不同的交易机制是如何影响交易过程这一"黑箱"，并进而影响市场价格的稳定性、市场流动性以及市场效率的。另外市场规模效益之谜、做市商之谜、最小报价单位等问题都是市场结构与设计中的重要问题。通过这些方面的研究，一是使人们能更好地理解交易机制在价格形成中所起的作用，二是对于如何设计出更好的交易机制有很强的实践意义。

(3) 透明度问题。根据奥哈拉(O'hara,1995)的定义，透明度问题是指市场参与者观察到交易过程信息的能力。市场参与者能在什么时候，在何种程度上了解交易的相关信息，会极大地影响他们的决策和行为，从而对交易价格的波动性、市场的流动性、市场的有效程度等造成很大的影响。通过对部分市场透明度改变后的影响进行研究，使监管当局能够更好地制定信息披露原则。

(4) 与其他金融领域研究的融合。从 20 世纪 90 年代起，市场微观结构的研究逐渐和金融其他领域的研究相融合。例如，在公司金融方面，用微观结构的观点看待 IPO 抑价和股票拆分问题；在资产定价方面，把流动性作为资产定价的一个因素；在行为金融方面，有噪音交易者的生存问题、知情交易者的过度自信问题等有待研究。

三、市场微观结构的分类

微观结构中的市场架构是指一系列决定交易过程的规则，这些规则最终由市场类型决定的。市场结构类型主要分为拍卖市场与做市商市场、限制性指令与市场指令、交易者类型和交易过程 4 类。

1. 拍卖市场(Auction Market)与做市商市场(Dealer Market)

一个纯粹的拍卖市场是投资者脱离中介商直接相互交易的市场。当拍卖市场接到交易信息后在特定的时间以特定的交易规则进行证券交易，其中在间歇性拍卖市场中，投资者指定价格和数量。通常情况下，间歇性拍卖市场中最终价格确保市场出清。但是当交易数量变大后，这些市场逐渐演变为连续拍卖交易市场。在连续交易市场中有两方参与者：一方是卖方投资者，他们以买方投资者和买方中介商的出价(Bid Price)卖出证券；另一方是买方投资者，他们以卖方投资者和卖方中介商的出价买入证券。

如果一个市场的价格由做市商确定买卖价格的话，那么他被称为纯粹的做市商市场。投资者之间不能进行直接交易，而只能以做市商的出价买入和卖出证券。纯粹做市商市场的典型是债券市场和外汇市场。

2. 限制性指令(Limit Order)与市场指令(Market Order)

限制性指令和市场指令是最基本的两种交易指令。市场指令要求中介商以当时市场中可获得的最优价格进行交易。限制性指令则对买卖价格的底线进行认为的设定，比如说对买方限制性指令会设置一个最高的支付价格，而卖方限制性指令则会设定一个最小的卖出价格。在一个高度集中的连续性拍卖市场中，最优的买卖限制指令的组合就成为一个市场，价格的度量代表了市场深度(Market Depth)，当前进入市场的指令与过去最匹配的指令成交。在传统市场上，场内交易的中介商和包销商会对交易过程进行干涉，而电子市场上所有过程都是自动生成的。在纯粹的做市商市场上，限制性指令并不公开，而由做市商持有，真正交易的是市场指令。

3. 交易者类型(Trader Type)

市场上的交易者可分为积极交易者和消极交易者、流动性交易者和知情交易者、个人投资者和机构投资者以及普通投资者和置业投资者。

积极交易者通常使用市场指令，他们对交易的及时性产生需求，并且使得市场价格受他们的交易头寸影响；而消极交易者一般使用限制性指令，他们提供交易的及时性并且稳定价格。做市商是典型的消极交易者，消极交易者倾向于从积极交易者中互利。

流动性交易者的交易动机是平滑消费，或者调整自己资产组合的风险收益。他们在拥有足够现金或者风险承受能力增强时会买入证券，在缺少现金且风险承受能力减弱时卖出证券流动性交易者倾向于买卖资产组合知情交易者基于对资产价格的私人信息进行交易，他们更倾向于买卖对其拥有私人信息的特定资产。在博弈游戏中流动性交易者会输给知情交易者，所以流动性交易者千方百计试图识别他们的交易对手，而知情交易者则竭力掩盖自己的身份。

养老基金、共同基金以及捐赠基金组成了机构投资者的主力军，他们持有大量的资产和大宗股票账户。机构投资者的一次性交易量非常大，如何最小化交易成本和如何通过私有信息获利是主要的难题。个人投资者的交易量和账户金额都比较小。市场结构必须适合这两类游戏参与者的生存。

普通投资者通过把指令传达给中介商进行交易，而职业投资者或者是用自营账户交易的做市商或者是场内交易者，为市场提供流动性。监管者通常把普通投资者和职业投资者进行区分，并且对职业投资者施加约束。

4. 交易过程(Trading Process)

一个完整的交易过程包括 4 部分：信息、指令传达、执行和结算。市场首先要提供过去价格和现在标价的信息，信息的实时传播增加了透明度，这样投资者能准确判断哪个市场具有最优价格，加剧市场间的竞争；其次，今天的中介商收到交易指令后把他们传送到交易所或市场中心；交易过程的第 3 部分是执行指令，做市商更偏好使用滞后 15 秒钟来决定交易对手类型的执行方式，因为做市商怕被知情交易者利用；清算交割是整个交易过程的第 4 步，清算每天进行是指在买入和卖出证券的做市商之间进行比较。

四、市场微观结构的影响因素

不同国家不同市场的微观结构存在着明显的差异，这种差异主要来自以下因素。

(1) 交易资产不同。不同的交易资产会导致市场微观结构的差异，例如现货和期货、期权等衍生品市场的微观结构是不同的，衍生品的定价、交易和投资策略极为复杂，需要做市商之间的互动才能顺利进行。

(2) 投资者结构的差异。不同的微观结构可能特别适合某一类投资者使用，例如机构投资者的信息比较灵通，只需要较低程度的信息和交易规则。

(3) 历史因素。不同的历史演进路线对市场微观结构的发展具有深远的影响，例如成熟市场大都脱胎于柜台市场，做市商制度往往扮演着重要角色。而新兴市场是在政府推动下形成的，建立了集中的交易场所，几乎全部采用电子化的竞价交易机制。

(4) 监管因素。证券市场监管包括自律监管和公共监管，这两种监管举措都会对市场微观结构带来变化。例如，美国证券交易委员会于 1997 年颁布的委托处理新规，影响了整个纳斯达克市场的运行架构。

(5) 技术因素。技术的发展在微观结构的演化过程中扮演着重要角色。例如，利用电脑的自动化交易，远程交易成为现实，降低了交易大厅存在的必要性。

此外，信息技术的进步使投资者进入其他市场变得更加容易，市场间的竞争也更为激烈，这使得交易所纷纷投入巨资以完善交易系统，希望能以最低的成本提供最大的流动性。

五、市场微观结构理论在中国证券市场的应用

通过对中国股票市场微观结构数据的分析，可以研究微观主体即投资者的行为，分析信息对股市中交易者的作用机制，实证分析价格的发现过程，考察信息与股价的变动关系。由此可以交接交易过程的全貌，发现交易过程是否合理，交易过程是否存在信息不对称，信息的传导机制是否存在失真，是否存在操纵市场，以及如何操纵等，从而有利于促进科学、合理的交易机制的形成。另外，从证券监管角度而言，传统的金融监管理论只是回答了"为什么需要市场监管"的问题，并没有解决"如何监管"的方法论问题。实践证明，要成为合格的监管者，首先必须要清楚了解被监管者。市场微观结构理论恰恰揭示了这些被监管者的对象和客体(包括证券交易当事人和交易制度)的运作规律，因而市场微观结构理论可以成为证券监管，特别是证券交易监管的支撑性理论。

随着中国股市逐渐从"政策市"过渡到真正的市场，市场微观结构的影响日益显现。因而，从证券市场的内部微观结构出发，来探讨中国证券市场的微观结构及其存在的问题，无疑具有重要的理论价值和现实意义。在运用这些理论分析中国市场的同时，需要特别注意中国股市的特殊制度背景，详细审察中国市场的目标函数和约束条件。

第四节　市场流动性的度量

市场流动性是微观结构研究的核心，当一种资产和现金能够以较小的交易成本迅速相互转换时，就说明该资产具有流动性。因此，流动性实际上就是投资者根据市场的基本供给和需求状况，以合理的价格迅速交易一定数量资产的能力。市场的流动性越高，则进行即时交易的成本就越低，一般而言，较低的交易成本就意味着较高的流动性，或相应的较好的价格。

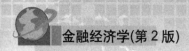

一、流动性的度量维度

流动性概念中包含3个维度：速度(交易时间)、价格(交易成本)和交易数量。

速度主要是指证券交易的即时性。从这个层面上衡量，流动性意味着一旦投资者有买卖证券的愿望，通常可以立即得到满足。但是在任何一个市场，如果投资者愿意接受极为不利的条件，交易一般都能够迅速执行。

交易即时性必须在成本尽可能小的情况下获得，或者说，在特定时间内，如果某资产交易的买方的溢价很小或卖方的折价很少，则该资产具有流动性。流动性的价格层面意味着，买卖某一证券的价格必须等于或接近占主导地位的市场价格，最常见的指标是买卖价差。

流动性还必须有第3个条件：数量上的限制，即较大量的交易可以按照合理的价格较快执行。流动性的数量因素通常以市场深度来衡量，即在特定价格上存在的订单总数量。订单数量越多，则市场越有深度，反之则市场缺乏深度。深度反映了在某一特定价格水平上的可交易的数量。深度指标可以用来衡量市场的价格稳定程度，在深度较大的市场，一定数量的交易对价格的冲击相对较小，而在深度较小的市场，同等数量的交易对价格的冲击相对较大。

二、流动性的主要度量方法

根据前面提到的流动性的价格、数量、时间等属性，可以把各种衡量流动性的方法分为4种类型，即价格法、交易量法、价量结合法和时间法。在这里主要介绍价格法。

基于价格的流动性衡量方法包括价差衡量指标、价格改善指标和价格自相关模型。价差衡量指标是最常见的流动性衡量方法。价差衡量指标主要有以下4种：买卖报价差、有效价差、实现的价差和定位价差。

1. 买卖报价差

买卖报价差是衡量流动性的一个最基本的指标。计算方法是计算当期市场上最佳卖价和最佳买价之间的差额。衡量买卖价差有两种方法：一是绝对买卖价差，即计算买卖价差的绝对值(卖出报价减去买出报价)；二是相对买卖价差，即计算百分比买卖价差，由于买卖价差通常随着价格而变化，所以可以用绝对买卖价差除以买卖价格的平均值，得到百分比买卖价差。

S 表示绝对买卖价差，RS 表示相对买卖价差，PA 表示最低卖出价格，PB 表示最高买进价格，M 表示价差中点 $\left(M = \dfrac{PA+PB}{2}\right)$，那么

$$S = PA - PB, RS = (PA - PB)/M$$

从理论上看，最小的买卖价差就是所允许的最小价格升降档位。但实际上，在很多市

场中，特别是流动性差的市场，买卖价差通常大于最小价格升降档位。

2. 有效价差

有效价差是订单成交的平均价格与订单到达时买卖价差的中间之间的差额。有效价差衡量订单的实际执行成本。以 EF 表示有效价差，以 P 表示交易价格，那么

$$EF = |P - M|$$

有效价差也可以根据买卖方的不同而标记正负号，即有正负号的有效价差。设 BEF 为买方的有效价差，SEF 为卖方的有效价差，那么

$$BEF = P - M, SEF = M - P$$

有效价差也可以计算其相对值，即相对有效价差。设 REF 为不含正负号的相对有效价差，那么

$$REF = |P - M|/M$$

有效价差在一定程度上克服了买卖价差不能反映订单在买卖价差之外和之内成交的情况(即高估或低估执行成本)，因此可用来衡量订单的价格改善：当执行价格比相关的买卖报价更好时，称为价格改善，否则当执行价格在买卖报价之外成交时，则发生价格变坏。

3. 实现的价差

实现的价差是衡量订单执行价格和订单执行后一段时间的买卖报价中点之间的差额，实现的价差反映订单执行后的市场影响成本。

已实现价差也分为绝对实现价差和相对实现价差，设绝对实现价差为 ARS，相对实现价差为 RRS，设 M_t 为交易发生以后一段时间的价差中点，那么

$$ARS = |P - M_t|, RRS = |P - M_t|/M$$

绝对实现价差和相对实现价差可根据买卖方向不同计算其正负号。以相对实现价差为例，设 BRRS 为买方的相对实现价差，SRRS 为卖方的相对实现价差，那么

$$BRRS = (P - M_t)/M, SRRS = (M_t - P)/M$$

4. 定位价差

定位价差衡量由于逆向选择而损失的价差收益，反映了交易后的价格变化。如果投资者中的某一个群体拥有信息优势，从平均来看，他们将从交易后的价格变化中获利，因此他们付出的实现价差应比有效价差低。

定位价差的计算方法是实现的价差减去有效价差。定位价差也可分为绝对值和相对值，并分为买方和卖方。以相对定位价差为例，设 BRPS 为买方的相对定位价差，SRPS 为卖方的相对定位价差，那么

$$BRPS = (M - M_t)/M, SRPS = (M_t - M)/M$$

在以上 4 种价差中，买卖价差实际上衡量的是双边价差(包括买方和卖方的价差)，而其他 3 种买卖价差均衡量的是单向的价差。因此为了便于比较，在计算买卖价差时，通常计

算的是内部半价差，即把买卖价差除以 2，内部半价差也称为平均价差。

本 章 小 结

(1) 金融经济学的基本框架：

经济环境是指经济参与者所面临的外部环境；

经济参与者是指参与经济活动的各个群体或个人；

金融市场是指金融资产交易的场所，这里主要讨论的是证券市场。

(2) 市场均衡必须满足两个条件：一方面每个参与者各自优化其证券需求量；另一方面市场出清，即交易证券的总需求等于总供给。如果价格使得对证券的需求恰好等于供给，则市场达到均衡。

(3) 如果证券市场允许参与者达到帕累托最优配置，就称它为有效市场。

(4) 满足下列条件的称为无摩擦市场。

①所有参与者可以无成本参与证券市场。

②无交易成本、无税收。

③无头寸限制。

④个体参与者的交易不会影响证券价格。

(5) 如果市场中的任何一个投资计划，都可以由有限成本的可交易证券的组合来融资，那么这个证券市场就是完全的。当且仅当独立支付证券数量等于状态数时，证券市场是完全的。阿罗-德布鲁证券市场就是一个完全市场。

(6) 如果投资组合 θ 满足下列条件。

① $p^{\mathrm{T}}\theta \leqslant 0$；是一个数值。

② $D\theta \geqslant 0$；是一个列向量。

③上面两个式子至少一个为不等式。

那么称 θ 为套利或套利机会。套利不依赖于任何私有信息，并且在无摩擦的假设下，所有人都可以利用这些套利机会。第一类套利： $p^{\mathrm{T}}\theta < 0, D\theta = 0$；第二类套利： $p^{\mathrm{T}}\theta = 0, D\theta > 0$；第三类套利： $p^{\mathrm{T}}\theta < 0, D\theta > 0$。

(7) 无套利：如果投资组合满足以下条件。

①如果投资组合 $\theta \in \mathbf{R}^{N}$ 在每一状态下有正收入 $D\theta \in \mathbf{R}^{S}$，并且至少在一个状态下有严格正收入，即 $D\theta > 0$，那么就有严格正市场价值 $p^{\mathrm{T}}\theta > 0$。

②如果任何投资组合 $\theta \in \mathbf{R}^{N}$ 在每一状态正收入 $D\theta \in \mathbf{R}^{S}$，那么就有正的市场价值 $p^{\mathrm{T}}\theta \geqslant 0$。

(8) 无套利原理：在均衡市场中不存在任何套利机会。

(9) 市场微观结构理论：有狭义和广义之分。

(10) 市场微观结构的研究领域：价格形成与价格发现、市场结构和设计、透明度问题、与其他金融领域研究的融合。

(11) 市场微观结构类型：拍卖市场与做市商市场、限制性指令与市场指令、交易者类型和交易过程。

(12) 市场微观结构影响因素：交易资产不同、投资者结构的差异、历史因素、监管因素、技术因素。

(13) 市场流动性的概念以及对流动性度量的维度、度量方法的介绍。

复习思考题

一、基本概念

无套利原理　帕累托最优　有效市场　完全市场　均衡市场第一类套利　第二类套利　独立支付证券　证券价格向量　冗余证券　金融市场弱套利　资产价格向量　金融市场强套利　无套利定价法则　流动性

二、判断题

1. 金融市场的不确定状态数与市场的资产数量相等时，市场就是完全的。　（　　）

2. 金融经济学研究的是由于金融商品及其环境的特殊性而产生的资本市场的风险收益权衡主导的竞争均衡机制和无套利均衡机制。　（　　）

3. 套利定价法是相对定价法；用效应函数度量的偏好关系是序数关系。　（　　）

4. 金融市场的不确定状态数与市场的独立支付资产数量相等时，市场就是完全市场。

（　　）

5. 金融市场的不确定状态数一定不会小于同一金融市场的独立支付资产数量。（　　）

三、单项选择题

1. 如果市场上有两个证券，它们的支付分别是 $x_i = (3 \quad 8)$，$x_2 = (5 \quad 6)$，价格向量为 $q = (2 \quad 6)$。现在有两个投资组合，分别是 $h_1 = (2 \quad -1)$，$h_2 = (3 \quad -1)$，那么（　　）。

　　A. h_1 和 h_2 都是套利，但不是强套利　　B. h_2 是强套利，h_1 不是强套利

　　C. h_1 是强套利，h_2 不是强套利　　D. 都是强套利

2. 影响状态价格大小的因素包括（　　）。

(1)所处状态能够消费的财富；(2)无风险利率；(3)效用贴现率；

(4)所处状态的发生概率；(5)边际效用替代率；(6)偏好的单调性；

　　A.(1)、(2)、(4)、(5)　　B.(1)、(3)、(5)、(6)

　　C.(2)、(3)、(4)、(5)　　D.(3)、(4)、(5)、(6)

请据此回答第 3 题:

市场中存在如下四种证券: 价格分别为

$z_1 = (110 \quad 100 \quad 0)$ $p_1 = 160$

$z_2 = (110 \quad 0 \quad 0)$ $p_2 = 110$

$z_3 = (100 \quad 0 \quad 100)$ $p_3 = 300$

$z_4 = (90 \quad 90 \quad 100)$ $p_4 = 335$

3. 关于此市场说法正确的是(   )。

    A. 此市场是完全市场且存在套利机会

    B. 此市场是不完全市场且存在套利机会

    C. 此市场是完全市场且不存在套利机会

    D. 此市场是不完全市场且不存在套利机会

四、简述题

1. 市场微观结构的含义是什么? 市场微观结构理论的研究目的是什么?

2. 与传统金融理论相比, 市场微观结构有哪些方面的突破?

五、论述题

论证如果投资者是非厌足的且严格风险厌恶的, 资产 a 投资到风险资产, $1-a$ 投资到无风险资产, 当其效用最大时, a 大于零的等价条件是风险资产的期望收益大于无风险收益。

第七章　资产选择行为与资产定价

🔳【学习要点及目标】

- 掌握投资者的资产选择行为。
- 掌握资产选择行为配置。
- 掌握资产定价基本定理和风险中性定价。

🔳【核心概念】

资产　实物资产　金融资产　资产定价定理　风险中性测度　等价鞅

🔳【引导案例】

案例一

房地产和股票的选择行为

我国证券市场自 2001 年年中至 2005 年年底，经历了 4 年半的熊市，让全体中国人充分感觉到了金融市场的投资风险。在这期间，上证指数下跌了 50%，大部分投资者损失惨重，市场人气不旺，投资的积极性严重受挫。在极度缺乏投资品种的情况下，全社会的投资需求被迫转向正处于恢复期的房地产市场，并在一系列外界环境因素的影响下掀起了几乎涵盖全国的房地产投资热潮。仅在 2002 年年底至 2004 年年底的两年里，上海房地产的平均价格就上涨了 150%，给社会带来了极大的震撼，以至于中央政府出面对房地产业实施了宏观调控。

正确的资产配置是投资成功的关键。正如 1999 年房地产市场极度低迷的时候，将大部分资金投资于股票市场，然后 2001 年又从火热的股票市场退出并直接转向刚刚启动的房地产市场，又在 2005 年从房地产市场退出，再重点投资股票市场。简而言之，不管投资什么样的房地产或者股票，投资者平均至少可以获得每年 50% 以上的收益率。

2005 年下半年，由于中央政府对房地产业的宏观调控，房地产价格的上升势头得到了有效遏制，价格上升趋势明显减缓。证券市场则是经历了长达四年半的熊市，累计跌幅高达 50%，大部分投资者亏损累累。在我国投资者可以投资的三类资产中，房地产和债券类资产由于价格高，积累的风险较大；股票市场虽然风险也很大，但毕竟经过多年的下跌，价格风险已释放充分。于是，投资者又重新选择股票作为资产配置的重点。从 2005 年年底开始，越来越多的资金进入股票市场，投资者的预期随着股票价格的逐渐上升而迅速趋于一致。到了 2006 年 4 月，大量的资金从银行流向股票市场，迅速形成了对股票资产的巨量需求并快速推高了股票的价格。2006 年 5 月初，沪、深两市的成交量急剧放大，达到了 2987 亿元的历史最大周成交量。与此同时，股票价格全面飙升，上证指数周涨幅 11.29%，也创下了历史之最。

我国 2003 年之后房地产价格的上涨以及 2005 年以后股票市场的繁荣都是大部分投资者进行资产配置调整的直接结果。

案例二

不同类型的资产定价

广东格兰仕是一家全球化家电专业生产企业，是中国家电优秀企业之一。格兰仕的核心竞争力归纳起来就八个字：规模制造，低价之胜。格兰仕赖以发家，并屡试不爽的秘诀在于其"总成本领先"战略，依托其强大的规模和成本控制能力，以此作为对竞争对手的成本优势和价格战的资本，曾一度信奉"价格是最高级竞争手段"的执行总裁梁昭贤，凭借总成本领先，规模每上一个台阶就大幅降价，不断提升微波炉行业的"入门标准"。生产规模达到 125 万台时，格兰仕就把出厂价定在规模为 80 万台的企业成本线以下；规模达到 300 万台时，格兰仕又把出厂价调到规模为 200 万台的企业成本线以下。至今，格兰仕已经把微波炉行业的入门标准提高到了年产 1200 万台的规模，在 1200 万台产量以下的企业，就不得不面临亏损，每生产一台，就多亏损一台。格兰仕这样做就是要摧毁竞争对手的信心，让这个产业有市场但没有任何投资价值。并由此构筑了自己的经营安全防线。强大的规模壁垒令众多的有意进入微波炉行业的厂商不寒而栗，就连与格兰仕在全球市场上火拼数年的 LG 电子面对持续的亏损，也不得不做出调整并有计划地撤出微波炉行业。

"安静的小狗"是一种松软猪皮便鞋的牌子，由美国沃尔弗林环球股份公司生产。当"安静的小狗"问世时，该公司为了了解消费者的心理，采取了一种独特的试销方法：先把 100 双鞋无偿送给 100 位顾客试穿 8 周，8 周后，公司派人登门通知顾客收回鞋子，若想留下，每双鞋子 5 美元。其实公司老板并非真想收回鞋子，而是想知道 5 美元一双的猪皮便鞋是否有人愿意购买。结果绝大多数试穿者把鞋留下了。得到这个消息，沃尔弗林公司便大张旗鼓地开始生产、销售。结果以每双 7.5 美元的价格，销售了几万双"安静的小狗"。

美国凯特比勒公司是生产和销售牵引机的一家公司，它的定价方法十分奇特。一般牵引机的价格均在 20000 美元左右，然后该公司却报价 24000 美元，每台比同类产品高 4000 美元。即 20%，但它的销路却很好，缘由何在？原来他们有一套说服人的账单：

· 20000 美元是与竞争者同一型号的机器价格。

· 3000 美元是产品更耐用而必须多付的价格。

· 2000 美元是产品可靠性更多而多付的价格。

· 2000 美元是本公司服务更佳而多付的价格。

· 1000 美元是保修期更长而多付的价格。

· 28000 美元是上述应付的价格的总和。

· 4000 美元是折扣。

· 24000 美元是最后价格。

这样一算，加深了客户对该公司产品性能价格比的理解，使众多消费者宁愿多付 4000 美元，结果是凯特比勒公司的牵引机在市场上十分畅销。

(资料来源: http://www.emkt.com.cn/article/27/2764.html)

【案例导学】

通过这两个案例的引导，基本了解了投资者的投资行为和不同类型的资产定价方法。本章主要介绍投资者的资产选择行为和资产定价基本理论。

在分析基本的投资者的资产选择行为上，首先对资产类型和资产行为配置进行了解，并且描述了资产的特征，来加深对资产的认识。其次，在无套利理论和资产选择行为的基础上提出了资产定价基本理论。

第一节　投资者的资产选择行为

投资组合理论研究了人们如何对其拥有的财富进行投资。这是一个权衡预期收益与风险的过程，目的是寻找收益与风险的最佳匹配，以获得最大限度的满足，将这一过程成为资产选择。投资者的这种资产选择行为直接决定着各类资产的需求强度，并进而对其价格产生直接的影响。

简单地说，资产配置就是在一个投资组合中选择资产的类别并确定其比例的过程。狭义的资产组合选择只包括对如何投资股票、债券和其他证券的决策。广义的投资组合选择则包括购买还是租借房屋，购买哪种保险，买多少，如何管理负债等。由于不同类型的投资者对收益和风险的偏好不同，他们的资产需求也是多样化的。

一、资产类型

资产就是在未来能够带给投资者收益的物品或契约。资产可分为实物资产(Physical Assets)和金融资产(Financial Assets)。

实物资产是指那些具有实物形态的资产，通常包括房地产、黄金或其他贵金属、宝石等。这些物品之所以成为资产而不作为纯粹的消费品，是因为这些物品可能在将来由于自身价格上升而为其持有者带来收益。以房地产为例，人们购买并拥有房地产一方面可以获得居住等消费效用，而另一方面又可以获得因房价上升而带来的资产增值或投资收益。所以，在市场经济条件下，房地产兼具消费与投资两大功能，其他的实物资产也具有类似的特征。

金融资产主要包括货币、股票、债券、银行存款及其他金融工具等。所有的金融资产具有一个共同的特征：他们本质上都是某种金融交易契约。金融资产没有实物形态，没有消费功能。但是金融资产代表了持有人的财富或未来的收益，是具有价值的。

金融资产和实物资产相比，虽然金融资产没有实物形态，经常让人感觉不踏实，但是金融资产通常具有较好的流动性，投资者可以方便地将金融资产携带、转移到其他地方或者卖出变现。而投资实物资产通常需要额外的成本，例如存放成本、维护成本、防盗安全成本等，另外实物资产的移动成本也比较高，房地产则不具备移动的可能性。

二、资产的投资特征

(1) 不管是实物资产还是金融资产，都具有收益的特征，即投资者可以通过购买拥有资产来获得收益，至少存在获得收益的可能性。当然，不同的资产在不同的时期可能产生的收益是有差别的，由于资产在未来产生的收益具有不确定性，所以投资者的预期收益与资产的实际收益也可能不一致。资产的预期收益特征才是影响投资者决策的最终因素。资产的预期收益率越高，投资者对该资产的需求越多。

(2) 资产具有风险特征，由于实物资产通常具有消费功能，所以有"投资、消费两相宜"的特点。在排除假货的前提下，投资实物资产的风险较小。房地产资产是实物资产中风险最小的资产，既能自己居住，也可以用于出租，同时还可以获得房价长期上涨带来的资产增值。古玩、字画的投资风险通常比房地产的投资风险高，尤其是不懂行的投资者买到赝品的风险较大。黄金等贵金属的投资功能主要表现为保值。在金融资产中，国债的风险一般最低，公司债的风险次之，普通股票的风险最高。一般而言，资产的风险越高，投资者对该资产的需求就越少。

(3) 资产的投资特征表现为资产收益对不同风险因素的敏感性。在不同的时期，影响资产的主要风险因素往往是不同的。以我国证券市场为例，2001 年中期的主要风险是因为价格长期上涨，大幅度脱离资产本身价值而积累的价格风险，一旦投资者的信心受挫，价格就会大幅度下降。而 2006 年期间，市场的主要风险则是原材料价格风险，以及航空、冶炼、制造业等行业的股票价格风险陡增，相对而言，石化、食品、商业及金融等行业的风险变小。所以即使都是股票，在不同时期风险特征也是有很大差别的。

(4) 资产的流动性。资产的流动性主要是指资产交易的便利程度，特别是大笔交易的便利性，一般地，实物资产的流动性都比较低，交易不是很方便，交易成本也比较高，而金融资产借助于高效的金融市场，其流动性普遍较好。例如，在交易所挂牌的国债、股票等都具有很高的流动性。但类似于风险投资公司获得的非上市股权，流动性较差。虽然不同的投资者或投资目的对流动性的要求不同，但是一般而言，资产的流动性越高，投资者对该资产的需求就越多。

第二节 资产选择行为配置

一、消费与投资的选择行为

消费与投资的选择结果通常是当前消费与未来消费的一种合理配置，这是生命期内总消费效用最大化的理性选择。投资者的资产选择行为首先表现为消费和投资的选择，这将在社会财富一定的情况下决定资产的整体需求。人们选择是多消费还是多投资主要取决于人们对未来收入与支出的预期、当前的财富总量、储蓄倾向和投资的收益预期等一系列因素。一般而言，当人们认为将来的生活已经有足够的保障时，在当前就会选择更多的消费。反之，则会选择更多的投资和储蓄。

二、投资中的资产选择行为

一般情况下，为了能够扩大未来的消费，进行适当的投资并获取投资收益是一般家庭的必然选择。这种选择构成了全社会投资需求的基础，也是整个资本市场存在的基础。

投资的第一步是对资产类别的配置。资本市场上的投资品种繁多，各有不同的特征，投资者也有各自的偏好。所以，投资者首先要根据自身的偏好和要求，将资金在不同资产类别之间进行合理的配置，这种行为通常称为资产配置。一般表现为将资产在低风险、低收益的资产与高风险、高收益的资产之间进行分配。银行存款、国债以及股票各占三分之一，这是一种典型的资产配置称之为"三分法"。

资产配置表现为投资者在资产类别之间的选择，正确了解投资者的这种选择行为，对于理解资产需求及其价格变化非常重要，根据现代组合，影响投资者资产选择行为的因素有 3 类。

(1) 投资者的类型与结构。投资者类型主要指投资者在风险偏好信息以及管理能力等方面的特征，在任何一个国家或社会都有不同类型的投资者，有的是低风险偏好，有的是高风险偏好；有的拥有丰富的信息，有的则极度缺乏信息，有的具有严密的组织结构和高效的决策机制，而有的则投资随意或者管理效率低下。不同类型的投资者的资产选择行为的差异较大。然而对于正确理解资产需求及其变化来说，重要的是投资者的结构，哪种类型的投资者占大多数，或者说主流投资者的类型才是决定资产选择行为的关键。

(2) 可投资资产的特征：收益和风险。决定投资者资产配置行为的重要因素是个大类资产的收益与风险特征。显然那些风险相对较低，预期有较高收益的资产，将被理性投资者作为重点配置对象。而那些风险相对较高的资产经常随着经济、社会等各个方面因素的变化而改变，所以投资者的资产配置也经常处于不断调整的过程中。

除了资产风险的大小外，决定资产需求的另一个风险特征是资产的风险对冲功能。当某种资产有助于对冲某种资产时，投资者处于风险控制的需求会买入该种资产，从而增加对该资产的需求。

(3) 投资环境。投资环境是指资产交易的公平程度、信息的有效程度、投资者权益的保障程度以及税收待遇等外部环境。这些环境条件直接影响投资者的风险评价、交易成本和投资的其他利益。如果投资环境好，则投资者会增加资产配置，反之会减少资产配置。

投资者的资产配置一方面受上述因素的影响，另一方面直接否定了各类资产的总需求。所以，资产配置行为是资产定价机制的基础。

三、资产选择行为影响机制

根据新古典经济学的一般均衡思想，资产的价格取决于资产的供求状态，而资产的需求直接取决于投资者的资产选择行为。在投资者的资产选择行为稳定的情况下，市场很容易实现供求均衡，并且形成相对稳定的价格。

资产需求的这种突然变化突出反映了投资者资产选择行为的一致性对资产需求及价格的影响。在一般情况下，这种一致性通常不高，但在一定条件下会产生比较高、持续时间较长的一致性。资产选择行为的一致性导致资产需求和价格的动态变化，这种变化有时与资产本身的价值变化关系不大。资产的价值是决定资产价格及其变化的一个重要因素，但不是唯一因素。

第三节　资产定价基本定理与风险中性定价

一、资产定价基本定理

【定义 7-1】　从证券的支付 D 到证券的价格 p 的映射称为资产定价关系或资产定价模型：$p = V(D)$。

其中，$V(\cdot)$ 常称为定价算子(Pricing Operator)或估价算子(Valuation Operator)。算子就是映射或函数。

现在进一步研究无套利原理的应用。

【定理 7-1】　(一价定律)两个具有相同支付的证券(证券组合)的价格必相同。即，

$$如果 \boldsymbol{D}_1 = \boldsymbol{D}_2, 则 V(\boldsymbol{D}_1) = V(\boldsymbol{D}_2)$$

推论 1：未来为 0 的支付，现在价格等于 0。即，

$$V(0) = 0$$

推论 2：证券 1 的未来支付不小于证券 2 的，则证券 1 的价格高于证券 2 的价格。(注意是帕累托概念的)即，

$$如果 \boldsymbol{D}_1 \geqslant \boldsymbol{D}_2, 则 V(\boldsymbol{D}_1) \geqslant V(\boldsymbol{D}_2)$$

【定理 7-2】支付为正的证券或证券组合的价格为正。即

$$如果 \boldsymbol{D} > 0，则 V(\boldsymbol{D}) > 0$$

【定理 7-3】(资产定价基本定理)经济中不存在套利机会的充分必要条件是：存在一个每一分量都为正值的 S 维向量：$\boldsymbol{\phi} = (\phi_1; \cdots; \phi_S) > 0$(列向量)，使得

$$\begin{pmatrix} D_{11} & D_{12} & \cdots & D_{1S} \\ D_{21} & D_{22} & \cdots & D_{2S} \\ \vdots & \vdots & & \vdots \\ D_{N1} & D_{N2} & \cdots & D_{NS} \end{pmatrix} \begin{pmatrix} \phi_1 \\ \phi_2 \\ \vdots \\ \phi_S \end{pmatrix} = \begin{pmatrix} p_1 \\ p_2 \\ \vdots \\ p_N \end{pmatrix}$$

或者：$\boldsymbol{p} = \boldsymbol{D}^{\mathrm{T}} \boldsymbol{\phi}$ 方程组有正解。

证明：(1) 充分性。

充分性是显然的，假设 $\boldsymbol{p} = \boldsymbol{D}^{\mathrm{T}} \boldsymbol{\phi}$ 对于所有的交易证券及其组合都成立。那么，当 $\boldsymbol{D} = 0$ 时，$\boldsymbol{p} = V(\boldsymbol{D}) = \boldsymbol{D}^{\mathrm{T}} \boldsymbol{\phi} = 0$；当 $\boldsymbol{D} > 0$ 时，由定理 6-2 得，$\boldsymbol{p} = V(\boldsymbol{D}) > 0$，因此不存在套利机会。

(2) 必要性。

首先给出 Stiemke 引理。

令 $\boldsymbol{D}$ 为一个 $m \times n$ 矩阵，m 和 n 是任意的正整数，$\boldsymbol{\phi} \in \mathbf{R}^n$ 且 $\boldsymbol{p} \in \mathbf{R}^n$。当且仅当存在一个每一分量都为正值的 m 维向量 $\boldsymbol{\phi} = (\phi_1; \cdots; \phi_m) > 0$ 并满足 $\boldsymbol{p} = \boldsymbol{D}^{\mathrm{T}} \boldsymbol{\phi}$ 时，集合 $\{\theta : [-\boldsymbol{p}^{\mathrm{T}} \theta; \boldsymbol{D}\theta] > 0\}$ 是空集。

显然，令 $m = S, n = N$，则对于支付矩阵 $\boldsymbol{D}$ 及价格 $\boldsymbol{p}$，当存在一个每一分量都为正值的 S 维向量：$\boldsymbol{\phi} = (\phi_1; \cdots; \phi_S) > 0$ 且满足 $\boldsymbol{p} = \boldsymbol{D}^{\mathrm{T}} \boldsymbol{\phi}$ 时，集合 $\{\theta : [-\boldsymbol{p}^{\mathrm{T}} \theta; \boldsymbol{D}\theta] > 0\}$ 是空集，集合 $\{\theta : [-\boldsymbol{p}^{\mathrm{T}} \theta; \boldsymbol{D}\theta] > 0\}$ 意味着存在套利机会，其为空集意味着无套利。

由资产定价基本定理可以把市场是否有套利机会，变成一个线性方程组是否有正解。

通常，满足上式的 $\boldsymbol{\phi}$ 可能不是唯一的，但在 $N = S$，市场完备的情况下，满足上式的 $\boldsymbol{\phi}$ 必然是唯一的，而且等于状态价格 $\alpha = (\alpha_1, \cdots, \alpha_S)$。这里，状态价格 $(\alpha_s)_{s \in (1,S)}$ 是指在状态 s 发生情况下，增加 1 单位消费的边际成本价格。

【例 7-1】 (1) 假设市场中只有一只证券 A，其价格和支付用状态数表示为

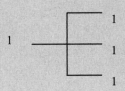

(2) 假设市场只有两只证券，还存在证券 B，其价格和支付为

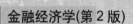

【解】(1) 很明显不存在任何套利机会，因为方程：$D^T\phi = p$，即

$$[1,1,1]\begin{bmatrix}\phi_1 \\ \phi_2 \\ \phi_3\end{bmatrix} = \phi_1 + \phi_2 + \phi_3 = 1，显然有正解。$$

(2) 此时市场依然不存在套利机会，因为由 $D^T\phi = p$ 可得方程组：

$$\begin{cases} \phi_1 + \phi_2 + \phi_3 = 1 \\ 2\phi_2 + \phi_3 = 1 \end{cases}$$

显然，该方程组有正解，因此市场不存在套利机会。

【例7-2】 假设市场中只有3只证券A、B、C，它们的价格和支付分别为

则该市场存在套利机会吗？如果存在请构造第一类和第二类套利组合。

【解】(1) 该市场存在套利机会。因为由 $D^T\phi = p$，即

$$\begin{bmatrix} 1 & 1 & 1 \\ 0 & 2 & 2 \\ 2 & 0 & 0 \end{bmatrix}\begin{bmatrix}\phi_1 \\ \phi_2 \\ \phi_3\end{bmatrix} = \begin{bmatrix} 1 \\ 1 \\ 2 \end{bmatrix}$$

可得方程组

$$\begin{cases} \phi_1 + \phi_2 + \phi_3 = 1 \\ 2\phi_2 + 2\phi_3 = 1 \\ 2\phi_1 = 2 \end{cases}$$

该方程组没有正解，因此存在套利机会。

(2) 由上一节可知，第一类套利满足的条件是 $p^T\theta < 0, D\theta = 0$，令 $\theta = (\theta_1, \theta_2, \theta_3)^T$，已知 $p = (1,1,2)$ 则有：

$$p^T\theta = \theta_1 + \theta_2 + 2\theta_3 < 0$$

由 $D\theta = \begin{pmatrix} 1 & 0 & 2 \\ 1 & 2 & 0 \\ 1 & 2 & 0 \end{pmatrix}\begin{pmatrix}\theta_1 \\ \theta_2 \\ \theta_3\end{pmatrix} = \begin{pmatrix} 0 \\ 0 \\ 0 \end{pmatrix}$，可得方程组

$$\begin{cases} \theta_1 + 2\theta_3 = 0 \\ \theta_1 + 2\theta_2 = 0 \end{cases}$$

由第一类套利条件 $\boldsymbol{p}^{\mathrm{T}}\theta < 0, \boldsymbol{D}\theta = 0$ 得：$\theta_1 = -2\theta_2 = -2\theta_3$，则 $\theta_1 > 0, \theta_2 < 0, \theta_3 < 0$，令 $\theta_2 = \theta_3 = -1$，则 $\theta_1 = 2$，因此可以得到一个第一类套利组合 $(2; -1; -1)$。

同理可知，第二类套利满足的条件是 $\boldsymbol{p}^{\mathrm{T}}\theta = 0, \boldsymbol{D}\theta > 0$，则有

$$\boldsymbol{p}^{\mathrm{T}}\theta = \theta_1 + \theta_2 + 2\theta_3 = 0$$

由 $\boldsymbol{D}\theta = \begin{pmatrix} 1 & 0 & 2 \\ 1 & 2 & 0 \\ 1 & 2 & 0 \end{pmatrix} \begin{pmatrix} \theta_1 \\ \theta_2 \\ \theta_3 \end{pmatrix} > 0$ 可得不等式组：

$$\begin{cases} \theta_1 + 2\theta_3 \geqslant 0 \\ \theta_1 + 2\theta_2 \geqslant 0 \end{cases}$$，且两个式子不能同时为 0。

令 $\theta_1 = 3, \theta_2 = -1$，则 $\theta_3 = -1$，因此可以得到一个第二类套利组合 $(3; -1; -1)$，这里可以求出很多个第二类套利组合，$(3; -1; -1)$ 只是其中的一个。

二、风险中性定价

假设经济中存在唯一的一种风险资产，其目前价格为 $\boldsymbol{p}_0$，期末的收益支付可能为 $\boldsymbol{D}_1$ 或 $\boldsymbol{D}_2$，即未来的收益支付有两种可能的状态；该资产是经济中唯一的一种风险资产，因此市场中不存在套利机会，由资产定价基本定理可知，存在一个严格为正的状态价格向量 $\overline{\boldsymbol{\phi}} = \begin{pmatrix} \overline{\boldsymbol{\phi}}_1 \\ \overline{\boldsymbol{\phi}}_2 \end{pmatrix}$ 可对所有的交易证券定价。因此，有

$$\begin{pmatrix} \boldsymbol{D}_1 \\ \boldsymbol{D}_2 \end{pmatrix}^{\mathrm{T}} \overline{\boldsymbol{\phi}} = \begin{pmatrix} \boldsymbol{D}_1 & \boldsymbol{D}_2 \end{pmatrix} \begin{pmatrix} \overline{\boldsymbol{\phi}}_1 \\ \overline{\boldsymbol{\phi}}_2 \end{pmatrix} = \boldsymbol{p}_0$$

另外，经济中存在的一个无风险资产，无风险资产当前的价格为 1，收益率为 r，则在第一种状态下无风险资产的收益为 $1+r$，风险资产的收益为 $\boldsymbol{D}_1$；在第二种状态下无风险资产的收益为 $1+r$，风险资产的收益为 $\boldsymbol{D}_2$，则以上两种资产的收益矩阵为

$$\begin{pmatrix} 1+r & \boldsymbol{D}_1 \\ 1+r & \boldsymbol{D}_2 \end{pmatrix}$$

利用资产定价基本定理，在无套利情况下，存在一个严格为正的状态价格向量 $[\boldsymbol{\phi}_1; \boldsymbol{\phi}_2]$，可对所交易证券定价，使得

$$\begin{pmatrix} 1+r & 1+r \\ \boldsymbol{D}_1 & \boldsymbol{D}_2 \end{pmatrix} \begin{pmatrix} \boldsymbol{\phi}_1 \\ \boldsymbol{\phi}_2 \end{pmatrix} = \begin{pmatrix} 1 \\ \boldsymbol{p}_0 \end{pmatrix}$$

成立，或者

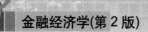

$$(1+r)\phi_1 + (1+r)\phi_2 = 1$$
$$D_1\phi_1 + D_2\phi_2 = p_0$$

现定义：$\pi_1 = (1+r)\phi_1, \pi_2 = (1+r)\phi_2$

由于 $\phi_s > 0$，由上式定义的 π_s 满足一般的概率条件，即

$$0 < \pi_1, \pi_2 < 1, \quad \pi_1 + \pi_2 = 1$$

从而，可以将 π_s 解释为状态 s 出现的"概率"，上述第二个等式 $D_1\phi_1 + D_2\phi_2 = p_0$ 左边乘以 $\frac{1+r}{1+r}$ 后可变为

$$\frac{1}{1+r}(\pi_1 D_1 + \pi_2 D_2) = p_0$$

由于 $\frac{1}{1+r}$ 是无风险贴现因子，上式的一种自然解释为：风险资产现在的价格等于其未来"平均价格"(按上面定义的"概率"计算)的贴现值。这里 π_s 事实上并不是状态 s 发生的真实概率或者投资者估计的主观概率，仅仅是按前述定义给方程组的概率。

以上述这种方式定义的 π_s 为状态 s 的风险中性概率(Riskneutral Probabilities)。利用风险中性概率，风险资产的当前价格可以通过计算其未来的期望收益，再以无风险利率进行贴现得到。

上述分析可以推广到一般情形。只要经济中存在无风险资产，将其记为资产 1，记余下的风险资产分别为 $2, \cdots, N$，初始价格分别为 $p_2, \cdots, p_N$。在无套利条件下，存在 $\phi = (\phi_1, \phi_2, \cdots, \phi_S)^T > 0$，使得

$$\begin{pmatrix} 1+r & 1+r & \cdots & 1+r \\ D_{21} & D_{22} & \cdots & D_{2S} \\ \cdots & \cdots & & \cdots \\ D_{N1} & D_{N2} & \cdots & D_{NS} \end{pmatrix} \begin{pmatrix} \phi_1 \\ \phi_2 \\ \vdots \\ \phi_S \end{pmatrix} = \begin{pmatrix} p_1 \\ p_2 \\ \vdots \\ p_N \end{pmatrix}$$

成立，或者

$$\begin{cases} (1+r)\phi_1 + (1+r)\phi_2 + \cdots + (1+r)\phi_S = p_1 \\ \qquad\qquad \cdots\cdots\cdots \\ D_{21}\phi_1 + D_{22}\phi_2 + \cdots + D_{2S}\phi_S = p_2 \\ D_{N1}\phi_1 + D_{N2}\phi_2 + \cdots + D_{NS}\phi_S = p_N \end{cases}$$

风险中性概率定义为

$$\pi_s = (1+r)\phi_s \quad s = 1, 2, \cdots, S$$

按风险中性概率计算的每一种风险资产的期望收益率都相同，有

$$\frac{\sum_{s=1}^{S} \pi_s D_{ns}}{p_n} = 1+r \quad n = 1, \cdots, N$$

相应地，可将风险资产的价格表述为

$$p_n = \frac{1}{1+r} E^\pi[D_n]$$

该公式称为风险中性定价公式，这里 π 称为**风险中性测度**或**均衡价格测度**。

风险中性定价公式表明，风险资产的价格是它在风险中性测度 π 下的期望收益对无风险利率的折现。

因此，资产定价基本定理可表述为：如果存在一个每一分量均为正值的状态价格或均衡价格测度向量，使得风险资产的价格是它在均衡价格测度下的期望收益对无风险利率的折现值，则市场上不存在套利机会。

【例7-3】　在 1 时期，经济有两个概率相等的状态，即 a 和 b。在证券市场中有两种证券 1 和 2，它们的支付和价格如下：

求其风险中性测度及风险中性定价。

【解】证券 1 是无风险债券，因为价格是 1，未来支付也为 1，所以其收益率 $r=0$。证券 2 是有风险债券，不同状态下的支付是不同的。给定两个状态发生的概率，证券 2 的期望支付为 1，与证券 1 的期望支付相同。两证券的收益矩阵为

$$\boldsymbol{D} = \begin{pmatrix} 1 & 2 \\ 1 & 0 \end{pmatrix}$$

价格向量为：$\boldsymbol{p} = \left[1; \frac{1}{2}\right]$，设 $\boldsymbol{\phi} = [\phi_a; \phi_b]$，令 $\boldsymbol{D}^{\mathrm{T}}\boldsymbol{\phi} = \boldsymbol{p}$，可得方程组：

$$\begin{cases} \phi_a + \phi_b = 1 \\ 2\phi_a = \dfrac{1}{2} \end{cases}$$

因此，状态价格 $\phi_a = \frac{1}{4}, \phi_b = \frac{3}{4}$，方程有正解，市场中不存在套利空间。

由风险中性概率的定义得：$\pi_s = (1+r)\phi_s$。又 $r=0$，$\phi_a = \frac{1}{4}$，$\phi_b = \frac{3}{4}$，因此可得风险中性测度：

$$\pi_a = \frac{1}{4}, \quad \pi_b = \frac{3}{4}$$

由风险中性定价公式：

$$p_n = \frac{1}{1+r} E^\pi[D_n]$$

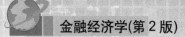

$$= \frac{1}{1+r} \sum_{s=1}^{S} \pi_s D_{ns} \qquad n = 1, 2, \cdots, N$$

有

$$p_1 = \frac{1}{1+r} \sum_{s=1}^{2} \pi_s D_{1s} = \frac{1}{4} \times 1 + \frac{3}{4} \times 1 = 1$$

$$p_2 = \frac{1}{1+r} \sum_{s=1}^{2} \pi_s D_{2s} = \frac{1}{4} \times 2 + \frac{3}{4} \times 0 = \frac{1}{2}$$

因此，风险中性定价 $\boldsymbol{p} = \left(1 \quad \dfrac{1}{2} \right)^{\mathrm{T}}$。

【例 7-4】 假设某个市场中有 3 个证券 A、B 和 C，其当前的价格和未来的支付如下：

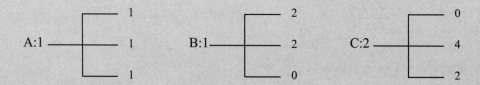

求其风险中性测度及风险中性定价。

【解】 证券 A 是无风险债券，因为价格是 1，未来支付也为 1，所以其收益率 $r = 0$。证券 B 和证券 C 都是有风险证券，不同状态下的支付是不同的。由已知得出 3 种证券的支付矩阵为

$$\boldsymbol{D} = \begin{pmatrix} 1 & 2 & 0 \\ 1 & 2 & 4 \\ 1 & 0 & 2 \end{pmatrix}$$

价格向量为：$\boldsymbol{p} = \begin{pmatrix} 1 \\ 1 \\ 2 \end{pmatrix}$，设 $\boldsymbol{\phi} = \begin{pmatrix} \phi_1 \\ \phi_2 \\ \phi_3 \end{pmatrix}$，令 $\boldsymbol{D}^{\mathrm{T}} \boldsymbol{\phi} = \boldsymbol{p}$，即

$$\begin{pmatrix} 1 & 1 & 1 \\ 2 & 2 & 0 \\ 0 & 4 & 2 \end{pmatrix} \begin{pmatrix} \phi_1 \\ \phi_2 \\ \phi_3 \end{pmatrix} = \begin{pmatrix} 1 \\ 1 \\ 2 \end{pmatrix}$$

解得：

$$\phi_1 = \phi_2 = \frac{1}{4}, \quad \phi_3 = \frac{1}{2}$$

方程组有正解，所以市场不存在套利机会。

由风险中性概率的定义得：$\pi_s = (1+r)\phi_s$。又 $r=0$，$\phi_1 = \phi_2 = \dfrac{1}{4}$，$\phi_3 = \dfrac{1}{2}$，因此可得风险中性测度为

$$\pi_1 = \pi_2 = \frac{1}{4}, \quad \pi_3 = \frac{1}{2}$$

由风险中性定价公式

$$p_n = \frac{1}{1+r} E^{\pi}[D_n]$$

$$= \frac{1}{1+r} \sum_{s=1}^{S} \pi_s D_{ns} \quad n = 1,2,\cdots,N$$

代入数据，得

$$p_n = \pi_1 D_{n1} + \pi_2 D_{n2} + \pi_3 D_{n3}$$

$$= \frac{1}{4}\begin{pmatrix} 1 \\ 2 \\ 0 \end{pmatrix} + \frac{1}{4}\begin{pmatrix} 1 \\ 2 \\ 4 \end{pmatrix} + \frac{1}{2}\begin{pmatrix} 1 \\ 0 \\ 2 \end{pmatrix} = \begin{pmatrix} 1 \\ 1 \\ 2 \end{pmatrix}$$

因此风险中性定价 $\boldsymbol{p} = \begin{pmatrix} \dfrac{3}{4} & \dfrac{5}{4} & \dfrac{5}{4} \end{pmatrix}^{\mathrm{T}}$。

【定义 7-2】　如果一个随机过程，$z_1, z_2, \cdots$ 现在的值恒等于其未来值的条件期望：$z_t = E_t[z_{t+1}]$，那么称之为鞅。

风险中性定价公式所表述的是，以证券价格为计量单位，证券价格在风险中性测度 π 下是鞅。因此风险中性测度又叫**等价鞅测度**。

本 章 小 结

(1) 资产就是在未来能够带给投资者收益的物品或契约。资产可分为实物资产和金融资产。

(2) 资产的投资特征：
①不管是实物资产还是金融资产，都具有收益的特征；
②资产具有风险特征；
③资产的投资特征表现为资产收益对不同风险因素的敏感性；
④资产的流动性。

(3) 资产选择行为主要分为消费的资产选择行为和投资中的资产选择行为。

(4) 资本市场一价定律。两个具有相同支付的证券(证券组合)的价格必相同。

(5) 资产定价基本定理：当且仅当存在一个每一分量都为正值的 S 维向量 $\boldsymbol{\phi}$，使得

$p = D^{\mathrm{T}}\phi$ 时，经济中不存在套利机会。

市场是否有套利机会，变成一个线性方程组是否有正解。

(6) 资产定价公式可以表示为 $p_n = \dfrac{1}{1+r} E^{\pi}[D_n]$，又称为风险中性定价公式，其中 π 是由价格定义的风险中性测度。

(7) 以证券价格为计量单位，证券价格在风险中性测度 π 下是鞅。因此，风险中性测度又叫等价鞅测度。

实 训 课 堂

基本案情：

经济在 1 时期有 4 个可能状态。在市场中有 5 只可交易证券，它们的支付矩阵 X 如下：

$$X = \begin{bmatrix} 1 & 1 & 0 & 0 & 0 \\ 1 & 2 & 1 & 0 & 0 \\ 1 & 3 & 2 & 1 & 0 \\ 1 & 4 & 3 & 2 & 1 \end{bmatrix}$$

思考讨论题：

1. 市场是完全的吗？如果是，证明之。

2. 状态价格向量是否存在且唯一？如果存在且唯一，给出它的值。

3. 市场上是否存在冗余证券？给出证明。

4. 选择一组足以保证市场完全的复合证券。把每一只阿罗-德布鲁证券都表示成这些证券的组合。称这些组合为状态或有组合。

5. 用状态或有组合把任一由 5 只交易证券组成的组合表示出来。

6. 假设 5 只交易证券的价格分别为 1、2、1.5、1、0.5，则在这样的价格和支付下存在套利机会吗？

7. 在 6 的假设下，你能构建第 1、2 及 3 类套利机会吗？

分析要点：

要证明市场是否完全，则要看独立支付的证券数量是否等于状态数。

是否存在冗余证券则要看市场中是否存在一只证券可以由其他证券复制而成。

根据套利定义来求解第 6 题和第 7 题。

复习思考题

一、基本概念

实物资产　金融资产　资产定价基本定理　风险中性测度(鞅测度)

二、单项选择题

1. 请据此回答以下第 3 题。

市场中存在以下 4 种证券。　　　　价格分别为

$z_1 = (110 \quad 100 \quad 0)$　　　　$p_1 = 160$

$z_2 = (110 \quad 0 \quad 0)$　　　　$p_2 = 110$

$z_3 = (100 \quad 0 \quad 100)$　　　　$p_3 = 300$

$z_4 = (90 \quad 90 \quad 100)$　　　　$p_4 = 335$

当一阶定律成立时，风险中性概率为：(　　)。

  A. $(1/7 \quad 2/7 \quad 4/7)$ B. $(4/7 \quad 2/7 \quad 1/7)$

  C. $(2/7 \quad 4/7 \quad 1/7)$ D. $(2/7 \quad 1/7 \quad 4/7)$

三、简述题

1. 资产的投资特征具体指什么？
2. 影响投资者资产选择行为的因素有哪些？

第八章 资产组合理论

【学习要点及目标】

- 掌握两资产模型下的最优资产组合的推导过程。
- 掌握风险资产风险溢价及其对经济主体资产组合中风险资产投资量的影响。
- 掌握两资产模型下经济主体最优资产组合的性质：即经济主体财富水平、无风险资产收益率、风险资产预期收益率和风险程度等因素变化对最优资产组合的影响。

【核心概念】

两资产模型　风险溢价　模型最优资产组合　无风险资产收益率　风险资产收益率无风险资产　风险资产　风险溢价

【引导案例】

解读巴菲特最新投资组合

"在别人恐惧时贪婪，在别人贪婪时恐惧"——这是 2004 年伯克希尔·哈撒韦基金公司主席兼 CEO 巴菲特在给股东的信中阐述他的投资哲学。在次贷风波的冲击下，全球许多市场仍处于动荡中，投资者诚惶诚恐。这是否又是一次"在别人恐惧时贪婪"的绝好投资机会呢？

晨星分析师贾斯廷·富勒(Justin Fuller)最近对巴菲特组合进行了研究，他一向认为，巴菲特和他在 GEICO(一家汽车保险公司)的同事劳·斯普森(Lou Simpson)的投资业绩都给人留下了深刻的印象；同时，他们的投资组合里新增加的或者减少的持仓都可以给投资者很多启迪。通过对巴菲特投资组合的最新解读，希望能够和投资者共同分享巴菲特投资理念那些闪光的金子。

1. 新增的股票持仓

在巴菲特最近的投资组合中增加了很多公司，其中最为重要、最体现巴菲特投资理念的，是很多新增的持仓都集中在金融部门。而美国金融部门是最近受次级债影响最大的部门，导致几家美国最大的金融公司的 CEO 下台。至今，投资者因为对结构性抵押市场的产品(如担保债券凭证 CDOs)的信用和流动性会继续侵蚀这些金融巨头的盈利的担忧而继续对金融类股票避而远之。在这个敏感的时刻巴菲特并未大举重仓金融股，但他确实增加了一些高质量银行股的持仓，包括美洲银行(Bank of America)、美国合众银行(US Bancorp)和富国银行(Wells Fargo)。

晨星分析师认为，目前处于困境的银行部门恰恰是市场上最有吸引力的投资机会。对于美洲银行和美国合众银行，晨星都给予五星级的股票投资评级，因为这些拥有健康的资产负债表的金融巨头，将作为市场更强有力的竞争者在市场动荡中度过危机。巴菲特另一个增加持仓的富国银行，也获得了晨星四星级的投资评级。

巴菲特同时也增加了对庄臣公司(Johnson & Johnson)、道·琼斯公司(Dow Jones)、联合健康集团(UnitedHealth Group)、威尔邦公司(WellPoint)和铁路公司伯灵顿北方圣大非公司(Burlington Northern Santa Fe)的持仓。在这些公司中，庄臣公司维持了晨星对其五星级投资评级。晨星分析师达米安·康奥佛(Damien Conover)相信庄臣公司虽然目前遇到逆境，但在长期中仍然会给投资者带来乐观的回报。同时，庄臣公司也是晨星消费品股票精选的核心股票之一。在今年3季度的季报中，庄臣公司销售额同比增长了13%，其中的3%来自汇兑方面的收益，这样的增长速度在消费品行业颇为强劲。增加的销售额有多达43%来自对辉瑞制药消费品业务的收购。该公司的神经类药物和安定药物都有着良好的市场表现，而医疗设备部门的销售额达到了52亿美元，同比增长了6%，主要得益于眼科护理和整形外科设备的销售增长。

2. 减少的股票持仓

广为市场关注的是，巴菲特在3季度卖掉了手中所有的中石油股票。同时，组合中的另外两只股票泰科国际(Tyco International)和西部联合(Western Union)也进行了清仓。另一只巴菲特长期投资的股票服务大师(Service Master)在3季度的一次私募股权交易中卖掉了。与此同时，巴菲特在一系列的股票进行了大幅的减仓，包括美国标准公司(American Standard)、Ameriprise Financial 公司、耐克公司(Nike)。对于两只铁路股票——Nortfolk Southern 和太平洋联合铁路(Union Pacific)，巴菲特进行了适度的减仓。

3. 巴菲特的"五星"战略

到目前为止，巴菲特的投资组合里有16只股票获得了晨星五星级的投资评级，意味着晨星认为这16只股票长期能为投资者提供良好的回报。动荡的市场里巴菲特组合如此多的五星评级并不让晨星感到惊讶，晨星分析师认为，虽然市场还处于动荡中，但那些耐心而且有远见的投资者将获益匪浅。巴菲特投资组合的3只消费品的股票美国运通(American Express)、庄臣公司(Johnson & Johnson)和沃尔玛都获得了晨星的五星级投资评级，并落在晨星消费品股票精选池里。尽管遭受次级贷的冲击，美国运通在3季度的净收入仍然增长了10%，得益于运通公司在其4个主要业务部门的3个都取得了超过两位数的增长。运通公司拥有良好的财务数据，今年的股东权益回报率按前3季度估算高达38%，属于金融服务公司中最高级别的。运通公司良好的业绩一方面来自它全球营运网络的高效和海运贸易部门，去年该部门赚取了25%的利润率，其净资产回报率高达85%。

4. 引发的思考

巴菲特的信徒是如此之多，使得不少中国的投资者也在问："现在该是贪婪的时候了吗？"笔者认为，当前的国内市场和美国市场不尽相同。首先，美国市场的动荡来自次贷危机的冲击，而中国受次贷危机的影响并不大，中国市场最近的大幅动荡很大程度上来自对市场估值过高的担忧和政府的紧缩调控政策。另外，在市场的有效性和公司治理上，美国股票市场仍然要远远优于中国，虽然后者近年在价值投资和公司治理方面取得进步。最后是公司的基本面，我们看到巴菲特增加持仓的股票都有着良好的财务状况，其竞争力和盈利能力长期来说仍然值得推荐。因此，投资者无论选择"贪婪"与否，都不应当是机械地引用。

(资料来源：上海证券报，2007.11)

【案例导学】

资产组合的选择是金融投资决策的基本问题。一般来说，投资者进行投资时所追求的目标是收益尽可能大并且风险尽可能小，这意味着投资者在追求预期收益最大化的同时，也在寻求收益不确定性的最小化。资产组合会把非系统性风险降到最低甚至为零，投资者进行投资会选择在资产组合上而不是单一的资产上。然而，证券市场上资产组合的种类是无限的，投资者究竟如何选择资产组合才能获得最大收益，这要取决于多种因素，如投资者的风险态度、组合风险规避的程度等。

尽管在现实生活中存在一些对理性的投资者来说应当遵循的一般性规律，但在金融市场中，并不存在一种对所有投资者来说都是最佳的投资组合或投资组合的选择策略，原因如下。

(1) 投资者的具体情况。

(2) 投资周期的影响。

(3) 对风险的厌恶程度。

(4) 投资组合的种类。

究竟投资者如何选择投资组合呢？本章讨论金融经济学的基本主题之一——最优证券组合的选择问题。主要介绍了两资产模型下(一项无风险资产和一项有风险资产)的最优投资组合。

第一节　两资产模型下的最优资产组合选择

前面章节讨论了参与者偏好的性质，现在考虑他们的消费/投资组合问题。进一步引出两资产模型下的最优资产组合选择，两资产模型揭示了证券组合选择问题同决策主体的财富关系：如果人们的初始财富是严格正的，证券组合的选择问题可以由一个线性规划问题解决。接下来讨论两资产模型下经济主体最优资产组合的性质：经济主体财富水平、无风险资产收益率、风险资产预期收益率和风险程度等因素变化对最优资产组合的影响。

记秩为 N 的交易证券的支付矩阵为 $\boldsymbol{D}$，相应的价格向量为 $\boldsymbol{p}$。每一参与者的优化问题可以写成

$$\max_{\theta} u_0(\boldsymbol{c}_0) + \sum_{s=1}^{S} \pi_s u_1(\boldsymbol{c}_{1s}) \tag{8-1}$$

s.t. $\quad \boldsymbol{c}_0 = \boldsymbol{e}_0 - \boldsymbol{p}^{\mathrm{T}}\theta$

$\quad\quad \boldsymbol{c}_1 = \boldsymbol{e}_1 + \boldsymbol{D}\theta$

$\quad\quad \boldsymbol{c}_0, \boldsymbol{c}_1 \geq 0$

式(8-1)的解 θ 给出了参与者的最优消费和组合的选择。这里与第六章中式(6-1)的优化问题是一致的。

为方便起见，考虑最优消费/投资组合选择问题的一个等价表述，即把最优消费/投资组合选择问题分解成两个部分：一是求解给定储蓄水平下的最优组合选择；二是求解最优消费/储蓄问题，即权衡当前消费得到的效用以及未来消费得到的期望效用，而未来消费是根据选择的最优组合得到的。

记组合 θ 的价值为

$$\boldsymbol{w} \equiv \boldsymbol{e}_0 - \boldsymbol{c}_0 = \boldsymbol{p}^{\mathrm{T}}\theta$$

显然，$\boldsymbol{w}$ 是在 0 时期，参与者将要投资于证券组合的储蓄，则式(8-1)给出的完整的消费/组合选择问题可以写成下面的形式，即

$$\max_{w}\{u_0(\boldsymbol{e}_0 - \boldsymbol{w}) + \max_{\{\theta:\, \boldsymbol{p}^{\mathrm{T}}\theta=w\}} E[u_1(\tilde{\boldsymbol{e}}_1 + \tilde{\boldsymbol{D}}\theta)]\}$$

其中，$\tilde{\boldsymbol{D}} = [\tilde{\boldsymbol{D}}_1, \cdots, \tilde{\boldsymbol{D}}_N]$，是 N 交易证券的随机支付行矢量。只要求出

$$\max_{\{\theta:\, \boldsymbol{p}^{\mathrm{T}}\theta=w\}} E[u_1(\tilde{\boldsymbol{e}}_1 + \tilde{\boldsymbol{D}}\theta)] \tag{8-2}$$

求解最优消费/储蓄问题就简单了。本章大部分内容主要讨论组合选择问题式(8-2)。为了简化组合选择问题，假定 $\tilde{\boldsymbol{e}}_1 = 0$，这意味着参与者的禀赋只包括当前消费以及对交易证券的持有，不包括任意形式的将来消费。另外为了简便，忽略了时间指标 1。因此，式(8-2)可以简化为

$$\max_{\{\theta:\, \boldsymbol{p}^{\mathrm{T}}\theta=w\}} E[u(\tilde{\boldsymbol{D}}\theta)]$$

当存在无风险证券时，最优组合选择问题还可以进一步简化。

现假定经济主体效用函数为单调递增和二阶可导的 VNM 效用函数 $u(.)$，其初始禀赋为 W_0。经济中存在一项收益率为 R_{f} 的无风险资产和随机收益为 $\tilde{R}$ 的风险资产(这里的风险资产可以是多项风险资产的组合，也可以是一项有风险资产的组合)。

1. 多项有风险资产与单项无风险资产

首先分析一下多项有风险资产和一项无风险资产的组合情况。这里假设一种无风险资产和多种有风险资产的经济，风险资产的风险溢价是严格正的，严格风险厌恶经济人认为多严格偏好于少(即该个体具有严格递增的效用函数)。考虑风险厌恶经济人的投资组合选择问题。

假定现在市场上有 N 种资产，前 $N-1$ 种资产是有风险资产，第 N 种资产是无风险资产，已知无风险资产收益率为 R_f，设经济人初始财富为 W_0，以 a_n 表示投资于风险资产 n 的财富，记 $a_n = \theta_n p_n$ $(n = 1, \cdots, N-1)$，以 a_0 表示投资于无风险资产的财富，则他投资于无风险资产上的财富为 $\left(W_0 - \sum_{n=1}^{N-1} a_n \right)$。定义证券 n $(n = 1, \cdots, N-1)$ 的总收益率为

$$\tilde{R}_n = \frac{\tilde{D}_n}{p_n}$$

则他的投资收益 $\tilde{W}$ 为

$$\tilde{W} = \sum_{n=1}^{N} \theta_n \tilde{D}_n = \sum_{n=1}^{N} a_n \tilde{R}_n$$
$$= \sum_{n=1}^{N} a_n (R_f + \tilde{R}_n - R_f)$$
$$= \sum_{n=1}^{N} a_n R_f + \sum_{n=1}^{N} a_n (\tilde{R}_n - R_f)$$

由于第 N 种资产为无风险资产，因此 $\sum_{n=1}^{N} a_n (\tilde{R}_n - R_f) = \sum_{n=1}^{N-1} a_n (\tilde{R}_n - R_f)$

$$\tilde{W} = \sum_{n=1}^{N} a_n R_f + \sum_{n=1}^{N-1} a_n (\tilde{R}_n - R_f)$$
$$= W_0 R_f + \sum_{n=1}^{N-1} a_n (\tilde{R}_n - R_f)$$

这样，经济人的选择问题是

$$\max_{a_n} E \left[u \left(W_0 R_f + \sum_{n=1}^{N-1} a_n (\tilde{R}_n - R_f) \right) \right]$$

假设上式存在解。因为效用函数 $u(\cdot)$ 是凹的，则一阶必要条件也是充分条件，即对于任意 $n = 1, \cdots, N$。

作为最优解的经济主体最优资产组合满足一阶条件：

$$\frac{\partial}{\partial a_n} E[u(\tilde{W})] = 0$$

由微积分中积分与求导的顺序关系可知

$$E \left[\frac{\partial [u(\tilde{W})]}{\partial a_n} \right] = 0$$

即

$$E(u'(\tilde{W})(\tilde{R}_n - R_f)) = 0$$

因为效用函数 $u(\cdot)$ 是严格递增的，即 $u'(W) > 0$，而 $E(u'(\tilde{W})(\tilde{R}_n - R_f)) = 0$，所以，

$\tilde{R}_n - R_f > 0$ 的概率 $P\{\tilde{R}_n - R_f > 0\}$ 属于 $(0,1)$，$\tilde{R}_n - R_f < 0$ 的概率 $P\{\tilde{R}_n - R_f < 0\}$ 也属于 $(0,1)$。即在一些可能的情况下，风险资产的收益率 $\tilde{R}_n$ 必须大于无风险资产的收益率 R_f，而在另一些可能的情况下，风险资产的收益率 $\tilde{R}_n$ 必须小于无风险资产的收益率 R_f，否则，如果在所有可能的情况下，风险资产的收益率 $\tilde{R}_n$ 都大于或都小于无风险资产的收益率 R_f，则 $(\tilde{R}_n - R_f)$ 就是一个套利组合。

由此可以看出，对于一个风险厌恶和严格偏好多而厌恶少的经济人，当且仅当至少一种风险资产收益率大于无风险资产利息率且至少一种风险资产收益率小于无风险资产利息率时，经济人才会进行有风险的投资。如果所有风险资产收益率大于无风险资产利息率，经济人将会把其所有财富投资于风险资产以获得最大收益。如果所有风险资产收益率小于无风险资产利息率，经济人将会把其所有财富投资于无风险资产以避免损失。

2. 一项有风险资产与一项无风险资产

下面讨论两项证券模型的最优证券组合。假设经济中只有一项有风险资产和一项无风险资产，风险资产的收益率为 R，无风险资产的收益率为 R_f。假定它们之间的差 $(R - R_f)$ 是非零的，这个差值就是风险证券的超额收益率。

在两证券模型的分析中，用投资于各项资产的财富量来描述一个预算上可行的证券组合，而不是对各项资产的持有比例。经济主体将其初期禀赋全部投资于这两个资产。设其初始财富为 W_0 且其严格为正，其中，在风险资产的投资为 α，则无风险资产的投资为 $W_0 - \alpha$。根据上面的分析可以得到经济主体的投资收益 $\tilde{W}$ 为

$$\tilde{W} = (W_0 - \alpha)R_f + \alpha\tilde{R} = W_0 R_f + \alpha(\tilde{R} - R_f)$$

其效用函数为

$$u(\tilde{W}) = u(W_0 R_f + \alpha(\tilde{R} - R_f)) \tag{8-3}$$

在上述假设条件下，经济主体面临的组合选择问题为

$$\max_{\alpha} \quad E[u(\tilde{W})]$$

$$\text{s.t.} \quad \tilde{W} = W_0 R_f + \alpha(\tilde{R} - R_f) \geqslant 0$$

作为最优解的经济主体最优资产组合满足一阶条件，即

$$\frac{\partial}{\partial \alpha} E[u(\tilde{W})] = 0$$

由微积分中积分与求导的顺序关系可知

$$E\left[\frac{\partial[u(\tilde{W})]}{\partial \alpha}\right] = 0$$

进一步

$$E[u'(\tilde{W})(\tilde{R} - R_f)] = 0 \tag{8-4}$$

令 $u = E(\tilde{R})$，则约束条件 $\tilde{W} = W_0 R_f + \alpha(\tilde{R} - R_f)$ 可改写为

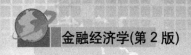

$$\tilde{W} = W_0 R_f + \alpha(\tilde{R} - u) + \alpha(u - R_f)$$

这里，$\tilde{R} - u$ 为一公平博弈，而 $u - R_f$ 则是个体承担风险 $\tilde{R} - u$ 所获得的补偿，称其为风险资产的风险溢价(Risk Premium)。

把式子 $\tilde{W} = W_0 R_f + \alpha(\tilde{R} - R_f)$ 代入式(8-4)，上述最优投资组合的一阶条件可改写为

$$E\{u'[W_0 R_f + \alpha(\tilde{R} - R_f)](\tilde{R} - R_f)\} = 0$$

如果风险 $E[(\tilde{R} - R_f)^2]$ 较小，在等式左边 $W_0 R_f$ 附近按泰勒展开式展开，即对 $u'[W_0 R_f + \alpha(\tilde{R} - R_f)]$ 在 $W_0 R_f$ 处按泰勒公式展开，有

$$u'[W_0 R_f + \alpha(\tilde{R} - R_f)]$$
$$= u'(W_0 R_f) + \alpha u''(W_0 R_f)(\tilde{R} - R_f) + o(\alpha(\tilde{R} - R_f))$$
$$\approx u'(W_0 R_f) + \alpha u''(W_0 R_f)(\tilde{R} - R_f)$$

因此

$$E\{u'[W_0 R_f + \alpha(\tilde{R} - R_f)]\}$$
$$\approx E\{[u'(W_0 R_f) + \alpha u''(W_0 R_f)(\tilde{R} - R_f)](\tilde{R} - R_f)\}$$
$$= u'(W_0 R_f)E(\tilde{R} - R_f) + \alpha u''(W_0 R_f)E[(\tilde{R} - R_f)^2]$$
$$= 0$$

在此方程中求出

$$\alpha \approx -\frac{u'(W_0 R_f)E(\tilde{R} - R_f)}{u''(W_0 R_f)E[(\tilde{R} - R_f)^2]}$$

由前面的学习知道绝对风险厌恶系数为

$$R_A(W) = -\frac{u''(W)}{u'(W)}$$

因此在此方程中求出 α 为

$$\alpha \approx \frac{l}{R_A(W_0 R_f)E[(\tilde{R} - R_f)^2]} \tag{8-5}$$

$l = E(\tilde{R} - R_f) = E(\tilde{R}) - R_f$ 是风险资产的期望收益与无风险利率之间的差值，叫作**风险溢价或风险贴水**，而 $R_A(W_0 R_f)$ 是个体的绝对风险厌恶系数。

这里定义的风险溢价与前述的风险溢价的区别如下。

(1) 这里的风险溢价是投资者选择风险资产时获得的补偿，而前述的风险溢价是个体为回避风险而愿意支付的保险费。

(2) 在第五章，个体在支付风险溢价 p 后与他承受风险的场合处于同一效用水平，而这里个体在接受风险资产和风险溢价补偿后，将比他只投资无风险资产获得更高的效用。

如果一只风险证券的风险溢价是 0，那么这只证券的定价是保险统计意义上公平的。这意味着这只风险证券的超额收益率是一个公平博弈(即一个预期值为 0 的随机变量)。如果讨论的这只风险证券的风险溢价是零，那么一个风险中性的投资者对所有的投资组合的偏好

都是无差异的；如果风险证券的风险溢价不为零，并且对投资者的消费没有任何限制，那么这个风险中性的投资者的最优投资计划将是不存在的。

由式(8-5)可以看出，风险资产的投资数量与风险资产的风险溢价、经济主体的风险厌恶程度(绝对风险厌恶系数)及风险资产的风险有关。下一节将考察人们的最优资产投资组合是如何依赖于财富水平、经济中的无风险收益率、风险证券的预期收益率及风险程度差异的。

【例 8-1】 假设你必须将 w 投资于两只证券，一只无风险证券和一只风险证券。无风险债券的收益率为 R_f。风险证券的收益率为 $\tilde{R}$，它的均值为 $\overline{R}$，而方差为 σ^2。假设目标就是最大化你的二次效用函数的期望值，即

$$E\left[\tilde{w} - \frac{1}{2}a\tilde{w}^2\right]$$

(1) 求解最优组合。

(2) 讨论最优组合如何依赖于股票和债券的期望收益率 R_f 和 $\overline{R}$、股票收益率的波动率 σ 及偏好系数 a。为这些依赖关系提供经济解释。

【解】(1) 假设投资于股票的资产比例为 x，那么有

$$\tilde{w} = w(R_f + x(\tilde{R} - R_f))$$

参与者的优化问题为

$$\max_x E\left(w(R_f + x(\tilde{R} - R_f)) - \frac{1}{2}aw^2(R_f + x(\tilde{R} - R_f))^2\right) \tag{8-6}$$

求解过程如下。

对式(8-6)中 x 一阶求导：

$$E[w(\tilde{R} - R_f) - aw^2(\tilde{R} - R_f)(R_f + x(\tilde{R} - R_f))] = 0$$

$$wE(\tilde{R} - R_f) - aw^2 R_f E(\tilde{R} - R_f) - aw^2 x E(\tilde{R} - R_f)^2 = 0$$

$$x = \frac{E(\tilde{R} - R_f)(1 - awR_f)}{awE(\tilde{R} - R_f)^2}$$

而

$$E(\tilde{R}) = \overline{R}, \quad \sigma^2 = D(\tilde{R}) = E(\tilde{R}^2) - (E(\tilde{R}))^2 = E(\tilde{R}^2) - \overline{R}^2$$

因此，

$$x = \frac{(\overline{R} - R_f)(1 - awR_f)}{aw(\sigma^2 + (\overline{R} - R_f)^2)}$$

(2) x 随着 $\overline{R}$ 的增加而增加，随着 R_f、σ^2、a 的增加而减小。股票的期望收益率增加使得股票的需求增加，而无风险收益率增加使得债券的需求增加。σ^2 增大，股票的风险变大，对股票的需求变小；最后，a 增大表明参与者更加厌恶风险，因而对股票的需求减小。

【例 8-2】 考虑与例 8-1 一样的问题，不过现在假设效用函数具有常数绝对风险厌恶系数：

$$E[-e^{-a\tilde{w}}]$$

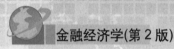

另外，假设股票收益率 $\tilde{R}$ 是正态分布的。

(1) 求解最优组合。

(2) 讨论最优组合如何依赖于股票和债券的期望收益率 r_F 和 $\bar{r}$、股票收益率的波动率 σ 及偏好系数 a。为这些依赖关系提供经济解释。

【解】(1) 假设投资于股票资产比例为 x，那么有

$$\tilde{w} = w(R_f + x(\tilde{R} - R_f))$$

参与者的优化为

$$\max_{x} E[-e^{-aw\left(R_f + x(\tilde{R} - R_f)\right)}] \tag{8-7}$$

求解得

$$x = \frac{(\bar{R} - R_f)}{aw(\sigma^2 + (\bar{R} - R_d)^2)}$$

(2) x 随着 $\bar{R}$ 的增加而增加，随着 R_f、σ^2、a 的增加而减小。股票的期望收益率增加使得股票的需求增加，而无风险收益率增加使得债券的需求增加。σ^2 增大，股票的风险变大，对股票的需求变小；最后，a 增大表明参与者更加厌恶风险，因而对股票的需求减小。

第二节　最优资产组合的性质

从上述推导出的最优解——经济主体的最优投资组合中可以看出，经济主体风险资产的选择取决于 3 个要素：风险资产的风险溢价水平($E(\tilde{R}) - R_f$)、经济主体的风险厌恶程度 $R_A(W_0 R_f)$ 和风险程度 $E[(\tilde{R} - R_f)^2]$。本节主要讨论了最优证券组合是怎样取决于风险溢价水平、人们的财富状况、无风险收益率及风险收益率的。

首先来看一下风险溢价对最优投资组合的影响。

一、风险溢价与最优资产组合选择

【定理 8-1】 如果一个经济主体是严格风险厌恶的，在风险厌恶程度和风险资产的风险不变的情况下，其投资于风险资产的最优数量是正值、零或负值的充分必要条件是风险资产的风险溢价是正值、零或负值。

即，如果经济主体是严格风险厌恶的，那么：

当且仅当 $E(\tilde{R}) > R_f$ 时 $\alpha > 0$。

当且仅当 $E(\tilde{R}) = R_f$ 时 $\alpha = 0$。

当且仅当 $E(\tilde{R}) < R_f$ 时 $\alpha < 0$。

证明：

方法一：由第一节式(8-5)可知

$$\alpha \approx \frac{l}{R_{\mathrm{A}}(W_0 R_{\mathrm{f}}) E[(\tilde{R} - R_{\mathrm{f}})^2]}$$

而现在风险厌恶程度 $R_{\mathrm{A}}(W_0 R_{\mathrm{f}})$ 和风险资产的风险程度 $E[(\tilde{R} - R_{\mathrm{f}})^2]$ 不变，则 α 的符号取决于风险溢价 $l = E(\tilde{R}) - R_{\mathrm{f}}$ 的符号。

方法二：由第一节可知，效用函数 $u(\tilde{W}) = u(W_0 R_{\mathrm{f}} + \alpha(\tilde{R} - R_{\mathrm{f}}))$。

因为经济主体是严格风险厌恶的，所以效用函数 $u(\cdot)$ 是严格凹的，这意味着效用函数二阶导数小于零，即 $u''(\tilde{W}) < 0$。则 $u'(\tilde{W})$ 是递减函数，随着 $\tilde{W}$ 变大，$u'(\tilde{W})$ 变小；反之亦然。

对效用函数求一阶导数可得

$$u'(\tilde{W}) = u'(W_0 R_{\mathrm{f}} + \alpha(\tilde{R} - R_{\mathrm{f}}))$$

如果 $\alpha > 0$，则 $\tilde{R} - R_{\mathrm{f}}$ 变大，$\tilde{W}$ 随之就变大，$u'(\tilde{W})$ 是递减的，因此 $u'(\tilde{W})$ 变小，由此可得

$$\alpha > 0 \Leftrightarrow \mathrm{cov}[u'(\tilde{W}), \tilde{R} - R_{\mathrm{f}}] < 0$$

如果 $\alpha < 0$，则 $\tilde{R} - R_{\mathrm{f}}$ 变大，$\tilde{W}$ 随之变小，$u'(\tilde{W})$ 是递减的，因此 $u'(\tilde{W})$ 变大，由此可得

$$\alpha < 0 \Leftrightarrow \mathrm{cov}[u'(\tilde{W}), \tilde{R} - R_{\mathrm{f}}] > 0$$

如果 $\alpha = 0$，则 $\tilde{W}$ 与 $\tilde{R} - R_{\mathrm{f}}$ 没有关系，由此可得

$$\alpha = 0 \Leftrightarrow \mathrm{cov}[u'(\tilde{W}), \tilde{R} - R_{\mathrm{f}}] = 0$$

当投资组合选择得到最优解时，必须满足一阶条件 $E[u'(\tilde{W})(\tilde{R} - R_{\mathrm{f}})] = 0$，根据概率论知识 $\mathrm{cov}(x, y) = E[(x - E(x))(y - E(y))] = E(xy) - E(x)E(y)$，可以得到

$$\mathrm{cov}[u'(\tilde{W}), \tilde{R} - R_{\mathrm{f}}] = E[u'(\tilde{W})(\tilde{R} - R_{\mathrm{f}})] - E(u'(\tilde{W}))E(\tilde{R} - R_{\mathrm{f}})$$

因为 $E[u'(\tilde{W})(\tilde{R} - R_{\mathrm{f}})] = 0$，所以 $\mathrm{cov}[u'(\tilde{W}), \tilde{R} - R_{\mathrm{f}}] = -E(u'(\tilde{W}))E(\tilde{R} - R_{\mathrm{f}})$，又因为 $u'(\tilde{W}) > 0$，因此 $E(\tilde{R} - R_{\mathrm{f}}) = E(\tilde{R}) - R_{\mathrm{f}}$ 与 α 的符号相同。

定理 8-1 的含义是，当风险资产的风险溢价为正时，经济主体在风险资产上的投资额为正；当风险资产的风险溢价为 0 时，经济主体在风险资产上的投资额为 0；当风险资产的风险溢价为负时，经济主体在风险资产上的投资额为负。反映了一个风险厌恶者投资于有风险资产时所面临的风险与收益之间的权衡。

当风险资产的风险溢价为 0 时，任何对风险证券的非零投资，都比对预期回报率相同的无风险证券的投资有更大的风险。这意味着最优投资决策必须投资于无风险证券，因此即使在没有经济主体的效用函数可导的情况下，以上定理的这部分也是成立的。

二、财富水平与最优资产组合选择

财富水平对投资组合的影响指的是，当投资者在 $t = 0$ 时期的初始财富 W 变化时，最优投资策略如何变化。财富效应与投资者的风险厌恶密切相关，下面的定理可能会用到与风

险厌恶相关的几个缩写字符，简单介绍如下。

CARA → 常数绝对风险厌恶(Constant Absolute Risk Aversion)。

DARA → 递减绝对风险厌恶(Decreasing Absolute Risk Aversion)。

IARA → 递增绝对风险厌恶(Increasing Absolute Risk Aversion)。

CRRA → 常数相对风险厌恶(Constant Relative Risk Aversion)。

DRRA → 递减相对风险厌恶(Decreasing Relative Risk Aversion)。

IRRA → 递增相对风险厌恶(Increasing Absolute risk Aversion)。

令 $R_A(W)$ 为投资者的绝对风险厌恶，W 为初始财富，这里初始财富是变化的，即 W 是一个变量，假设风险溢价为正，即 $E(\tilde{R}) > R_f$，由定理 8-1 可知，$\alpha > 0$，α 随着 W 的变化而变化，令

$$\alpha(W) = \arg\max E\{u(WR_f + \alpha(\tilde{R} - R_f))\}$$

【定理 8-2】 如果经济主体是严格风险厌恶的，且风险资产的风险溢价为正值，那么，当经济主体的绝对风险厌恶系数是其财富水平的单调递减(递增)函数时，随着财富水平的增加，经济主体最优资产组合中对风险资产的投资增加(减少)；如果个体的绝对风险厌恶系数与财富水平无关，则个体的风险投资与财富水平无关。

定理 8-2 用数学表达式表述。

假设投资者是非厌足和严格风险厌恶的，并且风险资产的风险溢价为正值，则有

$\alpha'(W) = 0$，当且仅当 $R_A'(W) = 0$ (CARA)。

$\alpha'(W) > 0$，当且仅当 $R_A'(W) < 0$ (DARA)。

$\alpha'(W) < 0$，当且仅当 $R_A'(W) > 0$ (IARA)。

证明：这里证明第三种情况，即 $R_A'(W) > 0$ 的情形。

由第一节知道，效用函数 $u(\tilde{W}) = u(WR_f + \alpha(\tilde{R} - R_f))$，最优投资组合的一阶条件可为

$$E\{u'(\tilde{W})(\tilde{R} - R_f)\} = 0$$

等式两边对 W 求导得到

$$E\left\{u''(\tilde{W})(\tilde{R} - R_f)\left[R_f + \frac{d\alpha}{dW}(\tilde{R} - R_f)\right]\right\} = 0$$

上式可以改写为

$$\frac{d\alpha}{dW} = -\frac{R_f E[u''(\tilde{W})(\tilde{R} - R_f)]}{E[u''(\tilde{W})(\tilde{R} - R_f)^2]} \tag{8-8}$$

因为投资者是风险厌恶的，因此 $u'' < 0$，分母是小于零的。下面来分析一下分子，看分子部分是大于零、小于零还是等于零。把分子中一部分写成下面的式子，即

$$E\{u''(\tilde{W})(\tilde{R} - R_f)\} = E\{R_A(\tilde{W})[-u'(\tilde{W})](\tilde{R} - R_f)\}$$

只需要看 $E\{R_A(\tilde{W})[-u'(\tilde{W})](\tilde{R} - R_f)\}$ 的符号即可。

因为假设中风险资产的风险溢价为正值，即 $E(\tilde{R}) > R_f$，由定理 8-1 知道 $\alpha > 0$。当 $\tilde{R} > R_f$ 时，

$$\tilde{W} = WR_f + \alpha(\tilde{R} - R_f) > WR_f$$

因为 $R'_A(W) > 0$，

所以 $R_A[WR_f + \alpha(\tilde{R} - R_f)] > R_A(WR_f)$

又 $u'(\tilde{W}) > 0$，则 $-u'(\tilde{W}) < 0$，因此，

$$R_A(\tilde{W})[-u'(\tilde{W})](\tilde{R} - R_f) < R_A(WR_f)[-u'(\tilde{W})](\tilde{R} - R_f)$$

当 $\tilde{R} < R_f$ 时，

$$\tilde{W} = WR_f + \alpha(\tilde{R} - R_f) < WR_f$$

因为 $R'_A(W) > 0$，

所以 $R_A[WR_f + \alpha(\tilde{R} - R_f)] < R_A(WR_f)$

由非厌足性知 $u'(\tilde{W}) > 0$，则 $-u'(\tilde{W}) < 0$，但是 $\tilde{R} - R_f < 0$，因此

$$R_A(\tilde{W})[-u'(\tilde{W})](\tilde{R} - R_f) < R_A(WR_f)[-u'(\tilde{W})](\tilde{R} - R_f)$$

由于 $\tilde{R}$ 是随机变量，且 $E(\tilde{R}) - R_f > 0$，所以 $\text{prob}(\tilde{R} \neq R_f) > 0$，即不会出现 $\tilde{R} \equiv R_f$，又因为只要 $\tilde{R} \neq R_f$，就有

$$R_A(\tilde{W})[-u'(\tilde{W})](\tilde{R} - R_f) < R_A(WR_f)[-u'(\tilde{W})](\tilde{R} - R_f)$$

因此，得出

$$E\{R_A(\tilde{W})[-u'(\tilde{W})](\tilde{R} - R_f)\} < E\{R_A(WR_f)[-u'(\tilde{W})](\tilde{R} - R_f)\} = -R_A(\tilde{W}R_f)E[u'(\tilde{W})(\tilde{R} - R_f)]$$

又 $E\{u'(\tilde{W})(\tilde{R} - R_f)\} = 0$，因此，

$$E\{R_A(\tilde{W})[-u'(\tilde{W})](\tilde{R} - R_f)\} < 0$$

所以 $E\{u''(\tilde{W})(\tilde{R} - R_f)\} = E\{R_A(\tilde{W})[-u'(\tilde{W})](\tilde{R} - R_f)\} < 0$

式(8-8)中的分子也小于零。

$$\frac{\mathrm{d}\alpha}{\mathrm{d}W} = -\frac{R_f E[u''(\tilde{W})(\tilde{R} - R_f)]}{E[u''(\tilde{W})(\tilde{R} - R_f)^2]} < 0$$

$\alpha'(W) < 0$，当且仅当 $R'_A(W) > 0$。

因此，在以上定理假设的条件下，风险证券是一种正常商品，随着财富的增加，人们投资于风险证券的价值将会增加；随着财富的减少，人们投资于风险证券的价值将会减少。同理推得：如果投资者是严格风险厌恶且其绝对风险厌恶系数是递增的，那么最优投资组合中的风险证券是一种劣等商品。即随着财富的增加，投资于风险证券的价值将会减少。

同理可证明 CARA 和 DARA 的情况。

在第五章定义了相对风险厌恶系数为 $R_R(W) = -\dfrac{u''(W)W}{u'(W)} = -\dfrac{\mathrm{d}u'}{u'} / \dfrac{\mathrm{d}W}{W}$，是效用函数变化率 u' 对财富 W 变化的负弹性。现在定义 α 对财富的弹性，即最优投资策略组合相对于初始

财富变化的弹性,描述当投资增加1%时,风险资产上的投资会增加百分之几。

令 $e(W) = \dfrac{W}{\alpha}\dfrac{\mathrm{d}\alpha}{\mathrm{d}W}$ 刻画风险资产的相对投资倾向。

【定理8-3】 如果经济主体是严格风险厌恶的,且风险资产的风险溢价为正值,那么,当经济主体的相对风险厌恶系数是其财富水平的单调递减(递增)函数时,随着财富水平的增加,经济主体最优资产组合中对风险资产投资额的比例将增加(降低)。

定理8-3用数学表达式表述。

假设投资者是非厌足和严格风险厌恶的,并且风险资产的风险溢价为正值,则有:

$e(W) = 1$,当且仅当 $R'_{\mathrm{R}}(W) = 0$(CRRA)。

$e(W) > 1$,当且仅当 $R'_{\mathrm{R}}(W) < 0$(DRRA)。

$e(W) < 1$,当且仅当 $R'_{\mathrm{R}}(W) > 0$(IRRA)。

证明:这里证明第三种情况,即 $R_{\mathrm{R}}{}'(W) > 0$ 的情形。

由一阶条件和定义,有

$$e(W) = \frac{W}{\alpha}\frac{\mathrm{d}\alpha}{\mathrm{d}W} = -\frac{WR_{\mathrm{f}}E[u''(\tilde{W})(\tilde{R}-R_{\mathrm{f}})]}{\alpha(W)E[u''(\tilde{W})(\tilde{R}-R_{\mathrm{f}})^2]}$$

$$e(W) - 1 = -\frac{WR_{\mathrm{f}}E[u''(\tilde{W})(\tilde{R}-R_{\mathrm{f}})] + \alpha(W)E[u''(\tilde{W})(R-R_{\mathrm{f}})^2]}{\alpha(W)E[u''(\tilde{W})(\tilde{R}-R_{\mathrm{f}})^2]}$$

$$= -\frac{1}{\alpha(W)}\frac{E\{u''(\tilde{W})[WR_{\mathrm{f}}+\alpha(W)(\tilde{R}-R_{\mathrm{f}})](R-R_{\mathrm{f}})\}}{E[u''(\tilde{W})(\tilde{R}-R_{\mathrm{f}})^2]}$$

$$= -\frac{1}{\alpha(W)}\frac{E\{u''(\tilde{W})\tilde{W}(\tilde{R}-R_{\mathrm{f}})\}}{E\{u''(\tilde{W})(\tilde{R}-R_{\mathrm{f}})^2\}}$$

$$= -\frac{1}{\alpha(W)}\frac{E\{R_{\mathrm{R}}(\tilde{W})[-u'(\tilde{W})](\tilde{R}-R_{\mathrm{f}})\}}{E\{u''(\tilde{W})(\tilde{R}-R_{\mathrm{f}})^2\}} \tag{8-9}$$

下面的证明与定理8-2的证明类似。

对于式(8-9)的分母,因为投资者是风险厌恶的,因此 $u'' < 0$,分母是小于零的。进一步分析分子的符号。

因为假设中风险资产的风险溢价为正值,即 $E(\tilde{R}) > R_{\mathrm{f}}$,由定理8-1知道 $\alpha > 0$。当 $\tilde{R} > R_{\mathrm{f}}$ 时,有

$$\tilde{W} = WR_{\mathrm{f}} + \alpha(\tilde{R}-R_{\mathrm{f}}) > WR_{\mathrm{f}}$$

因为 $R'_{\mathrm{R}}(W) > 0$,

所以 $R_{\mathrm{R}}[WR_{\mathrm{f}}+\alpha(\tilde{R}-R_{\mathrm{f}})] > R_{\mathrm{R}}(WR_{\mathrm{f}})$

又 $u'(\tilde{W}) > 0$,则 $-u'(\tilde{W}) < 0$,因此,

$$R_{\mathrm{R}}(\tilde{W})[-u'(\tilde{W})](\tilde{R}-R_{\mathrm{f}}) < R_{\mathrm{R}}(WR_{\mathrm{f}})[-u'(\tilde{W})](\tilde{R}-R_{\mathrm{f}})$$

当 $\tilde{R} < R_{\mathrm{f}}$ 时,

$$\tilde{W} = WR_f + \alpha(\tilde{R} - R_f) < WR_f$$

因为 $R'_R(W) > 0$，

所以 $R_R[WR_f + \alpha(\tilde{R} - R_f)] < R_R(WR_f)$

由非厌足性知 $u'(\tilde{W}) > 0$，则 $-u'(\tilde{W}) < 0$，但是 $\tilde{R} - R_f < 0$，因此

$$R_R(\tilde{W})[-u'(\tilde{W})](\tilde{R} - R_f) < R_R(WR_f)[-u'(\tilde{W})](\tilde{R} - R_f)$$

由于 $\tilde{R}$ 是随机变量，且 $E(\tilde{R}) - R_f > 0$，所以 $\text{prob}(\tilde{R} \neq R_f) > 0$，即不会出现 $\tilde{R} \equiv R_f$，又因为只要 $\tilde{R} \neq R_f$，就有

$$R_R(\tilde{W})[-u'(\tilde{W})](\tilde{R} - R_f) < R_R(WR_f)[-u'(\tilde{W})](\tilde{R} - R_f)$$

因此，得出：

$$E\{R_R(\tilde{W})[-u'(\tilde{W})](\tilde{R} - R_f)\} < E\{R_R(WR_f)[-u'(\tilde{W})](\tilde{R} - R_f)\} = -R_R(\tilde{W}R_f)E[u'(\tilde{W})(\tilde{R} - R_f)]$$

又 $E\{u'(\tilde{W})(\tilde{R} - R_f)\} = 0$，因此

$$E\{R_R(\tilde{W})[-u'(\tilde{W})](\tilde{R} - R_f)\} < 0$$

所以 $E\{u''(\tilde{W})(\tilde{R} - R_f)\} = E\{R_R(\tilde{W})[-u'(\tilde{W})](\tilde{R} - R_f)\} < 0$

式(8-9)中的分子也小于零。

$$e(W) - 1 = -\frac{1}{\alpha(W)} \frac{E\{R_R(\tilde{W})[-u'(\tilde{W})](\tilde{R} - R_f)\}}{E\{u''(\tilde{W})(\tilde{R} - R_f)^2\}} < 0$$

$e(W) < 1$，当且仅当 $R'_R(W) > 0$。

定理 8-3 的含义如下。

(1) 如果一位风险厌恶的投资者，他的相对风险厌恶程度随着初始财富的增加而增大，意味着他的效用函数的变化率相对于初始财富 W 变化的负弹性会变大，那么随着初始财富增加一个百分点，他的最优投资策略中投资于有风险资产的百分点数会减少；反之，随着初始财富减少一个百分点，他的最优投资策略中投资于有风险资产的百分点数会增加。

(2) 如果他的相对风险厌恶程度随着初始财富的增加而减少，意味着他的效用函数的变化率相对于初始财富 W 的变化的负弹性会变小，那么随着初始财富增加一个百分点，他的最优投资策略中投资于有风险资产的百分点数会增加；反之，随着初始财富减少一个百分点，他的最优投资策略中投资于有风险资产的百分点数会减少。

(3) 如果他的相对风险厌恶程度并不随着初始财富的变化而变化，那么初始财富变化一个百分点，他的最优投资策略中投资于有风险资产的百分点数不会变化。

三、资产收益率与最优资产组合选择

1. 无风险资产收益率与最优资产组合选择

【定理 8-4】 如果经济主体是风险厌恶的，且其绝对风险厌恶系数随着无风险资产收益率的变动是递增的。如果这个经济主体的最优资产组合对于风险资产的投资为正值且风

险溢价为正，那么，他对风险资产的投资对无风险资产的收益率变动是严格递减的。

证明：由式(8-5)可知

$$\alpha \approx \frac{l}{R_A(W_0 R_f)E[(\tilde{R} - R_f)^2]}$$

由定理可知，绝对风险厌恶系数 $R_A(W_0 R_f)$ 随着无风险资产收益率的变动是递增的，假设 R_f 上升，则 $R_A(W_0 R_f)$ 增加；风险资产的风险程度 $E[(\tilde{R} - R_f)^2]$ 不会随着无风险资产收益率 R_f 的变动而变动，即 $E[(\tilde{R} - R_f)^2]$ 是不变的；风险溢价 $l = E(\tilde{R}) - R_f$ 随着无风险资产收益率 R_f 的上升而减少，随着 R_f 的下降而增加。因此，随着 R_f 的上升，$\dfrac{l}{R_A(W_0 R_f)E[(\tilde{R} - R_f)^2]}$ 是减少的，从而经济主体对风险资产的投资 α 随着 R_f 的上升是严格减少的。同理可证，经济主体对风险资产的投资 α 随着 R_f 的下降而严格增加。

2. 风险资产的预期收益率与最优资产组合选择

【定理 8-5】 如果经济主体是严格风险厌恶，其绝对风险厌恶系数是递减的，且风险资产的风险溢价为正值，那么，最优证券组合中关于风险资产投资的数量与风险资产预期收益率的变化呈正相关关系。但如果经济主体的绝对风险厌恶系数是递增的，那么，最优资产组合中对风险资产的投资与风险资产预期收益率的变化是不确定的。

证明：由式(8-5)可知

$$\alpha \approx \frac{l}{R_A(W_0 R_f)E[(\tilde{R} - R_f)^2]}$$

由定理可知，绝对风险厌恶系数 $R_A(W_0 R_f)$ 随着风险资产收益率的变动是递减的，则随着 $\tilde{R}$ 上升，则 $R_A(W_0 R_f)$ 减少；风险资产的风险程度 $E[(\tilde{R} - R_f)^2]$ 不会随着风险资产收益率 $\tilde{R}$ 的变动而变动，即 $E[(\tilde{R} - R_f)^2]$ 是不变的；风险溢价 $l = E(\tilde{R}) - R_f$ 随着风险资产收益率 $\tilde{R}$ 的上升而增加，随着 $\tilde{R}$ 的下降而减少。因此，随着 $\tilde{R}$ 的上升，$\dfrac{l}{R_A(W_0 R_f)E[(\tilde{R} - R_f)^2]}$ 是增加的，从而经济主体对风险资产的投资 α 随着 $\tilde{R}$ 的上升是增加的。

因此，最优证券组合中关于风险资产投资的数量与风险资产预期收益率的变化呈正相关关系。

另外，随着 $\tilde{R}$ 下降，则 $R_A(W_0 R_f)$ 增加；风险资产的风险程度 $E[(\tilde{R} - R_f)^2]$ 不会随着风险资产收益率 $\tilde{R}$ 的变动而变动，即 $E[(\tilde{R} - R_f)^2]$ 是不变的；风险溢价 $l = E(\tilde{R}) - R_f$ 随着风险 $\tilde{R}$ 的下降而减少。因此，随着 $\tilde{R}$ 的上升，$\dfrac{l}{R_A(W_0 R_f)E[(\tilde{R} - R_f)^2]}$ 的变化是不可知的，因此最优资产组合中对风险资产的投资与风险资产预期收益率的变化是不确定的。

四、风险程度与最优资产组合选择

一般而言，在经济主体的效用函数为二次型效用函数的情况下，风险厌恶的经济主体对风险资产的投资在预期收益率不变而风险程度增大时会相应减少。对负指数效用函数(常绝对风险厌恶系数)也有效。结合公式理解，左边与右边的分母的两项同时比较，注意对财富的条件限制与否。

第三节　投资组合分离

本节中，对参与者的效用函数或收益率的分布做出一些限制，以期考察最优投资组合的选择将会呈现什么样的性质。

为了区分财富对组合选择的影响，用每只证券的相对权重定义组合。为此，需要先给出一些术语的符号。

假设市场上一共有 $N+1$ 种金融资产，投资者的初始财富为 W ，$a_n(n=1,\cdots,N)$ 是投资于风险资产 n 上的财富，a_0 是投资于无风险资产上的财富。显然，$\sum_{n=0}^{N} a_n = W$。令 $\overline{a}_n = \dfrac{a_n}{W}$，表示投资于资产 n 的额度占总财富的比例，因此 $\sum_{n=0}^{N} \overline{a}_n = 1$。

令 $\overline{R}_n(n=0,1,\cdots,N)$ 表示资产 n 的收益率，则投资组合的加权平均收益率或投资组合的收益率为

$$\overline{R} = \sum_{n=0}^{N} \overline{a}_n \overline{R}_n$$

因此，$\tilde{W} = W(1+\overline{R})$，投资组合的优化问题表示为

$$\max_{\{\overline{a}_0,\cdots,\overline{a}_N\}} E[u(\tilde{W})] = \max_{\{\overline{a}_0,\cdots,\overline{a}_N\}} E[u(W(1+\overline{R}))]$$

为了表达方便，把财富 W 吸收到效用函数中。通过选择组合收益率进行最优组合选择的问题可以表示为

$$\max_{\{\overline{a}_0,\cdots,\overline{a}_N\}} E[v(\overline{R})]$$

$$\text{s.t.} \sum_{n=0}^{N} \overline{a}_n = 1$$

显然，这里的 $u(\cdot)$ 是定义于支付上的效用函数，最后的优化目标函数 $v(\cdot)$ 是收益率的效用函数，$v(\cdot)$ 不仅取决于效用函数 $u(\cdot)$ 的形式，还与初始财富 W 有关。也就是说，$u(\cdot)$ 相同但是在不同的初始财富水平上，效用函数 $v(\cdot)$ 可以不一样。

一、基金分离的定义

考虑一个存在很多参与者的市场。一般来说，每个投资者的最优资产组合是不相同的。在数学上，可以把市场中 $N+1$ 种金融资产组成的各种可能的投资组合看成一个 $N+1$ 维的线性空间 $\Re^{N+1}$。

【定义 8-1】 所有投资者在市场中选择他们的优化投资组合时，如果所有优化的投资组合组成的集合都落在 $\Re^{N+1}$ 中的 K ($K \leqslant N$)维仿射子空间里，那么称存在 $K+1$ 项基金分离。

记 $\Re^{K}$ 为 K 维线性子空间，对于市场中任一参与者 n 的最优组合 z_n ($n=1,2,\cdots,N$)，有 $z_n \in \Re^{K}$。设 $z_{n1}, z_{n2}, \cdots, z_{n(K+1)}$ 为 $\Re^{K}$ 中的 $K+1$ 个线性独立组合或基金，则 $K+1$ 只基金分离意味着

$$z_n = \sum_{i=1}^{K+1} \lambda_i z_{ni}, \quad \sum_{i=1}^{K+1} \lambda_i = 1$$

也就是说，每一个参与者的最优组合都是 $K+1$ 只基金的线性组合。这 $K+1$ 只基金就叫做**分离基金**或**共同基金**，而这种情况叫作**共同基金分离**。

所有优化投资组合组成的集合落在 $\Re^{N+1}$ 的一个 $K+1$ 维的仿射子空间里(其中有 1 维是无风险资产)，相当于市场上存在 $K+1$ 只基金(每只基金实际上是一个投资组合)，任何优化投资组合都可以在这 $K+1$ 只基金或者基金的线性组合中选取。

当存在无风险资产时，它通常也是分离基金之一。因为无风险资产与货币相联系，它作为分离基金之一的情况也叫作货币分离。

【定义 8-2】 如果所有参与者都持有 $K+1$ 只基金的组合，其中一只是无风险资产(即"货币")基金，另外 K 只基金全部由有风险资产构成，则这样的现象被称为 $K+1$ 项基金的货币分离。

显而易见，如果市场中最多只有 $N+1$ 种金融资产，那么 $N+1$ 项基金的分离总是存在的。令人感兴趣的是，如果存在很少数目的分离基金，若基金分离仍成立，那么组合选择问题会简化。这种现象只有当收益率或偏好满足一定条件时才会发生。

二、单项基金分离

现在考虑对参与者的效用函数有所规定的情况，这里仍然回到定义在支付上的效用函数 $u(\cdot)$。假定效用函数是递增且凹的。

单项基金分离意味着所有的参与者所选择的优化投资组合都是同一个投资组合。

【定理 8-6】 在任何资产集上都存在单项基金分离的充分而必要的条件是：对于所有的投资者而言，他们的投资收益的效用函数相同，至多只差一个(严格正的)仿射变换。

单项基金分离要求对于任意的证券集合以及一般的收益率分布，所有参与者持有相同

的组合(总量可能不同)。

更直观的经济含义是，如果所有投资者的优化投资策略是投资于市场上的同一只基金，而基金的投资组合选择反映了一定的效用偏好，因此所有投资者的效用函数应该是一样的。对于仿射变换，效用函数意义不变。

三、两项基金分离

【定义 8-3】　如果市场上的投资者选择的优化投资组合都是两项基金的组合，其中一项是无风险资产(即"货币")基金，另一项则全部由有风险资产组成的投资组合，这样的现象称为**两项基金的货币分离**。

个体在不同初始财富下的最优证券组合总是无风险资产和一种风险基金的线性组合，这种现象即为两基金货币分离。

【定理 8-7】　当且仅当所有参与者具有平方效用函数时(在任意证券集下)两基金分离成立。

【例 8-3】　证券市场由一只无风险证券和 N 只风险证券组成。无风险债券的收益率为 R_{f} 。风险证券的收益率向量为 $\tilde{\boldsymbol{R}} = [\tilde{R}_1; \cdots; \tilde{R}_N]$ 。另外， $E[\tilde{\boldsymbol{R}}] = \bar{\boldsymbol{R}} = [\bar{R}_1; \cdots; \bar{R}_N]$ 且 $E[(\tilde{\boldsymbol{R}} - \bar{\boldsymbol{R}})(\tilde{\boldsymbol{R}} - \bar{\boldsymbol{R}})^{\mathrm{T}}] = \boldsymbol{\Sigma}$ ($\boldsymbol{\Sigma}$ 是风险证券收益率的协方差矩阵)。考虑一个财富 w 的参与者的投资问题。假设他具有二次效用函数 $u(\tilde{w}) = E(\tilde{w}) - \dfrac{1}{2} a E[\tilde{w}^2]$ 。

(1) 求解他的最优投资组合。

(2) 证明对于具有二次效用函数的参与者，两基金货币分离成立。

【解】(1) 假设参与者投资于组合中风险资产的权重为 $x = [x_1; x_2; \cdots; x_N]$ ，那么参与者的 1 时期财富收益 $\tilde{w} = w R_{\mathrm{f}} + \sum_i x_i (\tilde{R} - R_{\mathrm{f}})$ ，他的优化问题为

$$\max_x E[\tilde{w}] - \frac{1}{2} a E[\tilde{w}^2]$$

解得：

$$x = \frac{1 - a w R_{\mathrm{f}}}{a w} [(\bar{\boldsymbol{R}} - R_{\mathrm{f}} \tau)(\bar{\boldsymbol{R}} - R_{\mathrm{f}} \tau)^{\mathrm{T}} + \boldsymbol{\Sigma}]^{-1} (\bar{\boldsymbol{R}} - R_{\mathrm{f}} \tau)$$

式中， τ 为元素全为 1 的 N 维列向量。

(2) 因为投资者持有的风险组合的权重之比恒为常数，因而对于所有的投资者来说，风险组合是相同的，只是投资于风险组合的总金额不一样而已，另外，投资者还持有无风险资产，因而两基金分离成立。

如果个体总是选择持有同样的有风险资产的组合，并且按照初始财富的不同水平改变有风险资产和无风险资产的投资比例，个体的最优资产组合总是无风险资产和一种有风险资产的线性组合。

阿罗–普拉特定理仅仅局限于经济体中只有一种无风险资产与一种风险资产的情形。当存在多种风险资产时，其结论一般很难成立。

那么是否存在某些假设，在这些假设条件下，个体总是持有相同结构的风险资产组合，并且随着财富的改变，只是改变该风险资产组合和无风险资产之间的比例关系？下面介绍货币基金分离的充分必要条件。

【定理 8-8】 Cass 和 Stiglitz 于 1970 年提出货币基金分离成立的充要条件是边际效用满足

(1) $u'(z) = (A + Bz)^c, B > 0, C < 0, z \geq \max\left[0, -\dfrac{A}{B}\right]$ 或 $\left(A > 0, B < 0, C > 0, 0 \leq z \leq -\dfrac{A}{B} \right)$。

(2) $u'(z) = A\exp\{Bz\}, A > 0, B < 0, z \geq 0$。

使得两基金货币分离成立的效用函数有以下几个。

(1) 广义幂效用函数

$$u(z) = \frac{1}{B-1}(A + Bz)^{1-\frac{1}{B}}, B > 0, z > \max\left[-\frac{A}{B}, 0\right]$$

(2) 对数效用函数

$$u(z) = \ln(A + Bz)$$

(3) 指数效用函数

$$u(z) = \frac{A}{B}\exp\{Bz\}$$

当两基金货币分离成立时，有一只无风险证券和多只风险证券的组合选择问题就简化成了只有一只无风险证券和一只有风险证券，即转化成分离基金的组合选择问题。这就使得在单只风险证券情形下得到的结论现在也可以运用于多风险证券的情形。

本 章 小 结

(1) 两资产模型的组合选择问题为

$$\max_{\alpha} \quad E[u(\tilde{W})]$$
$$\text{s.t.} \quad \tilde{W} = W_0 R_{\mathrm{f}} + \alpha(\tilde{R} - R_{\mathrm{f}}) \geq 0$$

(2) 风险溢价与最优资产组合选择。如果一个经济主体是严格风险厌恶的，在风险厌恶程度和风险资产的风险不变的情况下，其投资于风险资产的最优数量是正值、零或负值的充分必要条件是风险资产的风险溢价是正值、零或负值。

(3) 财富水平与最优资产组合选择。如果经济主体是严格风险厌恶的，且风险资产的风险溢价为正值，那么，当经济主体的绝对风险厌恶系数是其财富水平的单调递减(递增)函数时，随着财富水平的增加，经济主体最优资产组合中对风险资产的投资增加(减少)；如果个体的绝对风险厌恶系数与财富水平无关，则个体的风险投资与财富水平无关。

如果经济主体是严格风险厌恶的，且风险资产的风险溢价为正值，那么，当经济主体的相对风险厌恶系数是其财富水平的单调递减(递增)函数时，随着财富水平的增加，经济主体最优资产组合中对风险资产投资额的比例将增加(降低)。

(4) 无风险资产收益率与最优资产组合选择。如果经济主体是风险厌恶的，且其绝对风险厌恶系数是递增的。如果这个经济主体的最优资产组合对于风险资产的投资为正值且风险溢价为正，那么，他对风险资产的投资对无风险资产的收益率变动是严格递减的。

(5) 风险资产的预期收益率与最优资产组合选择。如果经济主体是严格风险厌恶，其绝对风险厌恶系数是递减的，且风险资产的风险溢价为正值，那么，最优证券组合中关于风险资产投资的数量与风险资产预期收益率的变化呈正相关关系。但如果经济主体的绝对风险厌恶系数是递增的，那么，最优资产组合中对风险资产的投资与风险资产预期收益率的变化是不确定的。

(6) 风险程度与最优资产组合选择。一般而言，在经济主体的效用函数为二次性效用函数的情况下，风险厌恶的经济主体对风险资产的投资在预期收益率不变而风险程度增大时会相应减少。对负指数效用函数(常绝对风险厌恶系数)也有效。结合公式理解，左边与右边的分母的两项同时比较，注意对财富的条件限制与否。

(7) 如果每一个参与者的最优组合都是 $K+1$ 只基金的线性组合。这 $K+1$ 只基金就叫作分离基金或共同基金，而这种情况叫作共同基金分离。

(8) 如果市场上的投资者选择的优化投资组合都是两项基金的组合，其中一项是无风险资产(即"货币")基金，另一项则全部由有风险资产组成的投资组合，这样的现象被称为两项基金的货币分离。

(9) Cass 和 Stiglitz 于 1970 年提出货币基金分离成立的充要条件是边际效用满足：

① $u'(z) = (A + Bz)^c, B > 0, C < 0, z \geq \max\left[0, -\dfrac{A}{B}\right]$ 或 $\left(A > 0, B < 0, C > 0, 0 \leq z \leq -\dfrac{A}{B}\right)$；

② $u'(z) = A \exp\{Bz\}, A > 0, B < 0, z \geq 0$。

实 训 课 堂

基本案情：

这里描述的市场与例 8-3 相同，即证券市场由一只无风险证券和 N 只风险证券组成。无风险债券的收益率为 R_f。风险证券的收益率向量为 $\tilde{R} = [\tilde{R}_1; \cdots; \tilde{R}_N]$。另外，$E[\tilde{R}] = \overline{R} = [\overline{R}_1; \cdots; \overline{R}_N]$ 且 $E[(\tilde{R} - \overline{R})(\tilde{R} - \overline{R})^{\mathrm{T}}] = \Sigma$ (Σ 是风险证券收益率的协方差矩阵)。考虑一个财富 w 的参与者的投资问题。另外，假设风险收益率是联合正态分布的，且参与者的

绝对风险厌恶系数恒为 a 。

思考讨论题:

(1) 求解他的最优投资组合。

(2) 证明对于常数绝对风险厌恶的参与者,两基金货币分离成立。

分析要点:

基本思路与例 8-3 相同。

复习思考题

一、基本概念

两资产模型 模型最优资产组合 风险溢价 风险溢价水平 经济主体的风险厌恶程度 $R_A(W_0R_f)$ 风险程度 $E[(\tilde{R}-R_f)^2]$ $K+1$ 项基金分离 共同基金分离 单项基金分离 两项基金的货币分离

二、判断题

1. 当风险资产的风险溢价为正时,经济主体在风险资产上的投资额为正。 ( )

2. 单项基金分离意味着所有的参与者所选择的优化投资组合都是同一个投资组合。

( )

3. 如果经济主体是风险厌恶的,且风险资产的风险溢价为正值,那么,当经济主体的相对风险厌恶系数是其财富水平的单调递减函数时,随着财富水平的增加,经济主体最优资产组合中对风险资产投资额的比例将增加。 ( )

三、简答题

1. 什么是两基金分离定理? 它的金融含义是什么?

2. 简述两基金分离定理的经济价值。

四、计算题

假设有 N 项资产,收益率为 $\tilde{r}_i\ (i=1,\cdots,N)$,它们是对立同分布的。对于一个具有不满足性和凹性效用函数的投资者,计算它们的最优投资组合。

五、论证题

1. 假设有 N 只证券,它们的供给都是无限的、收益率为 $\tilde{r}_i\ (i=1,\cdots,N)$ 。经济中的参与者都是不满足的、风险中性的且具有正的禀赋。市场不允许卖空。在什么条件下 K 基金分离成立($K < N$)?

2. 假设市场上有 N 只证券，它们的收益率是独立同分布的。证明单基金分离成立。

3. 论证如果一个投资者是严格风险厌恶的，在风险厌恶程度和风险资产的风险不变的情况下，其对风险资产做多的等价条件是风险资产有正的风险溢价。

第九章 均值-方差效用下的投资组合选择

【学习要点及目标】

- 了解马柯维茨的资产组合选择理论的演化过程及该理论的局限性。
- 理解马柯维茨投资组合理论假设条件的合理性及最优投资组合的数理方法。
- 掌握均值-方差模型构建最优投资组合的规范数理模型。
- 理解当效用函数是二次函数或者资产回报率服从正态分布时，均值-方差效用可以完全用于刻画个体的偏好。
- 掌握均值-方差前沿组合的相关性质。

【核心概念】

均值-方差偏好 均值-方差前沿组合 均值-方差前沿边界 均值-方差有效组合 最小方差组合 均值-方差无效组合 可行集 有效集或有效边界 零协方差组合 切点组合

【引导案例】

从一则故事说起……

从前，一老妪膝下生有二女。长女嫁至城东染布店作妇，小女许与城西雨伞店为媳。遇天雨，老妪就愁眉不展；逢天晴，老妪也唉声叹气，全年到头未尝舒心开颜。人怪之，或问其故，对曰："阴天染布不得晒，晴天伞具无从卖。悲乎吾二女，苦哉老身命！"……故事本意劝人换个角度看问题，但其中也蕴含多元化降低风险的道理。

(资料来源：刘源海. 经济学基础[M]. 北京：高等教育出版社，2006：242)

【案例导学】

由于不同的风险态度和风险对策导致了投资者在不同的情况下对各类资产的需求存在很大的差异，因此，影响到资产的供求状态和价格。一般而言，为了规避单一资产的特有风险(非系统风险)，投资者会采取分散化投资的策略，正所谓"不要把鸡蛋放在一个篮子里"。类似地，为了降低或控制其他类型的风险(比如系统风险或其他因素风险)，投资者也会采取相应的风险资产组合策略。

20 世纪 50 年代，以哈里·马柯维茨为代表的一批金融经济学家在这方面取得了一系列开创性的研究成果，并从此建立了金融经济学的重要基石之一——现代投资组合理论。这个理论为个人或家庭提供了一套如何在不确定条件下选择金融资产的规范性方法。

第一节　均值-方差分析的市场环境与偏好

一、现代投资组合理论的起源

1952 年，美国经济学家哈里·马柯维茨发表了一篇题为"投资组合选择"(Portfolio Selection)的论文。这篇著名的论文标志着现代投资组合理论的开端。一般认为，由于每位投资者都希望获得尽可能高的投资收益，因此他们总是倾向于集中投资于期望收益最高的单一资产。然而观察到的结果是，绝大部分投资者实际上都投资多种资产而不是仅投资期望收益最高的单一资产。这是为什么呢？进一步研究发现，虽然投资者对每一种资产都有关于期望收益的判断，但同时他们也意识到，期望得到的收益有可能与未来实际得到的收益并不一致，有时实际收益要远远低于期望收益，即实际投资收益具有不确定性。为了应对这种投资收益的不确定性(或风险)，投资者采用了分散化投资的策略。这种策略背后的逻辑是，多种资产的实际收益同时低于期望收益的可能性要小于单一资产发生这种情况的可能性。

马柯维茨把观察到的上述事实归纳为以下的资产选择原理：投资者不仅希望收益高，而且希望收益尽可能确定。这意味着投资者在寻求预期收益最大化的同时，也在寻求收益不确定性的最小化。在进行决策时，投资者力求使这两个相互制约的目标达到某种平衡。基于上述归纳，马柯维茨认为可以用数学规划的方法来描述投资者的资产选择行为。他首先对投资者收益不确定性的度量问题进行了正规阐述，用概率论中方差的概念表述投资者收益的不确定性，然后进一步将投资者的目标规范化。具体概括为在不确定程度相同的条件下，追求期望收益最大化，或在期望收益相同的条件下，追求不确定程度最小化。在此基础上，马柯维茨建立了著名的"均值-方差模型"来分析投资者的资产选择行为。这一模型后来成为现代投资组合理论的核心和基石。

这一理论的问世，使金融学开始摆脱了纯粹的描述性研究和单凭经验操作的状态，标志着数量化方法进入金融领域。马柯维茨的工作所开始的数量化分析和 MM 理论中的无套利均衡思想相结合，酝酿了一系列金融学理论的重大突破。正因为如此，马柯维茨获得了1990 年诺贝尔经济学奖。

【小贴士】

哈里·马柯维茨

哈里·马柯维茨(H. Markowitz)1927 年出生于芝加哥。1947 年获芝加哥大学文科学士学位，1954 年获该校哲学博士学位。1982 年任美国金融学会会长。1990 年因在资产组合选择理论上做出的重要贡献而获诺贝尔经济学奖。

他有着棕黄色头发，身材高大，总是以温和眼神凝视他人，说话细声细语并露出浅笑。

瑞典皇家科学院决定将 1990 年诺贝尔奖授予纽约大学哈利·马柯维茨教授，为了表彰他在金融经济学理论中的先驱工作——资产组合选择理论。

他的主要贡献是发展了一个在不确定条件下严格陈述的可操作的资产组合选择理论：均值-方差方法(Mean-Variance Methodology)。这个理论演变成进一步研究金融经济学的基础，通常认为是现代金融学的发端。

二、均值-方差分析的市场环境

在第三章已经讲过如何用期望效用函数来描述个体的投资行为，但在实际生活中，要刻画每一个投资者在不同状态下的效用几乎是不可能的，这就需要一种在实际中更加简便易行的方法，均值-方差模型由此产生。由马柯维茨提出的资产选择的均值-方差模型是一种实际可行的、易操作的模型，该模型将资产回报的均值和方差作为研究对象，而不考虑投资者具体的效用函数。一般而言，仅仅用资产预期收益率的均值和方差并不能包含人们投资行为所需要的全部信息。但是，马柯维茨通过对效用函数和投资收益的分布做了相应的假设后证明，投资者的期望效用函数可以仅表示为资产预期收益率的期望和方差的函数。因此，这时投资者可以只考虑资产收益率的均值和方差，从而做出相应的投资决策。

1. 马柯维茨模型概要

马柯维茨于 1952 年提出的"均值-方差模型"是在禁止融券和没有无风险借贷的假设下，以资产组合中个别股票收益率的均值和方差找出投资组合的有效边界，即一定收益率水平下方差最小的投资组合，并推导出理性投资者只在有效边界上选择投资组合。根据马柯维茨资产组合的概念，欲使投资组合风险最小，除了多样化投资于不同的股票，还应挑选相关系数较低的股票。因此，马柯维茨的"均值-方差模型"不仅隐含着将资金分散投资于不同种类的股票，还隐含着应将资金投资于不同产业的股票。

投资组合理论的基本思想是，投资组合是一个风险与收益的权衡问题，可以通过分散化的投资来对冲一部分风险。

2. 马柯维茨"均值-方差组合理论"的假设条件

【假设 9-1】单期投资。单期投资是指投资者在期初投资，在期末获得回报。单期模型是对现实的一种近似描述，如对零息债券、欧式期权等的投资。虽然许多问题不是单期模型，但作为一种简化，对单期模型的分析成为对多期模型分析的基础。

【假设 9-2】投资者事先知道资产收益率的概率分布，并且收益率满足正态分布的条件。

【假设 9-3】经济主体的效用函数是二次的，即 $u(w) = w - (1/2)\alpha w^2, \alpha > 0$。

【假设 9-4】经济主体以期望收益率(亦称收益率均值)来衡量未来实际收益率的总体水平，以收益率的方差(或标准差)来衡量收益率的不确定性(风险)，因而经济主体在决策中只关心资产的期望收益率和方差。

【**假设 9-5**】经济主体都是非饱和、风险厌恶的，遵循占优原则，即在同一风险水平下，选择收益率较高的证券；在同一收益率水平下，选择风险较低的证券。

三、均值-方差偏好

在一般的偏好和分布假设下求解投资者的最优投资组合及均衡证券价格不是一件容易的事，特别是市场不完全的时候。在对偏好或收益率分布进行一些具体假设后可以得到最优组合选择的一些有意义的结论。现在考虑对偏好或收益率分布做出进一步假设，以期得到关于最优组合选择和均衡价格的更加具体的结论。

【**小贴士**】

泰勒展开式

我们知道如果函数 $f(x)$ 在 x_0 处存在直至 $n+1$ 阶导数，那么函数 $f(x)$ 在 x_0 处的泰勒展开式为

$$f(x) = \sum_{k=0}^{n} \frac{f^{(k)}(x_0)}{k!}(x-x_0)^k + \frac{f^{(n+1)}(\xi)}{(n+1)!}(x-x_0)^{(n+1)}$$

式中，ξ 在 x 与 x_0 之间。

假定投资者的期末财富是一个随机变量 $\tilde{W}$，在这个时期投资者通过各种资产的投资来最大化他的期末财富，设投资者的期望效用函数为 u，对这个期末财富的效用函数可以通过泰勒展开式在投资者对期末财富的期望值周围展开，即

$$u(\tilde{W}) = u(E[\tilde{W}]) + u'(E[\tilde{W}])(\tilde{W} - E[\tilde{W}]) + \frac{1}{2}u''(E[\tilde{W}])(\tilde{W} - E[\tilde{W}])^2 + R_3 \qquad (9\text{-}1)$$

其中

$$R_3 = \sum_{n=3}^{\infty} \frac{1}{n!} u^{(n)}(E[\tilde{W}])(\tilde{W} - E[\tilde{W}])^n$$

式中，$u^{(n)}$ 为 u 的 n 阶导数。

假设上述泰勒展开式(9-1)是收敛的，并且知道期望运算和求和运算可以互换顺序，这样由 $u(E[\tilde{W}])$ 为常数，$\sigma^2(\tilde{W}) = E(\tilde{W} - E[\tilde{W}])^2$，就可以得到投资者期望效用函数的表达形式为

$$E[u(\tilde{W})] = u(E[\tilde{W}]) + \frac{1}{2!}u''(E[\tilde{W}])\sigma^2(\tilde{W}) + E[R_3] \qquad (9\text{-}2)$$

其中，$E[R_3] = \sum_{n=3}^{\infty} \frac{1}{n!} u^{(n)}(E[\tilde{W}]) m^n(\tilde{W})$，$m^n(\tilde{W})$ 表示 $\tilde{W}$ 的 n 阶中心矩。

对于具有严格凹、增函数形式的效用函数的个体来说，其二阶导数恒小于零，关系式(9-2)表示了投资者关于期末财富的偏好和对风险的厌恶。其中的 $E[R_3]$ 表示人们的期望效用不仅取决于期末财富的期望和方差，还应该包括泰勒展开式的高阶矩部分，但是当所有的高阶

矩为 0，或者高阶矩是期末财富的期望和方差的函数时，期望效用就可以仅仅表示为期末财富的期望和方差的函数，从而均值和方差就可以用来刻画投资者的偏好。

【定义 9-1】 通过上面的分析就把定义在未来财富分布上的偏好，简化为定义在前两阶矩(均值和方差)上的偏好，即满足

$$E[u(\widetilde{W})] = v(E[\widetilde{W}], \sigma^2[\widetilde{W}]) \tag{9-3}$$

这种情况下，投资者的偏好只取决于未来财富分布的两个特征即均值和方差，而与分布的其他特征无关，这类偏好就叫作**均值-方差偏好**(Mean-Variance Preference)。

一般而言，投资者的偏好依赖于未来消费或财富的整个分布。但在对未来收益分布和效用函数形式做出一些假定的情况下，投资者的偏好就可以满足均值-方差偏好。在这种偏好下，能够得到投资者组合选择更具体的结果。

下面考虑在对未来收益分布和效用函数形式做出何种假定的条件下，投资者的偏好才满足均值-方差偏好。

【定理 9-1】 在未来收益分布为任意分布的情况下，若投资者的效用函数 $u(w)$ 是二次函数，则有 $E[u(\widetilde{W})] = v(E[\widetilde{W}], \sigma^2[\widetilde{W}])$，即投资者的偏好满足均值-方差偏好。

证明： 因为 $u(w)$ 是二次函数，不妨假设 $u(w) = w - (1/2)\alpha w^2, \alpha > 0$。根据公式 $\sigma^2(\widetilde{W}) = E(\widetilde{W})^2 - (E[\widetilde{W}])^2$，显然有

$$E[u(\tilde{W})] = E\left(\tilde{W} - \frac{1}{2}\alpha\tilde{W}^2\right) = E(\tilde{W}) - \frac{1}{2}\alpha[(E(\tilde{W})^2 + \sigma^2(\tilde{W})] = v(E[\tilde{W}], \sigma^2[\tilde{W}])$$

【定理 9-2】 在投资者的效用偏好为任意偏好的情况下，若未来收益分布是正态分布，则有 $E[u(\widetilde{W})] = v(E[\widetilde{W}], \sigma^2[\widetilde{W}])$，即投资者的偏好满足均值-方差偏好。

证明： 若未来收益分布 $\widetilde{W}$ 是正态分布，令随机变量 $\tilde{\varepsilon} = \dfrac{\widetilde{W} - E(\widetilde{W})}{\sigma(\widetilde{W})}$，则 $\tilde{\varepsilon}$ 服从标准正态分布。于是有 $\widetilde{W} = E(\widetilde{W}) + \sigma(\widetilde{W})\tilde{\varepsilon}$，随机变量 $\widetilde{W}$ 的分布就由两个参数 $E(\widetilde{W})$ 和 $\sigma(\widetilde{W})$ 决定。因此，$u(\widetilde{W})$ 作为 $\widetilde{W}$ 的函数，它的分布也由这两个参数 $E(\widetilde{W})$ 和 $\sigma(\widetilde{W})$ 决定。这是因为在推导均值-方差偏好时假定式(9-2)中的所有高于二阶矩的项都可由这两个参数 $E(\widetilde{W})$ 和 $\sigma(\widetilde{W})$ 来表示。因此有

$$E[u(\widetilde{W})] = v(E[\widetilde{W}], \sigma[\widetilde{W}]) = v(E[\widetilde{W}], \sigma^2[\widetilde{W}])$$

尽管均值-方差模型不是一个资产选择的一般性模型，但它在金融理论中仍扮演着重要的角色，是因为它具有数理分析的简易性和丰富的实证检验。

四、均值-方差模型的局限性

均值-方差模型以资产回报的均值和方差作为选择对象，但是一般而言，资产回报的均值和方差不能完全包含个体资产选择时的所有个人期望效用函数信息。

下面举例来说明。

【例 9-1】 假设有两个博彩 L_1 和 L_2，其中：L_1=[0.75, 10; 0.25, 100]，L_2=[0.99, 22.727; 0.01, 1000]。可以求出这两个博彩期望收益和方差的大小。

第一个博彩的期望收益和方差分别为 $E(R_1) = 32.5$ 和 $\mathrm{Var}(R_1) = 1518.75$。

第二个博彩的期望收益和方差分别为 $E(R_2) = 32.5$ 和 $\mathrm{Var}(R_2) = 9455.11$。

在两者期望收益相同的情况下，有 L_2 的风险比 L_1 大。根据均值-方差分析，显然会偏好 L_1。这种结果也就是效用函数为二次效用函数的情况下我们的选择。因为根据定理 9-1，效用函数为二次效用函数时符合均值-方差偏好，就可以利用均值-方差分析选择偏好 L_1。

考虑一个效用函数为 $u(W) = \sqrt{W}$，显然，该个体为风险厌恶者，其在两个博彩中的期望效用分别为 $E[u(R_1)] = E(\sqrt{R_1}) = 4.872$ 和 $E[u(R_2)] = 5.036$。即该风险厌恶者在预期收益相等的两个博彩中，方差较大的博彩获得的期望效用较高，该个体则会偏好 L_2。

这说明，对于任意的效用函数和资产的收益分布，期望效用并不能仅仅用预期收益和方差这两个元素来描述。这是均值-方差模型最主要的局限性。

只有在二次效用函数与收益正态分布假设前提下，投资者的偏好才符合均值-方差偏好，但这两个假设各自存在其局限性。

1. 二次效用函数的局限性

二次效用函数具有递增的绝对风险厌恶和满足性两个性质。满足性意味着在满足点(极值点)以上，财富的增加使效用减少，递增的绝对风险厌恶意味着风险资产是劣质品。这与那些偏好更多的财富和将风险视为正常商品的投资者不符。所以在二次效用函数 $u(w) = w - (1/2)\alpha w^2, \alpha > 0$ 中，需要对参数 α 的取值范围加以限制。

2. 收益正态分布的局限性

(1) 资产收益的正态分布假设与现实中资产收益往往偏向正值相矛盾。收益的正态分布意味着资产收益率可取负值，但这与有限责任的经济原则相悖(如股票的价格不能为负)。

(2) 对于密度函数的分布而言，均值-方差分析没有考虑其偏斜度。概率论中用 3 阶矩表示偏斜度，它描述分布的对称性和相对于均值而言随机变量落在其左或其右的大致趋势。显然，正态分布下的均值-方差分析不能做到这一点。例如，在图 9-1 中，F 和 G 具有相等的均值和方差，但是前者偏斜度为负而后者偏斜度为正，这使得 G 具有更小的风险。一般来说，在这两种分布中，经济行为主体将会更偏好于 G 而不是 F。这也解释了为什么尽管在预期收益为负的情况下，依然有人去购买彩票以及为了避免分布 F 的出现而支付成本等现象。

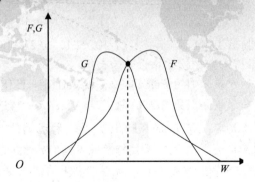

图 9-1 正态分布的不足之处

(3) 用均值-方差无法刻画函数分布中的峭度。概率论中用 4 阶矩表示峭度。但这一点在正态分布中不能表达。实际的经验统计表明,资产回报往往具有"尖峰""胖尾"的特征,这显然不符合正态分布。

尽管均值-方差分析存在缺陷,且只有在严格的假设条件下才能够与期望效用函数的分析兼容,但由于其分析上的灵活性,相对便利的实证检验以及简洁的预测功能,使其成为广泛运用的金融和财务分析手段。

3. 均值-方差模型还有以下局限性

(1) 前提假设具有局限性。

马柯维茨认为大多数理性的投资者都是风险的厌恶者,人们对此假定的真实性持怀疑态度。现实中投资者对风险的态度远比马柯维茨的假定要复杂得多。另外,马柯维茨认为预测期收益和风险的估算是对一组证券实际收益和风险的正确度量,相关系数也是对未来关系的正确反映,方差是度量风险的一个最适当的指标等观点,与现实中的情况不符,因为历史数字资料不大可能重复出现,一种证券的各种变量会随时间的推移而经常变化等,这些因素都可能使理论假设与现实脱节。

(2) 证券的收益率和风险的度量难尽如人意。

目前在财务管理中,仅用回归技术来预测公司的期望收益率。由于回归分析只适用于因变量按某一幅度稳定增长或降低的情形,这与公司期望收益率的决定机制不相吻合,用该技术来预测公司的期望收益率,必然会导致模型在实际应用中表现不佳,甚至与投资期望大相径庭。同时,关于风险的度量也存在较多的争议,现代证券投资组合理论一般地用资产收益率对期望收益的偏离程度来测量风险,即用资产收益率的标准差作为风险的度量,但风险的含义本身就存在歧义,即使证券研究者或分析者同意用资产收益率的标准差作为风险的度量,这通常只考虑了一个风险因素——市场因素,而实证研究却表明还存在利率因素、行业因素等。

(3) 实际应用不尽如人意。

尽管现代投资组合理论在理论上有严密的思维体系,但在实际应用中却不成功,有些了解这种理论并熟悉计算技术的正确分析家和组合管理者，试图把这套数学模型应用到证券组合的日常管理工作中，却发现其业绩与随机投票方式选中的股票组合的业绩没有显著差异，要取得证券组合管理上的成功，应当以传统经验和当代的证券组合管理理论的有效结合为基础。

第二节　均值-方差前沿组合

上一节讲了什么是均值-方差偏好，以及在满足什么样的条件下，投资者才具有均值-方差偏好，现在来考虑投资者具有均值-方差偏好时的资产组合选择问题。

一、均值-方差模型

根据上面介绍的内容，现在来推导均值-方差模型。假设无摩擦市场上共有 $N \geqslant 2$ 种风险证券，这里不考虑无风险资产，即所有的证券都是有风险的，存在无风险资产的情形将在本章第四节学习。假设这些证券可以无限制地卖空，并且所有证券的收益率都具有有限的方差和不同的预期均值，N 种风险证券的收益率是线性独立的(即任何一种风险证券的收益率都不能由其他风险证券收益率的线性组合来表示)。N 种风险证券收益率向量用 $\tilde{r}$ 表示，其预期收益率向量用 $\bar{r}$ 表示，其协方差矩阵用矩阵 $\boldsymbol{\Sigma}$ 表示，具体表示为

$$\tilde{r} = \begin{bmatrix} \tilde{r}_1 \\ \vdots \\ \tilde{r}_N \end{bmatrix}, \quad \bar{r} = E(\tilde{r}) = \begin{bmatrix} E(\tilde{r}_1) \\ \vdots \\ E(\tilde{r}_N) \end{bmatrix}, \quad \boldsymbol{\Sigma} = \mathrm{Cov}[\tilde{r}, \tilde{r}] = \begin{bmatrix} \sigma_{11} & \sigma_{12} & \cdots & \sigma_{1N} \\ \sigma_{21} & \sigma_{22} & \cdots & \sigma_{2N} \\ \vdots & \vdots & & \vdots \\ \sigma_{N1} & \sigma_{N2} & \cdots & \sigma_{NN} \end{bmatrix}$$

其中 $\sigma_{ij} = \mathrm{Cov}(\tilde{r}_i, \tilde{r}_j)$，$\boldsymbol{\Sigma}$ 是对称正定矩阵。

假设现在有一种证券组合 P，它是 N 种风险证券的线性组合，组合的权重用矢量 $\boldsymbol{x}$ 表示为 $\boldsymbol{x} = (x_1, x_2, \cdots, x_N)^{\mathrm{T}}$。设 $\boldsymbol{I} = (1,1,\cdots,1)^{\mathrm{T}}$，显然有 $\boldsymbol{x}^{\mathrm{T}}\boldsymbol{I} = 1$，即组合 P 中各种证券的的权重之和为 1。

对于非厌足和风险厌恶的投资者而言，优化证券投资组合的基本策略是：给定证券投资组合的预期收益率，则要使所承受的风险越小越好。

【定义 9-2】　如果在所有具有相同预期收益率的证券组合中，有一只证券组合具有最小的方差值，则定义这只证券组合是**均值-方差前沿组合**(Mean-Variance Frontier Portfolio)。证券投资组合 P 称为均值-方差前沿组合的充分必要条件是它是以下二次规划的最优解

$$\begin{aligned} &\min_{\boldsymbol{x}} \quad \frac{1}{2}\boldsymbol{x}^{\mathrm{T}}\boldsymbol{\Sigma}\boldsymbol{x} \\ &\text{s.t.} \quad \boldsymbol{x}^{\mathrm{T}}\bar{r} = \mu \end{aligned} \tag{9-4}$$

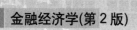

$$x^{\mathrm{T}}I = 1$$

式中，μ 为某一个期望收益水平。

优化模型式(9-4)的经济含义是，在证券投资组合预期收益率既定的条件下，如何分布在各种风险证券上的投资权重，使投资组合的风险最小。

1. 均值-方差前沿组合的求解

现在来求解均值-方差前沿组合。

对式(9-4)，构建拉格朗日函数为

$$L = \frac{1}{2}x^{\mathrm{T}}\boldsymbol{\Sigma}x - \lambda(x^{\mathrm{T}}\overline{r} - \mu) - \gamma(x^{\mathrm{T}}I - 1)$$

式中，λ 和 γ 为常数，令其一阶导数等于 0，则有

$$\frac{\partial L}{\partial x} = \boldsymbol{\Sigma}x - \lambda\overline{r} - \gamma I = 0$$

$$\frac{\partial L}{\partial \lambda} = \mu - x^{\mathrm{T}}\overline{r} = 0 \tag{9-5}$$

$$\frac{\partial L}{\partial \gamma} = 1 - x^{\mathrm{T}}I = 0$$

由于 $\boldsymbol{\Sigma}$ 是对称正定矩阵，所以上述一阶条件也是全局最优化的充分必要条件。

现在简化以下记号，令

$$A = I^{\mathrm{T}}\boldsymbol{\Sigma}^{-1}\overline{r} = \overline{r}^{\mathrm{T}}\boldsymbol{\Sigma}^{-1}I$$

$$B = \overline{r}^{\mathrm{T}}\boldsymbol{\Sigma}^{-1}\overline{r}$$

$$C = I^{\mathrm{T}}\boldsymbol{\Sigma}^{-1}I \tag{9-6}$$

$$D = BC - A^2$$

解式(9-5)的一阶条件，可以得到

$$\lambda = \frac{1}{D}(C\mu - A)$$

$$\gamma = \frac{1}{D}(B - A\mu) \tag{9-7}$$

将 λ 和 γ 代入(9-5)中的第一个等式，得到

$$x = \frac{1}{D}\boldsymbol{\Sigma}^{-1}[(C\mu - A)\overline{r} + (B - A\mu)I] \tag{9-8}$$

因为 $\boldsymbol{\Sigma}$ 正定，故其逆矩阵 $\boldsymbol{\Sigma}^{-1}$ 也正定。那么 $B > 0$ 且 $C > 0$。又因为

$$(A\overline{r} - BI)^{\mathrm{T}}\boldsymbol{\Sigma}^{-1}(A\overline{r} - BI) = A^2\overline{r}^{\mathrm{T}}\boldsymbol{\Sigma}^{-1}\overline{r} - AB\overline{r}^{\mathrm{T}}\boldsymbol{\Sigma}^{-1}I - ABI^{\mathrm{T}}\boldsymbol{\Sigma}^{-1}\overline{r} + B^2 I^{\mathrm{T}}\boldsymbol{\Sigma}^{-1}I$$

$$= -A^2 B + B^2 C$$

$$= B(BC - A^2)$$

$$= BD > 0$$

所以 $D > 0$，因此式(9-8)有意义。

式(9-8)就是式(9-4)的优化解，$x = \dfrac{1}{D}\boldsymbol{\Sigma}^{-1}[(C\mu - A)\overline{\boldsymbol{r}} + (B - A\mu)\boldsymbol{I}]$ 就是满足条件的均值-方差前沿组合，即为具有期望收益率 μ 的证券资产组合中使风险最小的唯一组合权重。

2. 均值-方差前沿边界

记

$$g = \frac{1}{D}(B\boldsymbol{\Sigma}^{-1}\boldsymbol{I} - A\boldsymbol{\Sigma}^{-1}\overline{\boldsymbol{r}})$$

$$h = \frac{1}{D}(C\boldsymbol{\Sigma}^{-1}\overline{\boldsymbol{r}} - A\boldsymbol{\Sigma}^{-1}\boldsymbol{I})$$

(9-9)

则具有期望收益率 μ 的投资组合中使风险最小的唯一组合权重为

$$x = g + h\mu \tag{9-10}$$

因为 $x = g + h\mu$ 是具有期望收益率 μ 的权重为 x 的投资组合是均值-方差前沿组合的充分必要条件。因此，任意均值-方差前沿组合都可由 $x = g + h\mu$ 来表示；另外，任何一个可以用 $x = g + h\mu$ 来表示的投资组合都是均值-方差前沿组合。

对于每一个 μ，都存在唯一与之对应的均值-方差前沿组合 x。让 μ 取不同值就得到均值-方差前沿组合的完全集合，这个集合称为**均值-方差前沿边界**(Mean-Variance Frontier)。

3. 均值-方差前沿组合的图形分析

任意两个均值-方差前沿组合 P 和 Q 的收益率之间的协方差是

$$\mathrm{Cov}(\tilde{r}_P, \tilde{r}_Q) = \boldsymbol{x}^{\mathrm{PT}}\boldsymbol{\Sigma}\boldsymbol{x}^Q = \frac{C}{D}\left[E(\tilde{r}_P) - \frac{A}{C}\right]\left[E(\tilde{r}_Q) - \frac{A}{C}\right] + \frac{1}{C} \tag{9-11}$$

任意一个均值-方差前沿组合 P 的收益率的方差是

$$\sigma^2(\tilde{r}_P) = \mathrm{Cov}[\tilde{r}_P, \tilde{r}_P] = \boldsymbol{x}^{\mathrm{PT}}\boldsymbol{\Sigma}\boldsymbol{x}^P = \frac{C}{D}\left[E(\tilde{r}_P) - \frac{A}{C}\right]^2 + \frac{1}{C} \tag{9-12}$$

式(9-12)可以写成标准形式，即

$$\frac{\sigma^2(\tilde{r}_P)}{1/C} - \frac{[E(\tilde{r}_P) - A/C]^2}{D/C^2} = 1 \tag{9-13}$$

所以，在收益率的标准差 $\sigma(\tilde{r})$-期望 $E(\tilde{r})$ 平面上，所有的均值-方差前沿组合构成了一条中心为 $(0, A/C)$，渐近线为 $E(\tilde{r}_P) = A/C \pm \sqrt{D/C}\sigma(\tilde{r}_P)$ 的双曲线。因为 $\sigma(\tilde{r}) > 0$，那么，均值-方差前沿边界是双曲线的右边一支，如图 9-2 所示。

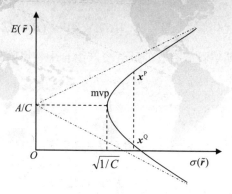

图 9-2 平面 $\sigma(\tilde{r})$ - $E(\tilde{r})$ 上的均值-方差前沿边界(双曲线)

在收益率的方差 $\sigma^2(\tilde{r})$ -期望 $E(\tilde{r})$ 平面上, 关系式(9-12)也可以写成标准形式, 即

$$\sigma^2(\tilde{r}_{\mathrm{P}}) - 1/C = C/D[E(\tilde{r}_{\mathrm{P}}) - A/C]^2 \tag{9-14}$$

这是一条顶点为 $(1/C, A/C)$ 的抛物线, 如图 9-3 所示。

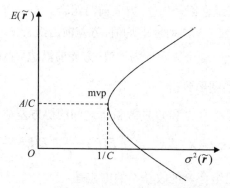

图 9-3 平面 $\sigma^2(\tilde{r})$ - $E(\tilde{r})$ 上的均值-方差前沿边界(抛物线)

4. 最小方差组合

在图 9-2 和图 9-3 中分别有标准差、方差最小的一个点, 这个点就代表所有可行投资组合中方差最小的组合, 称为**最小方差组合**(Minimum Variance Portfolio), 记为 mvp, 即图 9-2 中的 $(\sqrt{1/C}, A/C)$ 和图 9-3 中的 $(1/C, A/C)$ 。

5. 均值-方差有效组合

在均值-方差前沿组合中, 期望收益率严格大于最小方差组合的期望收益率 A/C 的称为**均值-方差有效组合**(Mean-Variance Efficient Portfolio)。在均值-方差前沿组合中, 期望收益率严格小于最小方差组合的期望收益率 A/C 的称为**均值-方差无效组合**。这样, 均值-方差前沿组合就分成了 3 个部分, 均值-方差有效组合、最小方差组合和均值-方差无效组合。对于每个均值-方差无效组合, 都存在一个均值-方差有效组合使其方差相等但期望收益率更大。

二、均值-方差模型的应用

【知识拓展】

基本数字特征的计算

假定市场上有 n 种资产，资产 $i(i=1,2,\cdots,n)$ 的期望收益率为 $E(r_i)$，方差为 σ_i^2，资产 i 与资产 j 的协方差为 σ_{ij}，相关系数为 ρ_{ij}。假设资产组合 P 中，投资者投资于资产 i 的比例为 w_i（$i=1,2,\cdots,n$），则有 $\sum_{i=1}^{n} w_i = 1$。

(一)资产的期望收益

1. 单一资产的期望收益

在任何情况下，资产 i 的期望收益是其收益的概率加权平均值。$\text{Pr}(s)$ 表示 s 状态下的概率，$r(s)$ 为该状态下的收益率，则资产 i 的期望收益为

$$E(r_i) = \sum_s \text{Pr}(s)r(s) \quad i=1,2,\cdots,n$$

2. 资产组合的期望收益

资产组合的期望收益是构成组合的每一资产期望收益的加权平均，以构成比例为权重。每一资产对组合的预期收益率的贡献依赖于它的预期收益率，以及它在组合初始价值中所占份额，而与其他一切无关。

资产组合的期望收益为

$$E(r_P) = \sum_{i=1}^{n} w_i E(r_i), \quad \sum_{i=1}^{n} w_i = 1$$

(二)资产的方差

1. 单一资产收益率的方差

资产收益的方差是期望收益偏差平方的期望值，则资产 i 的方差为

$$\sigma_i^2 = \sum_s \text{Pr}(s)[r(s) - E(r_i)]^2$$

2. 资产组合收益率的方差

(1) 两资产组合收益率的方差。

方差分别为 σ_1^2 与 σ_2^2 的两个资产以 w_1 与 w_2 的权重构成一个资产组合，则这个资产组合的方差为

$$\sigma_P^2 = w_1^2 \sigma_1^2 + w_2^2 \sigma_2^2 + 2w_1 w_2 \text{Cov}(r_1, r_2)$$

特别地，如果一个无风险资产与一个风险资产构成组合，则该组合的标准差等于风险资产的标准差乘以该组合投资于这部分风险资产的比例。

(2) 多资产组合收益率的方差。

$$\sigma_P^2 = \sum_{i=1}^{n}\sum_{j=1}^{n} w_i w_j \sigma_{ij}$$

其中，$\sigma_{ii} = \sigma_i^2$。

(三)资产的协方差

1. 两资产组合收益率的协方差

协方差是两个随机变量相互关系的一种统计测度，它测度两个随机变量(如资产 1 和资产 2)收益率之间的互动性。协方差表示为

$$\sigma_{12} = \mathrm{Cov}(r_1, r_2) = E[r_1 - E(r_1)][r_2 - E(r_2)]$$

2. 多资产组合收益率的协方差矩阵

资产组合 P 的方差可以表示为

$$\sigma_P^2 = \sum_{i=1}^{n}\sum_{j=1}^{n} w_i w_j \sigma_{ij} = \boldsymbol{w}^{\mathrm{T}} \boldsymbol{\Sigma} \boldsymbol{w}$$

其中，$\boldsymbol{\Sigma} = \begin{bmatrix} \sigma_{11} & \sigma_{12} & \cdots & \sigma_{1N} \\ \sigma_{21} & \sigma_{22} & \cdots & \sigma_{2N} \\ \vdots & \vdots & & \vdots \\ \sigma_{N1} & \sigma_{N2} & \cdots & \sigma_{NN} \end{bmatrix}$ 为多资产组合收益率的协方差矩阵。

(四)相关系数

与协方差密切相关的另一个统计测量度是相关系数。事实上，两个随机变量间的相关系数等于这两个随机变量之间的协方差除以它们各自的标准差。

资产 1 和资产 2 相关系数为

$$\rho_{12} = \frac{\mathrm{Cov}(r_1, r_2)}{\sqrt{\sigma_1^2}\sqrt{\sigma_2^2}}, \quad -1.0 \leqslant \rho \leqslant +1.0$$

相关系数 ρ_{12} 测量了两种股票收益共同变动的趋势。

当 $0 < \rho_{12} \leqslant 1$ 时，称为正相关。表示两种证券的收益做同方向运动，即一种证券的收益增加或减小，另一种证券的收益也增加或减小。组合期望收益在两种证券的收益之间是同一趋势波动。这个结果意味着投资组合并不具有降低风险的效果。

当 $\rho_{12} = 0$ 时，不相关。表示一种证券期望收益的变动，对另一种证券收益丝毫不产生影响。这个组合结果意味着可能降低部分风险，也可能不能降低风险。

当 $-1 \leqslant \rho_{12} < 0$ 时，称为负相关。表示两种证券的收益做反方向运动，即一种证券的期望收益增加或减少，另一种证券的收益则减少或增加，这种证券组合期望收益变化较为平缓，具有降低风险的效果。

可见，在进行证券组合投资中，应选择相关程度较低的证券进行投资，以降低投资风险。

现在，又回想起本章开始的那段关于雨伞店和染布店的小故事。假设根据观察，晴天的概率为 0.4，雨天的概率为 0.6。晴天时，染布店和雨伞店的收益率分别为 60%、-30%；雨天时，染布店和雨伞店的收益率分别为-20%、50%。关系如表 9-1 所示。

表 9-1　染布店和雨伞店的收益率

项　目	晴　天	雨　天
概率	0.4	0.6
染布店(资产 1)的收益率	60%	-20%
雨伞店(资产 2)的收益率	-30%	50%

这样，就可以计算出单项资产(染布店或雨伞店)的预期收益率和方差。

染布店的预期收益率为 $E(r_1) = 0.4 \times 60\% + 0.6 \times (-20\%) = 12\%$。

雨伞店的预期收益率为 $E(r_2) = 0.4 \times (-30\%) + 0.6 \times 50\% = 18\%$。

染布店收益率的方差为 $\sigma_1^2 = 0.4 \times (60\% - 12\%)^2 + 0.6 \times (-20\% - 12\%)^2 = 0.1536$。

雨伞店收益率的方差为 $\sigma_2^2 = 0.4 \times (-30\% - 18\%)^2 + 0.6 \times (50\% - 18\%)^2 = 0.1536$。

若只允许投资一种资产，通过比较染布店或雨伞店单项投资的收益与风险，可以发现两者的风险(即方差)相同，但雨伞店的预期收益率高于染布店，所以，根据马柯维茨最优投资组合理论，选择相同风险情况下预期收益率高的资产，即投资雨伞店。

若此时情况发生改变，可以投资染布店和雨伞店的组合 P，且两者各投资 50%。下面看看此时的收益与风险发生了什么改变。

若是晴天时，组合 P 的预期收益率为 $0.5 \times 60\% + 0.5 \times (-30\%) = 15\%$。

若是雨天时，组合 P 的预期收益率为 $0.5 \times (-20\%) + 0.5 \times 50\% = 15\%$。

该投资组合 P 的预期收益率为 $E(r_P) = 0.4 \times 15\% + 0.6 \times 15\% = 15\%$。

该投资组合 P 收益率的方差为 $\sigma_P^2 = 0.4 \times (15\% - 15\%)^2 + 0.6 \times (15\% - 15\%)^2 = 0$。

把仅投资一种资产的情况与资产组合的情况做一下对比，如表 9-2 所示。

表 9-2　单项资产的收益与风险资产组合的收益与风险

投资品种	染布店	雨伞店	组合(染店+伞店)
预期收益率/%	12	18	15
方差	0.1536	0.1536	0
标准差	0.3919	0.3919	0

也可以通过图形更直观地看出，如图 9-4 所示。

通过以上比较可以看出，染布店和雨伞店的组合 P 的收益介于单独投资一种资产的收益之间，却使风险极大地减少(减少到 0)。由此不禁想到，如何使资产组合收益可观的情况下，尽可能多地减少风险。

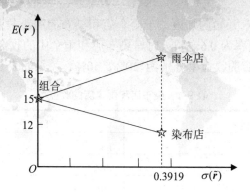

图 9-4　单一资产与组合后的收益和风险比较

两种资产 A、B 的相关系数在其中起了重要的作用。此题中，染布店和雨伞店收益率的协方差和相关系数为

$$\mathrm{Cov}(r_1, r_2) = 0.4 \times (60\% - 12\%)(-30\% - 18\%) + 0.6 \times (-20\% - 12\%)(50\% - 18\%) = -0.1536$$

$$\rho_{12} = \frac{\mathrm{Cov}(r_1, r_2)}{\sigma_1 \sigma_2} = \frac{-0.1536}{0.1536} = -1$$

正是因为染布店和雨伞店收益率的相关系数为-1，两者完全负相关，才会使风险完全抵消。但是这种情况是很罕见的，更多的时候 $-1 < \rho_{AB} < 1$。两种资产 A、B 的组合的预期收益率和标准差在 $\sigma(\tilde{r}) - E(\tilde{r})$ 平面上是弯曲程度不同的双曲线。曲线的弯曲程度取决于资产 A、B 的相关系数的大小。随着 ρ_{AB} 的增大，弯曲程度将降低。当 $\rho_{AB} = -1$ 时，弯曲程度最大，呈折线；当 $\rho_{AB} = 1$ 时，弯曲程度最小，呈直线；$-1 < \rho_{AB} < 1$ 是一种常见状态，此时弯曲程度比完全负相关时小，比完全正相关时大。一般情形如图 9-5 所示。

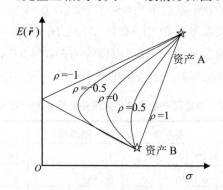

图 9-5　不同相关系数下两种资产组合的收益与标准差

上面考虑的是两种资产的投资组合为一条双曲线。若有多种资产可供投资，这时，可能的投资组合便不再局限于一条曲线上了，而是位于 $\sigma(\tilde{r}) - E(\tilde{r})$ 平面上的一个区域，把这个区域称为可行集(Feasible Set)。可行集也称资产组合的机会集合，它表示在收益和风险平面上，由多种资产所形成的所有资产组合的期望收益率和方差的集合。可行集包括了现实生

活中所有可能的组合，即所有可能的证券投资组合将位于可行集上。可行集不仅包括均值-方差前沿边界，还包括边界里面的部分。一般来说，N 种资产的可行集的形状像伞形，如图 9-6 所示。

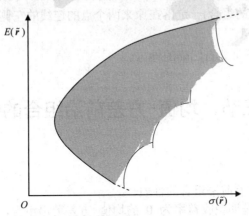

图 9-6　多种资产组合的可行集

通过构造组合使投资者的选择范围大大增加，但是人们该如何挑选证券组合呢？

可行集中有无穷多个组合，对于非饱和且风险厌恶的理性投资者而言，他们都是厌恶风险而偏好收益的。对于同样的风险水平，他们将会选择能提供最大预期收益率的组合；对于同样的预期收益率，他们将会选择风险最小的组合。能同时满足这两个条件的投资组合的集合称为**有效集**(Efficient Set)或**均值-方差有效边界**(Mean-Variance Efficient Frontier)。根据定义，有效集位于可行集的左上方，描绘了均值-方差效用下投资组合的风险与收益的最优配置。有效集由全部的均值-方差有效组合构成，即双曲线右边一支的收益大于最小方差组合收益的部分，如图 9-7 中 AB 段所示。

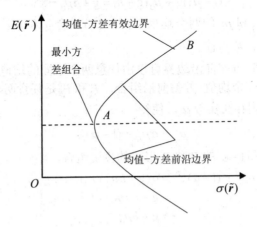

图 9-7　均值-方差模型下的有效集(均值-方差有效边界)

有效集的形状具有以下特点。

(1) 有效集是一条向右上方倾斜的曲线，它反映了"高收益、高风险"的原则。

(2) 有效集是一条向左凸的曲线。有效集上的任意两点所代表的两个组合再组合起来得到的新的点(代表一个新的组合)一定落在原来两个点的连线的左侧，这是因为新的组合能进一步起到分散风险的作用。

(3) 有效集曲线上不可能有凹陷的地方。

第三节　均值-方差前沿组合的性质

一、基本性质

下面来讨论均值-方差前沿组合的性质。

【性质 9-1】　g 是期望收益率为 0 的均值-方差前沿组合，$g+h$ 是期望收益率为 1 的均值-方差前沿组合。

证明：根据式(9-10)，因为 $x=g+h\mu$，若 $\mu=0$，则 $x=g+h\mu=g$；若 $\mu=1$，则 $x=g+h\mu=g+h$。

【性质 9-2】　所有的均值-方差前沿组合都可以由 g 和 $g+h$ 这两个均值-方差前沿组合的线性组合生成。

证明：任取一个均值-方差前沿组合 Q，其期望收益率设为 μ_Q，则其权重即可表示为

$$x^Q = g + h\mu_Q$$

考虑权重分别为 $1-\mu_Q$ 和 μ_Q 的两个均值-方差前沿组合 g 和 $g+h$ 形成的投资组合，即

$$(1-\mu_Q)g + \mu_Q(g+h) = g + h\mu_Q = x^Q$$

即权重分别为 $1-\mu_Q$ 和 μ_Q 的两个均值-方差前沿组合 g 和 $g+h$ 形成均值-方差前沿组合 Q。因为 Q 是任意的，故得证。

【性质 9-3】　均值-方差前沿边界可以由任意两个不同的均值-方差前沿组合生成。

证明：令 Q 是任意一个均值-方差前沿组合，P_1 和 P_2 是任意两个不同的均值-方差前沿组合，因为 $\mu_{P_1} \neq \mu_{P_2}$，则存在实数 α，使得

$$\mu_Q = \alpha\mu_{P_1} + (1-\alpha)\mu_{P_2}$$

考虑权重分别为 α 和 $1-\alpha$ 的 P_1 和 P_2 形成的投资组合，则

$$
\begin{aligned}
\alpha x^{P_1} + (1-\alpha)x^{P_2} &= \alpha(g+h\mu_{P_1}) + (1-\alpha)(g+h\mu_{P_2}) \\
&= g + h[\alpha\mu_{P_1} + (1-\alpha)\mu_{P_2}] \\
&= g + h\mu_Q \\
&= x^Q
\end{aligned}
$$

由 Q 的任意性就证明了均值-方差前沿边界可以由任意两个不同的均值-方差前沿组合

生成。

【性质9-4】　均值-方差前沿组合的任何凸组合仍是均值-方差前沿组合。

证明：假设经济中存在 m 个均值-方差前沿组合 x_i（$i=1,2,\cdots,m$），并且存在一组实数 α_i（$i=1,2,\cdots,m$），实数 α_i 满足非负、$\sum\limits_{i=1}^{m}\alpha_i=1$ 两个条件。用 $E(\tilde{r}_i)$ 来表示前沿组合 x_i 的期望收益率，那么就有

$$\sum_{i=1}^{m}\alpha_i x_i=\sum_{i=1}^{m}\alpha_i[g+hE(\tilde{r}_i)]=g+h\sum_{i=1}^{m}\alpha_i E(\tilde{r}_i)$$

上式最右边一项即为一个期望收益率为 $\sum\limits_{i=1}^{m}\alpha_i E(\tilde{r}_i)$ 的均值-方差前沿组合。

由性质9-4可以很容易地得到性质9-5。

【性质9-5】　均值-方差有效组合的任何凸组合仍是均值-方差有效组合。

证明：假设经济中存在 m 个均值-方差有效组合 x_i（$i=1,2,\cdots,m$），并且存在一组实数 α_i（$i=1,2,\cdots,m$），实数 α_i 满足非负、$\sum\limits_{i=1}^{m}\alpha_i=1$ 两个条件。用 $E(\tilde{r}_i)$ 来表示有效组合 x_i 的期望收益率，由性质9-4知，$\sum\limits_{i=1}^{m}\alpha_i x_i$ 仍是均值-方差前沿组合，并且 $\sum\limits_{i=1}^{m}\alpha_i E(x_i)\geqslant\sum\limits_{i=1}^{m}\alpha_i\dfrac{A}{C}=\dfrac{A}{C}$，即以 $\sum\limits_{i=1}^{m}\alpha_i x_i$ 为权重的均值-方差前沿组合的期望收益率不小于 A/C，所以该均值-方差前沿组合是均值-方差有效组合。

二、最小方差组合的性质

【性质9-6】　最小方差组合的收益率和任何投资组合(不一定是均值-方差前沿组合)的收益率的协方差总是等于最小方差组合收益率的方差，设 x^{P} 是任意组合，那么，

$$\mathrm{Cov}(\tilde{r}_{\mathrm{P}},\tilde{r}_{\mathrm{mvp}})=\sigma^2_{\mathrm{mvp}}=\frac{1}{C}$$

证明：考虑由 P 和 mvp 组成的组合，$\alpha\tilde{r}_{\mathrm{P}}+(1-\alpha)\tilde{r}_{\mathrm{mvp}}$。一方面，要使此组合方差最小，因为 mvp 是最小方差组合，显然有 $1-\alpha=1$ 即 $\alpha=0$ 时方差最小；另一方面，求解

$$\min\mathrm{Var}[\alpha\tilde{r}_{\mathrm{P}}+(1-\alpha)\tilde{r}_{\mathrm{mvp}}]$$
$$=\min\alpha^2\mathrm{Var}(\tilde{r}_{\mathrm{P}})+(1-\alpha)^2\mathrm{Var}(\tilde{r}_{\mathrm{mvp}})+2\alpha(1-\alpha)\mathrm{Cov}(\tilde{r}_{\mathrm{P}},\tilde{r}_{\mathrm{mvp}})$$

其一阶条件是

$$2\alpha\mathrm{Var}(\tilde{r}_{\mathrm{P}})-2(1-\alpha)\mathrm{Var}(\tilde{r}_{\mathrm{mvp}})+2(1-2\alpha)\mathrm{Cov}(\tilde{r}_{\mathrm{P}},\tilde{r}_{\mathrm{mvp}})=0$$

因为 $\alpha=0$ 即为上式的解，代入得到 $\mathrm{Cov}(\tilde{r}_{\mathrm{P}},\tilde{r}_{\mathrm{mvp}})=\mathrm{Var}(\tilde{r}_{\mathrm{mvp}})$，即

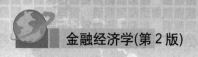

$$\text{Cov}(\tilde{r}_P, \tilde{r}_{\text{mvp}}) = \sigma^2_{\text{mvp}} = \frac{1}{C} \tag{9-15}$$

三、零协方差组合及其性质

组合 x^P(不是最小方差组合)的**零协方差组合**(Zero Covariance Portfolio,记为 zcp)是指这样一个组合,它的收益率与组合 x^P 的收益率的协方差为 0,记为 x^P_{zcp},就称组合 x^P_{zcp} 为组合 x^P 的零协方差组合。

均值-方差前沿组合的一个重要的数学性质就是,对于任意不是最小方差组合的均值-方差前沿组合 x^P,都存在另一个唯一的均值-方差前沿组合 x^P_{zcp},它的收益率同 x^P 的收益率的协方差为 0。就是下面将要证明的性质。

【性质 9-7】 (对偶性)对于任意不是最小方差组合的均值-方差前沿组合 x^P,都存在另一个唯一的均值-方差前沿组合 x^P_{zcp},使得 $\text{Cov}(\tilde{r}_P, \tilde{r}_{\text{zcp}}) = 0$。

证明: 根据式(9-11),因为 $\text{Cov}[\tilde{r}_P, \tilde{r}_{\text{zcp}}] = \frac{C}{D}\left[E(\tilde{r}_P) - \frac{A}{C}\right]\left[E(\tilde{r}_{\text{zcp}}) - \frac{A}{C}\right] + \frac{1}{C} = 0$,通过该式求解 x^P_{zcp} 的期望收益可得

$$E(\tilde{r}_{\text{zcp}}) = \frac{A}{C} - \frac{D/C^2}{E(\tilde{r}_P) - A/C} \tag{9-16}$$

从此式可以看出,只要 $E(\tilde{r}_P) \neq A/C$,即任意的均值-方差前沿组合 x^P 不是最小方差组合,则该组合必然对应唯一的零协方差组合 x^P_{zcp}。

根据式(9-16),还有以下结论:如果 $E(\tilde{r}_P) > A/C$,则 $E(\tilde{r}_{\text{zcp}}) < A/C$。这意味着,如果 x^P 是均值-方差有效组合,则 x^P_{zcp} 必然是均值-方差无效组合;反过来,如果 $E(\tilde{r}_P) < A/C$,则 $E(\tilde{r}_{\text{zcp}}) > A/C$。这意味着,如果 x^P 是均值-方差无效组合,则 x^P_{zcp} 必然是均值-方差有效组合。因此,x^P 和 x^P_{zcp} 分别位于图 9-1 中双曲线的上、下分支。

根据式(9-16),还可以从几何意义上在标准差-期望收益平面或方差-期望收益平面上,根据均值-方差前沿组合 x^P 的位置,确定零协方差组合 x^P_{zcp} 的位置。

【性质 9-8】 在标准差-期望收益平面上,给定任意均值-方差前沿组合 x^P(最小方差组合除外)所对应的点,过该点作前沿边界(双曲线)的切线,该切线与期望收益坐标轴交于一点,该点所对应的收益等于 $E(\tilde{r}_{\text{zcp}})$,因此过该点作标准差坐标轴的平行线,则平行线与前沿边界的交点就是零协方差组合 x^P_{zcp} 的位置。

证明: 对式(9-13)关于 $\sigma(\tilde{r}_P)$ 和 $E(\tilde{r}_P)$ 求一阶全微分,得到

$$\frac{dE(\tilde{r}_P)}{d\sigma(\tilde{r}_P)} = \frac{\sigma(\tilde{r}_P)}{C/D[E(\tilde{r}_P) - A/C]}$$

上式即是过均值-方差前沿组合 x^P 所对应的点 $(\sigma(\tilde{r}_P)，E(\tilde{r}_P))$ 的切线斜率，从而该点的切线为

$$E(\tilde{r}) - E(\tilde{r}_P) = \frac{\sigma(\tilde{r}_P)}{C/D[E(\tilde{r}_P) - A/C]}[\sigma(\tilde{r}) - \sigma(\tilde{r}_P)]$$

如果 $\sigma(\tilde{r}) = 0$，那么

$$E(\tilde{r}) = E(\tilde{r}_P) + \frac{\sigma(\tilde{r}_P)}{C/D[E(\tilde{r}_P) - A/C]}[0 - \sigma(\tilde{r}_P)]$$

$$= E(\tilde{r}_P) - \frac{\sigma^2(\tilde{r}_P)}{C/D[E(\tilde{r}_P) - A/C]}$$

$$\underset{\text{式}(8\text{-}13)}{=} \frac{A}{C} - \frac{D/C^2}{E(\tilde{r}_P) - A/C}$$

$$\underset{\text{式}(8\text{-}16)}{=} E(\tilde{r}_{zcp})$$

其中第三个等式由式(9-13)得到，第四个等式由式(9-16)得到。其几何图形如图 9-8 所示。

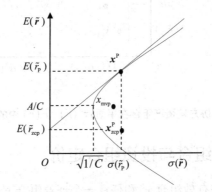

图 9-8　零协方差资产组合在平面 $\sigma(\tilde{r})$-$E(\tilde{r})$ 中的位置(双曲线)

【性质 9-9】　在方差-期望收益平面上，给定任意均值-方差前沿组合 x^P（最小方差组合除外）所对应的点，连接该点与最小方差组合所对应的点获得一条直线，该直线与期望收益坐标轴的交点所对应的收益等于 $E(\tilde{r}_{zcp})$，因此过该点作方差坐标轴的平行线，则平行线与前沿边界的交点就是零协方差组合 x^P_{zcp} 的位置。

证明：根据均值-方差前沿组合 x^P 的坐标 $(\sigma^2(\tilde{r}_P)，E(\tilde{r}_P))$ 和最小方差组合 mvp 的坐标 $(1/C，A/C)$ 可得连接这两点的直线斜率为 $\dfrac{E(\tilde{r}_P) - A/C}{\sigma^2(\tilde{r}_P) - 1/C}$，从而该直线表示为

$$E(\tilde{r}) - \frac{A}{C} = \frac{E(\tilde{r}_P) - A/C}{\sigma^2(\tilde{r}_P) - 1/C}\left(\sigma^2(\tilde{r}) - \frac{1}{C}\right)$$

如果 $\sigma^2(\tilde{r}) = 0$，那么

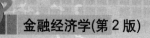

$$E(\tilde{r}) = \frac{A}{C} + \frac{E(\tilde{r}_{\mathrm{P}}) - A/C}{\sigma^2(\tilde{r}_{\mathrm{P}}) - 1/C}\left(0 - \frac{1}{C}\right)$$

$$= \frac{A}{C} - \frac{E(\tilde{r}_{\mathrm{P}}) - A/C}{\sigma^2(\tilde{r}_{\mathrm{P}}) - 1/C} \times \frac{1}{C}$$

$$\underset{\text{式}(8\text{-}14)}{=} \frac{A}{C} - \frac{D/C^2}{E(\tilde{r}_{\mathrm{P}}) - A/C}$$

$$\underset{\text{式}(8\text{-}16)}{=} E(\tilde{r}_{\mathrm{zcp}})$$

其中第三个等式由式(9-14)得到,第四个等式由式(9-16)得到。其几何图形如图9-9所示。

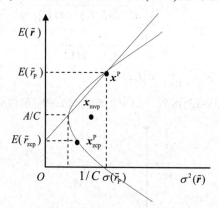

图9-9　零协方差资产组合在平面 $\sigma^2(\tilde{r}) - E(\tilde{r})$ 中的位置(抛物线)

四、均值-方差有效组合与投资组合定价

现在来探讨均值-方差有效组合 x^{P} 和任意一个证券组合 x^{Q} 之间的关系。

【性质9-10】　假设 x^{P} 是一个均值-方差有效组合,任取一个证券组合 x^{Q} ,有以下关系成立,即

$$E(\tilde{r}_{\mathrm{Q}}) = \beta_{\mathrm{PQ}} E(\tilde{r}_{\mathrm{P}}) + (1 - \beta_{\mathrm{PQ}}) E(\tilde{r}_{\mathrm{zcp}})$$

其中

$$\beta_{\mathrm{PQ}} = \frac{\mathrm{Cov}(\tilde{r}_{\mathrm{P}}, \tilde{r}_{\mathrm{Q}})}{\sigma^2(\tilde{r}_{\mathrm{P}})}$$

证明:因为 x^{P} 是有效组合,由式(9-8)知道,可以表示成

$$x^{\mathrm{P}} = \frac{1}{D} \Sigma^{-1}[(C\mu - A)\overline{r} + (B - A\mu)I]$$

根据式(9-7),简记为

$$x^{\mathrm{P}} = \lambda \Sigma^{-1}\overline{r} + \gamma \Sigma^{-1}I$$

所以有

$$\mathrm{Cov}(\tilde{r}_{\mathrm{P}}, \tilde{r}_{\mathrm{Q}}) = x^{\mathrm{PT}}\Sigma x^{\mathrm{Q}} = (\lambda \Sigma^{-1}\overline{r} + \gamma \Sigma^{-1}I)^{\mathrm{T}}\Sigma x^{\mathrm{Q}} = \lambda \overline{r}^{\mathrm{T}}x^{\mathrm{Q}} + \gamma I^{\mathrm{T}}x^{\mathrm{Q}} = \lambda E(\tilde{r}_{\mathrm{Q}}) + \gamma$$

由式(9-7)知，$\lambda = \dfrac{1}{D}(C\mu - A)$，所以 $\lambda = 0 \Leftrightarrow \mu = A/C$。只有在 $\boldsymbol{x}^\mathrm{P}$ 是最小方差组合时，才有 $\mu = A/C$。因此只要 $\boldsymbol{x}^\mathrm{P}$ 不是最小方差组合，就有 $\lambda \neq 0$。于是在 $\boldsymbol{x}^\mathrm{P}$ 不是最小方差组合时，可以把上式改写成

$$E(\tilde{r}_\mathrm{Q}) = -\frac{\gamma}{\lambda} + \frac{\mathrm{Cov}(\tilde{r}_\mathrm{P}, \tilde{r}_\mathrm{Q})}{\lambda} \tag{9-17}$$

如果 $\boldsymbol{x}^\mathrm{Q} = \boldsymbol{x}^\mathrm{P}$，则有

$$E(\tilde{r}_\mathrm{P}) = -\frac{\gamma}{\lambda} + \frac{\sigma^2(\tilde{r}_\mathrm{P})}{\lambda} \tag{9-18}$$

如果 $\boldsymbol{x}^\mathrm{Q} = \boldsymbol{x}^\mathrm{P}_{\mathrm{zcp}}$，则有

$$E(\tilde{r}_{\mathrm{zcp}}) = -\frac{\gamma}{\lambda} \tag{9-19}$$

由式(9-18)、式(9-19)，可以把式(9-17)变形为

$$E(\tilde{r}_\mathrm{Q}) = E(\tilde{r}_{\mathrm{zcp}}) + \frac{\mathrm{Cov}(\tilde{r}_\mathrm{P}, \tilde{r}_\mathrm{Q})}{\sigma^2(\tilde{r}_\mathrm{P})}[E(\tilde{r}_\mathrm{P}) - E(\tilde{r}_{\mathrm{zcp}})] \tag{9-20}$$

定义 $\beta_{\mathrm{PQ}} = \dfrac{\mathrm{Cov}(\tilde{r}_\mathrm{P}, \tilde{r}_\mathrm{Q})}{\sigma^2(\tilde{r}_\mathrm{P})}$

则式(9-20)变为

$$\begin{aligned} E(\tilde{r}_\mathrm{Q}) &= E(\tilde{r}_{\mathrm{zcp}}) + \beta_{\mathrm{PQ}}[E(\tilde{r}_\mathrm{P}) - E(\tilde{r}_{\mathrm{zcp}})] \\ &= \beta_{\mathrm{PQ}} E(\tilde{r}_\mathrm{P}) + (1 - \beta_{\mathrm{PQ}})E(\tilde{r}_{\mathrm{zcp}}) \end{aligned} \tag{9-21}$$

事实上，后面要讨论的资本资产定价模型(CAMP)是式(9-21)的特例(在引入无风险资产和市场组合后)。

第四节　存在无风险资产的投资组合选择

前面讨论了在不存在无风险资产情况下的均值-方差前沿组合及其性质，下面来讨论含有无风险资产的情形。

一、存在无风险资产前沿边界的推导

前面由于在讨论中要求 $\boldsymbol{\Sigma}$ 正定，使得 N 种证券中不可能存在无风险资产。现在在前面讨论的基础上加上无风险资产。无风险资产的收益率设为 r_f，这样市场中有 $N+1$ 种资产，其中有一种无风险资产和 N 种风险资产。

N 种风险资产的投资组合的收益率用矢量 $\tilde{\boldsymbol{r}}$ 表示，其预期收益率用矢量 $\bar{\boldsymbol{r}}$ 表示，其协方差矩阵用 $\boldsymbol{\Sigma}$ 表示，具体表示为

$$\tilde{r} = \begin{bmatrix} \tilde{r}_1 \\ \vdots \\ \tilde{r}_N \end{bmatrix}, \quad \overline{r} = E(\tilde{r}) = \begin{bmatrix} E(\tilde{r}_1) \\ \vdots \\ E(\tilde{r}_N) \end{bmatrix}, \quad \Sigma = \text{Cov}[\tilde{r}, \tilde{r}] = \begin{bmatrix} \sigma_{11} & \sigma_{12} & \cdots & \sigma_{1N} \\ \sigma_{21} & \sigma_{22} & \cdots & \sigma_{2N} \\ \vdots & \vdots & & \vdots \\ \sigma_{N1} & \sigma_{N2} & \cdots & \sigma_{NN} \end{bmatrix}$$

其中，$\sigma_{ij} = \text{Cov}(\tilde{r}_i, \tilde{r}_j)$。

矢量 x 是 N 种风险资产的权重，表示为 $x = \begin{bmatrix} x_1 \\ \vdots \\ x_N \end{bmatrix}$，设 $I = \begin{bmatrix} 1 \\ \vdots \\ 1 \end{bmatrix}$，这些表示方法与前面不

存在无风险情形下的表示方法完全一样。

令 P 是 $N+1$ 种资产的均值-方差前沿组合，可以看出，$1 - x^{\mathrm{T}} I = 1 - \sum_{k=1}^{N} x_k$ 是投资组合 P

中无风险资产的权重，则投资组合 P 中风险资产的权重 x 是以下二次规划的最优解，即

$$\min_{x} \quad \frac{1}{2} x^{\mathrm{T}} \Sigma x$$
$$\text{s.t.} \quad x^{\mathrm{T}} \overline{r} + (1 - x^{\mathrm{T}} I) r_{\mathrm{f}} = E(\tilde{r}_{\mathrm{P}}) \tag{9-22}$$

式中，$E(\tilde{r}_{\mathrm{P}})$ 是资产组合 P 的期望收益水平。

优化模型式(9-22)的经济含义是，在资产组合期望收益率等于 $E(\tilde{r}_{\mathrm{P}})$ 时求解资产组合的最小方差。注意，金融市场中允许卖空，即资产组合可以有负权重，目标函数 $x^{\mathrm{T}} \Sigma x$ 是严格凸函数，而约束条件是线性的，因此，二次规划问题存在唯一解。

现在来求解这个二次规划问题。

构建拉格朗日函数为

$$L = \frac{1}{2} x^{\mathrm{T}} \Sigma x - \lambda [x^{\mathrm{T}} \overline{r} + (1 - x^{\mathrm{T}} I) r_{\mathrm{f}} - E(\tilde{r}_{\mathrm{P}})]$$

式中，λ 为常数；x 是解的一阶充分必要条件是

$$\frac{\partial L}{\partial x} = \Sigma x - \lambda (\overline{r} - r_{\mathrm{f}} I) = 0$$
$$\frac{\partial L}{\partial \lambda} = -[x^{\mathrm{T}} \overline{r} + (1 - x^{\mathrm{T}} I) r_{\mathrm{f}} - E(\tilde{r}_{\mathrm{P}})] = 0 \tag{9-23}$$

解得

$$x = \Sigma^{-1} (\overline{r} - r_{\mathrm{f}} I) \frac{E(\tilde{r}_{\mathrm{P}}) - r_{\mathrm{f}}}{H} \tag{9-24}$$

其中 $H = (\overline{r} - r_{\mathrm{f}} I)^{\mathrm{T}} \Sigma^{-1} (\overline{r} - r_{\mathrm{f}} I) = B - 2A r_{\mathrm{f}} + C r_{\mathrm{f}}^2$，且 A、B 和 C 仍沿用第二节中式(9-6)的定义。可以容易地验证当 $BC - A^2 = D > 0$ 时，$H > 0$。

从而资产组合 P 收益率的方差为

$$\sigma^2(\tilde{r}_P) = \mathbf{x}^{\mathrm{T}} \mathbf{\Sigma} \mathbf{x}$$

$$\underset{\text{式(8-24)}}{=} \frac{[E(\tilde{r}_P) - r_f]^2}{H^2} (\bar{r} - r_f \mathbf{I})^{\mathrm{T}} \mathbf{\Sigma}^{-1} (\bar{r} - r_f \mathbf{I}) \qquad (9\text{-}25)$$

$$= \frac{[E(\tilde{r}_P) - r_f]^2}{H}$$

等价的，标准差可以写为

$$\sigma(\tilde{r}_P) = \begin{cases} \dfrac{E(\tilde{r}_P) - r_f}{\sqrt{H}}, & \text{若 } E(\tilde{r}_P) \geqslant r_f \\[3mm] -\dfrac{E(\tilde{r}_P) - r_f}{\sqrt{H}}, & \text{若 } E(\tilde{r}_P) \leqslant r_f \end{cases} \qquad (9\text{-}26)$$

由式(9-26)可以清楚地看出，存在无风险资产的情形下，所有资产的资产组合前沿边界是 $\sigma(\tilde{r}) - E(\tilde{r})$ 平面上由点 $(0, r_f)$ 发出的斜率为 $\pm \sqrt{H}$ 的两条射线。

二、前沿边界的组合意义和几何结构

在讨论中，由于无风险资产的利率 r_f 与风险资产的收益率相互独立，因此其量值会存在大于、小于和等于最小方差组合 mvp 的期望收益率 A/C 的 3 种可能。以下分别考虑这 3 种情形。

情形 1： $r_f < A/C$。这种情形的图形如图 9-9 所示，其中 e 是射线 $r_f + \sqrt{H} \sigma(\tilde{r}_P)$ 和所有风险资产的资产组合前沿边界的切点。为验证这一点只需说明

$$\frac{E(\tilde{r}_e) - r_f}{\sigma(\tilde{r}_e)} = \sqrt{H}$$

证明： 取 $E(\tilde{r}_e) = \dfrac{A}{C} - \dfrac{D/C^2}{r_f - A/C}$，这里利用了式(9-16)的结果得出 $E(\tilde{r}_{zcp}^e) = r_f$。

根据式(9-12)可得

$$\sigma(\tilde{r}_e) = \sqrt{C/D[E(\tilde{r}_e) - A/C]^2 + 1/C}$$

$$= \sqrt{C/D \left[\frac{D/C^2}{r_f - A/C} \right]^2 + 1/C}$$

$$= \sqrt{\frac{D/C + C(r_f - A/C)^2}{C^2(r_f - A/C)^2}}$$

$$= \frac{\sqrt{H}}{-C(r_f - A/C)}$$

所以

$$\frac{E(\tilde{r}_{e}) - r_{f}}{\sigma(\tilde{r}_{e})} = \left(\frac{A}{C} - \frac{D/C^2}{r_f - A/C} - r_f\right)\frac{-C(r_f - A/C)}{\sqrt{H}} = \frac{-H}{Cr_f - A}\frac{-(Cr_f - A)}{\sqrt{H}} = \sqrt{H}$$

这正是所要证明的。

下面讨论 $r_f < A/C$ 时的资产组合前沿边界(即为图 9-9 中从 r_f 出发的两条射线)的投资含义。如图 9-10 所示,线段 $\overline{r_f e}$ 上任意资产组合是由无风险资产与资产组合 e 的凸组合,凸组合意味着不允许卖空;在射线 $E(\tilde{r}_p) = r_f + \sqrt{H}\sigma(\tilde{r}_p)$ 上但不在线段 $\overline{r_f e}$ 上的任意资产组合意味着卖空无风险资产而投资于资产组合 e;射线 $E(\tilde{r}_p) = r_f - \sqrt{H}\sigma(\tilde{r}_p)$ 上的任意资产组合意味着卖空资产组合 e 而投资于无风险资产。

此外,不难判断,在存在无风险资产并且 $r_f < A/C$ 的条件下,$N+1$ 种资产所形成的有效前沿是一条与原前沿边界相切的斜率为正的射线,这条射线就是 $E(\tilde{r}_p) = r_f + \sqrt{H}\sigma(\tilde{r}_p)$。换言之,在原来只存在 N 种风险资产的经济系统中引入一种无风险资产后,该无风险资产在拓展了原有经济系统的可行域(将原双曲线之间的部分拓展为两条射线之间的部分)的同时,将原前沿边界拓展为两条射线,特别是将原有效前沿拓展为一条射线。无风险资产对原有效前沿的拓展,可以按照以下方式进行理解:取原有效前沿上的任一点(有效组合)与无风险资产进行再组合,按不同权重进行再组合所形成的结合线必然是两条从点 $(0, r_f)$ 出发的射线,并且这条射线经过再组合的有效组合,取完所有的有效组合后发现,在所有的结合线中位于最外侧的一条结合线正是过点 $(0, r_f)$ 与有效前沿相切的那条射线,这时,有效组合正是投资组合 e。

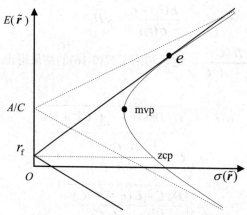

图 9-10 当 $r_f < A/C$ 时的资产组合前沿边界

情形 2:$r_f > A/C$。这种情形的图形如图 9-11 所示,其中 e' 是射线 $r_f - \sqrt{H}\sigma(\tilde{r}_p)$ 和所有风险资产的资产组合前沿边界的切点。此处的证明与情形 1 类似,仅仅需要在已知

$E(\tilde{r}_{e'}) = \dfrac{A}{C} - \dfrac{D/C^2}{r_{\mathrm{f}} - A/C}$ 的条件下证明 $\dfrac{E(\tilde{r}_{e'}) - r_{\mathrm{f}}}{\sigma(\tilde{r}_{e'})} = -\sqrt{H}$ 即可，此处省略。

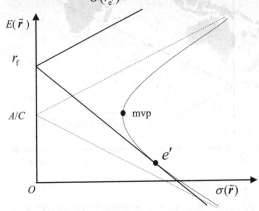

图 9-11　当 $r_{\mathrm{f}} > A/C$ 时的资产组合前沿边界

如图 9-11 所示，射线 $E(\tilde{r}_{\mathrm{P}}) = r_{\mathrm{f}} + \sqrt{H}\sigma(\tilde{r}_{\mathrm{P}})$ 上的任意资产组合意味着卖空资产组合 e' 而投资于无风险资产。线段 $\overline{r_{\mathrm{f}}e'}$ 上任意资产组合是无风险资产与资产组合 e' 的凸组合。射线 $E(\tilde{r}_{\mathrm{P}}) = r_{\mathrm{f}} - \sqrt{H}\sigma(\tilde{r}_{\mathrm{P}})$ 上但不在线段 $\overline{r_{\mathrm{f}}e'}$ 上的任意资产组合意味着卖空无风险资产而投资于资产组合 e'。

类似地，在射线 $E(\tilde{r}_{\mathrm{P}}) = r_{\mathrm{f}} + \sqrt{H}\sigma(\tilde{r}_{\mathrm{P}})$ 上的资产组合为有效资产组合；而在射线 $E(\tilde{r}_{\mathrm{P}}) = r_{\mathrm{f}} - \sqrt{H}\sigma(\tilde{r}_{\mathrm{P}})$ 上的资产组合为无效资产组合。

情形 3：$r_{\mathrm{f}} = A/C$。此时，$H = B - 2Ar_{\mathrm{f}} + Cr_{\mathrm{f}}^2 = B - 2A\dfrac{A}{C} + C\dfrac{A^2}{C^2} = \dfrac{D}{C} > 0$，那么，所有资产的资产组合前沿边界是

$$E(\tilde{r}_{\mathrm{P}}) = r_{\mathrm{f}} \pm \sqrt{H}\sigma(\tilde{r}_{\mathrm{P}}) = A/C \pm \sqrt{D/C}\,\sigma(\tilde{r}_{\mathrm{P}})$$

这是风险资产的资产组合前沿边界的两条渐近线。这种情形的图形如图 9-12 所示。

在情形 1 和情形 2 中，所有资产的资产组合前沿边界由无风险资产与"切点"资产组合 e 和 e' 分别生成。在情形 3 中没有切点资产组合，因此，所有资产的资产组合前沿边界不能由无风险资产与风险资产的边界资产组合生成。现在的问题是资产组合前沿边界是怎样生成的呢？

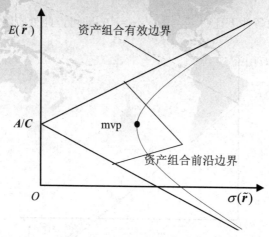

图 9-12 当 $r_f = A/C$ 时的资产组合前沿边界

将 $r_f = A/C$ 代入式(9-24)，将 $\boldsymbol{x}$(风险资产的权重)左乘以 $\boldsymbol{I}^T$，利用式(9-6)的定义，得到

$$\boldsymbol{I}^T\boldsymbol{x} = \boldsymbol{I}^T\boldsymbol{\Sigma}^{-1}\left(\overline{\boldsymbol{r}} - \frac{A}{C}\boldsymbol{I}\right)\frac{E(\tilde{r}_P) - r_f}{H}$$

$$= \left(\boldsymbol{I}^T\boldsymbol{\Sigma}^{-1}\overline{\boldsymbol{r}} - \boldsymbol{I}^T\boldsymbol{\Sigma}^{-1}\boldsymbol{I}\frac{A}{C}\right)\frac{E(\tilde{r}_P) - r_f}{H}$$

$$= \left(A - \frac{A}{C}C\right)\frac{E(\tilde{r}_P) - r_f}{H} = 0$$

此式说明，当 $r_f = A/C$ 时，在 $N+1$ 种资产的市场中，投资者的前沿资产组合是将自己的财富全部买入无风险资产，从而他持有的风险资产的权重之和为 0。

因此，当 $r_f = A/C$ 时的资产组合前沿边界上的任意资产组合是将全部资金投资无风险资产并持有一个权重之和为 0(即持有风险资产的套利资产组合)的风险资产的资产组合。

类似地，在射线 $E(\tilde{r}_P) = r_f + \sqrt{H}\sigma(\tilde{r}_P)$ 上的资产组合为有效资产组合；而在射线 $E(\tilde{r}_P) = r_f - \sqrt{H}\sigma(\tilde{r}_P)$ 上的资产组合为无效资产组合。

三、存在无风险资产的前沿边界投资组合和投资组合定价

在不存在无风险资产的经济系统中，性质 9-10 说明，任意投资组合的期望收益都可以表示为任意一个除最小方差组合之外的前沿边界投资组合与其零协方差前沿边界投资组合的期望收益的线性组合。在引入一种无风险资产的条件下，仍然可以获得以上类似的结论。

此处假设的情形是 $r_f < A/C$。假设 $\boldsymbol{x}^P$ 表示任意一个前沿边界投资组合，$\boldsymbol{w}_P$ 是该投资组合投资于风险资产的权重矢量，且有 $E(\tilde{r}_P) \neq r_f$。假设任意一个投资组合为 $\boldsymbol{x}^Q$，同样地，$\boldsymbol{w}_Q$ 是该投资组合投资于风险资产的权重矢量。将任意的投资组合 $\boldsymbol{x}^Q$ 分为两种情况进行讨论：

一种是完全投资于风险资产的投资组合；另一种是买入或卖出无风险资产的投资组合。

对任意完全投资于风险资产的投资组合 x^Q ，有 $w_Q^T I = 1$ 成立，那么

$$\text{Cov}(\tilde{r}_Q, \tilde{r}_P) = w_Q^T \Sigma w_P = w_Q^T \Sigma \Sigma^{-1} (\bar{r} - r_f I) \frac{E(\tilde{r}_P) - r_f}{H}$$

$$= \frac{[E(\tilde{r}_Q) - r_f][E(\tilde{r}_P) - r_f]}{H}$$

变形可得

$$E(\tilde{r}_Q) - r_f = \frac{\text{Cov}(\tilde{r}_Q, \tilde{r}_P)}{[E(\tilde{r}_P) - r_f]^2 / H} [E(\tilde{r}_P) - r_f]$$

$$= \frac{\text{Cov}(\tilde{r}_Q, \tilde{r}_P)}{\sigma^2(\tilde{r}_P)} [E(\tilde{r}_P) - r_f]$$

$$= \beta_{QP} [E(\tilde{r}_P) - r_f]$$

其中， $\beta_{QP} = \dfrac{\text{Cov}(\tilde{r}_Q, \tilde{r}_P)}{\sigma^2(\tilde{r}_P)}$

对任意投资于无风险资产的投资组合 x^Q ，可以将其表示成无风险资产和一个完全投资于风险资产的投资组合 Q' 的投资组合，即 $(1 - \alpha_1) r_f + \alpha_1 \tilde{r}_{Q'}$ ，那么

$$\text{Cov}(\tilde{r}_Q, \tilde{r}_P) = \alpha_1 \text{Cov}(\tilde{r}_{Q'}, \tilde{r}_P), \quad \beta_{QP} = \frac{\text{Cov}(\tilde{r}_Q, \tilde{r}_P)}{\sigma^2(\tilde{r}_P)} = \alpha_1 \beta_{Q'P}$$

$$E(\tilde{r}_Q) - r_f = (1 - \alpha_1) r_f + \alpha_1 E(\tilde{r}_{Q'}) - r_f$$

$$= (1 - \alpha_1) r_f + \alpha_1 [\beta_{Q'P}(E(\tilde{r}_P) - r_f) + r_f] - r_f$$

$$= \alpha_1 \beta_{Q'P} [E(\tilde{r}_P) - r_f]$$

$$= \beta_{QP} [E(\tilde{r}_P) - r_f]$$

所以，对于任意投资组合 x^Q 和任意一个前沿边界投资组合 x^P $(E(\tilde{r}_P) \neq r_f)$ ，均有以下表达式成立，即

$$E(\tilde{r}_Q) = r_f + \beta_{QP} [E(\tilde{r}_P) - r_f] \tag{9-27}$$

四、马柯维茨投资组合理论的应用步骤

这里对马柯维茨投资组合理论在应用中的步骤总结如下。

步骤 1：根据事前掌握的信息估计单个证券的期望收益、方差以及各证券之间的协方差或相关系数。

步骤 2：根据步骤 1 所形成的期望收益矢量及协方差矩阵，计算前沿边界的权重向量表达式或前沿边界的双曲线(抛物线)表达式，进而在标准差-期望收益平面上描绘出前沿边界，确定最小方差组合，明确有效前沿。在这个过程中，可以利用计算机专门程序进行计算，投资者只需要输入数据即可。但是，如果采用单一证券的相关数据将面临大量数据采集以

及复杂计算的困境；在现实中马柯维茨投资组合理论一般被用作资产类别配置模型使用，即将资产划分为若干种大的类型，如国内债券、国内权益、国际债券、国际权益等，然后按照第一步估算相关资产类型的参数，输入参数获得有效前沿，从而为下面选择资产类型配置做好准备。之所以这样做，完全是出于简化计算的目的。

步骤 3：明确投资者的偏好关系，即明确投资者风险收益的权衡态度，要求在标准差-期望收益平面上画出无差异曲线族；然后据此在有效前沿上选择最优组合。

当然，在上述具体步骤中还会因为假设条件的变化而略有不同，如经济体系是否允许卖空、借贷利率是否相同等。

但是不可否认，马柯维茨投资组合理论借助一系列假定，将投资组合的最优化问题大大简化，主要体现在将原先在可行域或机会集上的最优化问题变为在有效前沿上的最优化问题。

【例 9-2】 两种风险资产的情况如表 9-3 所示。

表 9-3　两种风险资产的收益与风险

项　　目	预期收益率	标　准　差
风险资产 1	14.0%	20.0%
风险资产 2	8.0%	15.0%

无风险利率为 6.0%，两种风险资产 1、2 的相关系数为 0。

(1) 如果一投资者自有资金 10000 元，卖空资产 2，价值 2000 元，全部资金买了资产 1。请问，投资者这种投资行为的预期收益率与风险如何？

(2) 请你画出所有可能投资组合情况，并说明最优风险投资组合点的情况。

【解】

(1) 投资者共有资金 10000 元，卖空资产 2，价值 2000 元，故投资于资产 2 的比例为 -20%，全部资金购买资产 1，则投资于资产 1 的比例为 120%。

此投资组合的预期收益率为

$$E(r) = 1.2 \times 14\% + (-0.2) \times 8\% = 15.2\%$$

根据前面投资组合方差的计算公式，可以得到

$$\sigma^2 = 1.2^2 \times 0.2^2 + (-0.2)^2 \times 0.15^2 + 2 \times 1.2 \times (-0.2) \times 0 = 0.0585$$

标准差为 $\sigma = 24.2\%$。

所以，投资者这种投资行为的预期收益率为 15.2%，风险为 24.2%。

(2) 所有可能的投资组合情况如图 9-13 所示。

从无风险利率作风险资产有效前沿的切线，切点即为最优风险投资组合点。

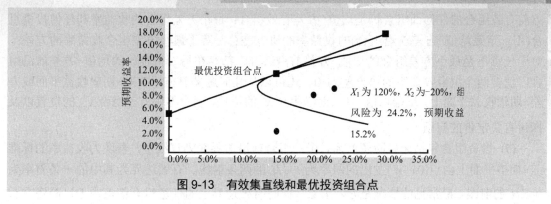

图 9-13　有效集直线和最优投资组合点

本 章 小 结

(1) 本章主要介绍了马柯维茨的资产组合选择理论，均值-方差模型是在单期投资、资产收益率正态分布、二次效用函数、期望收益-方差衡量及经济主体非饱和的和厌恶风险的假设下得到的。均值-方差偏好是指投资者的偏好只取决于未来财富分布的两个特征，即均值和方差，而与分布的其他特征无关。对偏好或收益率分布做出进一步假设，即若未来收益分布是正态分布或投资者的效用函数是二次函数时，投资者的偏好就满足均值-方差偏好。均值-方差模型存在其不可避免的局限性。

(2) 均值-方差模型用证券组合的期望报酬衡量收益，用证券组合的方差衡量风险。根据二次规划，在预期收益率既定的条件下，使投资组合的风险最小，求出均值-方差前沿组合的集合。均值-方差前沿组合是指在所有具有相同预期收益率的证券组合中方差最小的组合。均值-方差前沿边界是全部均值-方差前沿组合的集合，在收益率的标准差-期望平面上表现为双曲线的右边一支。

(3) 均值-方差前沿组合分为 3 个部分：均值-方差有效组合、最小方差组合和均值-方差无效组合。对于每个均值-方差无效组合，都存在一个均值-方差有效组合使其方差相等但期望收益率更大。可行集包括了现实生活中所有可能的组合，即所有可能的证券投资组合将位于可行集上。一般来说，N 种资产的可行集的形状像伞形。有效集或有效边界是指能同时满足同样的风险水平下能提供最大预期收益率、同样的预期收益率下风险最小的组合，它由全部的均值-方差有效组合构成，在收益率的标准差-期望平面上表现为双曲线右边一支的收益大于最小方差组合收益的上半部分。

(4) 均值-方差前沿组合具有一系列性质。主要有：任何一个具有均值-方差偏好的经济主体的最优组合是一个均值-方差前沿组合；任意的均值-方差前沿组合都可以由期望收益为 0 和期望收益为 1 的两个前沿组合组合而成；均值-方差前沿边界可以由任意两个不同的均值-方差前沿组合生成；均值-方差前沿组合的任何凸组合仍是均值-方差前沿组合；均值-

方差有效组合的任何凸组合仍是均值-方差有效组合；最小方差组合的收益率和任何投资组合(不一定是均值-方差前沿组合)的收益率的协方差总是等于最小方差组合收益率的方差；对于任意不是最小方差组合的均值-方差前沿组合，都存在另一个唯一的均值-方差前沿组合，使得两个组合收益率的协方差为 0。还可以从几何意义上在标准差-期望收益平面或方差-期望收益平面上，根据均值-方差前沿组合 x^P 的位置，确定零协方差组合 x_{zcp}^P 的位置以及探讨有关定价的问题。

(5) 投资组合包括无风险资产后，资产组合前沿边界变为直线型，表现为收益率的标准差-期望平面上由点$(0, r_f)$发出的斜率为 $\pm\sqrt{H}$ 的两条射线。有效边界为其中的一条斜率为 $+\sqrt{H}$ 的射线。最常见的情况是 $r_f < A/C$，此时有效边界上的任意组合都可由无风险资产和切点组合线性组合而成。

实 训 课 堂

基本案情：

A 公司的股票价值对糖的价格很敏感。多年以来，当地糖的产量下降时，糖的价格便猛涨，而 A 公司便会遭受巨大的损失。该公司股票收益率在不同状况下的情况如表 9-4 所示。

表 9-4　A 公司股票不同状况下的收益率

A 公司	糖生产的正常年份		异常年份
	股市的牛市	股市的熊市	糖的生产危机
概率	0.5	0.3	0.2
收益率/%	25	10	−25

糖业公司 B 的股票收益率变化如表 9-5 所示。

表 9-5　糖业公司 B 的股票收益率变化

糖业公司 B	糖生产的正常年份		异常年份
	股市的牛市	股市的熊市	糖的生产危机
概率	0.5	0.3	0.2
收益率/%	1	−5	35

假定某投资者考虑下列几种可供选择的资产，一种是持有 A 公司的股票，一种是购买无风险资产，还有一种是持有糖业公司 B 的股票。

现已知投资者持有 50%A 公司的股票，另外的 50%在无风险资产和持有糖业公司 B 的股票之间进行选择。无风险资产的收益率为 5%。

(资料来源：刘燕霄. 浅谈马柯维茨证券投资组合模型. 2006)

思考讨论题：

1. A、B 两公司股票收益的协方差和相关系数为多少？
2. 投资者在不同投资策略下的期望收益与标准差是多少？

分析要点：

1. 可以算出投资于 A 公司股票的期望收益率为

$$E(r_A) = 0.5 \times 25\% + 0.3 \times 10\% + 0.2 \times (-25\%) = 10.5\%$$

A 公司股票收益的方差为

$$\sigma_A^2 = 0.5 \times (25\% - 10.5\%)^2 + 0.3 \times (10\% - 10.5\%)^2 + 0.2 \times (-25\% - 10.5\%)^2 = 0.035725$$

标准差为 $\sigma_A = 18.9\%$。

投资于 B 公司股票的期望收益率为

$$E(r_B) = 0.5 \times 1\% + 0.3 \times (-5\%) + 0.2 \times 35\% = 6\%$$

B 公司股票收益率的方差为

$$\sigma_B^2 = 0.5 \times (1\% - 6\%)^2 + 0.3 \times (-5\% - 6\%)^2 + 0.2 \times (35\% - 6\%)^2 = 0.0217$$

标准差为 $\sigma_B = 14.75\%$。

两公司 A、B 股票收益的协方差为

$$\mathrm{Cov}(r_A, r_B) = 0.5 \times (25\% - 10.5\%)(1\% - 6\%) + 0.3 \times (10\% - 10.5\%)(-5\% - 6\%)$$
$$+ 0.2 \times (-25\% - 10.5\%)(35\% - 6\%) = -0.02405$$

两公司 A、B 股票的相关系数为

$$\rho_{AB} = \frac{\mathrm{Cov}(r_A, r_B)}{\sigma_A \sigma_B} = \frac{-0.02405}{18.9\% \times 14.75\%} = -0.8627$$

2. A 公司股票和无风险资产各投资 50%的收益率为

$$E(r_1) = 0.5 \times 10.5\% + 0.5 \times 5\% = 7.75\%$$

A 公司股票和无风险资产各投资 50%的方差为

$$\sigma_{P_1}^2 = 0.5^2 \times 0.035725 + 0.5^2 \times 0 + 2 \times 0.5 \times 0.5 \times 0 = 0.00893125$$

标准差为 $\sigma_{P_1} = 9.45\%$

A 公司和 B 公司股票各投资 50%的收益率为

$$E(r_2) = 0.5 \times 10.5\% + 0.5 \times 6\% = 8.25\%$$

A 公司和 B 公司股票各投资 50%的方差为

$$\sigma_{P_2}^2 = 0.5^2 \times 0.035725 + 0.5^2 \times 0.0217 + 2 \times 0.5 \times 0.5 \times (-0.02405) = 0.00233125$$

标准差为 $\sigma_{P_2} = 4.83\%$

投资者不同投资策略下期望收益与标准差如表 9-6 所示。

表 9-6　不同投资策略下期望收益与标准差

资产组合	预期收益率/%	标准差/%
全部投资在于 A 公司股票	10.5	18.9
A 公司股票和无风险资产 各投资 50%	7.75	9.45
A 公司和 B 公司股票 各投资 50%	8.25	4.83

　　假定某投资者考虑下列几种可供选择的资产，一种是持有 A 公司的股票，一种是购买无风险资产，还有一种是持有糖业公司 B 的股票。

　　现已知投资者持有 50%A 公司的股票，另外的 50%在无风险资产和持有糖业公司 B 的股票之间进行选择。无风险资产的收益率为 5%。

复习思考题

一、基本概念

　　均值-方差偏好　　均值-方差前沿组合　　均值-方差前沿边界　　均值-方差有效组合　　最小方差组合　　均值-方差无效组合　　可行集　　有效集或有效边界　　零协方差组合　　切点组合

二、判断题

　　1. 均值-方差效用下的投资理论体现了期望收益最大化原则，但没有体现期望效用最大化原则。　　　　　　　　　　　　　　　　　　　　　　　　　　　　（　　）

　　2. 资产组合的确定等价报酬率就是预期收益率。　　　　　　　　　　　　　（　　）

　　3. 在预期收益相同的情况下，投资者总是更愿意投资标准差更小的资产。　（　　）

　　4. 如果一个无风险资产与一个风险资产构成组合，则该组合的标准差等于风险资产的标准差乘以该组合投资于这部分风险资产的比例。　　　　　　　　　　　　（　　）

　　5. 资产组合的预期收益率是每个资产收益率的组合，而资产组合的风险不一定是每个资产风险的组合。　　　　　　　　　　　　　　　　　　　　　　　　　（　　）

　　6. 持有均值—方差效用下的投资者，会随着其拥有财富的增加，对风险资产的投资数量与比例也会增加。　　　　　　　　　　　　　　　　　　　　　　　　　（　　）

三、不定项选择题

　　1. 投资组合理论的假设为（　　）。

　　A. 动态投资

B. 投资者的效用函数是二次的

C. 投资者事先知道投资收益率的概率分布，并且收益率满足正态分布的条件

D. 投资者以期望收益率来衡量未来实际收益率的总体水平，以收益率的方差来衡量收益率的不确定性

E. 投资者都是不知足的和厌恶风险的，遵循占优原则

2. 用来测度两项风险资产的收益是否同向变动的统计量是(　　)。

A. 方差　　　B. 标准差　　　　　　C. 协方差　　　D. 相关系数

3. 有风险资产组合的方差是(　　)。

A. 组合中各个证券方差的加权和

B. 组合中各个证券方差的和

C. 组合中各个证券方差和协方差的加权和

D. 组合中各个证券协方差的加权和

4. X、Y、Z 3 种股票具有相同的期望收益率与方差，下表为 3 种股票之间的相关系数。

名　称	X	Y	Z
股票 X	1.0		
股票 Y	0.9	1.0	
股票 Z	0.1	−0.4	1.0

根据这些相关系数，你认为风险最低的组合是(　　)。

A. 平均投资于 X、Y　　　　　　B. 平均投资于 X、Z

C. 平均投资于 Y、Z　　　　　　D. 全部投资于 Z

5. 在均值-标准差坐标系中，有关风险厌恶者的无差异曲线正确的是(　　)。

A. 它是有相同预期收益率和不同标准差的投资组合轨迹

B. 它是有不同收益率和相同标准差的投资组合轨迹

C. 它是收益和标准差提供相同效用的投资组合轨迹

D. 它是收益和标准差提供了递增效用的投资组合轨迹

6. 马柯维茨的资产组合理论最主要的内容是(　　)。

A. 系统风险可消除

B. 资产组合分散风险的作用

C. 非系统风险的识别

D. 以提高收益为目的的积极的资产组合管理

E. 以上各项均不准确

7. 当一个资产组合只包括一项风险资产和一项无风险资产时，增加资产组合中风险资产的比例将(　　)。

A. 增加资产组合的预期收益　　　　B. 增加资产组合的标准差

C. 不改变风险回报率   D. A、B 和 C 均不准确

    E. A、B 和 C 均正确

四、简答题

1. 给出均值-方差分析框架的主要市场假设。

2. 在什么条件下，期望效用分析和均值-方差分析是一致的？

3. 解释有效边界是凸的经济意义。

4. 解释最优投资组合的经济意义。

五、计算分析题

投资者选择三种股票 A、B 和 C 进行组合投资，假设股票 A、B、C 的月度收益率的概率分布为：

概　率	股 票 A	股 票 B	股 票 C
25%	0.04	0.02	0.01
50%	0.02	0.06	0.01
25%	0.01	0.04	0.01

股票 A 和 B 的相关系数为 -0.8，如果用均值作为投资者的预期收益，以方差衡量投资者的风险，投资者的投资资金总量为一个单位，以 2% 作为其月度投资目标，构建其所承担风险最小的投资决策模型，并求出其最优的投资策略。

六、论证题

在均值-方差效用下，论证任意一个有效投资策略都可以由两个不同的有效组合复制。

第十章　积极的资产组合管理

▦ 【学习要点及目标】

- 掌握如何测算投资收益以及理解相应的传统的业绩评估理论。
- 理解投资分散化应该注意哪些问题。
- 理解资产组合的管理过程。
- 理解积极的资产组合管理理论并掌握积极管理的优势与目的。

▦ 【核心概念】

货币加权收益率　时间加权收益率　夏普测度　特雷纳测度　詹森测度　信息比率
汇率风险　风险-收益权衡　市场时机

第一节　资产组合业绩评估

对于一个资产组合来说，应该如何来评价它的业绩呢？资产组合的平均收益看起来似乎可以作为直接的评价尺度，而事实并非如此。另外，风险调整的收益带来了其他一系列问题。在本章中，由测算资产组合收益开始，然后转入风险调整的常见方法。将在各种不同的情况下，分别应用这些方法。然后转而研究组合评估程序。

一、测算投资收益

在一期的投资过程中，投资收益率是一个很简单的概念，即最初投资的一美元带来了多少收益。这里的收益是广义的，包括资产升值和现金流入。对股票而言，总收益就是股利加上资本利得。对于债券，其总收益就是息票或已支付的利息加上资本利得。

为了给后面更复杂问题的讨论打下良好的基础，先看一个简单的例子。考虑这样一只股票：每年支付红利 2 美元，股票当前的市值为 50 美元。如果现在投资者购买了它，收到 2 美元的红利，然后在今年年底以 53 美元卖掉它，那么相应的收益率为

总收益/最初投资=(2+3)/50=0.1，即 10%。

另一种推导收益率的方法是把投资问题视为现金流贴现问题，它在更复杂一些的例子中很有用。设 r 为收益率，它能使最初投资所带来的所有现金流的现值等于期初投入。在本例中，以 50 美元购买的股票年末产生的现金流为 2 美元加上 53 美元。因此解方程

50=(2+53)/(1+r)，同样得出 r=10%。

如果考虑的投资持续了一段时间，在此期间中，投资者还向资产组合注入或抽回了资金，那么预测收益率就比较困难了。接着上面所提到的例子继续来看，假设投资者在第一年末购买了第二股同样的股票，并将两股股票都持有至第二年末，然后在此时以每股 54 美元的价格将它们出售。利用贴现现金流的方法，这两年的平均收益率就能使现金流入现值和现金流出现值相等，即

$$50 + 53/(1+r) = 2(1+r) + 112/(1+r)^2$$

解得 r=7.117%。

这个值被称为内部收益率，即投资的货币加权收益率。之所以称它是货币加权的，是因为第二年持有两股股票与第一年只持有一股相比，前者对平均收益有更大影响。与内部收益率并列的是时间加权收益率。这种方法忽略了不同时期所持股数的不同。从前面可以得到第一年股票的收益率为 10%；而第二年股票的初始价值为 53 美元，年末价值为 54 美元。当前收益率为 3 美元除以 53 美元，即 5.66%；所以其时间加权收益率为 10%和 5.66%的平均值，即 7.83%。显然这个平均收益率只考虑了每一期的收益，而忽略了每一股股票投资额之间的不同。

注意，这里货币加权收益率比时间加权收益率要小一些。原因是第二年股票的收益率相对较小，而投资者恰好持有较多的股票，因此第二年的货币权重较大，导致其测算出来的投资业绩要低于时间加权收益率。一般来说，货币加权和时间加权的收益率是不同的，孰高孰低亦是不确定的，这取决于收益的时间结构和资产组合的成分。

哪种测算方法更好一些呢？首先，货币加权收益率应该更准确些，因为毕竟当一只股票表现不错时投入越多，你收回的钱也就越多。因此，你的业绩评估指标应该反映这个事实。但是，时间加权收益率有它自己的用处，尤其是在资金管理行业。在很多重要的实际操作过程中，资产组合管理人并不能直接控制证券投资的时机和额度。养老基金的管理人就是一个很好的例子：他所面对的现金流入是每笔养老金的注入，而现金流出则是养老金的支付。很显然，任何时刻的投资额度都会因为管理人无法控制的各种原因而不相同。由于投资额并不依赖管理人的决定，因此在预测其投资能力时采用货币加权收益率是不恰当的。于是，资金管理机构一般用时间加权收益率来评估其业绩。

二、业绩评估的传统理论

仅仅计算出资产组合的平均收益是不够的，还必须根据风险来调整收益。只有这样，收益之间的比较才有意义。根据资产组合的风险来调整收益的各种方法中，最简单、最普遍的方法是与其他有类似风险的投资基金进行收益率的相互比较。例如，高收益债券组合被归为一类，增长型股票资产亦被归为一类等。然后就可以在每类中确定每个基金的平均收益，这个平均收益一般是指时间加权收益，并根据各基金对比情况给出一个在其所在类

别中百分比的排序。例如，在由 100 个基金组成的大类里，第 9 名的管理人排序为 90%，它表示在本期评估期内其业绩比 90%的竞争者要好。

在业绩评估中，与其他同种投资形式基金的业绩比较是第一步。然而，这些排名并不十分可靠。例如，在某个特定的环境下，一些管理人可能更注重资产组合中的某一部分资产，这样的资产组合特征就不再具有可比性。例如，在资本市场中某个管理人更关注 β 值的股票；类似地，在固定收益证券的情况下，久期却因管理人的不同而各异。这些都表明寻求更精确的风险调整方式是相当有必要的。

两种考虑风险调整的业绩评估方法同时出现了，它们是均值-方差比值标准和资本资产定价模型(CAPM)。杰克·特雷纳、威廉·夏普和迈克尔·詹森立即认识到了 CAPM 在评估业绩上的特殊意义，随即，学者们掌握了一些业绩评估方法，从大学中涌现出了大量对共同基金业绩评估的研究成果。之后不久，市场上又出现了一些代理，他们为资产组合管理人提供评级服务，并收取固定回报。这种趋势已日渐明朗。

经风险调整的业绩评估指标出现后，但其普及却一度滞后。对此现象的一种解释是因为统计数字对业绩呈现出普遍的负评价。在近似有效的市场上，分析家们很难完全抵消他们主动投资所带来的研究费用和交易费用，而事实上，无论是原始收益率指标还是经风险调整的收益率指标，大多数专业基金管理人的业绩表现都低于标准普尔 500 指数。

均值-方差标准受阻的另一个原因是存在着测算的内部原因，这一节将讨论这个问题，并探寻克服它们的创新方法。现在，列出一些经风险调整的业绩测度指标，并考察其适用条件。

(1) 夏普测度：$(\bar{r}_p - \bar{r}_f)/\sigma_p$。

夏普测度是用资产组合的长期平均超额收益除以这个时期的标准差。它测度了对波动性权衡的回报。

(2) 特雷纳测度：$(\bar{r}_p - \bar{r}_f)/\beta_p$。

与夏普测度指标相类似，特雷纳测度给出了单位风险的超额收益，但它用的是系统风险而不是全部风险。

(3) 詹森测度 (组合阿尔法值)：$\alpha_p = \bar{r}_p - [\bar{r}_f + \beta_p(r_M - \bar{r}_f)]$。

詹森测度是建立在 CAPM 模型基础上的资产组合的平均收益。它用到了资产组合的 β 值和平均市场收益，其结果即为资产组合的 α 值。

(4) 信息比率(也称估价比率)：$\alpha_p/\sigma(e_p)$。

信息比率这种方法用资产组合的 α 值除以其非系统风险，它测算的是每单位非系统风险所带来的非常规收益，前者是指在原则上可以持有市场上全部资产组合而完全分散掉的那一部分风险。

每一种指标都有其可取之处。由于各种风险调整的指标在本质上是不同的，因此它们对于某一基金业绩的评估并不完全一致。

(一)资产组合评价标准的夏普测度

假定约翰构建了一个资产组合并持有了很长一段时间。在这期间他没有调整该资产组合的构成。进一步假定所有证券以日计算的收益率具有固定不变的均值、方差及协方差。这样，资产组合的整体收益也具有固定的均值和方差。也许这些假定相当不现实，但它们却能使得一些重要的问题变得很清楚。同时这些假定对于理解传统业绩评估的缺点也是相当重要的。

现在可以来评估约翰手中这个资产组合的业绩了。他是否选择了好的证券？其实这么简单的问题却已经包含了三层意思。首先，"好的选择"是和其他哪些选择比较？其次，在两个明显不同的资产组合之间进行选择时，应该采用何种合适的标准来评价它们呢？最后，假如找到了合适的评价标准，是否存在一种规则，它能把该资产组合的基本获利能力和随机性的好运气区别开？采用均值-方差的偏好选择，约翰就会使夏普测度指标最大化，也就是 $[E(r_p) - r_f]/\sigma_p$ 比率最大化。于是这种标准就会让投资者选择有效边界相切点的资产组合。现在摆在约翰面前的问题就变成了如何使它达到尽可能的夏普测度。

(二)在3种不同的情况下选择合适的业绩测度方法

在对约翰的资产组合选择做出到底正确与否的判断前，应该先知道这个资产组合是不是他唯一的投资组合。如果答案为不，就应该继续询问他其他的资产组合。资产组合评价标准的正确与否完全取决于该组合是否是他所有的投资工具，或者只是他全部财富中的一部分。

1. 该资产组合代表约翰所有的风险投资

在这种简单的情况下，只需要确定约翰的资产组合是否具有最大的夏普测度。可以按照以下3步进行分析：

(1) 假设证券过去的业绩就是其未来业绩的代表，因此证券在约翰的持有期间所实现的收益与约翰预期证券未来收益的特性是相同的。

(2) 如果约翰选择消极策略，如标准普尔500指数，来考虑一下他将会有什么样的资产组合标准。

(3) 把约翰资产组合的夏普测度值与最佳资产组合的夏普测度值进行比较。

总的来说，当约翰的资产组合就是他所有的投资时，与之比较的标准就应是市场指数或另一个特定的资产组合。业绩评估其实就是把实际的资产组合与待比较的资产组合的夏普测度指标进行比较。

2. 约翰的资产组合采取与市场指数基金混合的积极投资策略

在这种情况下该如何估计最优的混合比率呢？如果把约翰的资产组合记为 P，市场指数基金记为 M。当两部分混合基金达到业绩最优时，混合资产组合 C 的夏普测度指标 S_C 为

$$S_C^2 = S_M^2 + \left[\frac{\alpha_p}{\sigma(e_p)}\right]^2$$

式中：α_p 为组合的 α 值，表示相对于市场指数来说，积极资产组合的非常规收益；$\sigma(e_p)$ 为循迹误差的标准差。这样，由于它改进了总的组合的夏普测度，信息比率 $\alpha_p / \sigma(e_p)$ 在这里就完成了对 P 的业绩的修正。

3. 约翰的资产组合只是他所有投资资金中的一部分

如果约翰是公司的财务主管并管理着公司的养老基金，那么第 3 种情况就会发生。他现在可以把整个基金划分为几个部分，然后分给一些投资主管。但他为了能重新调整基金的投资去向以期能提高今后的整体业绩，他就必须评价每一个独立的财务经理的业绩。那么现在正确的业绩评估应该是什么呢？

如果除了 P 以外的那部分资产组合大致与市场指数基金相当，就可以使用上面的评估比率法。但事实上其他基金的管理人往往都会违背这个假设。也许约翰也同样会说："你是否认为我也正尽力去超越消极的投资策略呢？"

虽然 α 值是衡量业绩的基础，但是仅仅凭这一个指标却不足以决定 P 对组合的潜在贡献，这时可以用特雷纳测度来作为一个合适标准。因为当一项资产是大型资产组合中的一部分时，投资者就应该在它的平均超额收益与它的系统风险之间权衡，而不是与其总风险之间权衡。因此，在评估这项资产对其总成绩的贡献时，特雷纳测度就显得较为满意了。

(三)资产组合成分变化的业绩评估指标

可以看到，就算资产组合收益分布的均值和方差固定不变，证券收益的高方差率使得分析者必须要有一段相当长时期的样本观测值才能确定其业绩水平的显著性。当评估期并不很长时，消极投资策略具有固定均值及方差的假设是较为合理的。但是，由于资产组合管理人经常根据金融分析员的信息对资产组合成分进行调整，于是这种积极投资策略的收益分布就随之而变化了。在这种情况下，如果仍假设在样本期内均值和方差固定不变，那么就会产生很大的错误。这是因为均值从第一季度到第二季度的改变并不能视为策略的转移，但两年中均值的差异却增加了资产组合收益表面的波动性。积极的投资策略中均值的变化使得它们看上去比实际更具"风险"性，因此使得夏普测度的指标的估计有效性大大降低。所以对于积极的投资策略来说，跟踪投资组成从而随时调整其资产组合的均值及方差是很有必要的。

(四)晨星公司经风险调整后的评级

提供共同基金信息主要来源的是晨星公司在商业上的成功，使它的经风险调整后的基金评级(RAR)成为最广泛使用的一种基金业绩测度标准。晨星公司的五星级是成千上万得到其服务的基金管理人的梦想。

晨星公司计算了大量类似于，但并不完全等同于本节所讨论过的标准均方差测度的经风险调整的基金业绩指标。晨星公司最著名的工作就是晨星的星级评级。晨星公司把每个基金放入一个同等级别的一组内，在此基础上做比较。其选择组别的基础是各个基金的投资范围，同时还考虑证券组合的特点，比如平均账面价值、市盈率或市场资本变化。

晨星在其最差的年份也同样根据基金的业绩计算基金的收益率(调整了佣金)以及风险测度。同类型基金经风险调整后的业绩及星级根据表 10-1 进行评定：

表 10-1　星级评定表

百分比/%	星　级
0～10	1
10～32.5	2
32.5～67.5	3
67.5～90	4
90～100	5

晨星的 RAR 方法产生的结果与建立在均方差基础上的夏普比率类似但并不等同。

(五)对业绩评估的评价

业绩评估存在以下两大问题：首先，即使资产组合收益的均值与方差固定不变，结果的显著性仍要求有大量的观测值。其次，资产组合的主动调整使其参数经常发生变化，这令业绩评估的精确性几乎不可能实现。尽管这些客观上的困难难以完全克服，但假如投资者希望得到一个较合理、可靠的业绩指标，那么就必须做到以下两点：①更频繁地读取收益率数据以使样本容量最大化；②在每一个观测期都确定资产组合精确的组成，以使风险参数的估计尽量准确。

第二节　投资分散化

虽然在美国，通常把美国股权指数视为市场资产组合指数，实践中这种做法越来越不合适了，因为美国股票额占世界总股权的比例还不到 50%，而美国的财富占世界总额的比例还要比这小得多。在这一节中，将超越国内市场，考察国际市场及更广泛的分散化组合的问题。投资者同样面临着与此类似的分散化、证券分析、证券选择以及资产配置等问题。另一方面，国际投资还涉及一些国内市场没有的问题，其中有汇率风险，国际资金流动限制、更大范围的政治风险、个别国家的管制问题以及不同国家之间会计方法转换的问题等。首先，将谈到资产组合理论的核心概念即分散化。投资者将看到全球性分散化将为改善资产组合的风险-收益情况提供了极大的机会，而且事实上已经有不少投资者从中获益。接着还将分析国际性分散化在熊市中是否存在，从而帮助投资者在熊市中更好地投资。

一、全球股票市场

全球的股票市场大体上分为两个部分，一个是发达国家市场，另一个是新兴国家市场。发达国家市场被定义为人均收入 9300 美元以上(2000 年)，并且这些国家的股票指数风险要小于新兴市场国家。新兴市场对于消极的分散投资组合策略来说，其占到世界组合投资总额的 79.2%(2001 年)，投资者如果拥有具有最大市值的六个国家的股票组合，那么对投资者来说就已经足够分散化了。然而对于寻求更多有良好前景的积极投资组合来说，这还不够分散。积极投资组合理应包含新兴市场的许多股票甚至股票指数。由于新兴市场的资本总额情况在 1996 到 2001 年间比同期发达国家在变动幅度上要大得多。因此表明这部分市场中的风险和收益都很大。

二、国际化投资的风险因素

(一)汇率风险

纯汇率风险指的是投资于国外安全资产所承担的风险，例如进行英国国库券的投资的投资者所承担的风险仅仅是英镑兑美元的汇率风险。投资者可以通过对不同汇率和相互关系方面历史比率变化的检测来评估各国汇率风险的大小。

在国际投资组合中，汇率风险是可以大部分被分散的。因为各国资本市场间的低相关系数是明显的，所以，一个持有良好分散化的国际投资组合的消极投资者并不需要关注规避外国货币的汇率风险。

(二)国别风险

原则上来说，证券分析在宏观经济、行业和公司特有的层面上进行，这在每个国家的情况都是一样的。分析的目标都是提供个别证券资产和证券组合的期望收益及其相应的风险。但是要想获得国外资产的相同质量的信息自然会变得更加困难，要付出更大的代价。而且，由于失误和错误信息所带来的风险也更大。

在过去，跨国投资非常少，这其中额外的风险指的是政治风险，对它的评估是一种艺术。当跨国界的投资数量增长后，各种资源发挥更高的效用，风险分析的质量也得到了很大的提高。在这个领域内领先的组织是 PRS(政治风险服务)集团。

三、国际分散化投资的已实现收益

近期的已实现收益会极大地误导对期望收益的估计，但是它们对预期风险的度量是非常有用的。有两个强烈的理由来支持这个观点。第一，市场有效，则意味着任何准确地对未来股价的预测都是不可能的，但是这并不适用于风险的度量。第二，在统计上来说，从已实现收益数据得出的标准差和相关系数的误差要比根据期望收益估算的量值更低。因为这些原因，用已实现收益去估计风险不像用分散化投资带来的潜在收益去评估风险时那样夸张。

只要投资者运用合理均衡期望收益，就可对分散风险作更合理的说明。缺乏良好的信息，期望收益最好建立在对资产恰当的风险度量的基础上。资本资产定价模型提供了采用股票的 β 系数来对全球组合进行对比衡量的方法。为了得到所有资产的预期超额收益率，投资者把预期超额收益率定位在全球资产组合上。把全球资产组合的预期超额收益率乘以各个资产对应的 β 系数就得到每个资产的超额收益率。这个过程预先假设了全球资产组合是在有效边界上的，并且受到全球资产组合预期超额收益估算的影响。高估价将使有效边界上移而资本市场线变得更加陡峭。

四、国际分散化投资收益在熊市中还存在吗

一些学者指出了在资本市场动荡时期，国家组合投资收益的相关系数增加。如果情况真是如此，那么当最需要分散化投资收益时，它却荡然无存。罗尔发现，一国股票指数对世界指数的 β 值是那些国家的股票指数对美国股市 10 月崩盘最好的预言者。这就提出了世界股市波动中的一个普遍的根本性因素。这个模型认为宏观性的冲击会影响到所有国家，这时分散化的投资只能减轻各国国内特定事件的影响。最好的推测是，由全球资本资产定价模型所体现的分散化投资的收益才是更现实。

第三节 资产组合的管理过程

在上一节中介绍了投资的分散化，在这一节中将介绍资产组合的管理过程，本节将首先了解到投资者是如何做出投资决策，然后对投资者进行投资时会受到哪些因素的限制进行讨论，当了解这些以后将进一步分析投资者如何在资产组合管理决策中做好资产配置这一步骤。最后将讨论资产组合管理的未来趋势。

一、投资者做出投资决策

投资者作出投资决策的基本想法就是将目标、制约因素以及决策等这些主要步骤进行分解，并对分解以后的情况进行多方面的考虑，这样会使投资者的资产组合目标更容易实现。资产组合目标的核心问题为风险-收益权衡，即投资者希望得到的期望收益与他们愿意冒多大的风险之间的权衡。投资者必须了解自己在追求更高的期望收益时所愿意承担的风险。投资者通过投资来实现资产组合目标的渠道有很多。这节主要讨论个人信托、共同基

金、养老基金、捐赠基金、人寿保险公司、非人寿保险、银行这 7 种投资类型。其中影响个人信托收益率因素是生命周期，影响投资者对待风险态度的因素也是生命周期。投资者对共同基金的收益率要求与风险容忍度都是可变的；投资者对养老基金的收益率要求与风险容忍度是假定的真实利率以及依赖于有代表性的支出；投资者对捐赠基金的收益率要求是由当前收入需求及为了维持真实价值的资产增长的需求决定，对待风险的态度是保守的风险态度；投资者对人寿保险公司收益率要求是应该比新的货币利率高出足够的差额以满足费用及利润目标，其对风险的态度是保守的；投资者对非人寿保险的收益率要求则是无最小值，对风险的态度也是保守的；投资者对银行的收益率要求是利息差额，对风险的容忍程度是可变的，在不同的时候会有对风险不同的态度。投资者只有了解了自己对这些不同的投资类型的收益率要求以及投资者自己的风险容忍度才能更好地做出投资决策。

二、投资者进行投资决策的限制因素

个人与机构投资者都会因不同的具体情况，而对其投资资产的选择加以限制，认清这些限制因素将会对投资决策的选择产生影响，主要有五种常见的限制因素，它们分别是流动性、投资期限、监管、税收考虑以及独特需求。由于大部分投资者对流动性、投资期限、监管都有所了解，因此这一节重点介绍一下税收考虑和独特需求这两个限制因素。税收结果对投资意义重大，因为任何一个投资决策的业绩都是由其税后收益的多少来评价的。对那些面临很高税率的家庭与机构投资者来说，避税与缓税因素在其投资策略中可能非常关键。独特需求讲的是实际上每一个投资者都面临着自己特殊的投资环境。例如因为职业的原因造成的一些特殊风险会在很大的程度上影响投资组合的决策。还有就是个人其他独特的需求往往取决于他们所处的生命阶段。退休养老、购置房产、子女教育构成资金的三大需求，投资策略将在一定的程度上取决于距离消费时间的长短。不光个人具有独特的投资需求，投资机构也有独特的需求，比如，养老金由于计划参与者平均年龄的不同而会有不同的投资策略。另一个说明机构投资者有独特需求的例子是，一所大学对捐赠基金的使用的规定，董事会只允许校行政管理部门使用其现金的收入部分。这个制约因素会导致基金选择高股息资产的投资倾向。

三、投资者的资产配置

考虑了自己的投资目标与各种制约因素，投资者会制定出一系列的资产组合管理决策。这一系列的资产组合管理决策的制定步骤主要有：资产配置、分散化、风险、税收定位以及收入生成，其中最重要的是资产配置。因此这一节将介绍资产配置，所谓的资产配置就是决定投资于资产组合的各种主要资产类型当中的数额。可以把资产配置的过程分为以下几个步骤：

(1) 明确资产组合中包括哪几类资产，通常考虑的几种主要资产类型为：货币市场工具、固定收益证券、股票、不动产、贵金属等。机构投资者大多数投资于前 4 种资产，而私人投资者还常把贵金属与其他国外的投资工具也包含在自己的投资组合中。

(2) 明确资本市场的期望值，这一步骤包括利用历史数据与经济分析来决定你对资产组合中所考虑资产在相关持有期间内的期望收益率。

(3) 确定有效率资产组合的边界，这一步骤是指找出在既定风险水平下可获得最大期望收益的资产组合。

(4) 寻找最佳的资产组合，这一步骤是指在满足你面对的限制因素的条件下，选择最能满足你的风险收益目标的资产组合。只有做好了以上这四个步骤投资者才可以获得更多的收益并且避免更多的风险。

第四节　积极的资产组合管理理论

一、积极资产组合管理的优势

当众多投资者从最大限度分散风险或从消极管理出发，通过向其资产组合里加入定价错误的股票的方法，以期获得超额收益时，市场效率便得到了实现。这种对超额收益的竞争保证了证券价格将非常接近它的"公平"价值。在风险调整的基础上，大多数投资管理人将不可能击败消极管理。但是，在对投资报酬进行竞争的过程中，某些优秀的投资管理人可以获得比市场价格里所包含的平均期望收益更高的收益。

经济逻辑和某些经验证据都可以证明这一点。先讨论经济逻辑，假定，如果任何分析家都不能击败消极管理，那么聪明的投资者会把资金从需要花费大量昂贵分析的其他管理方式转向相对低廉的消极管理，在这种情况下，积极管理下的资金将会逐渐干涸，价格也将不再反映复杂的预测。而随之而来的获利机会将把积极管理经理们重新吸引回来并使他们再度获得成功。当然，这里关键的假定是投资者会很明智地分配管理基金，而这方面的直接证据还有待发掘。

下面则是一些经验证据：①有些资产组合管理人已经获得了一系列的超额收益，而这些事实已经不能仅仅只用运气来解释；②已实现收益率中的"噪声"足以阻止某些投资管理人彻底拒绝这种假定，即某些投资管理人已经击败了消极管理策略，虽然获得的超额收益在统计意义上很小，但却有很重要的经济意义；③有些已实现的超额收益非常稳定，表明那些能够及时捕捉到它们的资产组合投资管理人们可以在一段相当长的时期内击败消极管理。

这些结论告诉投资者，积极资产组合管理理论是有一定地位的，即便投资者们都认为证券市场接近有效率，积极管理仍然有着无法抗拒的诱惑力。

假定资本市场完全有效率，并且可得到一个简单可行的市场指数资产组合，那么实际上该资产组合就是有效风险资产组合。显然，在这种情况下，证券选择是毫无意义的。投资者能做的就是根据消极管理在货币市场基金(安全资产)与市场指数资产组合之间进行分配，除此之外你不可能做得更好。在这种简化的假定之下，获得最佳投资策略似乎不需要任何努力与知识。

不过，这个结论下得太草率了。事实上，把投资基金在无风险资产与风险资产组合间进行分配也还需要一定的分析，因为投资于有风险市场资产组合 M 的资金份额 y 由下式给出：

$$y = [E(r_M) - r_f] / 0.014 A \sigma_M^2$$

式中：$E(r_M) - r_f$ 是 M 的风险溢价；σ_M^2 是它的方差；A 是投资者的风险厌恶系数。因此，任何理性的资金配置都需要对 σ_M 与 $E(r_M)$ 进行估计，也就是说，即便是消极的投资者也需要做一定的预测。

而且，由于存在着受不同环境因素影响的不同种类的证券，使得对 $E(r_M)$ 和 σ_M 进行预测变的更为复杂。例如，长期证券的收益，在很大的程度上由利率的期限结构的变化决定，而股票的收益则受到更为广泛的经济环境的影响。一旦投资者得到了各种投资的相关预测信息，投资者也许还要根据最优原理来确定投资组合的恰当比例。因此，不难看出投资者很容易就会偏离纯粹的消极策略，并且这是还没有把国际股票与债券投资组合或行业资产组合的影响考虑进来的情况下发生的。

事实上，"纯粹的消极策略"的定义也是有问题的，因为这种只涉及市场指数资产组合与无风险资产的简单策略现在似乎也需要市场分析。为此，把纯粹的消极策略定义为仅仅使用指数基金，并且其组合的权重保持固定、不随市场情形变化的管理方式。例如，一个资产组合策略总是将其资产的 60%投资于市场指数股票基金，30%投资于债券指数基金，10%投资于货币市场基金，那么这就是一个纯粹的消极策略。

更重要的是，积极管理的吸引力变得越来越大，因为由此产生的潜在利润是巨大的。与此同时，众多积极型投资管理人之间的竞争会驱使市场价格向有效市场水平接近。超额利润会因此变得越来越难以得到，但通过努力分析而取得与之相当的利润也越来越普遍。即便价格在一定的程度上是有效的，但某些分析人员还是能够始终维持一定的合理利润。因为如果没有利润，积极型投资管理人行业就会消亡，并最终导致价格偏离有效市场的水平。积极资产组合管理理论是本章所要讨论的中心内容。

二、积极资产组合的目的

投资者对专业资产组合管理人的期望是什么？这种期望又会怎样影响他的运作？如果客户是风险中性的，也就是说，对不同程度的风险无差别，那么答案就非常简单。投资者会期望资产组合管理人建立一个能产生最大可能收益率的证券资产组合。资产组合管理人将根据这种要求进行运作，而其业绩则根据他所实现的平均收益率来评价。

如果客户是风险厌恶者，答案就有些复杂了。资产组合管理人没有标准的资产组合管理理论，在做出任何一个投资决策之前都不得不与每一位客户协商，以确保收益(平均收益率)与风险相称。客户需要为此付出很大的经常性支出，而专业投资管理人的价值也将令人怀疑。

幸运的是，均值-方差有效资产组合管理理论使得投资者可以把"产品决策"(即如何构造一个在均值-方差意义上有效的风险资产组合)与"消费决策"(即投资者如何把在有效风险资产组合与无风险资产之间配置资金)分离开来。已经知道是构造最佳风险资产组合纯粹是一个技术问题，它能得到一个对所有投资者都适用的最佳风险资产组合。投资者之间的不同只是在于他们如何在风险资产组合与无风险资产之间配置资金。事实证明，资产组合的有效边界已经渗透到了整个证券业。

均值-方差模型影响资产组合管理决策的另一个特点是，选择最佳风险资产组合的标准。当为每一位投资者所构造的最佳风险资产组合是使报酬-波动性比率最大的资产组合，或预期超额收益率(超过无风险收益率的部分)与标准差之比最大的资产组合。运用马克维茨模型构造的这种最佳风险资产组合可以使每一位顾客满意，而不管他们对风险的态度如何。对客户来说，它们可以运用统计的方法从预期可实现收益率或事前报酬-波动性比率来对投资管理人的业绩做出推断并进行评估。

威廉·夏普对共同基金业绩的评价是资产组合业绩评价领域中很有创意的工作。报酬-波动比率也被人们称为**夏普比率**：

$$S = [E(r_P) - r_f] / \sigma_P$$

这个比率现在是评价专业资产组合投资管理人业绩的一个常用标准。

简单地说，均值-方差资产组合理论意味着专业资产组合管理人目标是使(事前)夏普比率最大，即使资本配置线(CAL)的斜率最大。一个好的投资管理人的资本配置线总是比消极持有市场指数组合者的要陡。客户可以通过观察投资管理人的收益率并计算他们已实现夏普比率(事后资本配置线)来评价其相对业绩。

一般来说，客户总是希望把他们的资金委托给最有能力的投资管理人，即那些最有可能做出客观的预测从而可以持续获得最高夏普比率的投资管理人。不管客户对待风险的态度如何，这一点对所有的人都是适用的。同时，每个投资者还必须决定将多大比例的资金交给这位管理人进行投资，并将余下的部分投资于无风险资产。如果投资管理人的夏普比率在长时间内是稳定的(并且可以被客户估计出来)，投资者就可以以其资产组合的长期平均收益率与方差为基础，根据第一小节的公式计算出委托给这位投资管理人的最佳资金比例，剩下的部分则投资于货币市场基金。

根据最新预测得到的投资管理人的事前夏普比率是不断变化的。当预测比较乐观时，投资者愿意增加他们在风险资产组合上的投资，否则就会减少。但是，随时向客户传达最新的预测信息并让他们随时修改在风险资产组合与无风险资产之间的资金配置是不现实的。

允许投资管理人根据他们的预测随时改变资金在最佳风险资产组合与无风险资产之间

的配置可以解决这个问题。实际上，很多股票基金都允许投资管理人灵活合理地进行调整。

三、积极资产组合的市场时机

试想以下两个不同的投资结果。

(1) 1927 年 1 月 1 日，一位投资者把 1000 美元投资于期限为 30 天的商业票据，并把全部本息不断地继续投资于 30 天期的商业票据(或者投资于 30 天期的国库券，如果有的话)，这样，52 年后即 1978 年 12 月 31 日投资终止时他可以获得 3600 美元。

(2) 1927 年 1 月 1 日，另一位投资者把 1000 美元投资于纽约证券交易所的指数资产组合，并将因此得到的所有股息再投入该资产组合，那么，1978 年 12 月 31 日投资终止时他将获得 67500 美元。

假定将理想的市场时机定义为每个月月初知道纽约证券交易所资产组合的收益是否会高于 30 天期商业票据的能力。那么，每个月月初，市场时机决定者都会将所有资金要么全部投资于货币资产(如 30 期商业票据)，要么全部投资于股票(如纽约证券交易所的资产组合)，哪一种的期望收益高就投资于哪一种。在同一天都从 1000 美元开始，理想的市场时机决定者在 52 年之后会以怎样的结果结束呢？

这就是几年前罗伯特·莫顿教授在与金融学教授研讨会所讲到的一个例子，当时他得到的回答中最大胆的猜测是几百万美元。然而正确的答案是 53.6 亿美元。

这些数字给了一些启示。第一点便是复利的威力，它显得如此重要，因为越来越多的管理基金都是养老保险基金。这种投资的期限也许不会有 52 年那么长，但大体上它们都是以年计算的，这使得复利成为一个很重要的因素。

另一个看起来很令人吃惊的结果是全部投资于无风险资产的期末价值(3600 美元)与全部投资于股权的期末价值(67500 美元)之间竟有如此大的差距。既然有这样的历史记录，为什么人们还要投资于无风险资产呢？你一定会猜到原因，这个原因就是风险。在该段时间内全国库券与全股权这两种投资策略的平均收益率与标准差分别为：

	算数平均值	标准差
票据	2.55	2.10
股票	10.70	22.14

股权资产组合的高平均收益率与它的高标准差相对应。

投资者能否把理想市场时机投资基金的超额收益率看成是风险溢价呢？答案是否定的，因为理想市场时机投资绝不会比国库券或股权市场差。这种巨大的超额收益不是对可能的较差收益的补偿，它完全归功于超凡脱俗的分析。而这种资产组合期末的巨大价值里所反映的也正是信息的价值。

表 10-2 是全股权投资组合与市场时机组合的月度收益率统计表：

表 10-2　两种投资组合的月度收益率统计表

每月	全股权组合/%	理想市场时机投资、不扣除费用/%	理想市场时机扣除费用/%
平均收益率	0.85	2.58	0.55
平均超过无风险资产的收益率	0.64	2.37	0.34
标准差	5.89	3.82	3.55
最高收益	38.55	38.55	30.14
最低收益	-29.12	0.06	-7.06
偏度系数	0.42	4.28	2.84

　　暂时忽略第四栏即理想市场时机扣除费用那一栏。第一行和第二行的结果是能够自圆其说的,第三行的标准差则需要一些讨论。理想市场时机决定者的收益率的标准差是 3.82%,比同期国库券收益率的波动性大得多。这是否意味着与国库券投资相比,市场时机策略的风险更大呢? 不,因为在这里的分析中,标准差是对风险测定的误导。

　　为了弄清楚原因,请设想你怎样在两种假定的投资策略之间进行选择。第一种提供了 5%的确定收益,第二种提供的是不确定的收益,即 5%加上一个随机数,这个数有一半的可能性为 0,还有另一半可能性为 5%。表 10-3 列出了这两种策略的各种特征。

表 10-3　两种策略的各种特征

	策略 1/%	策略 2/%
期望收益	5	7.5
标准差	0	2.5
最高收益	5	10.0
最低收益	5	5.0

　　很明显,策略 2 优于策略 1,因为它的收益率至少等于策略 1,在某些情况下还会比策略 1 高。所以,不管你有多厌恶风险,也不管策略 2 的标准差有多大,在两者之间你将总会选择策略 2。较之策略 1,策略 2 提供的只是"好的惊喜",因此在这里风险差并不能作为风险的测度。

　　与全股权或全国库券投资策略进行比较,理想市场时机决定者的结果是类似的。每个时期,理想市场时机者至少会获得其中一个好的收益,在某些情况下则是更好的收益。因而在与全股票或全国库券投资策略进行比较时,市场时机投资的标准差是风险测度的一个误导。

　　回到统计结果上来,从表 10-2 中你会发现全股权投资的最低收益率则负得非常厉害。这一点从偏度上可以看出来,它反映的就是收益分布的不对称性。因为股权资产组合几乎是(但不确切是)正态分布,所以它的偏度非常低,只有 0.42。相反,由于理想市场时机完全切掉了股权资产组合收益分布负半轴的尾巴(低于无风险收益率的部分),所以它的回报偏向右边,偏度也非常大,大 4.28。

现在看第四栏,"理想市场时机,扣除费用",这大概是三栏中最有意思的一栏。一般来说,理想市场时机决定者肯定会为提供这样有价值的服务而向客户收费(理想市场时机决定者也许有非凡的预测能力,但不太可能有圣人般的慈善之举)。

从市场时机的月收益率中扣掉一个合理的费用,得到的是一个比全股权消极管理策略更低的平均收益率。然而,既然假定这些费用是合理的,那么在对风险进行调整后这两种资产组合(全股权投资策略和含费用的理想市场时机策略)必定具有同等的吸引力。在这种情况下,对理想市场时机(含费用)的风险进行评估时其标准差同样没有任何意义,因为它的偏度仍然很高,为 2.84。也就是说,用标准的均值-方差分析对市场时机进行评价将变得非常复杂,因此还需要其他方法。

(一)将市场时机作为期权进行定价

在对理想市场时机的收益类型进行分析时,最关键的是必须认识到精确的预算就相当于持有股权资产组合的一个看涨期权。理想市场时机决定者将全部资产要么投资于无风险资产,或者投资于股权资产组合,关键是看谁的收益更高。理想市场时机的收益率的下限就是 r_f,上限为无穷。

为了弄明白信息的价值就是一种期权,于是假定市场当前指数为 S_0,指数看涨期权的执行价格为 $X = S_0(1+r_f)$。如果下一个时期市场的收益高于国库券的收益,S_T 会大于 X,反之它会比 X 小。由期权和投资于国库券的 S_0 美元组成的资产组合的总收益如表 10-4 所示。

表 10-4 期权和国库券的总收益

	$S_T < X$	$S_T \geq X$
国库券	$S_0(1+r_f)$	$S_0(1+r_f)$
期权	0	$S_T - X$
总计	$S_0(1+r_f)$	S_T

当市场是熊市时(市场收益率小于无风险收益率),该资产组合会得到无风险收益。当市场是牛市时,该组合会得到高于国库券的市场收益。这样的资产组合就是理想的市场时机资产组合。因此,可以把这种精确的预测能力当成是一种看涨期权来对其价值进行评估,因为一个看涨期权可以让投资者只有当场收益超过 r_f 时才会获得该市场收益。这种理解使得默顿可以根据期权定价理论来给市场时机能力定价,也可以从中计算出市场时机的合理费用。

(二)不精确预测的价值

遗憾的是，默顿与我们都知道，投资管理人并不是准确无误的预测家。很明显，如果他们能在大多数时候预测准确，那就已经做得非常好了。不过这里所说的"大多数时候"，并不仅仅是指管理人们预测准确的时候所占的比率。美国亚利桑那州图森市的天气预报如果总是说没雨，那他们有可能在 90%的时间内都是正确的，但这种策略的高成功显然不能说明他们的预测能力。

同样地，用准确预测在整个预测中所占的比例来测度预测能力肯定也是不合适的。如果市价在三天内有两天是上涨的，而预测者总是预测上涨，那么这三分之二的成功率并不能表明他的预测能力。因此需要考察的投资管理人正确预测出牛市与正确预测出熊市的比率。

假定 P_1 为正确预测出牛市的比率， P_2 为正确预测出熊市的比率，那么 $P_1 + P_2 - 1$ 就是时机能力的正确测度。例如，如果一个预测者全部猜对了，那么他的 $P_1 = P_2 = 1$，其预测能力便为 1。如果一个人总是赌熊市，那么他将预测错所有的牛市，而预测对所有的熊市，结果他的市场时机能力为 $P_1 + P_2 - 1 = 0$，设 C 代表理想的市场时机(看涨期权)的价值，那么 C 则为不完全市场预测能力的价值。

四、多因素模型与积极的资产组合管理

资产组合管理人使用各种多因素证券收益模型。到目前为止，对积极资产组合管理的分析框架看来是建立在指数模型的有效性之上的，也就是说，是建立在一个单因素证券模型之上的。使用多因素模型不会影响积极资产组合的构成，这是因为整个 TB 分析集中于指数模型的残差。如果要用多因素模型取代单因素模型，通过计算每只证券的反映其合理收益的阿尔法值(给定它对所有因素的 β 值)，就可以接着构造积极资产组合，同样还是可以把该积极资产组合与缺乏证券分析而构造的资产组合结合起来。不管怎样，使用多因素模型还是会产生一些新问题。

如果：

$$r_i - r_f = \alpha_i + \beta_i(r_M - r_f) + e_i$$

充分地描述了证券市场，那么任何资产的方差就是系统风险与非系统风险的和：$\sigma^2(r_i) = \beta_i^2 \sigma_M^2 + \sigma^2(e_i)$，而任意两种资产之间的协方差就是 $\beta_i \beta_j \sigma_M^2$。

如何把这个规律推广到多因素模型中去呢？为了简便起见，只考虑一个两因素的情形，把这两因素资产模型组合分别称为 M 和 H，则指数模型可以推广为

$$r_i - r_f = \beta_{iM}(r_M - r_f) + \beta_{iH}(r_H - r_f) + \alpha_i + e_i = R_\beta + \alpha_i + e_i \qquad (10\text{-}1)$$

β_{iM} 与 β_{iH} 是该证券分别对应于资产组合 M 与资产组合 H 的 β 值。给定因素的资产组合的收益 r_M 与 r_H，该证券对 r_f 的合理超额收益率用 R_β 表示，预期超额收益为 α_i。

如何用式(10-1)构造最佳风险组合呢？假定投资者希望使他们的资产组合的夏普比率达到最大，那么式(10-1)的两因素结构可以用来得到马科维茨资产组合选择模型的输入参数，不过现在，方差与协方差的估计量将变得非常复杂：

$$\sigma^2(r_i) = \beta_{iM}^2 \sigma_M^2 + \beta_{iH}^2 \sigma_H^2 2\beta_{iM}\beta_{Ih}\mathrm{Cov}(r_M, r_H) + \sigma^2(e_i)$$

$$\mathrm{Cov}(r_i, r_j) = \beta_{iM}\beta_{iM}\sigma_M^2 + \beta_{iH}\beta_{jH}\sigma_H^2 + (\beta_{iM}\beta_{jH} + \beta_{jM}\beta_{iH})\mathrm{Cov}(r_M, r_H)$$

尽管如此，多因素模型还是具有很大的信息价值，因为可以从以下数据中估计出一个 n 只证券的协方差矩阵：β_{iM} 的 n 个估计量；β_{iH} 的 n 个估计量；$\sigma^2(e_i)$ 的 n 个估计量；σ_M^2 的 1 个估计量；σ_H^2 的 1 个估计量。而不是 $n(n+1)/2$ 个单独的方差与协方差估计量。因此，多因素模型的结构特征还是可以简化资产组合构成的。

多因素模型还为合理配置研究的努力提供了一种很有效的方法。分析人员可以专门研究不同因素资产组合的均值与方差的预测问题，从而成为那一领域的专家。一旦确定了定价模型与套利定价理论所产生的证券期望收益一起来构造最优消极风险资产组合。如果对单个证券进行积极分析，构造最优积极资产组合，并与消极资产组合一起构成的最优资产组合就与下面单因素的情况是一致的。

在多因素市场里，即使是消极投资者即那些承认市场价格是"公平"价格的投资者也需要做大量的工作。他们需要预测期望收益以及每个因素的波动性，这要根据预期效用最大化原则确定每个因素组合的恰当权重。这个过程的原理很简单，但计算工作很烦琐。

本 章 小 结

(1) 正确的业绩评估取决于被评估资产组合的性质和作用。合适的业绩评估指标主要有以下这 3 种。

① 夏普测度。它适用于该资产组合就是投资者所有投资的情况。

② 信息比率。如果该资产组合由积极的资产组合和消极的资产组合组成，那么该比率能帮助投资者寻找最佳混合点。

③ 特雷纳或詹森测度。它们适用于该资产组合只是众多子资产组合中某个资产组合的情况。

(2) 晨星公司的 5 级评级方法对每一相同组的基金按业绩表现做了比较，风险调整评级(RAR)是以同等类别组的基金收益率为基础计算的，根据基金所获得的 RAR 的不同等级，给每个基金奖励从 1～5 的星。

(3) 美国股权只占世界股权资产组合的一小部分，国际资本市场为资产组合的分散化与强化风险-收益特性提供了重要的机会。

(4) 以外汇投资会产生额外的不确定的汇率风险，大部分汇率风险可以通过运用外汇期货或外汇远期对冲掉,但是,一个完全的套期保值是难以做到的,因为外币的收益率难以确定。

(5) 当讨论资产组合管理原则时,对下列投资者进行区别是有用处的:个人投资者与个人信托者;共同基金;养老基金;捐赠基金;人寿保险公司;非人寿保险公司;银行。一般地说,这些投资者在投资的目的和面临的约束以及资产组合政策上或多或少都有一些区别。

(6) 投资者资产配置的过程包括以下几个步骤:确定包含的资产类型;明确资本市场的预期;找到有效率的资产组合的边界;确定最优的资产组合。

(7) 真正的消极资产组合管理只需要持有市场指数资产组合与一个货币市场基金即可。确定资金在市场指数资产组合上的配置需要对它的期望收益与方差进行估计,这就意味着仍然需要把一些分析工作委托给职业投资人员。

(8) 积极资产组合投资管理人希望构造一个报酬-波动性比率(夏普比率)最大的风险资产组合。

(9) 理想市场时机的价值是可观的。理想市场时机的收益率将是不确定的,我们不能用测度资产组合风险的标准指标来测度理想市场时机的风险特性,因为它绝对优于消极投资策略,理想市场时机只会带来好的惊喜。

(10) 理想市场时机等价于拥有一个市场指数资产组合的看涨期权,它的价值可以用期权定价方法,如布莱克-舒尔斯公式来确定。

(11) 对于打算预测出股票收益是否超过国库券收益的市场时机决定者来说,非理想市场时机的价值是由给定预测 $P_1 + P_2 - 1$ 后真实结果的条件概率决定的。所以,如果理想市场时机的价值由期权价值 C 给出,那么,非理想市场时机的价值就是 $(P_1 + P_2 - 1)C$。

复习思考题

一、基本概念

货币加权收益率　时间加权收益率　夏普测度　特雷纳测度　詹森测度　信息比率　汇率风险　风险-收益权衡　市场时机

二、单项选择题

1. 一个投资者投资于外国公司的普通股,希望规避投资者本币的(　　)风险,可以通过(　　)远期市场的外币来规避。

    A. 贬值;出售　　B. 升值;购入　　　　C. 升值;出售　　　　D. 贬值;购入

2. 你的客户说:"根据我的资产组合中还未到手的收益,我已经储蓄了足够多的钱可供我女儿八年的大学教育,但教育成本一直在上涨。"根据以上说法,对你的客户的投资策

略而言，下列哪一项不是最重要的？（　　）

    A. 时间期限　　　B. 购买力风险　　　　C. 流动性　　　　　D. 税赋

3. 下列哪一项最不可能被考虑进资产组合的管理过程中？（　　）

    A. 确定投资者的目标、制约因素及偏好

    B. 组织管理过程本身

    C. 根据所选择的资产实施投资策略

    D. 监视市场条件、相对价值及投资环境

三、计算分析题

1. 两个竞争的股票基金，5 年来超过国库券的年收益率情况如表 10-5 所示。

表 10-5

公牛基金	独角兽基金
-21.7%	-1.3%
28.7	15.5
17.0	14.4
2.9	-11.9
28.9	25.4

用夏普比率来测度，这两个基金相比较如何？

2. 历史数据显示：一个全股权策略的标准差大约是每月 5.5%。假设现在无风险利率为每月 1%，市场的波动性也与其历史水平相同。在布莱克-舒尔斯公式下，对一个完全的市场时机决定者合适的每月费用是多少？

3. 关于两个市场时机决定者的记录，一个基金管理人得到表 10-6 所示数据。

表 10-6

$r_M > r_t$ 的月份	135	
决定者 A 正确的预测数		78
决定者 B 正确的预测数		86
$r_M > r_t$ 的月份	92	
决定者 A 正确的预测数		57
决定者 B 正确的预测数		50

求 P_1、P_2 的条件概率以及市场时机决定者 A 与 B 二人的总能力参数是多少？

4. 一个投资组合管理人总结了如表 10-7 所示的微观与宏观预测资料：

表 10-7

微观预测			
资　产	期望收益/%	β 值	残　差
股票 A	20	1.3	58
股票 B	18	1.8	71
股票 C	17	0.7	60
股票 D	12	1.0	55

宏观预测		
资　产	期望收益/%	标准差
国库券	8	0
消极权益资产组合	16	23

计算这些股票的期望超额收益、α 值以及残差平方和。

5.　股票 ABC 收益率如表 10-8 所示:

表 10-8

年　份	r_{ABC} /%	r_{XYZ} /%
1	20	30
2	12	12
3	14	18
4	3	0
5	1	−10

计算在样本期间内这些股票的算术平均收益率。

6.　假定你作为一个美国投资者在一年前购入 2000 英镑的英国证券,当时英镑的价值为 1 英镑等于 1.5 美元。如果证券价值目前为 2400 英镑,且 1 英镑等于 1.75 美元,你的总收益率(用美元计算)是多少?假定这一期间美元红利与信息支付不变。

第十一章 资本资产定价理论

【学习要点及目标】

- 理解资本资产定价模型的假设条件和推导过程。
- 掌握市场组合的含义及相关定理。
- 掌握市场均衡时，市场组合就是切点组合、有效组合。
- 掌握资本市场线和证券市场线的含义以及两者之间的异同。
- 了解不存在无风险资产的资本资产定价模型。

【核心概念】

资本资产定价模型　市场组合　市场均衡　资本市场线　夏普比率　证券市场线　系数　风险溢价　零值资本资产定价模型

【引导案例】

现代资产定价理论的渊源

1952 年，马柯维茨在《金融杂志》上发表题为"投资组合的选择"的博士论文是现代金融学的第一个突破，他在该文中确定了最小方差资产组合集合的思想和方法，开了对投资进行整体管理的先河，奠定了投资理论发展的基石，这一理论提出标志着现代投资分析理论的诞生。在此后的岁月里，经济学家们一直在利用数量化方法不断丰富和完善组合管理的理论和实际投资管理方法，并使之成为投资学的主流理论。

如果说马柯维茨的投资组合理论为投资者提供了一种规范性的指导，那么人们自然会想到这样的问题，如果所有的投资者都遵循这种理论进行投资，资本市场上资产的价格及其变化可能会有什么样的规律呢？

威廉·夏普等人受到马柯维茨理论的影响和启发，根据新古典经济学的均衡思想和方法，研究并提出了一套关于资本市场在供求均衡时资产收益与风险所应该具有的内在关系的理论。资本资产定价模型研究并揭示了在投资者遵循马柯维茨的投资行为规范的前提下，资本市场应该具有的内在规律。资本资产定价模型回答了关于资本市场的基本问题，投资者应该要求多高的投资回报率？

资本资产定价模型是在马柯维茨均值方差理论基础上发展起来的，它继承了其假设，如资本市场是有效的、资产无限可分、投资者根据均值方差选择投资组合、投资者是厌恶

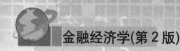

风险、永不满足的、投资者可以按无风险利率自由借贷等。

(资料来源:黄萍、韦增欣. 科技交流[J]. 资本资产定价模型理论及应用,2011)

【案例导学】

本章介绍资本资产定价模型(Capital Asset Pricing Model,CAPM)。资本资产定价模型是由威廉·夏普(William E.Sharp,1964)、约翰林特(John Lintener,1965)及简莫森(Jan Mossin,1966)等人先后独立提出来的,在投资学中占有很重要的地位,并在投资决策和公司理财中得到了广泛运用。

CAPM 实质上要解决的是,假定所有投资者都运用第八章的马柯维茨证券组合选择方法,在有效边界上寻求有效组合,从而在所有的投资者都厌恶风险的情况下,最终每个人都投资于一个有效组合,那么如何测定组合中各单个证券的风险,以及风险与投资者们的预期和要求的收益率之间的关系?可见,该模型是建立在一定理想化假设下,研究风险的合理测定和定价问题,并认为每种证券的收益率只与市场收益率和无风险收益率有关。

第一节　资本资产定价模型

资本资产定价模型在现代组合理论的基础上,结合新古典经济学的一般均衡思想研究资本市场的均衡问题。

一、资本资产定价模型的基本假设

资本资产定价模型是抽象掉复杂经济表象后形成的金融理论。因此,资本资产定价模型首先通过一系列假设对资本市场进行了完美化的假定。在正式介绍和讨论 CAPM 之前,首先讲述 CAPM 的假设条件。

【假设 11-1】 所有投资者在同一单期投资期内计划自己的投资组合,即投资者在时点 0 决策并进行投资,在时点 1 得到收益。

【假设 11-2】 投资者为风险厌恶者,并总是根据均值-方差模型进行投资决策。

【假设 11-3】 市场为无摩擦市场(Frictionless Market),即不存在交易费用和税收,并且所有证券无限可分。

【假设 11-4】 市场是完全竞争的,市场不存在操纵(No Manipulation),任何投资者的行为都不会影响资产的市场价格,即投资者都是价格接受者(Price-Taker)。

【假设 11-5】 市场无制度限制(Institutional Restriction),允许卖空,并且可以自由支配卖空所得。

【假设 11-6】 市场中存在一种无风险证券,所有投资者都可以按照市场无风险利率进行自由借贷。

【假设 11-7】　信息是完全的，所有投资者均能合理预期资本市场所有资产的方差、协方差和期望收益率。

【假设 11-8】　同质预期(Homogeneity of Expection)，即所有投资者有着完全相同的信息结构，所有投资者在运用均值-方差模型进行投资决策后，得到相同的有效组合前沿。

为便于理解，先分析一下这 8 条假设的含义。假设 11-1 意味着标准的资本资产定价模型与标准的投资组合理论一样，是一个单期静态模型，对假设 11-1 的放宽导致跨期资本资产定价模型的产生。

假设 11-2 可以理解为所有的投资者都是"马科维茨型投资者"。

假设 11-3 中的市场无摩擦，是出于降低问题复杂程度简化分析的需要，这有助于将关注的焦点集中在感兴趣的问题上；而证券无限可分完全是出于方便数学处理(求微分)的需要。

假设 11-4 是关于完全竞争市场的假定在证券市场或金融学上的自然延伸，对完全竞争市场的假定主要涉及 3 个方面：投资者理性、信息完全、充分竞争(即所有个体都是价格接受者)。而假设 11-4 强调的正是第三个方面，因为前两个方面已经暗含在其他假定中。

假设 11-5 允许卖空，如果存在卖空限制，这意味着所有证券的投资权重非负，会影响到有效前沿的完整性，所以卖空是不可缺少的技术手段。没有卖空机制，意味着那些必须利用卖空机制才能解释其投资含义的投资组合将会缺失。

假设 11-6 存在无风险证券，这里首先介绍存在无风险证券的资本资产定价模型，后面还要介绍不存在无风险证券的资本资产定价模型。

假设 11-7 涉及信息在市场上的扩散机制，信息完全意味着任何新信息总是同时为所有的投资者所知，这个假设说明投资者具有相同的信息集。

假设 11-8 涉及投资者的信息解读能力和解读方式，说明投资者对相同信息解读的结果相同。

假设 11-7 和假设 11-8 这两个假设在现实中是很不真实的，因此对这两者做出任何不同于上述表述的假定都将影响到相关理论(此处是资本资产定价模型)的结论。

以上假设看上去很复杂，而且与现实市场严重脱节。然而，实际上当对现实市场有深入的了解之后就会发现，以上假设是对现实市场的具有较高近似程度的简化处理。满足以上假设条件的资本市场称为完美市场。虽然现实市场不同于完美市场，但有资料表明，现实市场正在向一些简单的、金融理论所假设的条件靠拢。

二、市场组合

引入市场组合(Market Portfolio)的定义。

【定义 11-1】　市场组合 x^M 是这样的投资组合，它包含市场上存在的所有风险资产种类，各种风险资产所占的比例等于每种风险资产的总市值占市场所有风险资产总市值的比例。

若记 $\boldsymbol{P} = [P_1, \cdots, P_N]$ 为所有风险资产的价格向量，$\boldsymbol{Q} = [Q_1, \cdots, Q_N]$ 为所有风险资产的发行总量或总股数，则所有风险资产的总市值为 $\boldsymbol{PQ}^{\mathrm{T}}$，风险资产 $i(i = 1, 2, \cdots, N)$ 在市场组合中的相对市值权重为 $P_i Q_i / (\boldsymbol{PQ}^{\mathrm{T}})$，因此市场组合表示为

$$\boldsymbol{x}^{\mathrm{M}} = \begin{bmatrix} P_1 Q_1 / (\boldsymbol{PQ}^{\mathrm{T}}) \\ \vdots \\ P_N Q_N / (\boldsymbol{PQ}^{\mathrm{T}}) \end{bmatrix} \tag{11-1}$$

【例 11-1】 假如一个很小的市场中只有 3 种风险资产：资产 A、资产 B 和资产 C。资产 A 的总市值是 500 亿元，资产 B 的总市值是 300 亿元，资产 C 的总市值是 200 亿元。那么，这个市场上所有风险资产的总市值是多少？如何来构造一个市场组合？

【解】 这个市场上所有风险资产的总市值是这个市场上所有风险资产总市值之和，这里为 1000 亿元。根据市场组合的定义，这里的市场组合就包括这 3 种资产：资产 A、资产 B 和资产 C，且资产 A、资产 B 和资产 C 的价值在其中各占 50%、30% 和 20%。由此可见，市场组合就是一个缩小了的市场盘子。

关于定义 11-1 中的市场组合 $\boldsymbol{x}^{\mathrm{M}}$ 有下面的定理。

【定理 11-1】 市场组合 $\boldsymbol{x}^{\mathrm{M}}$ 是一个均值-方差有效组合。

证明： 假定市场上总共有 I 位投资者，$i = 1, 2, \cdots, I$，每位投资者都选择均值-方差有效组合作为自己的投资组合。这些均值-方差有效组合记为 $\boldsymbol{x}^{P_i}, i = 1, 2, \cdots, I$。在证券市场中，每位投资者所拥有的财富就是他们的投资组合的市值，记为 w_i。则 $\boldsymbol{w} = \sum\limits_{i=1}^{I} w_i$ 就是所有金融资产的总市值。显然，有

$$\boldsymbol{x}^{\mathrm{M}} = \sum_{i=1}^{I} \frac{w_i}{\boldsymbol{w}} \boldsymbol{x}^{P_i}$$

上式说明市场组合 $\boldsymbol{x}^{\mathrm{M}}$ 是均值-方差有效组合 $\boldsymbol{x}^{P_i} (i = 1, 2, \cdots, I)$ 的凸组合，所以，$\boldsymbol{x}^{\mathrm{M}}$ 也是均值-方差有效组合。

这是资本资产定价模型的一个非常重要的结论：当资本市场达到均衡状态时，市场组合成为一个有效组合(即最优风险组合)。

【定理 11-2】 在标准资本资产定价模型假设条件下，如果所有的风险资产都是严格正供给的，则有市场组合的期望收益率一定严格大于无风险利率($E(\tilde{r}_{\mathrm{M}}) - r_{\mathrm{f}} > 0$)，这等价于证明 $r_{\mathrm{f}} < A/C$ (A/C 为均值-方差模型中最小方差组合的期望收益率)。

证明： 在标准的资本资产定价模型假设条件下，所有的投资者都会按照均值-方差模型进行投资决策。

当 $r_{\mathrm{f}} = A/C$ 时，所有的投资者都会将财富投资于无风险证券，同时持有一个权重之和为零的风险资产组合，该组合称为套利组合。于是，当市场处于均衡状态(市场出清)时，无风险证券的供给严格为正，而风险证券的净供给为零，这与"所有的风险资产的供给都严

格为正"相矛盾，所以 $r_f = A/C$ 不成立。

当 $r_f > A/C$ 时，所有的投资者都会卖空切点组合买入无风险证券，此时市场必然无法出清，即风险证券不可能出售完，所以 $r_f > A/C$ 也不成立。

因此，必然有 $r_f < A/C$，即市场组合的期望收益率一定严格大于无风险利率（$E(\tilde{r}_M) - r_f > 0$）。

第二节 市场均衡

一、市场均衡

根据前述假设 11-7 与假设 11-8，可以仅考虑一个具代表性投资者的资产需求，而将市场看成是所有投资者的加总。根据前述有关均值-方差偏好下的最优资产组合理论及分离定理，在存在无风险资产的情况下，所有投资者的最优风险资产组合为切点组合 x^M。在切点组合 x^M，投资者对风险资产的选择完全独立于个人的风险偏好。

因此，存在无风险资产的情况下，每一投资者对风险资产的需求都是切点组合的形式，但每一投资者的需求量并非一致。结果是，所有投资者对风险资产的总需求仍为切点组合（因为不同量的相同组合相加仍得到同一组合）；另外，市场上的资产供给为市场上各种风险资产的总和，这是既定的（外生的）。

在市场均衡的情况下，市场出清的条件如下。

(1) 风险资产的总供给与总需求相等。

(2) 无风险资产上的借贷净额为零（即无风险资产的净投资为零）。

存在无风险资产的分离定理说明，投资者只要将资金在无风险资产和切点组合之间进行适当配置，就可以实现最优投资组合。这样投资者在确定最优投资组合时，可以分两个步骤进行。

(1) 确定切点组合，此时不用考虑投资者的无差异曲线。

(2) 根据投资者的无差异曲线确定无风险资产和切点组合的投资比例。

现在的问题是：如何构造切点组合？为了解决这个问题，要了解切点组合的内部构造，即各风险资产所占的比例是多少。资本资产定价模型解决了这个问题，有以下定理。

【定理 11-3】 在均值-方差偏好下，当市场达到供求均衡时，切点组合就是市场组合。

证明：假设市场上共有 n 种风险资产，1 种无风险资产，K 为投资者，第 i 种资产的价格和发行量分别为 P_i 和 Q_i，则市场组合中第 i 种风险资产的投资比例 x_i^M 为

$$x_i^M = \frac{P_i Q_i}{\sum\limits_{i=1}^{n} P_i Q_i} \quad i = 1, 2, \cdots, n$$

假设 x_i^T 为切点组合中第 i 种风险资产的投资比例，λ^K 为第 K 位投资者投资于切点组合的资金比例，x_i^K 为第 K 位投资者投资于第 i 种风险资产的投资比例，则有 $x_i^K = \lambda^K x_i^T$，令 I_K 为第 K 位投资者的投资量，则全部投资者对第 i 种风险资产的总需求为

$$D_i = \sum_{k=1}^{K} x_i^k I_k = \sum_{k=1}^{K} \lambda^k x_i^T I_k = x_i^T \sum_{k=1}^{K} \lambda^k I_k$$

其中，当市场达到均衡时，所有风险资产的总需求等于总供给，即 $\sum_{k=1}^{K} \lambda^k I_k = \sum_{i=1}^{n} P_i Q_i$，且均衡时每种风险资产的需求与供给也相等，即 $D_i = P_i Q_i$，所以有

$$x_i^T = \frac{D_i}{\sum_{k=1}^{K} \lambda^k I_k} = \frac{P_i Q_i}{\sum_{i=1}^{n} P_i Q_i} = x_i^M$$

即当资本市场达到供求均衡时，切点组合实际上就是市场组合。给定市场组合就是切点组合，它的均值-方差是有效的。由于市场组合的内部构造是已知的，所以投资者可以方便地投资于有效的风险资产组合。

这样，在市场均衡时：

(1) 所有个体的初始财富总和等于所有风险资产的市场总价值；

(2) 风险资产有效组合边界上的切点所代表的资产组合就是风险资产的市场组合。

在 CAPM 的假设下，每一个投资者都面临一种状况，有相同的预期，以相同的利率借入与贷出，将所有投资者的资产组合加总起来，投资无风险资产的净额为零，并且加总的风险资产价值等于整个经济中全部财富的价值，这就是有风险资产的市场组合。

每种证券在这个切点组合中都有非零的比例，且与其市值比例相等，这一特性是分离定理的结果。之所以说切点组合 x^M 所代表的资产组合就是风险资产的市场组合，是因为任何市场上存在的资产必须被包含在切点组合 x^M 所代表的资产组合里；否则，理性的投资者都会选择 x^M 点作为自己的投资组合，不被 x^M 所包含的资产(可能由于收益率过低)就会变得无人问津，其价格就会下跌，从而收益率会上升，直到进入 x^M 所代表的资产组合。

二、资本市场线

根据前面的分析，当资本市场达到均衡时，切点组合就是市场组合。有了资本资产定价模型的假设，就可以很容易地找出风险资产加无风险资产的有效集。如图 11-1 所示，纵坐标是期望收益率，横坐标是标准差，以 x^M 代表切点组合，用 r_f 代表无风险利率，$E(\tilde{r}_M)$ 和 σ_M 分别表示切点组合 x^M 的预期收益率和标准差。有效组合落在从 r_f 出发穿过切点 x^M 的射线上，这条直线代表一个有效集——允许无风险借贷情况下的线性有效集。

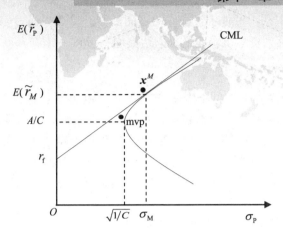

图 11-1　资本市场线

把从点 (O, r_f) 出发，与均值-方差前沿边界相切于市场组合 x^M 的这条射线称为资本市场线(Capital Market Line，CML)。由图 11-1 可知，资本市场线的斜率为 $[E(\tilde{r}_M) - r_f]/\sigma_M$，截距为 (O, r_f)，故资本市场线的数学表达式为

$$E(\tilde{r}_P) = r_f + \frac{E(\tilde{r}_M) - r_f}{\sigma_M} \sigma_P \tag{11-2}$$

注：这里只考虑 $r_f < A/C$ 的情况，因为 $r_f = A/C$ 和 $r_f > A/C$ 不是风险厌恶者的投资行为，并且 $r_f = A/C$ 和 $r_f > A/C$ 与市场出清条件相违背(见定理 11-2)。

在图 11-1 中，在 x^M 点，投资者将其资金全部投资于市场组合；保守的投资者可能会贷出一些资金，将其余资金投资于市场组合，这时其投资组合将位于 CML 线上 x^M 点的左侧；而较激进的投资者会借入一些资金，并将所有资金连同借入的资金投资于市场组合(此时市场组合的投资比例大于 1)，这时其投资组合将位于 CML 线上 x^M 点的右侧。

资本市场线上的每个点都是市场组合和无风险资产组合而成的有效组合。资本市场线表示资本市场达到均衡时，有效组合的期望收益率与标准差之间的线性关系，当风险增加时，相应资产组合的期望收益率也会增加。所有非有效组合都将位于资本市场线的下方。由于假设所有投资者都遵循马柯维茨的均值-方差模型，所以不存在持有非有效组合的投资者，所有投资者的组合都落在资本市场线上。由此可见，资本市场线及其表达式具有很大的局限性，对非有效组合无能为力。

资本资产定价模型用资本市场线回答了"投资者应该要求多大的回报率"的问题。虽然资本市场线表示的是风险和收益之间的关系，但是这种关系也决定了证券的价格。因为资本市场线是证券有效组合条件下的风险与收益的均衡，如果脱离了这一均衡，则就会在资本市场线之外，形成另一种风险与收益的对应关系。这时，要么风险的报酬偏高，这类证券就会成为市场上的抢手货，造成该证券的价格上涨，投资于该证券的报酬最终会降低。要么会造成风险的报酬偏低，这类证券在市场上就会成为市场上投资者大量抛售的目标，造成该证券的价格下跌，投资于该证券的报酬最终会提高。经过一段时间后，所有证券的风险和收益最终会落到资本市场线上来，达到均衡状态。

1. 资本市场线的经济含义

(1) 在市场均衡条件下，位于均值-方差有效前沿边界上的资产组合的期望收益和风险之间呈线性关系，风险越大，收益越大，并且这时有效组合的总风险就等于系统风险。

(2) 资本市场线公式对有效组合的期望收益率和风险之间的关系提供了十分完整的阐述。有效组合的期望收益率由两部分构成：一部分是无风险利率，它是由时间创造的，是对放弃即期消费的补偿；另一部分则是 $[E(\tilde{r}_M) - r_f]\sigma_P / \sigma_M$，是对承担风险的补偿，与承担风险的大小成正比。

(3) 有效组合的风险补偿与其风险成正比例变化，其比例因子是 $[E(\tilde{r}_M) - r_f]/\sigma_M$，它是资本市场线的斜率，也称为酬报波动比，即**夏普比率**(Sharpe Ratio)，代表了对单位风险的补偿，即风险的价格(注意与下面将要讲到的 β 系数的不同)。

2. 资本市场线揭示的分离定理

如果一个投资者决定要构造风险资产加无风险资产的组合，他只需要一个最优的风险资产组合，他有 3 种选择。

(1) 将所有的初始资金投资于最优风险资产组合。

(2) 一部分资金投资最优风险资产组合，一部分贷出。

(3) 在货币市场上借款，再加上自己的初始资金，全部投资最优风险资产组合。

无论怎样选择，都有一个新组合产生(包含无风险资产和风险资产)，这个组合的标准差和期望收益之间一定存在着线性关系，这个线性关系是资本资产定价模型的主题。正因为有效集是线性的，有下面的分离定理成立，投资者对风险和收益的偏好状况与该投资者最优风险资产组合的构成是无关的。

投资者在确定最优投资组合时，将首先根据马柯维茨的组合选择方法，分析证券并确定切点的组合。因为投资者对于证券回报率的均值、方差及协方差具有相同的期望值，线性有效集对于所有的投资者来说都是相同的，因为它只包括了由意见一致的切点组合与无风险借入或贷出所构成的组合。由于每个投资者风险-收益偏好不同，其无差异曲线不同，因此他们的最优投资组合也不同，但最优风险资产组合的构成却相同(即切点组合)。也就是说，无论投资者对风险的厌恶程度和对收益的偏好程度如何，其所选择的风险资产的构成都一样。具体地讲，每一个投资者将他的资金投资在风险资产组合和无风险借入和贷出上，而每一个投资者选择的风险资产组合都是同一个切点组合，加上无风险借入和贷出只是为了满足投资者个人对风险和收益率的不同偏好而已，即分离定理成立。

如图 11-2 所示，Ⅰ代表较厌恶风险的投资者的无差异曲线，该投资者的最优投资组合位于 A 点，表明他将部分资金投资无风险资产，将另一部分资金投资最优风险资产组合。

Ⅱ代表厌恶风险程度较轻的投资者的无差异曲线，该投资者的最优投资组合位于 B 点，表明他将借入资金投资于最优风险资产组合上。虽然 A 和 B 位置不同，但它们都是由无风险资产和相同的风险资产组合 x^M 组成，因此他们的风险资产组合中各种风险资产的构成比例是相同的。

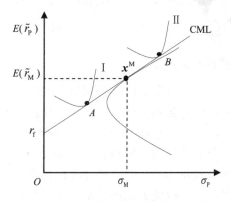

图 11-2 分离定理

分离定理的核心在于揭示以下事实。

(1) 在均衡条件下，每一位投资者只要向风险资产投资则必定持有切点组合。

(2) 如果切点组合的构造已知，或者有一个切点组合基金，则均衡条件下的投资组合工作大为简化，投资者只需将资金适当分配于无风险资产和切点组合即可实现最佳投资。

(3) 一个投资者的最优风险资产组合是与投资者对风险和收益的偏好状况无关的。

分离定理的意义：对于从事投资服务的金融机构来说，不管投资者的收益-风险偏好如何，只需找到切点所代表的风险资产组合，再加上无风险证券，就可以为所有投资者提供最佳的投资方案，投资者的收益-风险偏好，就只需反映在组合中无风险证券所占的比例上。

3. 资本市场线揭示的资本市场的纯交换经济竞争均衡

纯交换经济是只考虑交换没有生产的经济，再加上 CAPM 的单期假设，所以证券总供给线是垂直的。

竞争均衡是一个静态概念，描述一种稳定的经济状态，而不是经济如何实现这种状态。这个概念的主要含义是什么样的状态是最好的(在均衡状态，对每人都是最优状态，没有人愿付出代价改变现状)。

资本市场线表明的是资本市场竞争均衡的一种状态。竞争均衡是每一个市场参与人在预算约束下，在一定的均衡价格水平下，达到最优效用水平，总需求等于总供给。从 CAPM 的假定看，所有投资者面对市场投资的最终结果是持有同样的最优风险资产组合 x^M 点。这个组合中会包含所有市场中的证券，并且其比例与这些证券的市值比例一样。CAPM 是收益-风险权衡主导的市场均衡，是许多投资者的行为共同作用的结果，即由大量市场参与者

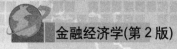

共同作用后供需均衡的结果。

第三节　CAPM 的资产定价关系

一、资本资产定价模型

1. 资本资产定价模型要解决的问题

资本市场线虽然对有效组合的期望收益率与风险(标准差)关系给予完整的描述，随着风险增大，收益也增大。但其中也有含糊之处，即风险究竟怎样度量，对无效组合或单个证券的风险怎样度量，不能得到单个证券的期望收益率与标准差之间的明确关系。

因为单个证券的总风险分为系统性风险和非系统性风险。这其中只有系统性风险能得到补偿，而非系统性风险则与收益无关，通常被分散投资组合消除减弱。在基本假设下，由于人们均选择有效证券组合，与投资者相关的是单个证券的系统风险。所以需要找出对单个证券而言，在市场实现均衡时的期望收益率与系统风险之间的关系，即证券市场线，这就是资本资产定价模型的核心内容。

2. 资本资产定价模型的推导

假设存在无风险资产，其利息率为 r_f，存在 N 种风险资产，风险资产的期望收益率向量为 $\tilde{r}$，风险资产的协方差矩阵为 $\boldsymbol{\Sigma}$，具体表示为

$$\tilde{\boldsymbol{r}} = \begin{bmatrix} \tilde{r}_1 \\ \vdots \\ \tilde{r}_N \end{bmatrix}, \boldsymbol{\Sigma} = \mathrm{Cov}[\tilde{\boldsymbol{r}}, \tilde{\boldsymbol{r}}] = \begin{bmatrix} \sigma_{11} & \sigma_{12} & \cdots & \sigma_{1N} \\ \sigma_{21} & \sigma_{22} & \cdots & \sigma_{2N} \\ \vdots & \vdots & & \vdots \\ \sigma_{N1} & \sigma_{N2} & \cdots & \sigma_{NN} \end{bmatrix}$$

这些定义与上一章中存在无风险资产的均值-方差模型的定义相同，不同的是这里还要引入市场组合 $\boldsymbol{x}^{\mathrm{M}} = (x_1^{\mathrm{M}}, x_2^{\mathrm{M}}, \cdots, x_n^{\mathrm{M}})^{\mathrm{T}}$，设 x_0 为无风险资产的投资比例。

根据定理 11-1 可知，在市场均衡的情况下，市场组合是有效组合。作为一个特殊的有效组合，市场组合 $\boldsymbol{x}^{\mathrm{M}}$ 必须满足所有有效组合都满足的条件式(9-23)，故变形可得

$$\boldsymbol{\Sigma}\boldsymbol{x}_{\mathrm{M}} = \lambda(\bar{\boldsymbol{r}} - r_f \boldsymbol{I})$$

$$\boldsymbol{x}_{\mathrm{M}}^{\mathrm{T}}(\bar{\boldsymbol{r}} - r_f \boldsymbol{I}) = E(\tilde{r}_{\mathrm{M}}) - r_f \tag{11-3}$$

由式(11-3)可得

$$\sigma_{\mathrm{M}}^2 = \boldsymbol{x}_{\mathrm{M}}^{\mathrm{T}} \boldsymbol{\Sigma} \boldsymbol{x}_{\mathrm{M}} = \boldsymbol{x}_{\mathrm{M}}^{\mathrm{T}} \lambda(\bar{\boldsymbol{r}} - r_f \boldsymbol{I}) = \lambda[E(\tilde{r}_{\mathrm{M}}) - r_f] \tag{11-4}$$

由定义知 $\bar{\boldsymbol{r}} = E(\tilde{\boldsymbol{r}})$

将式(11-3)、式(11-4)消除 λ，即得

$$\bar{r} - r_f I = \frac{\Sigma x_M}{\sigma_M^2}(\bar{r}_M - r_f) \tag{11-5}$$

把式(11-5)写成非向量形式就是

$$\bar{r_i} - r_f = \frac{\sigma_{iM}}{\sigma_M^2}(\bar{r}_M - r_f) \quad i = 1, 2, \cdots, n \tag{11-6}$$

令 $\beta_i = \dfrac{\sigma_{iM}}{\sigma_M^2}$，则得到单个证券 i 的资本资产定价式为

$$\bar{r_i} = r_f + \beta_i(\bar{r}_M - r_f) \tag{11-7}$$

式(11-7)是针对单个证券 i 而言，对于一个投资组合 P 来说，也有等式

$$\bar{r_P} = r_f + \beta_P(\bar{r}_M - r_f) \tag{11-8}$$

综合式(11-7)、式(11-8)，可以得到资本资产定价模型如下。

【定理 11-4】 对于任意证券或投资组合，有

$$E(\tilde{r}_P) = r_f + \beta_{MP}[E(\tilde{r}_M) - r_f] \tag{11-9}$$

其中

$$\beta_{MP} = \frac{\text{Cov}(\tilde{r}_M, \tilde{r}_P)}{\sigma^2(\tilde{r}_M)}$$

式(11-9)对单个证券或投资组合都成立，这就是经典的资本资产定价模型(Capital Asset Pricing Model，CAPM)。

在投资实践中，由资本资产定价模型引出了被动式的指数化投资策略。这种策略分为两步：第一步是按照市场的组成比例来构筑有风险资产的组合，即市场组合；第二步是将货币资金按照投资者的收益-风险偏好分别投到无风险证券和所构筑的市场组合中去。这种策略调节起来非常方便，如果觉得风险偏大，则可适当增大投资于无风险证券的比例；否则反之。在各个金融市场中，已经有很多反映市场总体价格水平变化的指数，如著名的标准普尔 500(Standard & Poor's 500)指数、日经 225 指数、金融时报 100(FTSE100)指数、恒生指数等。中国内地很多机构也在设计开发各种成分股指数。这些指数的构成成分都致力于反映相应的市场交易所中交易的各种资产的构成比例。以此类指数为基础开发的指数产品，往往可以用来作为市场组合的替代品。所以这种投资策略被称为指数化的投资策略。这种被动式的指数化投资策略在西方被养老基金、共同基金及保险公司等金融机构广泛采用，并被用作评估其他主动式投资策略绩效的依据。CAPM 的应用有很多，如用于现金流折现估价模型、用于公司资金预算决策、用于非竞争性项目或秘密项目的资金成本计算以确定价格或用于搜寻市场中价格错定证券等。

二、证券市场线

证券市场线(Security Market Line，SML)是 CAPM 的图示形式。它主要用来说明市场上所有风险性资产或投资组合报酬率与系统风险程度 β 系数之间的关系。其数学表达式为

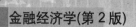

$$E(\tilde{r}_{\mathrm{P}}) = r_{\mathrm{f}} + \beta_{\mathrm{MP}}[E(\tilde{r}_{\mathrm{M}}) - r_{\mathrm{f}}], \quad \beta_{\mathrm{MP}} = \frac{\mathrm{Cov}(\tilde{r}_{\mathrm{M}}, \tilde{r}_{\mathrm{P}})}{\sigma^2(\tilde{r}_{\mathrm{M}})}$$

通常简写为

$$\bar{r}_i = r_{\mathrm{f}} + \beta_i(\bar{r}_{\mathrm{M}} - r_{\mathrm{f}}), \quad \beta_i = \frac{\sigma_{i\mathrm{M}}}{\sigma_{\mathrm{M}}^2} \tag{11-10}$$

在 $\beta_i O \bar{r}_i$ 平面上过 $(0, r_{\mathrm{f}})$ 点和市场组合 $\boldsymbol{x}^M$ 做一条直线，这条直线就称为证券市场线，如图 11-3 所示。

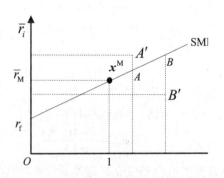

图 11-3　证券市场线

证券市场线描述了单个证券或任意一个投资组合(不论它是否已经有效分散风险)的期望报酬率与其系统风险之间的线性关系，充分体现了高风险、高收益的原则。如果某投资组合在 $\beta_i O \bar{r}_i$ 平面上不位于证券市场线上，则意味着该投资组合或证券的价格偏离了均衡价格。图 11-3 中的 A' 点和 B' 点就反映了两个尚没有达到平衡状态的投资组合或证券。其中，A' 点反映了定价偏低的情形，即其当前的市场价格低于均衡价格，从而使该投资组合或证券的期望收益比与其风险相匹配的期望收益要高，由于该投资组合或证券的价格偏低，将造成投资者的超额需求，从而推动其价格上升直至均衡价格，表现为期望收益回落至证券市场线上；而 B' 点则反映了定价偏高的情形，即其当前的市场价格高于均衡价格，从而使该投资组合或证券的期望收益比与其风险相匹配的期望收益要低，由于该投资组合或证券的价格偏高，将造成市场的超额供给，从而压迫其价格回落至均衡价格，表现为期望收益上升至证券市场线上。CAPM 说明了一种资产的预期回报率取决于以下几点。

(1) 货币的纯粹时间价值：无风险利率 r_{f}。

(2) 承受系统性风险的回报：单位市场风险溢价 $(\bar{r}_{\mathrm{M}} - r_{\mathrm{f}})$。

(3) 系统性风险大小：β 系数。

$\beta_i(\bar{r}_{\mathrm{M}} - r_{\mathrm{f}})$ 称为证券或投资组合系统风险的**风险溢价**。参数 β_i 是证券或投资组合与市场组合收益的协方差占市场组合方差的比例，度量的是证券或投资组合的收益率对市场组合收益率变动的敏感程度，反映了证券或投资组合面临的系统风险。β 值越大，投资者承担的系统风险越大，要求的收益率越高；反之，β 值越小，投资者承担的系统风险越小，要求的收益率越低。既然分散化投资可以消除非系统风险，投资者就不会因为承担非系统风险而获得额外报酬。所以，只有系统风险才有溢价，非系统风险没有溢价。在均值-方差框架下，用方差来度量资产的总风险，即系统风险和非系统风险之和。这里 β 值只度量其系统风险的大小，且资产的风险溢价不仅依赖于他所负载的系统风险的大小，还取决于其负载的方向即符号，正 β 值的资产有正的风险溢价，负 β 值的资产有负的风险溢价。

系统性风险的唯一来源被认为是市场组合，因此系统风险也称为市场风险。所有的投资者同样地持有这个风险市场组合，因为它是均值-方差有效的。市场组合将其承担风险的奖励按每个证券对其风险的贡献的大小按比例分配给单个证券。市场组合的总风险只与各项资产与市场组合的风险相关性(各项资产的收益率与市场组合的收益率之间的协方差)有关，而与各项资产本身的风险(各项资产的收益率的方差)无关。这样，在投资者的心目中，如果 σ_{iM} 越大，则第 i 项资产对市场组合的风险的影响就越大，在市场均衡时，该项资产应该得到的风险补偿也就越大。

无论单个证券还是证券组合，其风险都可以用 β 系数测定，假定一个任意的投资组合 x^P 由 n 个证券构成，各证券在组合中的投资比例为 w_i，则有等式

$$\beta_P = \sum_{i=1}^{n} w_i \beta_i \tag{11-11}$$

即一个证券组合的 β 系数是它的各成分证券 β 系数的加权平均，权数为各成分证券的投资比例。市场组合的 β 系数为1，无风险资产的 β 系数为0。β 系数是一种评估单项资产或资产组合系统性风险的工具，它说明相对于市场组合而言特定资产的系统风险是多少。它可以用来测定风险的可收益性、作为投资组合选择的一个重要输入参数、反映证券组合的特性，还可以根据市场走势选择不同 β 系数的证券获得额外收益。

【例 11-2】 现在市场的平均收益率为 $\overline{r}_M = 14\%$，标准差为 $\sigma_M = 25\%$，无风险利率为 6%。目前市场上有 3 种资产 A、B 和 C，它们年收益率的标准差为 40%，β 值分别为 0、1.25 和 -1.25。则这 3 个资产的风险溢价分别是多少？期望收益率又是多少？并做出解释。

【解】 根据 CAPM，资产组合的风险溢价为 $\beta_i(\overline{r}_M - r_f)$。因此，有

市场组合的风险溢价为 $\beta_M(\overline{r}_M - r_f) = 1 \times (14\% - 6\%) = 8\%$。

资产 A 的风险溢价为 $\beta_A(\overline{r}_M - r_f) = 0 \times (14\% - 6\%) = 0$，期望收益率为 $6\% + 0 = 6\%$。

资产 B 的风险溢价为 $\beta_i(\overline{r}_M - r_f) = (1.25) \times (14\% - 6\%) = 10\%$，期望收益率为 $6\% + 10\% = 16\%$。

资产 C 的风险溢价为 $\beta_i(\overline{r}_M - r_f) = (-1.25) \times (14\% - 6\%) = -10\%$，期望收益率为 $6\% - 10\% = -4\%$。

尽管 3 个资产年收益率的标准差相同，但资产 A 的 β 值为 0，说明资产 A 没有系统风险，它的风险全是非系统风险，因而没有风险溢价，它的期望收益率和无风险利率一样，都是 6%；资产 B 和资产 C 收益波动的很大一部分来自市场风险，然而，它们的溢价却不相同，资产 B 有正的 10% 的溢价，而资产 C 有负的 10% 的溢价。

若用方差来度量风险，则 3 个资产有完全相同的总风险，但它们风险的构成不同。资

产 A 的风险与市场风险完全无关，因此它没有风险溢价。资产 B 和资产 C 都有很大的市场风险，但是，它们的风险溢价不同。资产 B 的 β 值为正，因而它的收益与市场收益正相关。对于持有市场组合的投资者来说，资产 B 的风险是不受欢迎的，因此它有正的溢价，即若要投资者持有它，需要它有更高的期望收益率来补偿。资产 C 的 β 值为负，即它的收益与市场收益负相关。也就是说，当市场表现好时它的收益较低，但市场表现差时它的收益反而较高。对于持有市场组合的投资者来说，资产 C 实际上提供了一个保险，因此，它有负的溢价，即投资者愿意为了持有它而付出一定代价。资产 C 的期望收益率为-4%，它是负的，即排除了不确定性，资产 C 每年得到的平均回报是-4%。如果理解了资产 C 提供的实质上是对市场风险的一个保险，那么这个结论就不足为奇了。

【例 11-3】 目前无风险资产的收益率为 7%，整个股票市场的平均收益率为 15%，长江公司股票的预期收益率同整个股票市场的平均收益率之间的协方差为 35%，整个股票市场的平均收益率标准差为 50%，则长江公司股票的必要报酬率是多少？

【解】计算长江公司股票的 β 系数为

$$\beta_i = \frac{\sigma_{iM}}{\sigma_M^2} = \frac{0.35}{0.5^2} = 1.4$$

根据 CAPM 模型，有

$$\bar{r}_i = r_f + \beta_i(\bar{r}_M - r_f) = 7\% + 1.4 \times (15\% - 7\%) = 18.2\%$$

【例 11-4】 假定某证券市场投资者所持有的投资组合由以下 5 种股票所构成，如表 11-1 所列。

表 11-1　投资组合构成表

股　票	价格/RMB	持有量/股	β 值
A	19	1000	0.8
B	30	2000	0.9
C	15	4000	1.25
D	5	5000	1.36
E	48	7000	1.5

该投资组合的 β 值是多少？如果市场期望收益率是 16%，标准差是 10%，无风险利率是 6%，根据 CAPM 模型，该资产组合的期望收益率是多少？

【解】首先根据每种股票的价格和持有量求出各种股票的权重，如表 11-2 所示。

表 11-2　投资组合构成表

股　票	价格/RMB	持有量/股	β 值	每种股票权重
A	19	1000	0.8	0.038
B	30	2000	0.9	0.12

续表

股　票	价格/RMB	持有量/股	β 值	每种股票权重
C	15	4000	1.25	0.12
D	5	5000	1.36	0.05
E	48	7000	1.5	0.672

该投资组合的 β 值为

$$\beta_{\mathrm{P}} = \sum_{i=1}^{n} x_i \beta_i = 0.8 \times 0.038 + 0.9 \times 0.12 + 1.25 \times 0.12 + 1.36 \times 0.05 + 1.5 \times 0.672 = 1.3644$$

根据 CAPM 模型，该资产组合的期望收益率为

$$\bar{r}_i = r_{\mathrm{f}} + \beta_i(\bar{r}_{\mathrm{M}} - r_{\mathrm{f}}) = 6\% + 1.3644 \times (16\% - 6\%) = 19.644\%$$

证券市场线的经济含义：证券市场线方程对任意证券或组合的期望收益率和风险之间的关系提供了十分完整的阐述。任意证券或组合的期望收益率由两部分构成：一部分是无风险利率，它是由时间创造的，是对放弃即期消费的补偿；另一部分则是对承担风险的补偿，通常称为"风险溢价"，它与承担风险的大小成正比。其中的 $(\bar{r}_{\mathrm{M}} - r_{\mathrm{f}})$ 代表了对单位风险的补偿，通常称为风险的价格。

三、资本市场线与证券市场线的异同

资本市场线与证券市场线的区别主要如下。

(1) 资本市场线中的纵轴是"风险组合的期望报酬率"，而证券市场线中的纵轴是"平均股票的要求收益率"，两者含义不同；资本市场线中的横轴是标准差，而证券市场线中的横轴是 β 系数。

(2) 资本市场线表示的是"期望报酬率"，即投资"后"期望获得的报酬率；而证券市场线表示的是"要求收益率"，即投资"前"要求得到的最低收益率。

(3) 资本市场线的横轴是标准差(既包括系统风险又包括非系统风险)；而证券市场线的横轴是 β 系数(只包括系统风险)。

(4) 资本市场线揭示的是"持有不同比例的无风险资产和市场组合情况下"风险和报酬的权衡关系；而证券市场线揭示的是"证券本身"风险和报酬之间的对应关系。

(5) 资本市场线的作用在于确定投资组合的比例；证券市场线的作用在于根据"必要报酬率"，利用股票估价模型，计算股票的内在价值。

(6) 资本市场线和证券市场线的斜率都表示风险价格，但含义不同，前者表示整体风险的风险价格，以标准差来度量；后者表示系统风险的风险价格，以 β 系数来度量。计算公式也不同：资本市场线斜率=(风险组合的期望报酬率-无风险报酬率)/风险组合的标准差；证券市场线斜率=市场组合要求的收益率-无风险收益率。

(7) 包含的证券组合不同。资本市场线仅描绘了有效投资组合的预期收益率；证券市场

线不仅包含了有效投资组合，而且还包含了所有证券和其他非有效投资组合的预期收益率。

上面着重阐述了资本市场线与证券市场线的区别，两者也有相同点，如均包含有效投资组合，在两者的坐标系中，都是用均值-方差方法来衡量投资组合的预期收益和投资风险。

第四节　不存在无风险资产的 CAPM

一、零 β 值资本资产定价模型

前面讨论的都是在假设 11-6 存在无风险证券的条件下，推导了资本资产定价模型。但是资本资产模型还有许多扩展形式，即在逐一放宽前面 8 条假定的条件下的资本资产定价模型。其中，最为重要和常见的是，在对假设 11-6 放宽，即不存在无风险证券的条件下，推导出的资本资产定价模型，又叫零 β 值资本资产定价模型。不存在无风险证券的条件下，投资者只会在均值-方差有效前沿边界(不包括最小方差组合)中选择自己的最优组合。

假定已知市场组合 x^{M}，由于市场组合是一个均值-方差有效组合，必有 $E(\tilde{r}_{\mathrm{M}}) > A/C$，从而该市场组合一定具有一个零协方差组合 $x_{\mathrm{zcm}}^{\mathrm{M}}$，满足 $E(\tilde{r}_{\mathrm{zcm}}) < A/C$ 且 $\beta_{\mathrm{M,zcm}} = 0$，则根据第九章的式(9-21)，有以下定理。

【定理 11-5】　对任意的投资组合 x^{P}，有

$$E(\tilde{r}_{\mathrm{P}}) = E(\tilde{r}_{\mathrm{zcm}}) + \beta_{\mathrm{MP}}[E(\tilde{r}_{\mathrm{M}}) - E(\tilde{r}_{\mathrm{zcm}})] \tag{11-12}$$

其中，$E(\tilde{r}_{\mathrm{zcm}})$ 是均值-方差前沿组合 $x_{\mathrm{zcm}}^{\mathrm{M}}$ (即为市场组合 x^{M} 的零协方差组合)的期望收益率，而 $\beta_{\mathrm{MP}} = \dfrac{\mathrm{Cov}(\tilde{r}_{\mathrm{M}}, \tilde{r}_{\mathrm{P}})}{\sigma^2(\tilde{r}_{\mathrm{M}})}$。

式(11-12)给出了不存在无风险资产时 CAPM 中的定价关系，又称为零 β 值资本资产定价模型。与存在无风险资产的资本资产定价式(11-9)相比，在式(11-12)中以投资组合 $x_{\mathrm{zcm}}^{\mathrm{M}}$ 代替了无风险资产的作用，即以 $E(\tilde{r}_{\mathrm{zcm}})$ 取代了式(11-9)中 r_{f} 的位置。存在无风险资产的情形只是这里更一般情形的特例，两者的比较如图 11-4 所示。

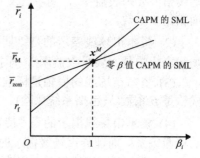

图 11-4　两种证券市场线比较

二、CAPM 应用举例：确定证券理论价值

假定证券 A 在投资期末的预期价格为 $\tilde{p}_1$ (随机变量)，投资期初的市场价格为 p_0 (已知)，理论上的均衡价格为 p_{e} (不可观察)。市场组合用 M 表示，$\tilde{r}_{\mathrm{M}}$ 表示相应投资期间市场组合的随机收益。下面将介绍如何利用 CAPM 说明期初市场价格 p_0 相对于不可观察的均衡价格 p_{e} 是高估还是低估。

根据上面的设定，可以计算以下指标。

证券 A 在投资期间的实际收益：$\tilde{r}'_A = \dfrac{\tilde{p}_1 - p_0}{p_0}$

证券 A 在投资期间的均衡收益：$\tilde{r}_A = \dfrac{\tilde{p}_1 - p_e}{p_e}$

根据 CAPM，可得

$$E(\tilde{r}'_A) = E\left(\frac{\tilde{p}_1 - p_0}{p_0}\right) = \frac{p_e}{p_0} \times E\left(\frac{\tilde{p}_1}{p_e}\right) - 1$$

$$= \frac{p_e}{p_0} \times \left[E\left(\frac{\tilde{p}_1}{p_e} - 1\right) + 1\right] - 1 = \frac{p_e}{p_0} \times [E(\tilde{r}_A) + 1] - 1$$

$$= \frac{p_e}{p_0} \times \{r_f + \beta_{AM}[E(\tilde{r}_M) - r_f] + 1\} - 1$$

$$= \frac{p_e}{p_0} \times (r_f + 1) + \frac{p_e}{p_0} \times \beta_{AM}[E(\tilde{r}_M) - r_f] - 1$$

由进一步变形可得

$$E(\tilde{r}'_A) - r_f = \left(\frac{p_e}{p_0} - 1\right) \times (r_f + 1) + \frac{p_e}{p_0} \times \frac{\text{Cov}(\tilde{r}_A, \tilde{r}_M)}{\sigma_M^2} \times [E(\tilde{r}_M) - r_f]$$

$$= \left(\frac{p_e}{p_0} - 1\right) \times (r_f + 1) + \frac{\text{Cov}(\tilde{p}_1 / p_0, \tilde{r}_M)}{\sigma_M^2} \times [E(\tilde{r}_M) - r_f]$$

$$= a_A + \beta'_{AM}[E(\tilde{r}_M) - r_f]$$

其中，$a_A = \left(\dfrac{p_e}{p_0} - 1\right) \times (r_f + 1)$。

$$\beta'_{AM} = \frac{\text{Cov}(\tilde{p}_1 / p_0, \tilde{r}_M)}{\sigma_M^2} = \frac{\text{Cov}(\tilde{r}'_A, \tilde{r}_M)}{\sigma_M^2}$$

根据 CAPM 可知，该式在形式上多了 a_A 一项。在内容上将期初可观察的市场价格与期初不可观察的均衡价格引入了定价公式，这主要体现在两点：① a_A 项，利用该项的正负符号可以判断期初定价是否合理，$a_A = 0$ 等价于 $p_0 = p_e$，说明证券 A 的市场价格定得适当；$a_A < 0$ 等价于 $p_0 > p_e$，说明证券 A 的市场价格定得偏高；$a_A > 0$ 等价于 $p_0 < p_e$，说明证券 A 的市场价格定得偏低；②证券 A 的 β 系数的计算发生了变化，这种变化更有利于实证分析，毕竟利用样本数据时并不能先验地知道证券 A 定价是否合理，从而只能计算出实际收益的样本实现值。

再简单地说一下如何利用历史数据说明某证券的市场定价是否偏离其均衡价格。选择过去的某一时期为样本期，分别计算 $r_{At} - r_{ft}$ 和 $r_{Mt} - r_{ft}$（$t = 1, 2, \cdots, T$），对以下计量模型进行估计：$r_{At} - r_{ft} = \gamma_0 + \gamma_1(r_{Mt} - r_{ft}) + \varepsilon_{At}$（$t = 1, 2, \cdots, T$）。最后获得的系数估计值分别为 $\hat{\gamma}_0$ 和 $\hat{\gamma}_1$，其中 $\hat{\gamma}_0$ 是对 a_A 项的估计，$\hat{\gamma}_1$ 是对 β'_{AM} 项的估计。在相关显著性检验中，如果零假设 $H_0: \gamma_0 = 0$

被拒绝，即 $\hat{\gamma}_0$ 显著异于零，则说明证券 A 的定价偏离了均衡价格；如果 $\hat{\gamma}_0$ 显著大于零，则意味着从统计角度看证券 A 在样本期的市场定价偏低；如果 $\hat{\gamma}_0$ 显著小于零，则意味着从统计角度看证券 A 在样本期的市场定价偏高。之所以加上统计角度，是因为标准的 CAPM 是单期静态模型，而且采用的是预期值，而计量模型采用的是多期历史实现值，这意味着，即使平均而言证券 A 在样本期的市场定价偏低或偏高，也不能说明证券 A 在样本期时时刻刻市场都定价偏低或偏高，从计量学知识可知，某些异常值(Outlier)的存在会导致某些参数相当大的偏离。在实证分析或投资组合管理中，一般将 a_A 项称为詹森的 a，用于说明某证券或投资组合定价是否合理。

第五节　CAPM 模型的意义与局限性

一、CAPM 模型的意义

现实世界中投资者很难持有市场组合，CAPM 模型中的许多前提条件也难以满足，但是这个模型仍然具有实际的价值和意义。通过投资合理分散的资产组合可以消除企业特有的非系统风险，这样，投资者面临的主要是系统风险。投资者的资产组合尽管不是市场资产组合，但是只要他持有的资产组合是合理分散，他的资产组合同市场资产组合就仍会有很好的一致性，其资产组合的 β 值和市场的 β 值仍然是一个有效的风险测度尺度。实际上，进行积极管理的投资基金经理的一种常用的投资策略是，在一个消极的市场指数资产组合的基础上，不断地将 $\alpha > 0$ 的证券融进资产组合，同时不断将 $\alpha < 0$ 的证券剔除出资产组合。除了证券投资，CAPM 模型也适用于项目投资。企业家可以运用 CAPM 模型计算出新项目基于 β 值应有的必要收益率，这是企业家考虑风险程度后可以接受的收益率。这个模型还表明，在市场均衡时，没有一只股票会比另一只股票更有吸引力。因此投资者应持有所有的股票。

二、CAPM 模型的局限性

CAPM 模型的运用有两个问题：①需要构造市场资产组合，实际上是无法构造这样一个组合以供研究检验市场资产组合的有效性；②CAPM 模型反映的是各种期望收益之间的关系，而观察和检验的只有实际的或已实现的收益。如果投资者想要很好地避开这两个问题，那么就应该使用单指数模型。单指数模型为投资者提供了更具应用性的解决方案。

本 章 小 结

(1) 本章主要介绍了资本资产定价模型。资本资产定价模型首先对资本市场进行了完美化的假定，理解资本资产定价模型的 8 条假设是进行深入分析的基础。这 8 条假设可以简单概括为单期、风险厌恶、无摩擦市场、完全竞争、允许卖空、存在无风险证券、信息完全和同质预期。

(2) 市场组合是资本资产定价理论中一个非常重要的概念。市场组合包含市场上存在的所有风险资产种类，各种风险资产所占的比例等于每种风险资产的总市值占市场所有风险资产总市值的比例，这是市场组合的概念。不仅要知道市场组合的概念，还要理解市场组合相当于一个缩小的市场盘子。市场组合还有一些很重要的性质：市场组合即使在存在无风险资产时，仍是一个均值-方差有效组合；在一定条件下，市场组合的期望收益率一定严格大于无风险利率。

(3) 在均值-方差偏好下，当市场达到供求均衡时，切点组合就是市场组合。既然根据分离定理，投资者只需要在无风险资产和切点组合的不同分配比例上进行投资，就可以满足其风险偏好，并实现最优投资组合。切点组合不好确定，但它就是市场组合。由于市场组合的内部构造是已知的，因此投资者可以方便地投资于有效的风险资产组合，从而实现其最优投资组合。

(4) 把"标准差-期望收益率"平面上从点 $(0, r_\mathrm{f})$ 出发，与均值-方差前沿边界相切于市场组合的这条射线称为资本市场线，其表达式为 $E(\tilde{r}_\mathrm{P}) = r_\mathrm{f} + [E(\tilde{r}_\mathrm{M}) - r_\mathrm{f}]\sigma_\mathrm{P} / \sigma_\mathrm{M}$。资本市场线表示资本市场达到均衡时，有效组合的期望收益率与标准差之间的线性关系。资本市场线上的每个点都是市场组合和无风险资产组合而成的有效组合，所有非有效组合都将位于资本市场线的下方，资本市场线及其表达式对非有效组合无能为力。资本资产定价模型用资本市场线回答"投资者应该要求多大的回报率"的问题。

(5) 资本资产定价模型的推导是基于上一章均值-方差模型推导而来的。经典的资本资产定价模型对所有证券或投资组合都成立。资本资产定价模型的图示形式就是证券市场线，它是在 $\beta_i O \bar{r}_i$ 平面上过 $(0, r_\mathrm{f})$ 和市场组合 x^M 的一条直线。证券市场线描述了单个证券或任意一个投资组合(不论它是否已经有效分散风险)的报酬率与其系统风险之间的线性关系，其数学表达式为 $E(\tilde{r}_\mathrm{P}) = r_\mathrm{f} + \beta_\mathrm{MP}[E(\tilde{r}_\mathrm{M}) - r_\mathrm{f}]$，$\beta_\mathrm{MP} = \mathrm{Cov}(\tilde{r}_\mathrm{M}, \tilde{r}_\mathrm{P}) / \sigma^2(\tilde{r}_\mathrm{M})$，通常简写为 $\bar{r}_i = r_\mathrm{f} + \beta_i(\bar{r}_\mathrm{M} - r_\mathrm{f})$，$\beta_i = \sigma_{i\mathrm{M}} / \sigma_\mathrm{M}^2$。$\beta_i(\bar{r}_\mathrm{M} - r_\mathrm{f})$ 称为证券或投资组合系统风险的风险溢价。β 系数只度量证券或投资组合系统风险的大小，非系统风险由于可以通过分散化投资消除，故非系统风险没有溢价。系统性风险的唯一来源被认为是市场组合。资本市场线与证券市场线有相似之处，但还是有很大区别，掌握这些区别可以更清楚地理解它们的含义。

(6) 零 β 值资本资产定价模型是对假设 11-6 放宽，即不存在无风险证券的条件下，推导出的资本资产定价模型。它是一个更一般的资本资产定价模型，存在无风险资产的情形只是这里更一般情形的特例。零 β 值资本资产定价模型可以由前一章中的均值-方差模型直接得到，在上一章已经对此做了推导。两者的不同之处只是在于零 β 值资本资产定价模型中用投资组合 $x_\mathrm{zcm}^\mathrm{M}$ 代替了标准资本资产定价模型中无风险资产的作用，表现在表达式中，即以 $E(\tilde{r}_\mathrm{zcm})$ 取代了 r_f 的位置。最后介绍了 CAPM 的应用，确定证券理论价值。

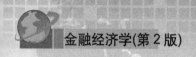

实 训 课 堂

基本案情：

"不要把鸡蛋放在同一个篮子里"，是投资人大脑里时常出现的一句话，大多数情况下，它指导着我们的投资行动，同时带给我们更多的思考。即使把鸡蛋放在不同的篮子里，如果篮子都是竹制的，鸡蛋面临的风险是一样的，因为竹制的篮子似乎并没有铁桶抗击打性强。如果把鸡蛋放入不同质地的篮子内，然而所有的篮子却同时在同一个架子上，也会遇到同样类别的风险。那么，怎样分配才能让鸡蛋更安全呢？看来，怎样把鸡蛋分开，保证它们的安全是需要精心安排的。同样，如何将一项资产管理好，通过有效地组合来平衡风险与收益也是需要认真思考的。

资产组合理论作为一种理论研究，是高于实际市场的，虽然不同的理论模型具有严格的前提假设，在实际中很难找到绝对相符的环境来满足它，但模型对实际操作还是具有相当的指导作用。目前投资领域比较成型的几种资产组合模型包括均值-方差组合模型、资本资产定价模型、线性规划模型、闲置资产分散模型、均值-方差-偏态组合模型等。其中，威廉·夏普的资本资产定价模型是在哈里·马柯维茨的均值-方差模型的基础上发展而来，但避开了均值-方差模型中复杂的矩阵计算，用相对简化的公式来表达风险与收益的关系，以计算风险可能获得的补偿。该模型有意简化了一些实际因素，它的简单明确利于理解和操作，对投资的指导作用很大，成为现代资产组合理论的主要代表，威廉·夏普也因此获得1990年诺贝尔经济学奖。CAPM是衡量某项资产(包括单个证券或投资组合)期望收益与风险之间均衡关系的模型。它反映出当投资者以无风险利率借入或借出资金用于投资某项资产时，他对该资产的期望收益率至少应包括无风险资产的借贷利率(通常采用短期国库券的收益率作为近似值)和风险资产的溢价(风险补偿)之和。

β系数不仅可以用于度量单个股票的风险，还可以用于度量证券组合、共同基金的风险。它度量该种投资资产对市场波动的敏感程度，是度量资产风险的尺度，也是CAPM中风险资产补偿的倍数。通过对β进行分析，可以对某项资产对风险波动的敏感性大小，该资产中风险与收益的关系有所了解。

分别选取3只成立时间较长的开放式基金——华安创新、封闭式基金——基金兴业，以及保险公司的共同基金——平安发展账户基金来说明β系数的作用。表11-3中列明3只基金公布的有关投资策略、投资目标等信息。从中可以看出，3只基金都力求给予投资人长期而稳定的回报，均投资于股票或证券市场，那么它们分别承担的风险、可能带来的收益应如何来衡量？怎样才能找到较直观的比较呢？可以通过计算3只基金的β值来比较它们的风险级别，从而对3只基金的风险-收益关系有一个直观的了解。

表 11-3　3 只基金公布的有关投资策略、投资目标等信息

	投资类型	偏股型基金
华安创新	投资目标	本基金将投资于企业基本面良好、业务具有成长性、符合国民经济产业升级和结构调整方向的上市公司。基金将通过积极的投资策略，为持有人谋取长期稳定的投资收益
	投资范围	仅限于具有良好流动性的金融工具，包括国内依法公开发行上市的股票、债券及中国证监会允许基金投资的其他金融工具
	投资类型	偏股型基金
基金兴业	投资目标	通过投资创新类上市公司(包括科技创新、管理创新和制度创新)，分享中国经济持续增长的成果，为基金持有人谋求长期、稳定的投资回报
	投资范围	本基金的主要投资范围包括在产品、管理、科技和制度等方面具有创新类的上市公司。本基金在选择上市公司时主要考虑以下一些因素：公司创新能力强，主营业务市场空间大，财务状况良好，产品和服务具有相当竞争优势等
平安发展账户	投资策略	本账户根据对利率及证券市场走势的判断，调整资产在不同投资品种上的比例。在基金品种的选择上采取主动投资的方式，关注公司信誉良好、业绩能够保持长期稳健增长、从长远来看市场价值被低估的基金品种，追求账户资产的长期稳定增值
	投资风险	本账户的投资回报可能受到政治经济风险、利率风险、通货膨胀、市场风险等多项风险因素的影响。银行利率风险、企业债券信用风险和投资基金市场风险是影响本账户投资回报的主要风险
	投资组合的限制	本账户资金投资于银行存款、债券、证券投资基金。投资于国债及国有商业银行存款的比例不低于 20%；投资于证券投资基金的比例不高于 60%

表 11-4 是这 3 个基金的相关数据。

表 11-4　3 个基金的相关数据

	年　度	期初值 年初第一个 工作日报价	期末值 年末最后一个 工作日报价	年收益率 /%	年收益率与 平均收益率 之差/%	基金与上海 证券交易市 场的协方差
上证综合指数	2001	2073.48	1645.97	−20.62	−10.3	
	2002	1645.97	1357.651	−17.52	−7.2	
	2003	1357.65	1497.04	10.27	20.59	
	2004	1497.04	1266.5	−15.40	−5.08	
	2005	1266.5	1161.06	−8.33	1.99	
	平均收益率			−10.32		

续表

年　度		期初值 年初第一个 工作日报价	期末值 年末最后一个 工作日报价	年收益率 /%	年收益率与 平均收益率 之差/%	基金与上海 证券交易市 场的协方差
华安 创新	2001	1	1.012	1.2	-0.47	
	2002	1.008	0.916	-9.13	-10.8	
	2003	0.895	1.06	18.44	16.77	
	2004	1.067	0.951	-10.87	-12.54	
	2005	0.932	1.013	8.69	7.02	
	平均收益率			1.67		126.39
基金 兴业	2001	1.002	0.97	-3.19	1.4	
	2002	0.97	0.75	-22.68	-18.09	
	2003	0.75	0.743	-0.93	3.66	
	2004	0.743	0.712	-4.17	0.42	
	2005	0.712	0.769	8.01	12.6	
	平均收益率			-4.59		53.53
平安 发展 账户	2001	1.1952	1.2328	3.15	0.04	
	2002	1.2212	1.2709	4.07	0.96	
	2003	1.2798	1.3169	2.9	-0.21	
	2004	1.3185	1.3227	0.32	-2.79	
	2005	1.3175	1.385	5.12	2.01	
	平均收益率			3.11		1.63

注：表 11-3 和表 11-4 数据均来自基金的相关官方网站。

（资料来源：李金毅. 试析资本资产定价模型与中国股票市场中的资产组合. 环渤海经济瞭望，2011）

思考讨论题：

1. 根据表 11-4 中的数据，计算出华安创新、基金兴业、平安发展账户的 β 值。

2. 根据上题中计算出的 β 值，说明 3 种基金的收益与市场平均收益的关系。

3. 说明 β 值如何影响资产的收益与市场平均收益之间的关系。

分析要点：

(1) 根据表 11-4 中的数据，分别求得 3 只基金与市场的协方差 $\mathrm{Cov}(\tilde{r}_M, \tilde{r}_i)$ 为 126.39、53.53、1.63，上海证券交易市场的方差为 152.91。将它们代入公式 $\beta_{Mi} = \mathrm{Cov}(\tilde{r}_M, \tilde{r}_i)/\sigma^2(\tilde{r}_M)$，计算出华安创新、基金兴业、平安发展账户的 β 值分别为 0.83、0.35、0.01，由此推出，华安创新、基金兴业与平安发展账户都属于防御型投资组合。

(2) β 值反映了 3 种基金的收益与市场平均收益的关系。华安创新的 β 值小于 1，说明它的收益对风险的补偿要小于市场收益的平均水平，透射给投资者的信号是：如果市场平均收益上涨，该基金的收益涨幅一般来说会比市场平均收益要低；如果市场收益下跌，该基金的收益跌幅一般来说会比市场平均跌幅要小。而基金兴业的 β 值不仅小于 1 而且小于华安创新的 β 值，说明基金兴业与华安创新相比，它的收益对风险的补偿要更小些，仅有市场平均水平的 35%。同理，大家可以看出，平安发展账户的 β 值仅有 0.01，说明它的风险补偿极小，在市场上涨的情况下收益虽然不大，但在市场下跌的时候却从某种程度上保护了投资者的资金安全。平安发展的 β 值说明了该基金的投资风格非常保守。这是因为，保险公司投资类产品账户中相当一部分资金要作为保险保障的准备金，对资金安全性的要求比较高。保险监督委员会对保险公司基金的投资方向有很多限制，包括不能 100% 进入股市等，这给基金的投资方向和风险选择做了规定，也是该基金 β 值较小的原因。通过计算平安发展账户的 β 值，可以从一个侧面看出，基金在管理上遵循了该基金作为保险基金的投资初衷。由此说，β 值作为统计数据，反映出基金组合过往的投资风格，给予投资人以风向标的指示，让投资人可以根据个人的风险承受能力来选择适合自己的基金或证券组合，但这个系数却很少在基金的相关报告中载明。

(3) 如果该种资产的风险系数 $\beta=1$，那么，它的风险程度就与市场指数(即整体市场的风险程度)相同；如果该种资产的风险系数 $\beta<1$，那么它的风险程度就会比整体市场风险程度小；如果该种资产的风险系数 $\beta>1$，那么它的风险程度就会比整体市场风险程度更大。

复习思考题

一、基本概念

资本资产定价模型　市场组合　市场均衡　资本市场线　夏普比率　证券市场线 β 系数　风险溢价　零 β 值资本资产定价模型

二、判断题

1. 假定市场组合的预期收益率为 8%，无风险利率为 3%，公司 A 的预期收益率是 9%，公司 A 的 β 值是 1.5。　　　　　　　　　　　　　　　　　　　　　　　　　(　　)

2. β 值为零的证券的预期收益率为零。　　　　　　　　　　　　　　　　(　　)

3. 资产市场线与证券市场线有时就是同一条线。　　　　　　　　　　　　(　　)

4. 资本资产定价模型表明如果要投资者持有高风险的证券，相应地要提供给投资者更高的回报率。　　　　　　　　　　　　　　　　　　　　　　　　　　　　　(　　)

5. 如果一个投资组合由 4 种证券组成，β 值与投资比例如下表所示。

证　券	β 值	投资比例
W	1.1	0.3
X	0.9	0.2
Y	1.2	0.4
Z	1.3	0.1

此投资组合的 β 值是 1.1。　　　　　　　　　　　　　　　　　　　　　　(　　)

三、不定项选择题

1. 最优资产组合(　　)。
   A. 是无差异曲线和资本市场线的切点
   B. 是投资机会集中收益方差比最高的点
   C. 是投资机会集与资本市场线的切点
   D. 是无差异曲线上收益方差比最高的点

2. 根据一种无风险资产和 N 种有风险资产做出的资本市场线是(　　)。
   A. 连接无风险利率和风险资产组合最小方差两点的线
   B. 连接无风险利率和有效边界上预期收益最高的风险资产组合的线
   C. 通过无风险利率那点和风险资产组合有效边界相切的线
   D. 通过无风险利率的水平线

3. β 系数是用以测度(　　)。
   A. 公司特殊的风险　　　　　　　　　　B. 可分散化的风险
   C. 市场风险　　　　　　　　　　　　　D. 非系统风险

4. 标准差和 β 值都用来测度风险,它们的区别是(　　)。
   A. β 值既测度系统风险,又测度非系统风险
   B. β 值只测度系统风险,标准差是整体风险的测度
   C. β 值只测度非系统风险,标准差是整体风险的测度
   D. β 值既测度系统风险,又测度非系统风险,而标准差只测度系统风险
   E. β 值是整体风险的测度,标准差只测度非系统风险

5. 资本市场线可以用来描述(　　)。
   A. 一项无风险资产和多项风险资产组成的有效的资产组合
   B. 所有风险资产组成的资产组合
   C. 对一个特定的投资者提供相同效用的所有资产组合
   D. 具有相同标准差和不同的期望收益所有资产组合

6. 对于给定的资本市场线,投资者最佳资产组合(　　)。
   A. 预期收益最大化　　　　　　　　　　B. 风险最大化
   C. 预期效用最大　　　　　　　　　　　D. 风险和收益都最大化
   E. 以上各项均不准确

7. 根据标准资本资产定价模型,假定无风险利率为 6%,市场组合收益率为 16%,判断以下情形可能的是(　　)。
   A.

资产组合	预期收益率/%	标准差/%
X	10	0
Y	18	24
Z	16	12

B.

资产组合	预期收益率/%	标准差/%
X	10	0
Y	18	24
Z	20	22

C.

资产组合	预期收益率/%	β 系数
X	10	0
Y	18	1.0
Z	16	1.5

D.

资产组合	预期收益率/%	β 系数
X	10	0
Y	18	1.0
Z	16	0.9

四、简答题

1. 证券市场线的概念。
2. 比较资本市场线与证券市场线的异同。
3. 比较夏普比率与 β 系数的区别。

五、计算分析题

下面分别是资产 x 和资产 y 的协方差矩阵和预期收益矢量，回答以下问题。

$$\Sigma = \begin{bmatrix} 0.01 & 0 \\ 0 & 0.0064 \end{bmatrix}; \quad \bar{r} = [0.2 \quad 0.1]$$

(1) 假设市场组合由这两个资产等权重组成，零 β 组合的预期收益应为多少？
(2) 用数学公式描述证券市场线。
(3) 用上述资产构造一个方差最小的证券组合，资产权重应为多少？
(4) 求上述方差最小组合和零 β 组合的协方差。

六、论述题

给出市场组合的概念，并论述其在资本资产定价中的作用和局限性。

第十二章 套利定价模型

- 了解套利定价理论的来源，掌握套利定价理论的假设条件和线性因子模型。
- 掌握套利组合的定义。
- 掌握精确单因子模型和精确多因子模型。
- 理解极限套利的定义和极限套利情形下 APT 的证明。
- 了解极限套利与市场均衡的关系。

【核心概念】

套利定价理论　线性因子模型　因子风险　因子载荷系数　特异性风险　套利组合　精确
因子模型　精确单因子模型　精确多因子模型　因子风险溢价　极限套利

【引导案例】

宏观经济变量对投资收益的影响

宏观经济因素作为经济总体状况的代表，对投资收益的改变有明显影响。一家公司的股票价格反映的是投资者依据收益、现金流量等对公司业绩所做的预期，而公司业绩受整体经济运行状况的影响。股票价格和整体经济之间存在密切关系。宏观经济状况最终影响到所有的行业和公司。

国内宏观经济因素对上市公司业绩具有重要影响。股票收益取决于投资公司的收益情况，而公司的经营状况又与所处的经济和行业环境密切相关。不管公司自身的资产状况及技术、管理水平多么优良，经济和行业环境都会对公司的成功及股票的实际收益率产生重大影响。

比如，在 2003 年年初拥有国内钢铁公司的股票并持有到 2004 年年初，2002 年年底开始的投资增长使国内经济处于快速扩张期，各种生产资料供不应求，钢铁价格逐级上涨，这家公司的销售额和收益率都会随之上涨，这只钢铁股票的股价必然上涨，投资收益也会有较大增长。

相反，如果是在 2004 年宏观调控之后购入钢铁股票，并一直持有至今，因经济过热得到抑制，钢铁价格一路下滑，股票的收益自然会下降。

总之，没有哪个公司或行业能避免受到宏观经济环境的影响。因此，在评估证券的未来价值时，应首先分析宏观经济因素。

(资料来源：徐钧. 多因素模型在中国股市的应用研究[D]. 济南：山东大学博士学位论文，2006：69)

【案例导学】

资产的收益率是各种因素综合作用的结果，受到宏观经济变量诸如 GDP 的增长、通货膨胀的水平、市场利率变化水平等因素的影响，并不仅仅只受证券组合内部风险因素的影响。由此产生了更合理和易于为人们接受的证券收益的多因素模型，这就是本章要讲的套利定价模型。

第一节　资产收益风险的因子模型

一、套利定价理论简介

在资本资产定价模型中，一个风险证券相对于市场组合的 β 系数，完全刻画了这只风险证券对于投资者所持证券组合风险程度的贡献。资本资产定价模型的成立依赖于对投资者的偏好和证券收益率的严格假设，这些假设过于严格，与现实不符。正因为 CAPM 的局限性促使了 APT(套利定价理论模型)的产生和发展。

罗斯(Ross，1976)给出了一个以无套利定价为基础的多因素资产定价模型，也称套利定价理论模型(Arbitrage Pricing Theory，APT)。该模型由一个多因素收益生成函数推导而来，其理论基础为一价定律(The Law of One Price)，即两种风险-收益性质相同的资产不能按不同价格出售。该模型推导出的资产收益率取决于一系列影响资产收益的因素，而不完全依赖于市场资产组合，而套利活动则保证了市场均衡的实现。

同时，APT 的假设相对于 CAPM 更为宽松、更接近实际，从而较 CAPM 具有更强的现实解释能力。

二、套利定价理论的假设条件

【假设 12-1】　资本市场上任意资产的收益率与若干因素线性相关，风险资产 i 的收益率由 K 因子模型生成，即

$$\tilde{r}_i = E(\tilde{r}_i) + \beta_{i1}\tilde{f}_1 + \beta_{i2}\tilde{f}_2 + \cdots + \beta_{iK}\tilde{f}_K + \tilde{\varepsilon}_i$$
$$= \alpha_i + \sum_{k=1}^{K} \beta_{ik}\tilde{f}_k + \tilde{\varepsilon}_i \qquad i = 1, 2, \cdots, N \tag{12-1}$$

式中：$\alpha_i = E(\tilde{r}_i)$ 为第 i 项金融资产的预期收益率。

$\tilde{f}_k(k=1,2,\cdots,K)$ 是影响资产收益率的随机变量(因素)，反映了资产所包含的由 K 个风险因子所描述的风险。需要强调的是，这些风险因子对所有资产而言都是共同的，它们反映了系统风险，因此，称为**因子风险**(Factor Risk)。

β_{ik} 是资产 i 对因素 k 的敏感度(或称为资产 i 所包含的第 k 个因子风险的大小)，称为资

产 i 对因素 k 的因子载荷系数(Factor Loading)。

$\tilde{\varepsilon}_i$ 是残差项,描述的是与因子风险无关的剩余风险,由第 i 项金融资产的特殊性质所决定,反映了资产的非系统风险,称为资产 i 的**特异性风险**(Idiosyncratic Risks or Residual)。

对于上述生成函数,模型假定如下。

(1) 随机误差项与因子风险的期望值为零,即 $E(\tilde{f}_k) = E(\tilde{\varepsilon}_i) = 0, \forall k, i$ 。

(2) 任意两种资产的随机误差项之间、各项因子风险之间、因子风险与随机误差项之间相互独立,即

$$\text{cov}(\tilde{\varepsilon}_i, \tilde{\varepsilon}_j) = \text{cov}(\tilde{f}_l, \tilde{f}_k) = \text{cov}(\tilde{f}_k, \tilde{\varepsilon}_i) = 0, \forall i \neq j, l \neq k$$

(3) 各风险资产的非系统风险的方差是有界的,即 $E(\tilde{\varepsilon}_i^2) = \sigma_i^2 < \bar{\sigma}^2, \forall i$ 。

(4) 因子风险平方的期望值为1,即 $E(\tilde{f}_k^2) = 1, \forall k$ 。

假设 12-1 是 APT 的核心假设。

【假设 12-2】 所有投资者具有同质预期,即对 α_i、β_{ik}、$\tilde{f}_k$ 的预期完全相同。

【假设 12-3】 资本市场为完全竞争市场、无摩擦的。

【假设 12-4】 投资者为非厌足的,当投资者发现套利机会时,他们会构造尽可能多的套利组合来赚钱,直到市场均衡。

【假设 12-5】 经济中存在的风险资产数量 N 比因素的数目 K 要大得多。

与 CAPM 模型的假设比较起来,APT 没有对个体风险偏好做任何假设。从以上假设可以推断出所有因子载荷系数相同的资产或资产组合的期望收益率是相同的;否则就会存在第二类套利机会,市场就不会均衡,投资者就会构造套利组合来消除这种套利机会,从而使市场达到均衡。这就是 APT 的核心所在。

三、线性因子模型

套利定价理论(APT)建立在线性因子模型(或称线性指数模型,Linear Factor Model)上,这一模型假设资产的收益率由若干因素的线性关系所决定。

采用矩阵符号,式(12-1)可以表示为

$$\tilde{r} = \boldsymbol{\alpha} + \boldsymbol{\beta}\tilde{f} + \tilde{\boldsymbol{\varepsilon}} \tag{12-2}$$

其中

$$\boldsymbol{\alpha} = \begin{pmatrix} \alpha_1 \\ \alpha_2 \\ \vdots \\ \alpha_N \end{pmatrix}, \quad \boldsymbol{\beta} = \begin{pmatrix} \beta_{11} & \beta_{12} & \cdots & \beta_{1K} \\ \beta_{21} & \beta_{22} & \cdots & \beta_{2K} \\ \vdots & \vdots & & \vdots \\ \beta_{N1} & \beta_{N2} & \cdots & \beta_{NK} \end{pmatrix}$$

$$\tilde{r} = \begin{pmatrix} \tilde{r}_1 \\ \tilde{r}_2 \\ \vdots \\ \tilde{r}_N \end{pmatrix}, \quad \tilde{f} = \begin{pmatrix} \tilde{f}_1 \\ \tilde{f}_2 \\ \vdots \\ \tilde{f}_K \end{pmatrix}, \quad \tilde{\varepsilon} = \begin{pmatrix} \tilde{\varepsilon}_1 \\ \tilde{\varepsilon}_2 \\ \vdots \\ \tilde{\varepsilon}_N \end{pmatrix}$$

式中：$\tilde{f}$ 为因子风险；β 为因子载荷系数；$\tilde{\varepsilon}$ 为特异性风险。

式(12-2)就是线性因子模型的矩阵表示形式。

CAPM 建立了资产风险特别是由市场 β 值来度量的系统风险及其风险溢价或期望收益之间的关系，从这个意义上讲，CAPM 提供了一个定价模型。这里，希望达到同样的目的，要建立资产风险特别是由因子载荷系数度量的系统风险与其期望收益之间的关系。也就是说，要找出从 $\{\beta_{ik}, k = 1, 2, \cdots, N\}$ 到 $E(\tilde{r}_i)$ 的映射。

定价的过程实际上就是确定 $E(\tilde{r}_i)$ 的过程。APT 模型给出的 $E(\tilde{r}_i)$ 是线性形式，若能证明 $E(\tilde{r}_i)$ 可以表示成式(12-2)所呈现的线性形式，就可以说明 APT 理论中线性定价模型的正确性。

线性因子模型式(12-2)与 CAPM 中的定价公式有明显的相似之处。它们的出发点是一样的，就是把风险分解成两个相加的成分，即系统风险和非系统风险。然而，它们之间也存在着重要差别。首先，CAPM 确定了单一因子风险即市场组合收益风险，而线性因子模型只是说存在一组因子风险却没有指明是什么风险。其次，CAPM 对非系统风险的协方差矩阵没有限制条件，而线性因子模型则有。

第二节　精确因子模型的套利定价理论

一、套利与套利组合

套利(Arbitrage)，有时也称为差价交易。套利就是不承担风险就能赚取利润的行为，它利用证券间定价的不一致性进行资金转移，从中获取利润。因为根据定义套利获取的是无风险利润，所以投资者一旦发现这种机会就会利用它们赚取无风险利润，随着投资者套利行为的发生，这些获利机会将被消除，使市场达到均衡。

现在我们来给出套利组合的正式定义。

【定义 12-1】　如果一个投资组合 x^P 满足以下 3 个条件，即

(1) 它是一个不需要投资者任何额外资金的组合，即 $\sum_{i=1}^{n} x_i = 0$；

(2) 套利组合对任何因素的敏感性为 0，组合对某一因素 k 的敏感性恰好是组合中各证券对该因素敏感性的加权平均，即 $\beta_P = \sum_{i=1}^{n} x_i \beta_{ik} = 0$；

(3) 套利组合的期望收益率必须为正，即 $E(r_P) = \sum_{i=1}^{n} x_i \alpha_i > 0$。

称符合上述 3 个假设条件的证券组合为**套利组合**。

下面举一个例子来形象地说明套利组合。

【例 12-1】 假定投资者拥有 3 种证券，他所持的每种证券当前的市值为 3000 美元，这样投资者的投资额为 9000 美元。这 3 种证券具有以下的预期收益率和因子载荷系数。如表 12-1 所示，这样的预期收益率与因子载荷系数是否代表一个均衡状态？如果不是，证券价格和预期收益率将怎样变化来恢复均衡状态。

表 12-1　3 种证券的预期收益率和因子载荷系数

资　产	预期收益率 $E(\widetilde{r_i})$ /%	因子载荷系数 β_i
证券 1	10	0.9
证券 2	20	1.2
证券 3	25	1.5

【解】 根据套利组合的定义，可知一个套利组合 (x_1, x_2, x_3) 是下面 3 个方程的解

$$\begin{cases} x_1 + x_2 + x_3 = 0 \\ 0.9x_1 + 1.2x_2 + 1.5x_3 = 0 \\ 0.1x_1 + 0.2x_2 + 0.25x_3 > 0 \end{cases}$$

通过计算发现，满足这 3 个条件的解有无数多个，比如(-0.1，0.2，-0.1)，此时

$$0.1x_1 + 0.2x_2 + 0.25x_3 = 0.005 > 0$$

因此(-0.1，0.2，-0.1)就是一个套利组合。以此为例，每个投资者都想构造套利组合，故都会买入证券 2，卖出证券 1 和证券 3。由于每个投资者都采用这样的策略，这必将会影响证券的价格和收益率，证券 2 的价格上升收益下降，而证券 1 和证券 3 的价格下降收益上升，直到不存在任何套利机会，市场达到均衡。

具体来讲，该套利组合包括购买 1800 美元(9000×0.2)证券 2，出售 900 美元(9000×0.1)证券 1 和 900 美元(9000×0.1)证券 3。该投资组合不需要任何额外资金，没有任何因素风险，却能带来正的预期收益。对套利组合的实际效果，在表 12-2 中进行了总结。

表 12-2　套利组合的实际效果

		原组合	套利组合	新组合
权重	x_1	0.333	-0.1	0.233
	x_2	0.333	0.2	0.533
	x_3	0.333	-0.1	0.233
性质	$E(r_{\mathrm{P}})$	18.333%	0.5%	18.833%
	β_{P}	1.2	0	1.2

买卖行为导致套利机会减少最终消失，如果找不到满足预期收益率大于 0 的资产组合，则说明市场均衡。

二、精确单因子模型

在套利定价理论中，把风险分为若干个因子风险和特异性风险。**精确因子模型**是指资产的收益仅依赖因子风险，而不考虑资产特异性风险的套利定价模型，是套利定价理论的一种简化形式。

精确单因子模型不仅不考虑特异性风险，而且假设所有资产的收益仅依赖唯一一种因素。在此假设下，资产的收益生成函数为

$$\tilde{r}_i = \alpha_i + \beta_i \tilde{f} \quad i = 1, 2, \cdots, N \tag{12-3}$$

首先构造一个无风险投资组合 x^{P}，假设存在两项金融资产 i 和 j，且有 $\beta_i \neq \beta_j$，$\beta_i \neq 0$，$\beta_j \neq 0$。投资组合 x^{P} 仅包含这两项金融资产，权重分别为 a 和 $1-a$，组合的收益率为

$$\begin{aligned}
\tilde{r}_{\mathrm{P}} &= a\tilde{r}_i + (1-a)\tilde{r}_j \\
&= a[\alpha_i + \beta_i \tilde{f}] + (1-a)[\alpha_j + \beta_j \tilde{f}] \\
&= [a\alpha_i + (1-a)\alpha_j] + [a\beta_i + (1-a)\beta_j]\tilde{f}
\end{aligned}$$

要构造组合 x^{P} 为无风险投资，就必须去掉唯一的因子风险 $\tilde{f}$，因此选取组合 x^{P} 中的权重 a 的值，使得

$$a\beta_i + (1-a)\beta_j = 0$$

由此解出 $a = \dfrac{\beta_j}{\beta_j - \beta_i}$，从而

$$\tilde{r}_{\mathrm{P}} = \frac{\alpha_i \beta_j - \alpha_j \beta_i}{\beta_j - \beta_i}$$

这时通过选择权重 a 的值把投资组合中的两项金融资产的风险 $\tilde{f}$ 互相对冲掉，这样，就成功构造了一个无风险投资组合 x^{P}。根据无套利原理，无风险投资组合 x^{P} 的收益率就是无风险收益率，即有

$$\tilde{r}_{\mathrm{P}} = \frac{\alpha_i \beta_j - \alpha_j \beta_i}{\beta_j - \beta_i} \equiv r_{\mathrm{f}}$$

可以把上面的等式重新写成

$$\frac{\alpha_i - r_{\mathrm{f}}}{\beta_i} = \frac{\alpha_j - r_{\mathrm{f}}}{\beta_j} \equiv \lambda \tag{12-4}$$

则 λ 为个体承受单位因子风险应得的超额收益补偿，称为**因子风险溢价**(Factor Risk Premium)，也就是因子风险的风险价格。它和具体的金融资产 i 或 j 的选择无关，只与宏观

因素有关，这一点可以推广到所有的单项金融资产 $i = 1,2,\cdots,N$。

因为对所有的金融资产 $i = 1,2,\cdots,N$，都有 $\alpha_i = E(\tilde{r}_i)$。所以，由式(12-4)直接得到

$$E(\tilde{r}_i) = \alpha_i = r_f + \beta_i \lambda$$

总结得出以下定理。

【定理 12-1】 如果资产收益由精确单因子模型式(12-3)描述，那么有

$$E(\tilde{r}_i) = r_f + \beta_i \lambda \tag{12-5}$$

也就是说，单项金融资产的收益高于无风险资产收益的补偿(即资产的风险溢价)等于它所负载的因子风险(由它的因子载荷系数度量)乘以因子风险溢价 λ。这就是在精确单因子模型下的资产收益的"套利定价理论"。

很显然，精确单因子模型是一个线性模型，自变量是 β_i，因变量是 $E(\tilde{r}_i)$，因此在 β_i-$E(\tilde{r}_i)$ 坐标系中为一条直线，如图 12-1 所示。

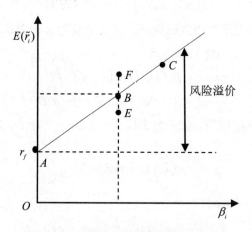

图 12-1 精确单因子模型的资产定价线

在图 12-1 中，对任意证券，因子载荷系数和期望收益率都应该落在这条直线上，如果不落在这条直线上，就必然存在套利机会。证券 E 就是一个例子，它位于套利定价理论资产定价线之下。可以选取适当比例的组合 A 和 C，构造一个恰好位于套利定价理论资产定价线上的新组合 B，使得 $\beta_B = \beta_E$，但组合 B 的预期收益率高于组合 E，即在 B 和 E 之间存在套利机会，投资者会卖空 E 而购买 B。卖空 E 的结果是，组合 E 的价格将下降，进而预期收益率上升直到它位于套利定价理论资产定价线上为止。同样，如果组合 F 位于套利定价理论资产定价线之上，套利的力量会使其预期收益率下降，直到它落到这条线上为止。

三、精确多因子模型

精确多因子模型是不考虑特异性风险，所有资产的收益仅依赖若干因素的定价模型。在此假设下，资产的收益生成函数采用向量和矩阵的记号表示为

$$\tilde{\boldsymbol{r}} = \boldsymbol{\alpha} + \boldsymbol{\beta}\tilde{\boldsymbol{f}} \tag{12-6}$$

其中

$$\tilde{\boldsymbol{r}} = \begin{pmatrix} \tilde{r}_1 \\ \tilde{r}_2 \\ \vdots \\ \tilde{r}_N \end{pmatrix}, \quad \boldsymbol{\alpha} = \begin{pmatrix} \alpha_1 \\ \alpha_2 \\ \vdots \\ \alpha_N \end{pmatrix} = \begin{pmatrix} E(\tilde{r}_1) \\ E(\tilde{r}_2) \\ \vdots \\ E(\tilde{r}_N) \end{pmatrix}$$

$$\boldsymbol{\beta} = \begin{pmatrix} \beta_{11} & \beta_{12} & \cdots & \beta_{1K} \\ \beta_{21} & \beta_{22} & \cdots & \beta_{2K} \\ \vdots & \vdots & & \vdots \\ \beta_{N1} & \beta_{N2} & \cdots & \beta_{NK} \end{pmatrix}, \quad \tilde{\boldsymbol{f}} = \begin{pmatrix} \tilde{f}_1 \\ \tilde{f}_2 \\ \vdots \\ \tilde{f}_K \end{pmatrix}$$

现在来观察一个套利组合 $\boldsymbol{x}$，满足：

(1) $\boldsymbol{x}^{\mathrm{T}}\boldsymbol{I} = 0$，说明在 $t = 0$ 时期用于购置资产组合的货币资金量为0。

(2) $\boldsymbol{x}^{\mathrm{T}}\boldsymbol{\beta} = 0$，意味着在这个组合中，风险已经被对冲掉。

根据无套利原理，到 $t = 1$ 时期，任意状态下这个零投资、零风险组合的收益率必为零，否则就会出现套利机会。

采用式(12-6)，这个组合的收益率为

$$\boldsymbol{x}^{\mathrm{T}}\tilde{\boldsymbol{r}} = \boldsymbol{x}^{\mathrm{T}}\boldsymbol{\alpha} + \boldsymbol{x}^{\mathrm{T}}\boldsymbol{\beta}\tilde{\boldsymbol{f}} = \boldsymbol{x}^{\mathrm{T}}\boldsymbol{\alpha} = 0$$

综上所述，对于精确多因子模型，不存在套利机会意味着

$$\forall \boldsymbol{x}: \boldsymbol{x}^{\mathrm{T}}\boldsymbol{I} = 0, \boldsymbol{x}^{\mathrm{T}}\boldsymbol{\beta} = 0 \Rightarrow \boldsymbol{x}^{\mathrm{T}}\boldsymbol{\alpha} = 0 \tag{12-7}$$

令 $\chi = \{\boldsymbol{x}: \boldsymbol{x} \perp \boldsymbol{I}, \boldsymbol{x} \perp \boldsymbol{\beta}^k, j = 1, 2, \cdots, K\}$，$\boldsymbol{\beta}^k$ 指矩阵 $\boldsymbol{\beta} = \begin{pmatrix} \beta_{11} & \beta_{12} & \cdots & \beta_{1K} \\ \beta_{21} & \beta_{22} & \cdots & \beta_{2K} \\ \vdots & \vdots & & \vdots \\ \beta_{N1} & \beta_{N2} & \cdots & \beta_{NK} \end{pmatrix}$ 的第 k 列，

不存在套利机会时，由式(12-7)知 $\boldsymbol{\alpha} \perp \chi$，所以 $\boldsymbol{\alpha}$ 落在由量 $\boldsymbol{I}, \boldsymbol{\beta}^1, \boldsymbol{\beta}^2, \cdots, \boldsymbol{\beta}^K$ 所组成的线性空间里。这样就有 $\boldsymbol{\alpha} = \lambda_0 \boldsymbol{I} + \sum_{k=1}^{K} \boldsymbol{\beta}^k \lambda_k$，把它写成非向量形式就是 $\alpha_i = \lambda_0 + \sum_{k=1}^{K} \beta_{ik} \lambda_k$。因为对所有的金融资产 $i = 1, 2, \cdots, N$，都有 $\alpha_i = E(\tilde{r}_i)$。所以，直接得到 $E(\tilde{r}_i) = \alpha_i = \lambda_0 + \sum_{k=1}^{K} \beta_{ik} \lambda_k$。

总结得出以下定理。

【定理 12-2】 给定共有 K 个因素的精确多因子模型，不存在无风险套利机会意味着

$$E(\tilde{r}_i) = \lambda_0 + \sum_{k=1}^{K} \beta_{ik} \lambda_k \tag{12-8}$$

$\lambda_k (k = 1, 2, \cdots, K)$，是因子 k 的**因子风险溢价**，它和第 k 项宏观经济因素相联系。另外，

如果存在无风险资产,就应该有 $\lambda_0 = r_f$。这就是精确多因子模型的套利定价理论模型。对于精确多因子模型的套利定价理论而言,单项金融资产的收益高于无风险资产的收益补偿(即资产的风险溢价)等于它所负载的因子风险(由它的因子载荷系数度量)乘以因子风险溢价的和。

作为精确多因子模型的一个例子,可以考虑一个精确双因子模型。

【例 12-2】 假定证券的回报率可由精确双因子模型产生,4 种证券的预期收益率和因子载荷系数如表 12-3 所示。这样的预期收益率与因子载荷系数是否代表一个均衡状态?如果不是,证券价格和预期收益率将怎样变化来恢复均衡状态。

表 12-3　4 种证券的预期回报率和因子载荷系数

资　产	预期收益率 $E(\widetilde{r_i})$ /%	因子载荷系数 β_{i1}	因子载荷系数 β_{i2}
证券 1	15	0.9	2.0
证券 2	21	3.0	1.5
证券 3	12	1.8	0.7
证券 4	8	2.0	3.2

【解】 一个套利组合 (x_1, x_2, x_3) 是下面 4 个方程的解:

$$\begin{cases} x_1 + x_2 + x_3 + x_4 = 0 \\ 0.9x_1 + 3x_2 + 1.8x_3 + 2x_4 = 0 \\ 2x_1 + 1.5x_2 + 0.7x_3 + 3.2x_4 = 0 \\ 15x_1 + 21x_2 + 12x_3 + 8x_4 > 0 \end{cases}$$

通过计算发现,满足这 4 个条件的解有无数多个,比如 $(0.1, 0.088, -0.108, -0.08)$,此时

$$15x_1 + 21x_2 + 12x_3 + 8x_4 = 1.412 > 0$$

因此 $(0.1, 0.088, -0.108, -0.08)$ 就是一个套利组合。以此为例,该套利组合不需要任何额外资金,没有任何因素风险,却能带来正的预期收益。每个投资者都想构造这样的套利组合,故都会买入证券 1 和证券 2,卖出证券 3 和证券 4。由于每个投资者都采用这样的策略,这必将影响证券的价格和收益率,证券 1 和证券 2 的价格上升收益下降,而证券 3 和证券 4 的价格下降收益上升,直到不存在任何套利机会,市场达到均衡。即当满足前面 3 个等式的组合的预期回报率为 0 时,市场达到均衡。

如果找不到满足预期收益率大于 0 的资产组合,此时存在非负的常数 λ_0、λ_1、λ_2,使得预期回报率和敏感性之间满足以下线性关系: $E(\widetilde{r_i}) = \lambda_0 + \beta_{i1}\lambda_1 + \beta_{i2}\lambda_2$,即精确双因子模型的套利定价模型。

第三节 极限套利和套利定价理论

一、特异性风险与极限套利

精确因子模型(第二节)和一般的线性因子模型(第一节)相比较，在精确因子模型中，未考虑特异性风险。因此，在存在特异性风险的情况下，上述线性的套利定价公式是否适用？

在精确因子模型中，可以用 K 个因子组合来完全复制其他资产的收益，从而由无套利原理立即可以得到 APT 给出的定价关系。但在一般的因子模型中，因子组合只能复制一个资产的因子风险部分，而不能复制或消除特殊风险的部分。一般来说，如果每种资产都有自己的特异性风险，则无法通过构造无风险套利组合的方法来确定套利定价关系，也就不能给出无套利定价条件。但是，如果因子的个数远远小于资产的个数，那么可以使用多种资产来构造组合以分散每个资产的特异性风险。所以，从直觉上讲，如果经济中存在的资产种类足够多，对这些资产做适当的分散投资，所得的资产组合可将各项资产的特异性风险降至接近于零的水平。

而且，概率论中的大数定理表明，如果经济中的风险资产数目充分大，且不同资产的特异性风险是不相关的。那么，当每种资产上的投资额都很小时，组合投资中各资产的特异性风险几乎为零。这样，对于充分分散化的投资组合来说，特异性风险实际上就不再发生作用，就可以仿照精确因子模型的做法进行套利定价。这就是**极限套利**(Limiting Arbitrage)。

下面正式给出极限套利的定义。

【定义 12-2】 在一个有 n 种风险资产的经济中，如果一个包含所有风险资产的套利组合 $\boldsymbol{x}^{(n)}$，满足：

(1) $\boldsymbol{x}^{(n)\mathrm{T}}\boldsymbol{I} = 0$；

(2) $\lim\limits_{n\to\infty}\boldsymbol{x}^{(n)\mathrm{T}}\boldsymbol{\alpha}^{(n)} \to \delta > 0$；

(3) $\mathrm{Var}[\boldsymbol{x}^{(n)\mathrm{T}}\tilde{\boldsymbol{r}}^{(n)}] \to 0$。

其中 $\boldsymbol{\alpha}^{(n)} = (\alpha_1, \alpha_2, \cdots, \alpha_n)^{\mathrm{T}} = (E(\tilde{r}_1), E(\tilde{r}_2), \cdots, E(\tilde{r}_n))^{\mathrm{T}}$ 是组合 $\boldsymbol{x}^{(n)}$ 中金融资产的收益率均值向量，$\tilde{\boldsymbol{r}}^{(n)} = (\tilde{r}_1, \tilde{r}_2, \cdots, \tilde{r}_n)^{\mathrm{T}}$ 是组合 $\boldsymbol{x}^{(n)}$ 中金融资产的收益率向量，则称 $\boldsymbol{x}^{(n)}$ 是一个极限套利组合(系列)，称此时存在**极限套利机会**(Limiting Arbitrage Opportunity)。

在极限套利的定义中，当 n 越来越大时，组合 $\boldsymbol{x}^{(n)}$ 就变成一个风险充分分散化的投资组合。条件(1)说明组合 $\boldsymbol{x}^{(n)}$ 零投资；条件(2)说明组合的收益率为正；条件(3)说明组合的收益率几乎是确定性的。综合 3 个条件，说明组合 $\boldsymbol{x}^{(n)}$ 在零投资的情况下，却可以获得确定性的正收益率，这就在极限意义下符合套利的定义。

如果存在极限套利机会，则表明个体可以不花费正的投资成本，仅承担可以忽略的风险情况下获得可观的收益。

二、极限套利下的 APT

下面利用极限套利的定义来证明当资产组合中的资产种类无限增加时，对绝大多数的证券来讲，组合中各证券的特异性风险将趋近于零，从而得到在考虑特异性风险条件下的多因素线性定价公式，即它们的预期收益率之间近似地存在线性关系。

当存在特异性风险的时候，精确因子模型不成立，但可以通过极限套利得到以下定理。

【定理 12-3】 如果风险资产收益率由 K 因子模型给出，即

$$\tilde{r}_i = \alpha_i + \sum_{k=1}^{K} \beta_{ik}\tilde{f}_k + \tilde{\varepsilon}_i = \alpha_i + \beta_i\tilde{f} + \tilde{\varepsilon}_i \quad i=1,2,\cdots,n,\cdots \tag{12-9}$$

其中 $\boldsymbol{\beta}_i = (\beta_{i1},\beta_{i2},\cdots,\beta_{iK})$ ，$\tilde{\boldsymbol{f}} = (\tilde{f}_1,\tilde{f}_2,\cdots,\tilde{f}_k)^{\mathrm{T}}$ ，并且特异性风险 $\tilde{\varepsilon}_i$ 有界。在不存在极限套利机会的情况下，就存在一个与 n 无关的常数 A ，使得

$$\forall n, \exists \lambda_0^{(n)}, \boldsymbol{\lambda}^{(n)} = (\lambda_1^{(n)},\lambda_2^{(n)},\cdots,\lambda_K^{(n)})^{\mathrm{T}}, 有\sum_{i=1}^{n}(\alpha_i^{(n)} - \lambda_0^{(n)} - \beta_i^{(n)}\boldsymbol{\lambda}^{(n)})^2 \leqslant A$$

其中 $\lambda_0^{(n)}, \boldsymbol{\lambda}^{(n)} = (\lambda_1^{(n)},\lambda_2^{(n)},\cdots,\lambda_K^{(n)})^{\mathrm{T}}$ 是近似的因子风险溢价。这个定理说明，对于各项金融资产的预期收益率而言，可以找到近似的各个因子的风险溢价来进行无套利定价，使总的定价误差为有限值。也就是说，在这里，利用套利定价理论所得到的近似的定价结果，使对各项资产的预期收益率的偏离值很小。如果采用比较精确的数学语言来说明，令

$$\Delta_i^{(n)} = |\alpha_i^{(n)} - \lambda_0^{(n)} - \beta_i^{(n)}\boldsymbol{\lambda}^{(n)}| \tag{12-10}$$

则 $\Delta_i^{(n)}$ 就是采用套利定价理论对第 i 项资产定价的误差。定理 12-3 指出，$\forall \varepsilon > 0$ ，采用套利定价理论的定价误差 $\Delta_i^{(n)} > \varepsilon$ 的资产所占比例要小于 $A/(n\varepsilon^2)$ 。下面来证明定理 12-3。

证明：记 $\boldsymbol{\alpha}^{(n)} = (\alpha_1^{(n)},\alpha_2^{(n)},\cdots,\alpha_n^{(n)})^{\mathrm{T}}$ ，$\boldsymbol{\beta}^{(n)} = \begin{pmatrix} \beta_{11} & \beta_{12} & \cdots & \beta_{1K} \\ \beta_{21} & \beta_{22} & \cdots & \beta_{2K} \\ \vdots & \vdots & & \vdots \\ \beta_{N1} & \beta_{N2} & \cdots & \beta_{NK} \end{pmatrix}$ ，$\boldsymbol{I} = (\underbrace{1,1,\cdots,1}_{n个})^{\mathrm{T}}$ 。将 $\boldsymbol{\alpha}^{(n)}$ 投

影到 $\boldsymbol{I}$ 和 $\boldsymbol{\beta}^{(n)}$ 上，就得到

$$\boldsymbol{\alpha}^{(n)} = \lambda_0\boldsymbol{I} + \boldsymbol{\beta}^{(n)}\boldsymbol{\lambda}^{(n)} + \boldsymbol{\Delta}^{(n)} \tag{12-11}$$

其中 $\boldsymbol{\Delta}^{(n)} = (\Delta_1^{(n)},\Delta_2^{(n)},\cdots,\Delta_n^{(n)})^{\mathrm{T}}$ 。因为是正交分解，显然有

$$\boldsymbol{\Delta}^{(n)\mathrm{T}}\boldsymbol{I} = 0$$
$$\boldsymbol{\Delta}^{(n)\mathrm{T}}\boldsymbol{\beta}^{(n)} = 0 \tag{12-12}$$

这里 $\boldsymbol{0} = (\underbrace{0,0,\cdots,0}_{K个})^{\mathrm{T}}$ 。目标就是要证明：如果不存在极限套利的机会，则

$Q^{(n)} = \Delta^{(n)\text{T}} \Delta^{(n)} = \sum_{i=1}^{n} (\alpha_i^{(n)} - \lambda_0^{(n)} - \beta_i^{(n)} \lambda^{(n)})^2$ 在 $n \to \infty$ 时有界。下面用反证法证明。

假设当 $n \to \infty$ 时，$Q^{(n)} \to \infty$。

考虑套利组合序列 $x^{(n)} = h^{(n)} \Delta^{(n)}$，从式(12-12)可以直接得到

$$h^{(n)} \Delta^{(n)\text{T}} I = 0$$
$$h^{(n)} \Delta^{(n)\text{T}} \beta^{(n)} = 0 \tag{12-13}$$

其中 $h^{(n)}$ 是一个与 n 有关的待选常数。式(12-13)的第一式也恰好说明 $x^{(n)} = h^{(n)} \Delta^{(n)}$ 是套利组合(参见关于套利组合的定义 12-1)，由第二式则可知道，这样的套利组合已经不受各个风险因素的影响，即这个组合在所有因子风险上的载荷都为 0。

套利组合 $x^{(n)}$ 的预期收益率为

$$u^{(n)} = E[x^{(n)\text{T}} \tilde{r}^{(n)}]_{\substack{\tilde{r}^{(n)} = \alpha^{(n)} + \beta^{(n)} \tilde{f} + \tilde{\varepsilon}^{(n)} \\ E[\tilde{\varepsilon}^{(n)}] = 0}} = h^{(n)} \Delta^{(n)\text{T}} \alpha^{(n)}$$
$$= \underset{\text{式}(12-11)、\text{式}(12-13)}{=} h^{(n)} \Delta^{(n)\text{T}} \Delta^{(n)} = h^{(n)} Q^{(n)} \tag{12-14}$$

套利组合 $x^{(n)}$ 的收益率方差为

$$\sigma^{(n)2} \underset{\substack{\tilde{r}^{(n)} = \alpha^{(n)} + \beta^{(n)} \tilde{f} + \tilde{\varepsilon}^{(n)} \\ \text{式}(12-11)、\text{式}(12-13)}}{=} \text{Var}[h^{(n)} \Delta^{(n)\text{T}} \tilde{\varepsilon}^{(n)} = (h^{(n)})^2 \text{Var}[\Delta^{(n)\text{T}} \tilde{\varepsilon}^{(n)}]$$
$$= (h^{(n)})^2 \Delta^{(n)\text{T}} \Sigma \Delta^{(n)} \leqslant (h^{(n)})^2 Q^{(n)} \bar{\sigma}^2 \tag{12-15}$$

选择 $h^{(n)} = (Q^{(n)})^{-2/3}$（$n = 1, 2, \cdots$）。这样，按照反证法的假设当 $n \to \infty$ 时，$Q^{(n)} \to \infty$，就有

$$u^{(n)} = (Q^{(n)})^{1/3} \to \infty$$
$$\sigma^{(n)2} \leqslant (Q^{(n)})^{-1/3} \bar{\sigma}^2 \to 0 \tag{12-16}$$

由定义 12-2 知，式(12-16)说明存在极限套利机会，而这与假设不符。由此证明了 $Q^{(n)}$ 有界，定理得到证明。

与定理 12-3 的思想类似，Stephen Ross 在 1976 年发表了下面的定理。

【**定理 12-4**】 不存在极限套利机会，意味着 $\exists \lambda_0, \lambda_1, \lambda_2, \cdots, \lambda_K$，使得

$$\sum_{i=1}^{\infty} (\alpha_i - \lambda_0 - \beta_i \lambda)^2 < \infty$$

其中 $\lambda = (\lambda_1, \lambda_2, \cdots, \lambda_K)^\text{T}$。证明参考 Ross(1976)。记 $\Delta_i = |\alpha_i - \lambda_0 - \beta_i \lambda|$ 为 APT 中资产 i 的定价误差。这个定理意味着对于任意 $\varepsilon > 0$，$\Delta_i > \varepsilon$ 的资产数目是有限的。因此，APT 对大多数资产都成立。

下面用更加简单的方法来证明 APT。

选择证券组合 $(x_1, x_2, \cdots, x_n)$，使其成本为零，即卖空一些证券，再用所得的收入购买另外一些证券。用数学语言表示，就是 $\sum_{i=1}^{n} x_i = 0$。

该证券组合的收益率为

$$E(\tilde{r}_P) = \sum_{i=1}^{n} x_i \alpha_i + \sum_{i=1}^{n} x_i \beta_{i1} \tilde{f}_1 + \cdots + \sum_{i=1}^{n} x_i \beta_{iK} \tilde{f}_K + \sum_{i=1}^{n} x_i \tilde{\varepsilon}_i \tag{12-17}$$

为了得到无风险的证券组合，必须消除因子风险和非因子风险。这就要求证券满足以下 3 个条件：

(1) 所包含的证券数目 n 足够大；

(2) 所选的每个证券的权重充分小，$x_i \approx \dfrac{1}{n}$；

(3) 对每个因子风险的因子载荷为零，$\sum_{i=1}^{n} x_i \beta_{ik} \tilde{f}_k = 0$。

简言之，这 3 个条件就是所选的每个证券的权重充分小，所包含的证券数量足够大，该组合对每个因子风险的因子载荷系数为零。

根据线性因子模型的假设，特异性风险 $\tilde{\varepsilon}_i$ 是独立的，由大数定律可知，当 n 越来越大时，随机项的加权之和趋向于零。即通过分散化的投资，不需要任何成本就能消除非因子风险，这与 CAPM 是类似的。因此，可以得到

$$E(\tilde{r}_P) - \sum_{i=1}^{n} x_i \alpha_i + \sum_{i=1}^{n} x_i \beta_{i1} \tilde{f}_1 + \cdots + \sum_{i=1}^{n} x_i \beta_{iK} \tilde{f}_K$$

又因为证券组合对每个因子风险的因子载荷为零。所以，所有因子风险也被消除了。可以得到

$$E(\tilde{r}_P) = \sum_{i=1}^{n} x_i \alpha_i$$

构造的是无成本的投资组合，没有成本，也没有风险，如果该组合的收益率不为零，那它就是一个套利组合，这不可能存在于一个均衡的市场中。因此，

$$E(\tilde{r}_P) = \sum_{i=1}^{n} x_i \alpha_i = 0$$

上面的讨论可以总结如下。

任取一个向量 $\forall(x_1, x_2, \cdots, x_n)$，如果它既正交于单位常向量，即

$$(x_1, x_2, \cdots, x_n) \begin{bmatrix} 1 \\ 1 \\ \vdots \\ 1 \end{bmatrix} = 0$$

又正交于每个因子载荷向量，即

$$(x_1, x_2, \cdots, x_n)\begin{bmatrix} \beta_{1j} \\ \beta_{2j} \\ \vdots \\ \beta_{nj} \end{bmatrix} = 0$$

那么，它一定正交于期望收益率向量，即

$$(x_1, x_2, \cdots, x_n)\begin{bmatrix} \alpha_1 \\ \alpha_2 \\ \vdots \\ \alpha_n \end{bmatrix} = 0$$

如果有以上条件，任取一个向量，它既正交于单位常向量，又正交于每个因子载荷向量，那么，它一定正交于期望收益率向量。根据 Farkas 引理[①]，期望收益率向量就一定可以表示成单位常向量和因子载荷向量的线性组合，即存在 $K+1$ 个常数 $\lambda_0, \lambda_1, \cdots, \lambda_K$，使得

$$E(\tilde{r}_i) = \alpha_i = \lambda_0 + \lambda_1 \beta_{i1} + \cdots + \lambda_K \beta_{iK} \tag{12-18}$$

如果存在无风险证券，其收益率为 r_f，则 $\lambda_0 = r_f$。因此，式(12-18)可以写成

$$E(\tilde{r}_i) = r_f + \lambda_1 \beta_{i1} + \cdots + \lambda_K \beta_{iK}$$

以上是对 APT 的简单证明。

这样，对于资产数目远大于 n 的经济，大多数资产期望收益率之间近似成立线性关系，即

$$E(\tilde{r}_i) = r_f + \lambda_1 \beta_{i1} + \cdots + \lambda_K \beta_{iK} \tag{12-19}$$

这一定价关系就是罗斯(Ross)于 1976 年提出的套利定价理论(APT)。

假设 δ_j 是对第 j 个因子有单位敏感度但对别的因子的敏感度等于零的证券组合 j（又叫作"基准因素资产组合"）的期望收益率，则由式(12-19)可得 $\lambda_j = \delta_j - r_f$。通常把套利定价理论表示为

$$E(\tilde{r}_i) - r_f = \beta_{i1}(\delta_1 - r_f) + \cdots + \beta_{iK}(\delta_K - r_f) \tag{12-20}$$

【例 12-3】　考虑一个充分分散化的资产 A，资产 A 受因素 1、因素 2 的影响，这两个因素对应的因素资产收益率的期望值分别为 $\delta_1 = 8\%$、$\delta_2 = 11\%$。资产 A 对两个因素的敏感度分别为 $\beta_1 = 0.6$，$\beta_2 = 0.8$，无风险利率 $r_f = 4\%$。根据套利定价公式，资产的应得收益率为多少？但若实际上，$E(\tilde{r}_A) = 14\%$，会出现什么情况？

【解】精确双因子模型的资产收益公式为 $\tilde{r} = E(\tilde{r}) + \beta_1 \tilde{f}_1 + \beta_2 \tilde{f}_2$

多因素套利定价公式可以写为 $E(\tilde{r}) = r_f + \beta_1(\delta_1 - r_f) + \beta_2(\delta_2 - r_f)$

根据套利定价公式，资产的应得收益率为 4%+0.6×(8%-4%)+0.8×(11%-4%)=12%，但

[①] 设有矩阵 A，向量 x 和 b。方程 $Ax=b$，$x \geqslant 0$ 无解的充要条件是 $A^{(T)}y \geqslant 0$，$b^{(T)}y < 0$ 有一个解。y 是一个向量(Fang 和 Puthenpura，1993，p.60)。这个定理常被用来证明 Kuhn-Tucker 定理。

若实际上，$E(\tilde{r}_A) = 14\%$，高于应得收益，说明其价格被低估，由此有了套利机会。这个套利机会一旦被投资者发现，他就会找到与资产风险相同而且满足套利定价公式的资产组合 A′，用于与资产 A 之间进行套利。事实上，资产组合 A′ 只需由无风险资产和两个因素资产构造而成，其中因素 1、因素 2 的权重分别为 β_1、β_2，即 0.6、0.8。无风险因素的权重为 $(1 - \beta_1 - \beta_2)$，即-0.4。明显资产 A′ 与资产 A 具有相同的风险，且

$$E(\tilde{r}_{A'}) = (1 - \beta_1 - \beta_2)r_f + \beta_1\delta_1 + \beta_2\delta_2$$
$$= r_f + \beta_1(\delta_1 - r_f) + \beta_2(\delta_2 - r_f)$$

即资产 A′ 的收益率符合套利定价公式。

第四节　极限套利与均衡

一、极限套利和市场均衡问题

套利定价理论(APT)是建立在极限套利的基础之上的，即当不存在极限套利机会的时候，给在市场上交易的金融资产定价。我们知道，不存在套利机会是金融市场均衡的必要条件。那么，不存在极限套利机会是否也是金融市场均衡的必要条件呢？答案是否定的，无极限套利不是一个均衡要求。通过一个例子来说明这点。

【例12-4】　这个例子满足以下几项条件。

(1) 共有 N 只风险资产，它们到期的支付(即变现价值)是 $v + \tilde{\varepsilon}_i$ ($i = 1, 2, \cdots, N$)，所有的 $\tilde{\varepsilon}_i$ 都是独立同分布的随机变量，服从相同的正态分布，有 $\tilde{\varepsilon}_i \sim N(0, \sigma^2)$。

(2) 存在一项无风险资产，并且假设 $r_f = 0$。

(3) 假设经济中只有一位投资者，他的禀赋是一单位的每种风险资产。另外，他的效用函数是常数绝对风险厌恶的，即 $u(w) = -\mathrm{e}^{-w}$。

在 $t = 0$ 时期，金融市场均衡时，所有 N 只风险资产的均衡价格都为

$$p_i = p = v - \sigma^2 \quad (i = 1, 2, \cdots, N)。$$

此时均衡是存在的。于是，这 N 只风险资产的收益率为

$$\tilde{r}_i = \frac{v + \tilde{\varepsilon}_i - p}{p} = \frac{\sigma^2}{v - \sigma^2} + \frac{\tilde{\varepsilon}_i}{v - \sigma^2} \quad i = 1, 2, \cdots, N \tag{12-21}$$

于是显然有

$$E(\tilde{r}_i) = \frac{\sigma^2}{v - \sigma^2} \quad i = 1, 2, \cdots, N \tag{12-22}$$

如果用套利定价理论的模型

$$\tilde{r} = \boldsymbol{\alpha} + \boldsymbol{\beta}\tilde{f} + \tilde{\varepsilon}$$

$$\boldsymbol{\alpha} = \lambda_0 \boldsymbol{I} + \sum_{k=1}^{K} \boldsymbol{\beta}^k \lambda_k \tag{12-23}$$

来分析这个问题。比照式(12-21)和式(12-23)，显然在式(12-23)的模型中，应该有 $\boldsymbol{\beta}^k = 0 = \underbrace{(0,0,\cdots,0)}_{N\text{个}}^{\mathrm{T}}$ $(k=1,2,\cdots,K)$，这是因为式(12-21)的资产收益中没有共同的因子风险，所以因子载荷系数都为 0，所有的风险都是特异性风险。并且，因为有无风险资产存在，所以 $\lambda_0 = r_f = 0$。这样，如果采用套利定价理论来定价，就会有

$$E(\tilde{r}_i) = \alpha_i = \lambda_0 = 0 \quad i=1,2,\cdots,N$$

这显然与式(12-22)相矛盾。说明对于这个例子来说，套利定价理论不适用。

套利定价理论在这里不成立是因为此时存在极限套利机会，考虑以下组合：卖出 $nx^{(n)}p$ 单位的无风险资产，投资 $x^{(n)}p$ 于风险资产 i $(i=1,2,\cdots,n$ 且 $n\leqslant N)$，每种证券购买 $x^{(n)}$ 单位，于是该组合在 0 时期的净投资为 0，在 1 时期的支付(变现价值)为

$$\tilde{x} = nx^{(n)}(v-p) + x^{(n)} \sum_{i=1}^{n} \tilde{\varepsilon}_i$$

此时，$E(\tilde{x}) = nx^{(n)}(v-p)$，而 $\mathrm{Var}(\tilde{x}) = nx^{(n)2}\sigma^2$。选择 $x^{(n)} = n^{-2/3}$，考虑当 $n \to \infty$（此时当然有 $N \to \infty$）时的极限情况，那么

$$E(\tilde{x}) = n^{1/3}(v-p) \to \infty$$
$$\mathrm{Var}(\tilde{x}) = n^{-1/3}\sigma^2 \to 0$$

因此，这是一个极限套利机会。存在极限套利机会的原因是参与者具有常数绝对风险厌恶偏好。当 $n \to \infty$，他的财富 $w = np$ 趋近于无穷而其风险厌恶度不变。他对每一风险增量要求的风险溢价都相同。

由例 12-4 得到重要的理论结论：存在极限套利机会并不是金融市场均衡的必要条件。换言之，即使市场是均衡的，也可能存在极限套利机会。

套利定价理论是建立在极限套利的基础之上的，所以，即使金融市场处于均衡状态，套利定价理论也可能是不适用的。

二、CAPM 与 APT 的比较

从以上过程可看出 CAPM 与 APT 之间具有以下关系。

(1) APT 与 CAPM 最根本的区别在于：CAPM 是典型的收益-风险权衡所主导的市场均衡，APT 特别强调的是无套利均衡原则。收益-风险权衡关系建立的市场价格均衡和无风险套利机会建立的市场价格均衡有着本质的区别：收益-风险权衡关系所主导的市场价格均衡，一旦价格失衡，就会有许多投资者调整自己的投资组合来重建市场均衡，但每个投资者只对自己的头寸做有限范围的调整。在 CAPM 中，每一位投资者都按照自己的收益-风险偏好选择有效组合边界上的投资组合。如果市场组合中的某一项证券价格失衡，资本市场

线就会发生移动，所有投资者都会吸纳价值被低估的证券而抛出价值被高估的证券。所以重建市场均衡的力量来自许多投资者的共同行为。套利则不然，一旦出现套利机会，每一个套利者都会尽可能大地构筑头寸，因此从理论上讲，只需少数几位(甚至只需一位)套利者就可以重建市场均衡。

(2) APT 是比 CAPM 更为一般的资产定价模型。APT 是一个多因素模型，它假设均衡中的资产收益取决于多个不同的外生因素，而 CAPM 中的资产收益只取决于一个单一的市场组合因素。从这个意义上看，CAPM 只是 APT 的一个特例。CAPM 可看作单因素 APT 的特殊情形。考察单因素 APT 公式，即

$$E(\tilde{r}_i) - r_f = \beta_F[E(\tilde{r}_F) - r_f]$$

式中：$\tilde{r}_F$ 为因素基准资产的收益率。

当系统因素就是市场投资组合的意外收益时，有

$$E(\tilde{r}_i) = r_f + \beta[E(\tilde{r}_M) - r_f]$$

式中：$\tilde{r}_M$ 为市场组合的收益率。

该式与资本资产定价模型(CAPM)具有相同的形式。也就是说，若影响证券收益的共同因素仅有市场因素，且该因素的影响可用市场组合收益的变动来衡量时，CAPM 与 APT 是一致的。

(3) CAPM 建立在效用理论基础上，它依赖于对投资者风险厌恶程度的假定，CAPM 成立的条件是投资者具有均值-方差偏好、资产收益分布呈正态分布；而 APT 不需要 CAPM 赖以成立的那些有关市场假设的条件。APT 建立在相同的商品以相同的价格出售这一经济原则之上，对投资者的偏好并无明确的前提要求。APT 与 CAPM 一样，要求所有投资者对资产的期望收益和方差、协方差的估计一致。

(4) CAPM 仅考虑来自市场的风险，可能会遗漏来自市场外的宏观经济环境对证券收益的影响。而多因素 APT 不仅考虑了市场内的风险，还考虑了市场外的风险，对证券收益的解释性较强。实际上，即使是来自市场内的风险，也可能不止一个，有的影响整个市场中的全部证券，有的只影响市场中的部分证券。

(5) 在 CAPM 中，证券的价格依赖于市场组合的回报率，需要对其进行估计。CAPM 所依赖的市场组合往往难以观测。而 APT 假设证券的预期收益率是由因子模型产生，需要对因子风险溢价进行估计。APT 中要求的基准资产组合不一定是整个市场组合，任何与影响证券收益的系统因素高度相关的充分分散化的资产组合均可充当基准资产组合。

(6) CAPM 对所有证券及投资组合均成立，而 APT 不能排除个别资产违反期望收益率与风险敏感度的关系，这是由于 APT 的假设不如 CAPM 严格所致。

(7) CAPM 明确指出，证券收益依赖整个市场组合。APT 虽然建立在因素模型基础上，但并没有明确指出影响证券收益的因素具体有哪些。由于这一原因，尽管在应用方面有很大的吸引力，但它仍不能取代 CAPM。

本 章 小 结

(1) 本章主要介绍了套利定价理论。套利定价理论由一个多因素收益生成函数推导而来，其理论基础为一价定律。一价定律就是两种风险-收益性质相同的资产必须按同一价格出售。套利定价理论有 5 个假设条件，其中第一个线性因子模型的假设条件是核心假设。套利定价理论建立在线性因子模型上，线性因子模型假设资产的收益率由若干因素的线性关系所决定。APT 给出的资产的期望收益率是线性形式。APT 的假设相对于 CAPM 更为宽松。

(2) 套利就是不承担风险就能赚取利润的行为，它利用证券间定价的不一致性进行资金转移，从中获取利润。套利组合就是可以在零投资、零风险的情况下，却可以获得正收益的组合。在套利定价理论中，把风险分为若干个因子风险和特异性风险。精确因子模型是指资产的收益仅依赖于因子风险，而不考虑资产特异性风险的套利定价模型，是套利定价理论的一种简化形式。精确因子模型又可以分为精确单因子模型和精确多因子模型。

(3) 如果因子的个数远远小于资产的个数，那么可以使用多种资产来构造组合以分散每个资产的特异性风险，当每种资产上的投资额都很小时，组合投资中各资产的特异性风险几乎为零。这样，对于充分分散化的投资组合来说，特异性风险实际上就不再发生作用，就可以仿照精确因子模型的做法进行套利定价。这就是极限套利。

(4) 极限套利情形下 APT 的主要证明思路为，如果经济中不存在极限套利机会，那么只要经济的规模足够大(经济中交易的证券数量足够大)，对绝大多数证券来讲，它们的预期收益率之间就近似地存在着线性的关系。

(5) 存在极限套利机会并不是金融市场均衡的必要条件。换言之，即使市场是均衡的，也可能存在极限套利机会。套利定价理论是建立在极限套利的基础之上的，所以，即使金融市场处于均衡状态，套利定价理论也可能是不适用的。

实 训 课 堂

套利超额收益的分析过程：

在多元情形，套利定价模型表达式 $E(\tilde{r}_i) - r_f = \beta_{i1}(\delta_1 - r_f) + \cdots + \beta_{iK}(\delta_K - r_f)$，$(i = 1, 2, \cdots, n)$ 称为套利平面，它是 n 维空间的一个超平面。套利平面表示的是一种综合平衡的情况，它的建立考虑了多方面因素的互相影响。$E(\tilde{r}_i)$ 表示在综合平衡时第 i 种证券收益率的理论期望值。可是，实际证券交易过程总是处于不平衡状态。另一个统计量为 $r_i = \dfrac{1}{T}\sum\limits_{t=1}^{T} r_{it}$，表示第 i 种证券收益率在 T 个观察时段的实际平均值。如果 $r_i > E(\tilde{r}_i)$，则 r_i 位于套利平面之上，买

进第 i 种证券可获得较高的实际收益率。

以具体例子说明如何使用 APT 来建立套利证券组合获得套利机会。设有 3 个证券 X、Y、Z(即 $n=3$),有两个公共因子 F_1、F_2(即 $k=2$)。对证券收益率 r_X、r_Y、r_Z 以及 δ_1、δ_2 各有 5 次观测值列于表 12-4 中,单位都是 1%。无风险收益率则假定为 10%。

表 12-4 观测情况

序 号	r_X	r_Y	r_Z	δ_1	δ_2
1	−55.23	623.99	53.00	−10.00	−5.00
2	70.70	10.00	413.37	−5.00	38.48
3	−9.00	25.00	−1493.12	25.00	8.00
4	−12.47	−3771.42	1058.75	40.00	−1.44
5	61.00	3237.44	83.00	50.00	0.00
平均	11.0	25.0	23.0	20.0	8.0

表中正交因子 δ_1、δ_2 满足正交条件

$$(-10 \quad -5 \quad 25 \quad 40 \quad 50)\begin{pmatrix} -5.00 \\ 38.48 \\ 8.00 \\ -1.44 \\ 0.00 \end{pmatrix} = 0$$

两个公共因子的 APT 模型为

$$E(\tilde{r}_i) = r_f + \beta_{i1}(\delta_1 - r_f) + \beta_{i2}(\delta_2 - r_f)$$

(资料来源: 童恒庆. 套利定价理论及实例[J]. 统计与决策,2008)

思考讨论题:

1. 根据表中数据估计出 β_{i1} 与 β_{i2}。

2. 根据 APT 模型计算出证券 X、Y、Z 的期望收益率,你是否发现其中有套利机会?

3. 若没有套利机会,请说明理由;若有,请问应如何套利?

分析要点:

(1) 首先需要根据表中数据分别估计证券 X、Y、Z 与 δ_1、δ_2 的协方差与 δ_1、δ_2 的方差

$$\text{Cov}(r_X, \delta_1) = \frac{1}{5}\sum_{t=1}^{5}(r_{X_t} - 11)(\delta_{1t} - 20) = 285.0$$

$$\text{Var}(\delta_1) = \frac{1}{5}\sum_{t=1}^{5}(\delta_{1t} - 20)^2 = 570.0$$

$$\beta_{X1} = \text{Cov}(r_X, \delta_1)/\text{Var}(\delta_1) = 285.0/570.0 = 0.5$$

类似地，可以计算出 $\beta_{X2} = 2.0$，$\beta_{Y1} = 1.0$，$\beta_{Y2} = 1.5$，$\beta_{Z2} = 1.5$，$\beta_{Z2} = 1.0$

(2) 代入 APT 模型中得

$$E(\tilde{r}_X) = 0.10 + (0.20 - 0.10) \times 0.5 + (0.08 - 0.10) \times 2.0 = 11\%$$

$$E(\tilde{r}_Y) = 0.10 + (0.20 - 0.10) \times 1.0 + (0.08 - 0.10) \times 1.5 = 17\%$$

$$E(\tilde{r}_Z) = 0.10 + (0.20 - 0.10) \times 1.5 + (0.08 - 0.10) \times 1.0 = 23\%$$

对比实际收益平均值，可以发现恰好

$$E(\tilde{r}_X) = r_X = 11\%，\quad E(\tilde{r}_Z) = r_Z = 23\%$$

那么，单纯在证券 X、Z 之间进行买卖将无套利可言。但是注意到 $E(\tilde{r}_Y) = 17\% < 25\%$，这就给予套利的机会，即在不增加风险的情况下，可以增加收益。

(3) 具体套利操作需要计算买进卖出数量 $\omega = (\omega_X, \omega_Y, \omega_Z)$。由套利组合的定义得线性方程组

$$\omega_X + \omega_Y + \omega_Z = 0$$

$$0.5\omega_X + 1.0\omega_Y + 1.5\omega_Z = 0$$

$$2.0\omega_X + 1.5\omega_Y + 1.0\omega_Z = 0$$

对此线性方程组的系数矩阵作初等变换，解得

$$\begin{pmatrix} \omega_X \\ \omega_Y \\ \omega_Z \end{pmatrix} = C \begin{pmatrix} -1 \\ 2 \\ -1 \end{pmatrix}，\quad C \in \mathbf{R}$$

按照 $-1:2:-1$ 的比例买进卖出可获套利。不妨假定开始时某投资者拥有证券 X、Y、Z 各占 1/3，此时他应获利为

$$1/3 \times 11\% + 1/3 \times 25\% + 1/3 \times 23\% = 19.67\%$$

他所承担的风险为

$1/3 \times 0.5 + 1/3 \times 1.0 + 1/3 \times 1.5 = 1.0$ (对因素 1)

$1/3 \times 2 + 1/3 \times 1.5 + 1/3 \times 1.0 = 1.5$ (对因素 2)

现在他按 $-1:2:-1$ 的比例买进卖出，不妨取极端情况，取

$$\omega_X = -1/3, \omega_Y = 2/3, \omega_Z = -1/3$$

即他将证券 X、Z 全部抛出，又全部用来买进证券 Y。此时他的风险位置不变，即

$0 \times 0.5 + 1 \times 1.0 + 0 \times 1.5 = 1.0$ (对因素 1)

$0 \times 2 + 1 \times 1.5 + 0 \times 1.0 = 1.5$ (对因素 2)

但是他获利增加了 5.33%，因为

$$0 \times 11\% + 1 \times 25\% + 0 \times 23\% = 25\%，\quad 25\% - 19.67\% = 5.33\%$$

在这里 $E(\tilde{r}_X) = r_X = 11\%$，$E(\tilde{r}_Z) = r_Z = 23\%$ 都恰好在套利平面上，处于均衡状态。$E(\tilde{r}_Y) = 17\%$ 也在套利平面上，而 $r_Y = 25\%$ 在套利平面之上，于是存在套利机会。如果有较多的人认识到这个机会都来大量购进证券 Y，则 Y 的价格会上升，从而使 Y 的收益率下降而回落到套利平面的均衡点。

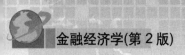

复习思考题

一、基本概念

套利定价理论　线性因子模型　因子风险　因子载荷系数　特异性风险　套利组合
精确因子模型　精确单因子模型　精确多因子模型　因子风险溢价　极限套利

二、判断题

1. 套利定价理论推导出的资产收益率取决于一系列影响资产收益的因素，而不完全依赖于市场资产组合。　　　　　　　　　　　　　　　　　　　　　　（　　）

2. 在套利定价理论中，把风险分为若干个因子风险和特异性风险。　　　（　　）

3. 当市场达到均衡时，不存在极限套利机会。　　　　　　　　　　　（　　）

三、单项选择题

1. 某只股票的非系统风险(　　)。
   A. 在一个成长中的市场中会较高
   B. 是由这家公司特有的因素决定的
   C. 依赖于市场变动率
   D. 不能通过分散化消除

2. 以下关于套利定价理论的描述，错误的是(　　)。
   A. 该模型由一个多因素收益生成函数推导而出
   B. 理论基础为一价定律
   C. 该模型推导出的资产收益率不完全依赖于市场资产组合
   D. APT 的假设相对于 CAPM 更为严格

3. 线性因子模型采用矩阵符号可以表示为 $\tilde{r} = \alpha + \beta \tilde{f} + \tilde{\varepsilon}$，其中 $\tilde{\varepsilon}$ 表示(　　)。
   A. 因子风险　　　　　　　　　　B. 因子载荷系数
   C. 特异性风险　　　　　　　　　D. 因子风险溢价

四、简答题

1. 简单说明套利定价模型的假设条件。
2. 比较套利定价模型与资本资产定价模型。
3. 说明什么是极限套利。

五、论述题

叙述套利定价模型与资本资产定价模型的基本内容，并对它们的适用范围与应用特点进行分析。

第十三章　有效市场假说与资本配置效率

▨ 【学习要点及目标】

- 掌握有效市场的概念，理解有效市场3种形式的内容含义。
- 理解3种不同有效市场的检验方法。
- 了解有效市场面临的挑战。
- 了解资本配置效率的概念。

▨ 【核心概念】

有效市场　有效市场假说　弱式有效　半强式有效　强式有效　序列相关性检验　滤子检验　游程检验　事件研究法　共同基金绩效　内幕交易　资本配置效率

▨ 【引导案例】

大街上无钱可捡

市场上的套利机会就像大街上撒的钱，如果不考虑法律、道德之类的约束，谁都可以去捡，那么随着这个消息被不断透露出去，这样的钱很快就会被人们捡完。因此，从总体来说，大街上是不会有钱等着人们去捡的。如果有人捡到了钱，那也是极个别的事。任何"发财秘诀"(其中包括投资家的经验之谈、股价预测、各种基本面分析和技术方法等)都没有普遍意义。

著名的格罗斯曼·斯蒂格利茨悖论(Grossman 和 Stiglitz，1980)实质上是把上述推理推向了极端：既然大家都认为大路上没有钱可捡，于是谁也不考虑去大街上捡钱。这样，大路上真的有钱时，就没有人去捡。然而，必然有聪明人想到这一情形，他就会去捡别人想不到去捡的钱。于是这个聪明人就不断地在大街上捡钱。但是既然有这样的聪明人存在，别人也不会都是傻子，这样的钱还是很快就被人捡走了。如此循环就成了一个逻辑上无法自圆其说的悖论。格罗斯曼·斯蒂格利茨的解决办法是强调信息的搜集是有成本的。尽管如此，从"大街上无钱可捡"这个假设出发来看待金融市场理论仍然是非常重要的。

有效市场理论的着眼点是信息。近年来，这方面的研究又进一步与信息经济学、行为科学等联系起来，正在使我们对整个金融市场的运动又有更深入的了解，而不再简单地停留在"无套利假设是否成立"上。即使对于"大街上无钱可捡"这一似乎"显然"的命题，现在也有人提出质疑：如果在车水马龙的高速公路上，有一张 100 美元的钞票，谁都看到了，但谁也不敢贸然去捡。这就是说，"捡钱"也可能伴随着"风险"和其他成本，不一定有钱就一定会有人去捡。这就是说，即使存在套利机会，也不一定与有效市场矛盾。

(资料来源: 史树中. 金融经济学十讲[M]. 上海: 人民出版社，2004: 191)

【案例导学】

可以把上述问题用更精练的语言总结如下。

一个问题: 马路上是否有100元可捡?

答案1: 没有。因为如果有，早就被人捡走了。(经典有效市场理论)

答案2: 不知道。因为人人都那样想，有钱也不一定有人去捡。(Grossman-Stiglitz悖论)

答案3: 可能有钱，但一般人捡不到，因为捡钱要冒风险或有本事。(新有效市场理论)

这一章的讨论能使我们对有效市场理论有更清楚的认识。

第一节 有效市场理论

一、有效市场的概念

1965年美国芝加哥大学的法马(Eugene Fama)在商业学刊上发表题为"股票市场价格行为"一文，提出了著名的有效市场假说(Efficient Market Hypothesis，EMH)。

法马的成就首先是因为他在20世纪60年代末开始的市场有效性方面的研究。市场有效性问题是指市场价格是否充分反映市场信息的问题。

该假说认为，在一个充满信息交流和信息竞争的社会里，一个特定的信息能够在证券市场上迅速被投资者知晓。随后，股票市场的竞争将会驱使证券价格充分且及时反映该组信息，从而使得投资者根据该组信息所进行的交易不存在非正常报酬，而只能赚取风险调整的平均市场报酬率。

只要市场充分反映了现有的全部信息，市场价格代表着证券的真实价值，这样的市场就称为有效市场。有效市场假说是数量化资本市场理论的核心，同时也是现代金融经济学的理论基石之一。

在一个信息有效的市场上，如果价格完全反映了市场参与者的信息和预期，则市场上价格的变化就不可预测。法马(1970)在其经典的综述文章中总结了这一思想，提出了市场有效的定义。

【定义 13-1】 如果一个市场的价格总是"完全反映"了可获得的信息，则称这个市场是有效的。

这是一个很强的市场有效性的定义，他在"完全反映"这4个字上加上了引号，表明对这一简写形式需要进一步展开说明。

迈契尔(B.Malkiel，1992)提出了一个更明确、更为有用的有效市场定义。

【定义 13-2】　称一个资本市场是有效的，如果市场中的证券价格完全而准确地反映了所有的相关信息。更规范地说，称一个证券市场对某个信息集是有效的，如果向市场参与者披露该信息集时证券价格不受影响。而且，市场对某个信息集有效意味着不可能从基于该信息集的交易中获取经济利润。

迈契尔的第一句话重复了法马的定义。他的第二、三句话从两个不同的方面扩展了有效市场的定义。第二句话表明可以通过向市场参与者披露信息并估量证券价格的反应来检验市场的有效性。如果市场价格不因信息的披露而变动，则市场对这一信息是有效的。虽然这种方法在概念上很明确，但是很难在实践上进行检验。第三句话提出了检验市场有效性的另一个途径，测算基于某一信息的交易利润。这一思想几乎是所有市场有效实证研究的理论基础。这一思想的应用主要有两种做法：①许多研究者试图测算职业投资者(比如共同基金经理)的利润。如果基金经理可以得到超额的收益(经过风险调整)，那么市场相对于基金经理所掌握的信息就是非有效的。这一方法的优点在于它针对了实际市场参与者的实际交易，其缺点在于研究人员不能直接观察到基金经理制定投资策略时所依据的信息。②研究人员可以考察基于某个明确给定的信息集的交易能否获取超额利润。在应用这一方法时首先要选定一个信息集，然后确定一个正常收益，根据证券实际收益和正常收益可以算出证券的异常收益。通过选定信息集对异常收益进行预测，如果证券的异常收益是不可预测的，或者说是随机的，则市场有效的假设就不被拒绝。

鲁宾斯坦(Rubinstein，1975)进一步延伸了上述有效市场的定义。

【定义 13-3】　如果某一信息事件对组合配置不产生影响，那么对于该信息集市场是有效的。

鲁宾斯坦的定义是一个更为严格和极端的定义，这可以从下面列举的一种特殊情况中看出。由于对某件信息时间内涵的理解出现分歧，部分投资者认为其为利好消息买入资产，而另一些投资者将其归纳为利空消息并卖出资产，这样，该信息事件可能对该资产的价格不产生影响。因此，按照法马和迈契尔的有效市场定义，该市场对于这一信息事件是有效的；但根据鲁宾斯坦的定义，该市场对于这一信息事件并非有效，因为该信息对资产配置产生了影响。

二、有效市场理论的假设条件

法马对有效市场的充分条件进行了归纳，有效资本市场的充分条件如下所示。

(1) 证券交易过程中无交易费用。

(2) 市场参与者获得信息不需要支付成本。

(3) 完全理性假设。即投资者都是追求个人效用最大化的理性"经济人"，具有同样的智力水平和同样的分析能力，对信息的解释也是相同的，股票价格波动完全是投资者基于完全信息集的理性预期的结果。

很明显，在这样的市场中，一种证券的价格"充分反映"了所有可获得的信息。这种无摩擦市场并非现实市场的描述，但有效市场理论的支持者认为这些条件不是市场有效的必要条件。这就是说，可以把这些条件适当放宽一些，市场仍是有效的。例如，只要交易者考虑所有可得到的信息，即使存在阻止交易流的大额交易成本，当交易发生时，价格还是会"充分反映"出可得信息；如果"充分多"的投资者容易得到信息，市场也许有效，而不必强求条件(2)；投资者关于给定信息的使用分歧本身并不意味市场无效，除非有些投资者一直对某些可得信息给出好的评价或者坏的评价。

过去几十年里，金融学理论的进展集中于放宽上述假设，观察市场所发生的变化。比如第(1)条无交易费用的假设，市场微观结构理论就主要研究当把人们完成交易时所需要负担的交易费用考虑进来之后，对市场定价效率所产生的影响。并且很多学者认为，以前的实证研究中，由于没有考虑到买卖差价，也就是交易成本，因此结果都是有偏误的。同时，交易费用的存在本身就是信息在投资者之间分布不均匀的体现。而且，市场交易成本的大小，也就是市场流动性的好坏可以成为资产价格决定的一部分因素，关于流动性定价的研究也在进行中。

而第(2)条市场参与者获取信息是不需要支付成本的假设也在很多研究中被打破。在20世纪80年代信息经济学开始蓬勃发展之后，有很多文献研究当交易者之间信息不对称，或者是获取信息需要付出成本的时候，市场的效率会发生何种变化。这使金融理论进一步贴近现实。结论是，信息在投资者中的分布情况是决定市场效率的非常重要的因素。

第(3)条假设可以被看作是同质预期的假设。对于这条假设的争论可以说是最为激烈的，而很多金融学理论的重要进展也是对这条假设的突破。比如噪声交易者模型就考虑市场上存在噪声交易者的时候有可能会使价格长期偏离真实价值。而行为金融学则进一步发掘人们在心理上的一些"偏差"，这些偏差会使人们对价格产生不同的看法，并可能使价格长期偏离均衡价格，并使市场产生很多有悖于有效市场假设的异常现象。

三、有效市场的形式

有效市场理论的着眼点是信息。一般认为，信息可以分为3个层次：

(1) 历史信息；

(2) 包括历史信息的所有可以公开获得的信息；

(3) 所有可用的信息(包括内部的和私人的信息)。

3个信息阶层的关系如图13-1所示。

对有效市场形式的划分最早由罗伯茨(H.Roberts)在1967年提出的，法马(Fama,1970,1976)做了大量的工作，使得资本市场有效的概念更具可操作性。按照"所有价格充分地反映了所有相关信息"的说法，他根据相关信息的3个层次定义了3种形式的有效市场。

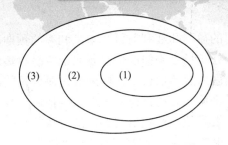

图 13-1　信息的 3 个层次

(1) 弱式有效市场假说(Weak-Form Efficient Market Hypothesis)。市场弱式有效是指市场价格已充分反映出所有过去的历史证券价格信息，包括股票的成交价、成交量、卖空金额、融资金融等。由于这些信息很容易获得，如果历史交易数据包含了对未来股价预测有用的信息，很快就会有人通过发掘历史信息来进行交易，而价格也会很快随着交易被修正。一句话，如果市场弱式有效，依赖历史交易价格和成交量的技术分析将是徒劳的。这意味着价格运动是随机的，并且不由历史趋势决定，弱式有效市场假说正是著名的随机游动理论。

在市场上广为流行的技术分析认为，过去的市场价格包含了未来股票价格走势的信息。技术分析师宣称，可以通过研究过去市场的历史价格所形成的图形和形态，来判断市场下一步的走势。然而可以预见，即使真的存在通过历史价格来预测将来价格的方法，随着投资者之间的仿效，甚至就是技术分析师们自己的交易行为，也会把价格修正到符合弱式有效市场假定的正确价格上来。而且，有许多论文检测了市场上流行的各种技术分析方法，看使用这些技术分析方法是否能获得超额收益，金融学家们的实证研究结果表明，技术分析并不能带来超额利润。Taylor 和 Allen(2002)以及 Bessembinder 和 Chan(1997)分别实证检验了外汇市场和股票市场中常用的技术分析所获得的投资结果，发现除去交易成本后，技术分析方法并不能获得显著的超额收益。对弱式有效市场的检验有序列相关性检验、游程检验等多种方法。

推论一：如果弱式有效市场假说成立，则坚信"历史会重演"的技术分析将失去作用，基本面分析还可能帮助投资者获得超额利润。

(2) 半强式有效市场假说(Semi-Strong-Form Efficient Market Hypothesis)。市场半强式有效是指市场价格不仅反映了历史价格中的所有信息，还反映了被研究公司的所有可以公开获得的信息。半强式有效市场假说认为，价格已充分反映出所有已公开的有关公司营运前景的信息，这些信息有成交价、成交量、盈利资料、盈利预测值、公司管理状况及其他公开披露的财务信息等。信息一旦被公众获得，就会立即被股票价格吸收和反映，分析师和投资者基于公开信息(如公司的年报、股利公告等)不会获得持续的超额收益。在半强式有效市场的假定下，任何一个和公司价值有关的事件并不需要真正发生，只将预期这个事件会发生的消息进行公布，股价就会相应地发生变化。比如股利发放、并购等重大事件，消息宣告当天股价就迅速反映了这些事件对公司价值的影响，而不用等到事件真正发生的时候才反映。

基本面分析是利用公司的盈利和红利前景、未来利率的预期以及公司风险的评估来决定适当的股票价格。然而，在市场上类似的信息越来越容易收集的情况下，由于投资者之间的竞争，也会使消息快速融入股票价格中，因此通过对公司的基本面进行分析也很难在市场上获得超额利润。为了证明和公司价值有关的重要信息一旦公开就会迅速融入价格，对半强式有效市场的检验主要是使用实践研究的方法，也就是研究在事件发生前后的收益率变化，检验是否能通过在事件发生后交易来获得超额利润。

推论二：如果半强式有效市场假说成立，则在市场中利用技术分析和基本面分析都失去作用，内幕消息可能获得超额利润。

(3) 强式有效市场假说(Strong-Form Efficient Market Hypothesis)。市场强式有效是指市场价格已充分地反映了所有可获得的信息，这些信息包括已公开的或内部未公开的信息。除了半强式有效市场中价格所包含的信息外，甚至公司内部的信息也会被反映到股票的价格当中，这是一个相当极端的假设，因为我们并不能肯定地证明价格是如何反映出公司内部信息的。但是有两点可以证明价格包含内部信息的可能性，首先是外部的分析人员可以通过分析、打探消息等形式了解到公司的内部信息。而且，有些时候公司内部信息和公开信息的区分也是模糊的。其次，虽然在大多数国家内部人利用内部信息进行交易都是违法的，但是仍然不能完全阻止内部人的交易，而公司内部信息就会从这些内部人的交易中反映出来。在市场微观结构理论中，有很多模型都是描述内部信息是如何融入价格中去的这个过程。

在市场强式有效的假设下，由于价格已经反映了所有信息，因此市场上没有任何投资者，包括公司的内部人可以通过搜集信息从而进行交易来获得超额利润。因此，对强式有效市场的检验主要是通过对内部人的交易过程进行分析，检验其是否能获得超额利润。

推论三：在强式有效市场中，没有任何方法能帮助投资者获得超额利润，即使是基金和有内幕消息者也无法获得超额利润。

(3 种有效假说的检验就是建立在 3 个推论之上。)

从以上定义可以看出，弱式有效市场所对应的信息集最小，即对应信息的第一个层次，历史信息。半强式有效市场的信息集包括弱式有效市场的信息集，即对应信息的第二个层次：包括历史信息的所有可以公开获得的信息。强式有效市场的信息集不仅包括半强式有效市场的信息集，而且还包括内幕人所知的信息，即对应信息的第三个层次，所有可用的信息(包括内部的和私人的信息)。三者之间的信息集是从小范围到大范围，后者包含前者的关系。同时，这 3 种形式的有效性暗示了 3 种投资策略的无效性，即无法获得超额利润，弱式有效市场上技术分析是无效的；半强式有效市场上基本面分析是无效的；强式有效市场上内幕交易是无效的。

第二节　市场是否有效

有效市场假说提出以后，许多学者都希望通过实证检验来检验市场是否有效，于是出现了大量的实证文章，其中大多数人认为，市场是弱式有效和半强式有效的。在介绍各种检验方法之前，必须明确一点，所有的检验结果都只能在一定程度上解释市场的有效性，而不能完全拒绝市场有效假设。众所周知，有效市场的检验存在市场效率和市场均衡的联合假设问题，对市场效率的检验必须首先假设一个正常收益的均衡模型，如果结果与原假设相反，有可能是因为模型设定不正确，也可能是市场确实是无效的，因而永远没有充分的理由拒绝市场有效假设。尽管检验方法不完美，但还是能够对市场有效性假设做出一定的解释并提供部分证据。

有以下基本知识：强式有效假说成立时，半强式有效必须成立；半强式有效成立时，弱式有效亦必须成立。所以，一般而言，先检验弱式有效是否成立；若成立，再检验半强式有效；再成立，最后检验强式有效是否成立。顺序不可颠倒！中国证券市场中，有效市场假说检验文章很多，有结论认为沪深股市弱式有效假说成立，有兴趣的同学可踊跃一试。

一、市场是否有效的争论点

市场有效假定并没有在专业投资管理人中间引起足够热情，这并不令人惊讶。这意味着投资管理人的大量活动即寻找过低定价的证券，这充其量不过是浪费精力，并且很可能对客户是有害的。因为这花费了财力，又会导致资产组合的分散化不够充分。有效市场假定在华尔街从未被广泛接受，并且在证券分析能否提高投资业绩上的争论一直持续到现在。在讨论该假定的经验检验之前，要指出三个问题，这三个问题合在一起意味着争论可能永远无法解决。这三个问题是：规模问题、选择偏见问题以及幸运事件问题。

1. 规模问题

考虑有一个管理 50 亿美元资产组合的投资管理人。如果他能使基金业绩每年仅提高 0.1 个百分点，他的努力将带来每年 0.001×50 亿美元=500 万美元的额外回报。这样的管理人显然对得起他所得到的那份薪水。作为旁观者，能以统计方式测度出他的贡献吗？恐怕不行，因为 0.1 个百分点的贡献将被市场的年浮动性所淹没。还记得吗，充分分散化的标准普尔500 指数的年标注差已经达到每年 20%以上。相对这些波动而言，业绩的小幅度提高是难以觉察的。然而 500 万美元仍然是业绩的一个很大的改善。

大家可能都同意，股价是非常接近其公平价值的，只有大规模资产组合的管理人可以赚到足够的交易利润使其对少数定价不当的利用不会白费力气。根据这种观点，聪明的投资管理人的行为便是使市场价格向公平的水平持续发展背后的一股动力。与其提出"市场是有效的吗？"这样的定性问题，莫不如我们以一个更定量的问题来代替，即"市场有多有效？"

2. 选择偏见问题

假定你发现了一个确定能赚钱的投资方案，你面临着两种选择：要么在《华尔街日报》上发表你的高见以快捷地获得名誉；要么你对自己的方案保密并用它赚一大笔钱。大部分投资者会选择后者，这会带来了一个疑问，即是不是只有当投资者发现一个投资方案并不能产生非常规收益时才会愿意将它公之于众？因此，有效市场观点的反对者总是把"许多方法不能提供投资回报"的证据作为对"这些方法之所以成功仅仅因为它未被公诸于众"的证明。这是选择偏见中的一个问题。能够观察到的结果已被预先选出以支持市场失效的观点。因此，无法公正地评价资产组合管理人提出吸引人的股市战略的真实能力。

3. 幸运事件问题

似乎在任何一个月中，都能读到关于某些投资者或投资公司在近期具有不寻常的投资业绩的报道。这些投资者的有益记录肯定是对有效市场假定的驳斥。然而，还不能就此定论。作为对投资游戏的一个类比，考虑用一个均匀的硬币抛 50 次，看谁抛得正面的次数最多。对任何人来说，期望结果都是 50%的正面和 50%的反面。然而，如果 10000 人参加这个比赛，如果至少 1 个或 2 个参赛者抛出 75%的正面。事实上，初级统计学告诉我们，能抛出 75%以上正面的参赛者的期望人数是 2。尽管如此，要给这些人冠以"世界掷币游戏大赛冠军"的帽子是很愚蠢的。显然，他们只不过是恰好在事件发生那天交了好运而已。

有效市场显然也与此类似。在"当全部可知信息给定时，任何股票的定价是公正的"这个假定下，对某一股票下注只不过是一个掷币游戏而已。赌赢或赌输的可能性是相等的。尽管如此，从统计学的角度看，如果有很多投资者利用各种方案来进行公平的赌注。对每一个大赢家而言都会有许多大输家，但是从未听说过这些输家。然而，赢家会成为最新的股市导师而出现在《华尔街日报》上，然后他们可以通过对市场进行分析而发大财。

我们的观点认为在上述事实的后面一定会有至少一个成功的投资方案。怀疑者把结论称之为运气，但成功者则把它称为技巧。正确的检验应能考察出成功者是否能使他们的业绩在另一时期重演，但很少进行这类检验。

带着这些疑点，现在来看一些有效市场假定的经验检验。

二、弱式有效市场假说的检验

弱式有效市场假说检验原理：技术分析是否能用于价格(收益)预测，若有用则弱式有效不能成立。

对弱式有效市场假说的检验可分为两类，一类是检验资产价格的变动，主要是随机游动检验；另一类是设计一个投资策略，将其所获得的收益和简单的购买并持有策略相比较，如滤子检验。

随机游动检验的理论依据是：弱式有效假设等价于证券价格或收益的随机游动假设，如果价格或收益序列表现出随机游动的特征，说明价格或收益的变化与过去的价格无关，当期价格反映了历史价格所包含的所有信息，市场是弱式有效的。

随机游动模型有 3 种形式：独立同分布增量、独立增量和不相关增量。独立同分布增量是随机游动最简单的形式，序列 $\{P_t\}$ 满足

$$P_t = \mu + P_{t-1} + \varepsilon_t, \varepsilon_t \to \text{i.i.d}(0, \sigma^2)$$

式中： μ 为价格变化的期望；i.i.d$(0, \sigma^2)$ 表明 ε_t 是均值为 0，方差为 σ^2 的独立同分布随机变量。

如果假设 ε_t 服从正态分布，那么，对 $P_t < 0$ 将始终存在一个非零的概率，这与现实不符。因此，更合理的假设是，资产价格的自然对数 $p_t = \log(P_t)$ 服从具有正态分布增量的随机游动，即 $p_t = \mu + p_{t-1} + \varepsilon_t, \varepsilon_t \sim N(0, \sigma^2)$。独立增量和不相关增量的随机游动都是对独立同分布增量条件的放宽得到的。独立增量意味着 ε_t 可以是条件异方差的，而不相关增量意味着包括非独立但不相关的增量过程。

1. 序列相关性检验

对于不相关增量随机游动的检验等价于检验序列的相关性，给定协方差平稳的时间序列 $\{r_t\}$，自协方差为 $\gamma(k) = \text{Cov}(r_t, r_{t+k})$，序列相关系数的计算公式为

$$\rho(k) = \frac{\text{Cov}(r_t, r_{t+k})}{\sqrt{\text{Var}(r_t)}\sqrt{\text{Var}(r_{t+k})}} = \frac{\text{Cov}(r_t, r_{t+k})}{\text{Var}(r_t)} = \frac{\gamma(k)}{\gamma(0)}$$

式中： $\rho(k)$ 为收益滞后期为 k 的自相关系数，随机游动意味着所有的相关系数均为零，并且服从 $(0, 1/(n-k))$ 的正态分布。为了检验自相关系数是否符合上述假设，可以构造 Q 统计量，即

$$Q = t \sum_{k=1}^{m} \rho^2(k)$$

Q 统计量渐进地符合自由度为 m 的卡方分布，其中 m 为最长的滞后期长度。这一方法的缺陷主要是自相关阶数 m 的选择需要注意，如果定得太少，高阶自相关就会被遗漏；如果定得太多，则会因高阶自相关的不显著而削弱检验的效果。

2. 滤子检验

滤子检验(Filter Test)是由 M.Schmidt Alexanda (1964)提出的一种检验资本市场是否达到弱式有效的方法。这类交易策略不必进行推断，因为这种方法的目的是直接检验特定交易系统的有效性。这种检验的前提是，一旦证券价格波动超过了给定的百分比，它将沿着相同的方向继续变动。因此，投资人可以采用滤子原则获得比买入并持有策略更高的收益率，从而说明市场没有达到弱式有效。举个简单的例子，如果证券日收盘价上涨超过了 $X\%$，

那么买入证券，直到证券价格从上涨后的高价位至少下跌了 $X\%$，此时，卖出证券并同时做空。空头应该维持在价格从下跌后的低价位至少上涨了 $X\%$，此时，回补空头并买入证券。其中的 $X\%$ 就叫作滤子。应用滤子检验应注意的问题是，它并不一定是资本市场无效的证据，因为扣除滤子规则的执行成本之后获得的利润可能就等于零了。

3. 游程检验

游程检验是一种非参数检验的方法，它的原假设为如果价格的变化是随机的，那么游程的个数应该服从一定的分布。其中一个游程是指同一个符号的一个不间断的过程(比如说，上涨记为+，连续 3 天上涨后第 4 天下跌，那么这前 3 天就为一个游程)，用 n 表示所有样本的个数，n_i $(i=1,2,3)$ 分别表示当天价格上升、下降和不变的样本的数目。那么设期望的游程个数为 M，其标准差为 S_M，则

$$M = \frac{n(n-1) - \sum_{i=1}^{3} n_1^2}{n}, \quad S_M = \left\{ \frac{\sum_{i=1}^{3} n_i^2 [\sum_{i=1}^{3} n_i^2 + n(n+1)] - 2n \sum_{i=1}^{3} n_i^3 - n^3}{n^2(n-1)} \right\}^{1/2}$$

当 n 足够大时，M 近似地服从正态分布，构造服从标准正态分布的统计量 k 为

$$k = \frac{A_c - M \pm (1/2)}{S_M} \sim N(0,1)$$

式中：A_c 为真实的游程个数；1/2 为连续性调整因子。

当 $A_c < M$ 时，符号为正；当 $A_c > M$ 时，符号为负。

三、半强式有效市场假说的检验

对半强式有效市场的检验原理：基本面分析是否可以帮助投资者获得超额利润。

对半强式有效市场的检验方法：事件研究法。作为研究证券价格经常使用的实证工具，事件研究是指运用金融市场的数据资料来测定某一特定经济事件(公开信息)对证券价格的影响，目的是判断证券持有人在对特定事件出现的信息做出反应时是否获得超额收益。如果市场是半强式有效的，有关事件的影响将立即反映在证券价格中，任何人不能利用此公开的特殊事件获得持续的超额收益。事件(新信息)一般指新股票的上市、财务报表的公布、市盈率的高低、股票的分割及巨额交易等。

事件研究的具体步骤如下。

1. 确定事件

确定所要研究的事件，明确事件所涉及公司证券价格的研究期间：事件窗口(Event Window)。一个事件可能与公司发布的特定信息(如盈利公告)、政府行为(如税法修改)或其他可能导致证券重新估价的信息相关。事件窗口是指与事件相关的信息到达市场参与者的时期。

2. 分类标准

确定事件之后，要选择一定的分类标准对所要求研究的股票归类。若要研究不同行业对某一事件的反应，则可把行业代码作为分类标准。分类标准确定之后，需要按照分类标准对上市公司的特征进行描述，如公司市场资本化、行业代表、事件发布的时间分布等，并注明通过选样可能导致的任何偏差。

3. 界定正常和超额收益

事件对证券价格的影响必须用超额收益来衡量。正常收益是指假设不发生该事件条件下的预期收益。超额收益是事件期内观察到的收益与预期收益之差。正常收益根据资产定价模型的不同而不同，比如说市场模型、三因素模型和四因素模型。因此，为了正确地估计出超额收益，也就是事件对证券价格的真实影响，必须尽可能准确地估计出正常收益的模型。

4. 参数估计

选定正常收益的生成之后，就要对模型中的参数进行估计。通常选择事件发生之前的一段时间作为估计窗口，选择估计窗口上的样本数据对模型参数进行估计。

5. 实证结果和解释

使用正常收益模型中估计出的参数，就事件对证券超额收益的影响进行实证检验，根据结果得出结论，并做出解释。

四、强式有效市场假说的检验

强式有效市场的检验要回答的问题可以归结为内幕消息是否有用？是否有某些投资者拥有市场上没有公开的私人信息？投资机构的行为在多大程度上偏离了强式有效市场的模型？

检验方法为检验基金或有可能获得内幕消息人士的投资绩效评价，若被评估者的投资绩效确实优于市场平均，则强式有效不能成立。

1. 共同基金绩效

过去的强式有效市场的检验只把一类人作为研究对象，他们就是基金经理。研究他们的目标归结为两个：第一，基金经理是否利用私人信息获取超额利润；第二，某些基金是否可以向市场揭示这些私人信息？詹森(Jensen，1968)用 1955—1964 年的全年数据作为研究，结果令人惊讶，扣除研究成本、管理费用和佣金等交易成本后 10 年中超额收益的平均值为-1.1%。即使当用扣除总费用之前的收益来计算时，平均每年为-0.4%。詹森的研究结果表明，共同基金不能很好地预计证券价格，这一结果拒绝了共同基金管理者拥有私人信息的假说。梅因斯(Mains，1977)对詹森的研究提出了批评，改进后得出结论，共同基金的总收益率高于随机选择相同风险的投资组合的收益率，但是当减去成本(交易成本和管理费用)后，共同基金净业绩与一般的投资组合策略的业绩相同。

2. 内幕交易

强式有效市场检验的另一个领域来自对内幕交易的研究：获得私人信息的内幕人能否战胜市场？贾菲(Jaffe，1974)收集了有关内幕交易的数据，同时调查了规则变化对内幕交易的影响。得出结论：内幕交易能够帮助内幕人获得超额收益，从而战胜市场，美国证监会对事件的管制没有影响到内幕交易行为。后来芬纳蒂(Finnerty，1976)的研究支持了贾菲的上述结论。

对于半强式有效假说的研究肯定结果与否定结果几乎一样多。但是对于强式有效假说的研究则否定结果比肯定结果多。这就是说，利用内部信息，一般是能够获得超额收益的。因此，世界各国都有利用内部信息进行证券交易非法的法律条文规定，以保证证券市场的健康发展。

第三节　对有效市场的挑战

虽然有大量的实证文献支持市场是弱式有效和半强式有效的假定，但自20世纪80年代以来，一些反常的实证结果开始出现，如"日历效应""小公司效应""非理性繁荣""反转效应"等异常现象。这些现象的存在，说明投资者有可利用的前提，即有可能获得超额利润。许多无法用有效市场理论来解释的现象使有效市场假说遇到了一系列非常棘手的挑战。对相关现象的探讨及实证研究的结果，构成了当前热门的《行为金融学》的基础。

一、理论上对 EMH 的挑战

有效市场理论是建立在 3 个逐渐放松的理论假设之上的。首先，投资者被认为是理性的；其次是非理性投资者的证券交易是随机进行的；最后即使非理性的投资者犯同样的错误，他们会在市场中受到理性投资者的套利行为，从而保证市场有效。理论上对 EMH 的挑战主要围绕这几条。

(1) 对理性人假说的挑战。有效市场假说最核心的理论基础是理性人假设，它秉承了新古典经济学中理性人的内涵。将人假定为具有完全信息、完全计算能力、追求个人效用最大化的"超人"。实验经济学、认识心理学最新研究成果表明，投资者并非像有效市场理论认定的那样。投资者对每一决策方案的未来结果及其概率分布也是无从知晓的；即使知道每一决策方案结果的概率分布，其对不确定性后果进行预期时常常会违反贝叶斯法则和其他概率最大化理论(Kahneman and Tversky，1973)；即使他没有违反贝叶斯法则和其他概率最大化理论，但投资者的计算能力是有限的，他也无法进行精确计算。其风险态度和行为经常会偏离预期效用论的最优行为模式，人在决策过程中不仅存在直觉偏差，还存在框架依赖偏差，经常会在不同的时候对同一问题做出不同的相互矛盾的选择。因此，投资者的决策并非是理性的。

(2) 对非理性投资者证券交易的随机性的挑战。Kahneman 和 Tversky 的研究表明，人们并不只是偶然偏离理性，而是经常以同样的方式偏离。入市不深的投资者在多数情况下是按照自己的投资理念来买卖股票的，他们的买卖行为之间有很大的相关性。他们之间的交易也并非是随机进行的，而是在大致相同的时间，大家都试图去买或卖同样的股票。由于受传言的影响，或者大家去模仿周围人的行为，噪声交易者的行为就有一定的社会性，大家就会犯同样的错误(Shiler，1984)。

(3) 对套利有效的挑战。根据有效市场假说，非理性的投资者犯同样的错误，使证券价格被高估或低估，但是他们会在市场中受到理性投资者的套利行为，而后者会消除前者对价格的影响。然而这种套利机制的作用是否有效，关键在于能否找到受噪声交易者潜在影响的证券的近似替代品。为了回避风险，套利者在卖空价格高估的证券的同时，必须能买进同样或相似且价格没有高估的替代证券。对于许多衍生证券来说，替代品是容易找到的，但对于基础证券来说，大多数情况下没有明显的替代品，这使得套利能力受到限制。因此，价格偏差消失前可能会继续错下去。随着越来越多的异常现象的发现，以及理论上对有效市场假说的质疑，人们开始转而寻求其他领域的解释，如金融噪声理论、分形市场假说，协同市场假说均对其进行过批评和修正，但真正具有挑战力的只有行为金融学。行为金融理论正是依靠挑战有效市场假说来获得生命力的。

二、实证检验对 EMH 的挑战

1. 日历效应

大量实证研究表明，证券市场中存在着有悖于有效市场假说的异象，日历效应就是其中之一。日历效应是指证券市场出现的在某一特定时间进行交易可以获得超额收益率的现象。其中，著名的日历效应有一月效应、月度反转效应、周一效应、日末效应和节日效应。

在美国，具体表现为"一月份效应"和"周末效应"。Rozeff 和 Uney(1976)发现，1904—1974 年间纽约股票交易所的股价指数 1 月份的收益率明显高于其他 11 个月的收益率。Oultekin(1953)研究了 17 个国家 1959—1979 年的股票收益率，其中 13 个国家 1 月份的股票收益率高于其他月份。Kejm(1983)发现公司的"规模效应"与 1 月效应有密切的联系。他将纽约股票交易所的股票按规模分为 10 组，然后逐月计算最大组与最小组的收益率之差。结果发现 1 月份规模最小的公司比规模最大的公司的收益率高出 14%左右。还有其他一些研究发现"星期效应"(见 Dimson，Elroy1988)，即证券市场中一周内各交易日收益率的差异。Cross 发现美国股票市场周一平均收益率为负，周五为正，且两者存在显著的统计差异，其后该现象在世界很多股票市场检验中得到确认。

既然日历效应可以用简单的交易规则产生超额收益，这与半强式有效市场假说是不一致的。

2. 小公司效应

小公司效应是指小盘股比大盘股的收益率高。Siegel 的研究发现，平均而言小盘股比大盘股的年收益率高出 4.7%，而且，小公司效应大部分集中在 1 月。公司的规模和 1 月份的到来都是市场已知信息，这一现象明显地违反了半强式有效市场假设。另外，Lakonishok 等的研究发现，高市净率的股票比低市净率的股票收益率低得多。市净率与收益率明显的反向关系表明了已知的信息对于收益率有明显的预测作用。

一个值得注意的特征是，规模收益的差异在各个国家之间差别相当大。Margaret Levis(1985)对英国的研究显示，规模收益之差平均为每年 6%。Rolf W.Banz(1981)估计的规模收益为每月 0.84%。规模收益较大的澳大利亚，每月大约为 6%(Philip Brown,Allan W.Kleidon,Terry A.Marsh,1983)。Eugene F.Fama 和 Kenneth R.French(1992)也发现，收益与公司规模之间存在极强的负相关关系；小公司股票的平均收益率一般高于大公司(平均而言，小公司每月的收益率为 1.64%，大公司为 0.90%)。这进一步证实了存在小公司效应。这一结论也不支持半强式有效市场假设。

第四节　资本配置效率

一、资本配置(定价)效率理论

资本市场是现代经济中资本动员和资本配置的一种重要途径，资源配置是一个资本市场与宏观经济和微观经济的结合点。资本动员和资本配置是一国金融对本国和世界经济发生影响的根本方式。相对于资本动员而言，资本配置更难。一国金融体系能否做到资本的有效配置关系到一个国家的长久发展。顾名思义，**资本配置效率**就是指资本市场将稀缺的资本配置到边际效率最高的企业或产业部门这种机制的有效程度。国际资本市场是一种将现代世界经济结合起来的重要力量。国际资本流动已经成为世界经济发展中的强大动力。正是由于资本市场的存在，才使得各个国家中效率最高者不断获得发展的资本。

就资本配置效率而言，资本资产价格是资本市场上分配资本的最有效的指标，在资本资产价格完全由市场决定的情况下，当资本市场供求达到均衡时所决定的资本资产价格所动员的储蓄刚好满足了融资者对资本的需要，此种情形下的资本配置是有效率的。此时资本按边际效率最高原则分配到了效率最高的企业。债券的吸引力在于按债券的价格将资本吸纳到发行人手中，迅速发行完毕本身意味着市场的均衡和资本的有效配置。

股票的价格决定是一个复杂的信息处理过程，在交易市场上由交易所集中竞价使股票的风险和收益预期迅速反映到股票价格上，对高效率的企业有一个高的价格确认，使资本流向高效率的企业；在一级市场上，由于并不存在投资者的集中竞价，而是事先由发行公司与投资银行协商确定，因此就存在着一个价格确定的模糊区间。如果发行价格确定过高则发行公司受益，投资者受损；如果发行不出去，则投资银行就必须全部认购，增大了投资银行的风险；如果发行价格过低，则发行公司受损，投资者受益。然而，无论发行价格过高还是过低都说明了发行市场低效性的存在。因此，在发行市场上投资银行起着关键的作用。因此，发行市场效率要通过发行市场上投资银行之间激烈的竞争来实现。

投资者最终是否投资于某家企业，取决于该家企业给投资者带来的收益的高低。投资者的股权收益有两个来源：红利和资本利得。前者来自于公司，而后者来自于证券市场。对公司而言，股权融资的成本主要是未来支付的红利，稳定和较高的红利支付对投资者是一个巨大的吸引力。假设公司也希望一个稳定的红利率 d，且每年红利增长率为常数 g, $d(1+g)$ 就是股东的红利收益，因此红利率相对于利率越高则股价就越高。一般而言，红利率 $d(1+g)$ 应该高于无风险收益率 r，原因在于，股权的收入流是不稳定的，股东要求对其风险予以补偿，红利率超过无风险收益率的部分反映了公司对投资者所承担风险的收益补偿。投资者的风险厌恶程度越高，则要求对风险的收益补偿就越高，只有这样才能使公司获得相应的股权资本，也只有投资者的风险总能够获得满意的收益补偿的公司才能最终不断地获得资本。

寻求买卖差价的过程使投资者获得了资本利得。而且股权市场还存在着资产组合多样化(Diversification)效应，这根源于股票的两种不同来源的风险：系统性风险和非系统性风险。前者可以通过多样化予以平均，后者则可以通过多样化来降低或消除。多样化效率的存在，使得高风险企业在存在良好的利润的前提下能够在股权市场上融集到必要的发展资本，这是股权市场资本配置效率高的一个重要方面，也是推动一国经济发展的重要的资本动员和配置功能所在。对首次公开发行的股票，在股票风险被投资者认定的前提下，其价格与同类上市股票价格的差是吸引投资者承担风险的内在动机。对于已经上市的股票的意义在于，如果单个证券的实际收益偏离其理论而收益过低，则其在资本市场上就只能以低价募集新股本，难以新发行股票。因此，风险的评估对资本市场的配置效率具有重要意义。

因此，具有高效率资本配置的市场，应该是一级市场能够接纳任何风险和能够度量的证券，使新发行证券的风险被足够高的收益补偿；二级市场能够给予不同效率的企业以不同的价格，使风险与收益对称，并且同等风险获得同等的边际收益。尽管目前世界上没有一个股票市场达到完全的配置效率，但是如果一个市场不能给予不同的企业以不同的风险-收益评价，则市场就不能最有效地实现资本配置。就一级市场和二级市场在资本配置中的不同作用而言，一级市场是资本的最终的和直接配置，二级市场是资本的中间和间接配置。直接配置以企业直接获得发展资本为特征；间接配置以上市公司的高效益被投资者评价为优质股票而使资本向这些股票集中为特征。通过这种资本配置的投资选择过程给予高效率企业以大规模、低成本融资的优先权，从而实现社会资本向高效率企业集中的资本有效配置原则。

由上述分析可以看出，资本市场配置效率的第一步需要在一级市场实现，其效率的提升主要靠一级市场投资银行的竞争来得到；第二步，也是资源配置效率的关键部分，要通过二级市场投资者对企业股票的价格接受程度来实现。上述两步其实都是资本市场的定价问题。如果定价可以迅速、及时地反映相关信息，那就可以准确地反映公司的发展前景，从而有利于资源向该公司配置；否则，资源就会转移。因此，归根结底，配置效率的问题就是资本市场的定价效率问题。

二、资本配置效率的理解

资本配置效率是衡量股票市场功能效率的一个重要指标。资本配置效率的提高意味着在高资本回报率的行业(项目)内继续追加投资，在低资本回报率的行业(项目)内及时削减资金流入。Jeffrey Wurgler(2000)从这一思想出发得到了定量化描述资本配置效率的方法。并且发现：与发展中国家相比，发达国家之所以发达并非是由于它吸收了更多的投资，而是由于发达国家的资本配置效率明显比发展中国家来得高，即发展中国家在更大程度上滥用了资金。而国与国之间资本配置效率之所以不同，金融市场(信贷市场和股票市场)在其中起到了很大的作用。发达国家之所以有较高的资本配置效率是由于拥有发达的金融市场。

资本配置效率可以从广义和狭义两个层面进行考察。狭义资本配置是指资本在公司内部的配置，狭义的资本配置低效率，是指公司处于生产可能边界以下，其实际产出水平与其拥有的资源的技术要求有一定的差距。资本配置低效率意味着资本配置不合理，这表现为主要由劳动雇佣过剩、资本投入过剩及两种形式的混合形式。

广义的资源配置指资本在公司之间的配置状态。从整个经济来考察，有效率的资本配置应当保证分配到每家公司的资本具有相同的边际产品，如果公司间资本的边际产品不相等，则重新调整资本的配置必然能够增加产出。而资本配置低效率的必要条件是，至少存在两家公司出现下述情况：$f'_A(k_i) \neq f'_A(k_j)$ 或者 $f'_A(k_m) \neq f'_B(k_n)$，f_A 为同行业内的两家公司的情况，f_B 为不同行业内的两家公司的情况。

三、资本配置效率和有效市场理论

在金融经济理论中，关于资本市场效率的最权威、最有影响的理论当首推"有效市场假说"，它甚至认为是现代金融理论基石之一。"有效市场假说"认为，若资本市场在价格形成中能够充分而准确地反映全部相关信息，则该市场就是有效率的。显然，按照"有效市场假说"，资本市场效率取决于市场的定价效率，两者可以画等号。应该说，在完全资本市场条件下，这两者确实具有高度的一致性。

一个有效率的资本市场，通过合理、准确的价格机制"指示器"作用的发挥，是可以实现金融资源的优化配置的。但是，也必须看到，资本市场并非完全市场，资本市场的金融资源配置，实际上表现为两个相对独立的过程。投资者在证券价格指引下，通过购买证券将手中的金融资源转移到资金需求者手中，是金融资源配置的第一阶段。这一阶段金融资源以货币资本的形式存在，尚未进入实际生产过程和实体经济结合，属于市场内部配置，是决定金融资源配置效率的中间环节；资金需求者将募集的货币资本转化为产业资本投入实际生产过程，创造有效产出，是金融资源配置的第二阶段。这一阶段属于金融资源的市场外部配置，是决定金融资源配置效率的最终环节。资本市场资源配置的优化，应是市场内部配置高效率和市场外部配置高效率的有机统一。尽管"有效市场假说"只强调金融资源配置第一阶段中市场定价效率的作用，没有体现出第二阶段中资金需求者的产出效率对金融资源配置的决定作用，但这显然是不全面的。实际上，只要价格准确而有效，那么价格就会反映第二阶段资金需求者对产出效率的决定作用，也就是说，有效市场理论通过价格信息，包括各种信息，公司的、宏观层面的、政治的等反应程度，将第一阶段和第二阶段联系在一起，所以，对资本市场定价效率，或者资本市场配置效率的考察，完全可以归结为"有效市场假说"的研究。通过对虚拟资本价格对信息的反应程度判定资本市场的定价效率，这种定价效率自然就包含了当研究拓宽到上市公司层面，整个市场上市公司募集资本的运用效率。但毫无疑问，如果另外研究资本市场上市公司对配置资源的使用效率，也是很有意义的。

本 章 小 结

(1) 本章介绍了有效市场的理论框架和实证研究。市场有效是指一个市场的价格总是"完全反映"了所有可获得的信息。有效市场假说的提出有 3 个假设条件：一是证券交易过程中无交易费用；二是市场参与者获得信息不需要支付成本；三是完全理性假设，即投资者都是追求个人效用最大化的理性"经济人"，具有同样的智力水平和同样的分析能力，对信息的解释也是相同的，股票价格波动完全是投资者基于完全信息集的理性预期的结果。

(2) 按照"所有价格充分地反映了所有相关信息"的说法，根据信息的 3 个层次定义了 3 种形式的有效市场：弱式有效市场、半强式有效市场和强式有效市场。如果价格所反映的信息集仅包含过去的交易信息，如交易价格、成交量等，则是弱式有效。在弱式有效时投资者无法利用过去的交易信息获得超额收益；如果信息集不仅包括过去的交易信息，也包括所有可以公开得到的信息，如公司盈利报告、财务报告、股票细拆等，则为半强式有效。在半强式有效状态下这些公开信息可以迅速在股价中得到反映，因此利用当前的公开信息也是不能获得超额收益的；如果信息集包含了不为大众所知的内幕信息，则为强式有效。这 3 种类型的有效市场具有包含的关系。强式有效是有效市场的最高形式，如果达到了强式有效，则一定达到了半强式有效和弱式有效，如果市场达到了半强式有效，则一定达到了弱式有效。可见弱式有效是有效市场的最低层次。根据 3 个定义，又可得到 3 个推论，3

种有效市场的检验就是建立在 3 个推论之上。

(3) 有效市场假说提出以后,许多学者通过实证检验来检验市场是否有效。对弱式有效市场的检验方法主要有序列相关性检验、滤子检验、游程检验;对半强式有效市场的检验方法主要是事件研究法;对强式有效市场的检验方法主要有共同基金绩效和内幕交易。

(4) 虽然有大量的实证文献支持市场是弱式有效和半强式有效的假定,但自 20 世纪 80 年代以来,在理论上和实证检验上都对有效市场假说提出了挑战。一些反常的实证结果开始出现,主要有日历效应、小公司效应,对相关现象的探讨及实证研究的结果,构成了当前热门的《行为金融学》的基础。

(5) 资本配置效率就是指资本市场将稀缺的资本配置到边际效率最高的企业或产业部门这种机制的有效程度。归根结底,配置效率的问题就是资本市场的定价效率问题。资本配置效率可以从广义和狭义两个层面进行考察:狭义资本配置是指资本在公司内部的配置;广义的资源配置指资本在公司之间的配置状态。一个有效率的资本市场,通过合理、准确的价格机制"指示器"作用的发挥,是可以实现金融资源的优化配置的。

实 训 课 堂

基本案情:

上证综合指数日收益率春节效应检验及可能的成因。考虑到对于中国人来说,最重要的节日便是春节,春节期间的股市平均收益率与其他时刻的平均收益率会有何不同?本节将对中国上交所上证综指是否存在春节效应进行检验。分别考察春节前后 15 个交易日的日对数收况。从 1997 年 1 月 1 日至 2010 年 9 月 3 日的样本区间内共有 14 个农历新年,日收益率均值及标准差如表 13-1 所示。

表 13-1　日收益率均值及标准差

项　目	日收益率均值	日收益率标准差
年前 15 个交易日	0.001187	0.02016
年后 15 个交易日	0.006663	0.09568
全部数据	0.000321	0.017370

从表 13-1 中可以看出,无论是新年前的还是新年后的 15 个交易日,日收益率均值都大于从 1997 年 1 月 1 日至 2010 年 9 月 3 日的所有日收益率数据的平均值 0.000321,日收益率标准差也都高于全部数据的标准差。尤其是春节后的 15 个交易日表现得更为明显。

下面采用含虚拟变量的回归模型对春节效应进行分析,建立含春节前后交易日影响的均值模型分析收益率分布的春节效应特征,引入虚拟变量 D_{it} (i=1, 2, 3),当收益率为春节后 15 个交易日的收益率时 $D_{1t}=1$，年内其他日 $D_{1t}=0$；当收益率为春节前 15 个交易日的收益率时 $D_{3t}=1$，年内其他日 $D_{3t}=0$。

检验春节效应的回归模型为

$$r_t = a_0 + a_1 D_{it} + \varepsilon_t \quad i=1,3$$

检验中若回归系数显著不为 0，表明存在春节效应。

对数据做回归得到如表 13-2 所示结果。

表 13-2　回归结果

效应类型	检验方程	a_1	t
春节效应(年前)	$r_t = a_0 + a_1 D_{3t} + \varepsilon_t$	0.000925	0.745386
春节效应(年后)	$r_t = a_0 + a_1 D_{1t} + \varepsilon_t$	0.002300	1.861759
	Sig.of t	F	Sig.of F
春节效应(年前)	0.4561	0.555600	0.456092
春节效应(年后)	0.0627	3.466148	0.062726

可以看出，春节年前的效应是不显著的，但春节年后的效应较为显著(显著性水平为 0.062726)。

进一步建立春节前后交易日整体影响的均值模型，引入的虚拟变量同上，回归模型为

$$r_t = a_0 + a_1 D_{1t} + a_3 D_{3t} + \varepsilon_t$$

结果如表 13-3 所示。

表 13-3　回归结果

变　量	系　数	标准差	统　计	概　率
C	0.000101	0.00032	0.311227	0.7556
$D1$	0.002373	0.00123	1.916667	0.0554
$D2$	0.001087	0.00124	0.873934	0.3822
F	2.114831	Prob(F-statistic)		0.120817

可以看出，在 10% 的显著性水平上，该均值模型总体不显著。

综上，春节效应的确存在，表现在春节后的 15 个交易日的收益率显著高于年内其他日的收益率，但春节前的 15 个交易日的收益率并不显著高于年内其他日。这在一定程度上解释了 2 月、3 月日收益率均值较高的原因。

(资料来源：巩雷. 基于行为金融的中国股市日历效应分析. 2011)

思考讨论题：

1. 这在有效市场假说的挑战中，称为什么现象？并解释含义。

2. 你还能举出一个对有效市场假说的挑战吗？

3. 查资料对春节效应作出行为金融学解释。

分析要点：

(1) 这个现象称为"日历效应"，日历效应是指证券市场出现的在某一特定时间进行交易可以获得超额收益率的现象。

(2) "小公司效应"，指小公司股票的平均收益率一般高于大公司，这对半强式有效市场假设提出了挑战。

(3) 对春节效应的行为金融学解释。

① 出于中国人的传统习俗，我国无论是个人还是企事业单位都对春节十分重视，单位在春节期间一般会发放较大数额的奖金、绩效工资、福利、退休金等，而且很多投资者，尤其是个人投资者，会以农历的新年为界而不是元旦为界，在春节后形成新的一年的预算，划分心理账户并进行股票投资，这些因素使得春节后的交易量较高，推动股价上涨。

② 人的心理因素应该也会发挥一定的作用。行为金融理论认为股票价格的波动会受到许多因素的影响，包括内部因素和外部因素，很多异常现象可以通过研究股票市场投资者的心理和行为来探求原因。对年后春节效应来说，投资者对于新的一年的美好期望，以及对新的一年的良好经济发展期盼，使得较多投资者做多，进而使节后一段时间内股市的收益率显著高于年内其他日的收益率。

③ 春节之前，公众因为过节需要，流动性需求大幅增加，投资机构的支付压力也会增大，这些都使金融资产的变现需求提高，资金面临从股市净流出的压力，而年后流动性需求大幅下降，所以，春节之前的一段时间可能正是由于存在这样一个利空因素，利空与利好因素的相互作用使节前的春节效应并不显著。

④ 按照行为金融理论，①中所提到的较大额度的奖金或福利对很多投资者而言属于非计划内的财富，往往会有较高的比例被归类于高风险资产层心理账户，主要用于投资于股市获得短期资本利得，这也会造成春节期间交易活跃，股价上涨。

复习思考题

一、基本概念

有效市场　有效市场假说　弱式有效　半强式有效　强式有效　序列相关性检验 滤子检验　游程检验　事件研究法　共同基金绩效　内幕交易　资本配置效率

二、判断题

1. 完全理性假设暗含着股票价格波动完全是投资者基于完全信息集的理性预期的

结果。 （　　）

2. 市场半强式有效是指市场价格已充分地反映了所有可获得的信息，这些信息包括已公开的或内部未公开的信息。 （　　）

3. 强式有效市场上基本面分析是无效的。 （　　）

4. 资本配置效率的降低意味着在高资本回报率的行业(项目)内继续追加投资，在低资本回报率的行业(项目)内及时削减资金流入。 （　　）

三、单项选择题

1. 如果价格所反映的信息集仅包含过去的交易信息，则为(　　)。
   A. 弱式有效市场　　　　　　　　B. 半强式有效市场
   C. 强式有效市场　　　　　　　　D. 有效市场

2. 有效市场假说的假设条件不包含(　　)。
   A. 证券交易过程中无交易费用　　B. 市场参与者获得信息不需要支付成本
   C. 完全理性假设　　　　　　　　D. 信息是完全的

3. 信息的 3 个层次不包括(　　)。
   A. 历史信息
   B. 私人信息
   C. 所有可用的信息
   D. 包括历史信息的所有可以公开获得的信息

4. 用于检验半强式有效市场假说的是(　　)。
   A. 序列相关性检验　　　　　　　B. 游程检验
   C. 事件研究法　　　　　　　　　D. 共同基金绩效

四、简答题

1. 有效市场假说的假设条件是什么？
2. 有效市场的挑战有哪些？
3. 什么是日历效应？

五、论述题

1. 试述有效市场假说的内涵及分类。
2. 什么是资本配置效率，谈谈你对它的理解，并说明它与有效市场理论之间的关系。

第十四章　行为金融理论

【学习要点及目标】

- 掌握经济人假设、理性人假设、有限理性人假设。
- 掌握行为金融的核心理论以及非理性行为模式。
- 掌握行为投资策略的内容。
- 理解行为组合理论。
- 理解行为金融与公司财务政策之间的关系。

【核心概念】

经济人　理性人　基本面风险　噪声交易者风险　执行成本　模型风险　小数法则　记忆偏差　小盘股投资策略　集中投资策略　资本结构　投资行为

行为金融是金融经济学的一个分支，它采用心理学的观点，研究投资者进行金融决策的方式，主要研究金融市场在一些经济主体表现出人性弱点与复杂面时发生的情况。它把注意力集中于投资者进行"奖赏"股票挑选时的心理，这些股票挑选方法会引起市场对影响股价的新信息过度反应或反应不足。行为金融学的许多方面是源于对1987年股市崩溃的持续性学术研究。在1987年10月股票崩溃之前，正如前面所述，金融市场理论一直以有效市场假说为中心。有效市场假说坚持股票市场的理性和稳定性，否认市场上存在狂热的投机较量，并认为，根据所有公开的信息，股票价格代表了公司未来盈利的最优估计值。因此，信息灵通的市场参与者之间的竞争推动力金融资产价格达到这一反映未来支付流的最优预测值。根据这一理论，市场中实际被高估的或者被低估的股票价格却总被认为是已经有效反映了所有信息的合理价格。

有效市场假说理论家是如何为股市崩溃解释的呢？许多有效市场假说的批评家声称，有效市场假说的支持者正在抓救命稻草。令人产生疑惑的是，在1987年10月股市崩溃的那一天，美国公司未来所有股利的最优估计值是否下跌了23%？由于强调基本面信息，有效市场假说曾遭到了源于1987年股市崩溃的强烈质疑。金融经济学家分为两派：一派认为市场是有效的；另一派认为金融市场行为最好由心理因素而不是有效市场追随者所支持的理性行为原则来解释。

行为金融学作为行为经济学的一个分支，它研究人们在投资决策过程中的认知、感情、态度等心理特征，以及由此引起的市场非有效性。行为金融学对有效市场的批判首先就是针对理性人假设和无套利假设这两个主流金融经济学的基本观点。

第一节 有限理性

一、经济人假设

经济人假设是整个经济学思想体系中的前提性假设和基础性假设，并被作为全部理论的逻辑支撑点和方法论原则。内容如下：第一，人是有理性的。每个人都是自己利益的最好判断者，在各项利益的比较中选择自我的最大利益。第二。利己是人的本性。人们在从事经济活动的过程中，追求的是个人利益，通常没有促进社会利益的动机。第三，个人利益最大化，只有在与其他人的协调中才能实现。交换是在经济人的本性的驱使下自然而然发生的。人类的交换倾向是利己本性的外在形式和作用方式，"理性言语是诸种能力的必然结果"。

这种意义上的经济人假设遭到了不少人的指责，经济人的假设逐渐演化为理性人假设，强调经济主体总是追求其目标值或效用函数的最大化，至于这种目标是利己的还是利他的则不作具体的界定。将追求自身欲望的满足或追求快乐作为人们从事各种活动的根本动机，并不意味着人必定是损人利己的。这种根本动机既可能具体表现为利己动机，通过利己但不损人的方式或损人利己的方式来实现，也可能具体表现为利他动机，通过利他不损己的方式或舍己为人的方式来实现。人们在某些特定场合中舍己为人的行为同样源于行为者追求欲望的满足。从动机上看，可以把经济人分为两种类型：利他主导型和利己主导型。但在分析具体经济问题时，则往往假设经济主体的目标或效用函数的主要内容是自私自利的。所以，经济学的经济人假设实际是有两层含义，更基本的含义是理性人，更常用的含义是自利人。

二、理性人假设

理性人的定义包含两层含义：一是投资者在决策时都以效用最大化为目标；二是投资者能够对已知的信息作出正确的价格处理，从而对最终市场作出无偏估计。最大化的行为是从经济学的角度，对人类天性的抽象和概括，天性就是公理，公理就无需证明。数理经济学的发展使古典经济学中理性人假设具体化为一套最大化为原则的经济理论体系，完全理性的经济人几乎成为标准的经济分析基础。最大化原则构成了西方经济学中最基础、最重要的前提假设，是微观经济学中各种经济主体的目标函数，其数学表达为无条件极值或条件极值的一阶偏导等于零。从经济学中的理性人定义到标准金融学的各种理论，"理性"一词又有了其特定的内涵。

套利理论中的套利者根据资产的期望收益来估价每种资产，而期望收益率是未来可能收益的加权平均，在套利的过程中，套利者是以客观和无偏的方式设定其主观概率的，即按"贝叶斯定理"不断修正自己的预测概率以使之接近实际。除此之外，套利者还是最大效用的追逐者，他们会充分利用每一个套利机会以获取收益。

现代投资组合理论中的投资者是回避风险的理性人，他们在理性预期的基础上，以期望收益率和方差度量资产未来的收益和风险，并根据收益一定、风险最小或风险一定、收益最大化的原则寻求均值方差的有效性。资本资产定价模型中的投资者除了具有现代投资组合理论中理性人的所有特点外，还强调了投资者具有同质期望性，即所有投资者对资产和未来的经济趋势具有相同的客观评价。

有效市场假说则假定投资者除了能对各种可获取的信息作出无偏估计外，还能迅速地作出反应。综合来看，标准金融学中投资者的心理具有理性预期、风险回避和效用最大化这样3个特点，即投资者是理性人。

三、有限理性人假设

经济人或理性人假设作为一种高度抽象的理性模型，使经济学理论研究的公理化、体系化、逻辑化成为可能，然而，结合心理学的经济学研究结论不接受这种理性经济人的假定。

(1) 它不承认经济人这个前提。传统的主流经济理论把自利置于理论考察的中心，但实践表明，利他主义、社会公正等也是普遍存在的，否则，无法解释人类生活中大量的非物质动机或非经济动机。行为经济学认为，人类行为不只是自私的，还会受到价值观的制约，从而作出不产生利益最大化的行为。

(2) 传统主流经济理论认为人们会理性地自利，因而经济运行也具有自身的理性。而行为经济学理论者则认为，人本身就不是那么理性的，因此经济活动也不是那么理性的。例如，股票市场的价格常常并不是对公司的现实状况作出反应，而是对投资者的情绪作出反应，人的表象思维、心理定式，以及环境影响往往导致并不理性的错误。然而，所谓的非理性是指非经济人理性，而不是否定理性。经济人理性与非经济人理性还是相互调和的。

由此，行为金融学家最终认为：①投资者是有限理性的，投资者会犯错误；②在绝大多数时候，市场中理性和有限理性的投资者都是起作用的，而非传统金融理论中的非理性投资者最终将被赶出市场，理性投资者最终决定价格。行为金融学修正了理性人假说的观点，指出由于认知过程的偏差和情绪、情感、偏好等心理方面的原因，投资者无法以理性人的方式对市场作出无偏估计。

第二节　行为金融的核心理论

行为金融理论对市场有效性中的理性人假设提出了挑战，因为这种传统理论的分析框架已无法解释实证研究中出现的众多异象。行为金融理论引入了投资者非理性的假设，有时投资者的信念不完全的正确，有时投资者有正确的概念但是没有做出正确的选择。

有效市场假说认为，提出套利活动对非理性交易者的活动具有抑制作用，理性的投资者可以通过套利机制在短期内迅速纠正非理性投资者造成的价格偏差，从而避免非理性投资者对证券价格的长期影响。而行为金融却通过一系列的实证研究得出了相反的结论，即理性投资者无法通过套利行为纠正这种价格偏差，套利行为受到限制，它成为行为金融理论的一大理论基石。为了研究投资者如何进行决策，行为模型需要研究投资者在多大的程度上偏离了理性人的假设。行为经济学家利用心理学家的研究成果来分析投资者如何形成信念、偏好，如何做出决策，非理性行为模式也就成为行为金融的第二大理论基石。下面对这两大理论基石分别进行介绍。

一、有限套利理论

一些经验数据表明，在现实的金融市场中，套利交易会由于存在制度约束、信息约束和交易成本等而受到极大的限制。现实中的套利交易不仅有风险和有成本，而且在一定的情况下套利交易会由于受到市场交易规则的约束而根本无法进行。因此，在现实中尽管存在证券的价格与内在价值之间的偏离，即理论上存在套利的可能性，但实际上并不能无成本、无风险地套利收益，从而造成证券价格在较长的时间内处于与内在价值偏离的状态。关于有限套利的研究已经形成了初步的分析框架并积累了一定的经验证据。其中对有限套利的理论分析主要是围绕与套利相关的风险和成本进行的，与套利相关的风险主要有以下四种：

1. 基本面风险

当市场价格在基准价值以下时，很可能有关于该公司的股票价值的坏消息传出而导致股价的进一步下跌。虽然可以通过卖空替代证券来规避基本风险，但替代证券多数情况下和该证券存在或多或少的差别，不能达到100%避险的作用。

2. 噪声交易者风险

噪声交易者风险最先由德朗(De Long)提出，施莱佛和维什尼(Shleifer and Vishny) 进一步做了研究：它是指错误定价在短期内保持错误，即该公司的悲观投资者更加悲观，大量抛售该股，造成股价的进一步下挫，乐观投资者更加乐观，股价进一步上升。如果价值会向基本价值靠拢，套利者应该不用担心股价在短期内的恶化，但由于市场上实际操作的套利者都是代理人，资金经理的投资成果会受到定期检查，这使他们被迫放弃一些长期的套利机会。

3. 执行成本

套利时通常需要卖空某种证券，但卖空行为有时是被禁止的，即使允许卖空，套利者也不确定证券是否能借入足够长的时间直到价格纠正。还有一些套利策略需要经过跨国买卖，但这种行为往往受到法律上的限制，利用法律漏洞绕开这种限制的成本巨大。另外，执行成本还包括交易费用和买卖差价等。

4. 模型风险

套利者总是利用特定的模型来确定股票的基本价值，再据此比较市场上是否存在错误定价，是否有套利机会。但当市场价格与确定的基本价值不同时，可能使价格被高估或低估，也有可能是模型不正确。现实世界的套利包含了一系列的风险，在某种条件下会限制套利行为的发生并允许偏离基本价值现象的存在。假如错误定价的证券没有替代品，这时套利者面临基础风险。这种情况下套利行为被限制的充分条件是：套利者是风险厌恶型的；基础风险是系统风险，无法分散。前一个条件确保了错误定价不会被单个套利者的巨额头寸纠正，后一个条件确保了不会被大量投资者的累积头寸纠正。另外三种风险则进一步限制了这种情况下套利行为的发生。即使存在一个完美的替代品，套利行为仍然会被限制。因为德朗指出噪声交易者有足够大的力量保持这种错误定价，套利行为也会受到限制。另外还有一些情况，使完全套利变得不可能。例如存在一些原因导致大量投资者无法进入市场纠正错误定价，因为往往只有少数专业人士才能获知套利机会的存在。还有套利需要的巨额资本和先进的通信手段。

二、非理性行为模式

一般来说，投资者的非理性行为主要有两大类：①非财富最大化行为。传统金融理论认为，投资者通常会最大化他们的投资组合的预期价值，但事实上，投资者往往会最大化他们认为的比财富更重要的东西。②启发式偏见和定式心理误会。启发式偏见导致投资者形成定式心理偏差而不正确的处理信息。要非财富最大化行为导致证券市场的错误定价，整个市场必须作为一个整体都从事这种行为，但这种情况发生的可能性很小，而定式心理偏差导致证券市场的错误定价则是完全可能的。这些心理偏差主要有：财富效应、合成效应、过度自信、小数法则、突出性、保守性、记忆偏差、框架效应。大部分投资者对于财富效应、合成效应、框架效应是比较熟悉的，因此本节主要介绍一下过度自信、小数法则、突出性、保守性、记忆偏差这五种效应。

1. 过度自信

大量证据表明，人们通常对自己的判断过于自信，主要表现在这两个方面：首先，在估计可能性时不够精确。当人们说肯定某件事情会发生时，实际上此件事情发生的可能性只有 80%；而当人们说肯定某件事情不会发生时，实际上此件事情发生仍有 20%发生的可能性。其次，置信区间过于狭窄，98%的置信区间实际上只有60%的置信度。过度自信的一种特定形式是认为对于未来的情形必须将现在能看到的特定因素作为直觉权重重新判断。过度自信源于人们某种深层心理现象，例如自我归因偏差。

2. 小数法则

特维尔斯基和吉洛维奇发现了另一种认知偏差，这种认知偏差就是忽略样本大小，即根据较小的数据推断总体的特征，有时也被称为小数法则。人们往往期盼着他们在小样本里获得的概率分布是和大样本一样的。例如，比较扔 20 次硬币和扔 5 次硬币的结果，后者获得 80%国徽向上的可能性要大得多，但很多人不这么想。与此同时，人们又会低估大样本与全体人口的相似性。比如，卡尼曼等发现，一般人认为在一天里，750‰个婴儿是男婴的概率超过 10%，但实际概率仅为 1%。

3. 突出性

若近来发生某一并不经常发生的事情，人们就倾向于高估该类事件在未来发生的可能性。如发生一起坠机事件，人们就会高估此类事件在未来发生的可能性。突出性同样也会导致投资者对新信息作出过度反应。

4. 保守性

保守性会导致对新信息不够重视、反应不足的情形发生。一旦形成某种观念或假设，即使再有与之相左的新信息出现，也很难改变原有的想法和观念。人们倾向于在形成期望时低估最新消息的作用，或者说，人们对新信息很保守。面对不确定的情况做预期决策的时候，经常会表现出非贝叶斯法则，或是其他对概率理论的违背。

5. 记忆偏差

当判断某一事件发生的可能性时，会用到记忆中的相关信息，那些近来发生的、感受深刻的记忆会最先浮现在脑海中并对判断造成重大影响，很容易导致带有偏见的判断。

第三节　行为投资策略

金融投资的一个基本哲学问题是：投资者能否长期战胜市场？对这个问题有两种不同的回答，代表了两种不同的投资哲学：①投资者不能长期战胜市场。这表明投资者认为市场是有效的，即假设证券价格已充分地反映了市场上所有可获得的信息，任何人试图取得超过市场表现的超额收益，除了幸运之外，都是徒劳的。它对应的是消极的投资策略，如组合投资策略。②投资者能长期战胜市场。这表明市场存在无效的地方，投资者可以通过对影响某种资产表现的因素进行预期，从而长期获得超额的投资利润，与它相对应的是积极的投资策略，如基本分析策略。

证券市场上的各种异象以及非理性繁荣和恐慌，既反映了市场的非有效性，也为投资者提供了战胜市场的投资策略。金融实践家巴菲特、索罗斯、泰勒等利用市场运行的特点和投资者普遍存在的心理特征，各自有着独特的投资理念和投资策略，因此，拥有了战胜市场的秘密武器。随着行为金融理论的发展，行为投资策略越来越为一些职业投资管理人所运用。具体而言，目前的行为投资策略主要有逆向投资策略、惯性投资策略、小盘股投资策略、集中投资策略、成本平均策略和时间分散化策略等类型。

一、逆向投资策略与惯性投资策略

逆向投资策略是行为金融最为成熟、也最受关注的投资策略之一。简单地说，逆向投资策略就是利用市场上存在的"反转效应"和"赢者输者效应"，买进过去表现差的股票，而卖出过去表现好的股票来进行套利。很多投资者在投资策略中，往往过分重视上市公司的近期表现，并根据公司的近期表现对其未来进行预测，导致对公司的近期业绩作出持续过度的反应，形成对业绩较差公司的股价的过分低估和对业绩较好公司股价的过分高估现象，这就为投资者利用逆向投资策略提供了套利机会。

与逆向投资策略相反的是惯性投资策略，也称为动量交易策略或相对强度交易策略，是利用动量效应所表现的股票在一定时期内的价格黏性预测价格的持续走势，从而进行投资操作的策略。也就是买进开始上涨，并且由于价格黏性和人们对信息的反应速度比较慢，而预期将会在一定时期内持续上涨的股票，卖出已经开始下跌，并且由于同样的原因预期将会下跌的股票。

在实践中，惯性投资策略已经有所应用，如利用美国的价值线排名系统实施惯性投资策略，主要是捕捉利润和股价快速增长的公司。那些排名最后的公司是那些盈利超过分析师预测的公司，而且分析师通常会忙着增加对这些公司的盈利估计，当公司的价值得到提升时，由于市场反应不足或反应缓慢，投资者可以及时买入，利用股价的持续上涨而获利。

二、小盘股投资策略

小盘股投资策略就是利用这种规模效应，对小盘股进行投资的策略。在运用该策略时，投资者找到具有投资价值的小盘股，当预期小盘股的实际价值与将来的股票价格有较大的差距时，可以考虑选择该种股票；一旦有利好消息传出时，投资者对新信息反应过度，从而使先前被低估的小盘价值股股票的价格大幅度上升。另外，由于小盘股的流通盘较小，市场上投资者所犯的系统性错误对其股价波动的影响更大，从而为掌握该种投资策略的投资者带来了超额投资收益。由于规模效应与一月效应存在着密切的联系，因此，其投资策略可以进一步发展为在某月初买进小公司股票，而在该月底卖出小公司股票。

三、集中投资策略

集中投资策略的思想最初来源于英国的经济学家凯恩斯。集中投资策略可以简要地概括为：选择少数几种可以在长期投资过程中产生高于平均收益的股票，或者说选择那些目前价值被低估，但具有长期发展前景、具有投资价值的股票，然后将大部分资本集中在这些股票上，不管股市的短期涨跌，坚持持股，直到这些股票价值得到市场的发现，导致股价回升，为投资者带来巨大的获利空间。

集中投资策略往往与价值投资策略相对应，很多实证研究发现价值股票能获得超额收益率；拉克尼肖克等在新兴市场上同样也观测到了价值投资策略的可行性。将投资集中于价值被低估的股票的投资策略之所以能过获得稳定的回报，主要有两方面的原因。一是集中投资策略有助于减少投资者的认知偏差。通过分析企业的内在价值，将注意力集中在少数几家有选择性的公司上，投资者可以对它们进行深入的研究。选择的股票越少，犯认知性的错误可能性越低，可能遭遇的风险就越小。同时，长期持有股票，投资者可以保持稳定的心态，可以避免受价格波动和市场情绪波动的影响而出现非理性行为。二是该策略能够运用价值投资理念而获利。集中投资策略往往在分析公司的内在价值，评估公司价值与当前价格的差异后，在股票被低估时买进，而不理会大盘的低迷，当股价上涨时，卖出获利。这实际上也是利用他人的认知偏差和市场的定价错误而获得超额收益。

四、成本平均策略和时间分散化策略

成本平均策略是针对投资者的损失厌恶心理，建议投资者在将现金投资于股票时，按照预定的计划以不同的价格分批买进，以备不测时摊低成本，从而规避一次性投入可能造成较大风险的策略，分批投资可以使投资者的投资成本平均化，而避免可能带来的较高损失。时间分散化策略是针对投资者的后悔厌恶心理，以及人们对股票投资的风险承受能力可能会随着年龄的增长而降低的特点，建议投资者在年轻时让股票在其资产组合中占较大比例，而随着年龄的增长，应增加债券投资比例，同时逐步减少股票投资比例的投资策略。

两种策略体现了投资者的感受和偏好对投资决策的影响，属于行为控制策略。由于投资者并不总是风险规避的，投资者在遭遇损失时所感受到的痛苦通常远大于盈利时所获得的愉悦，因此，投资者在进行股票投资时，应该事先制订一个计划，在不同的时间根据不同的价格分批投资，以减少风险和降低成本。

第四节　行为组合理论

行为组合理论包括单一心理账户(SMA)和多个心理账户(MMA)。SMA 投资者惯性投资组合各资产间的相关系数，投资者会将投资组合放在一个心理账户中；相反 MMA 投资者将投资组合分成不同的账户，忽视各账户之间的相关系数。金融顾问如基金公司向投资者建议的有价证券组合往往与标准中的金融组合不一致，例如：费雪和斯塔特曼注意到共同基金公司向投资者建议的各种投资组合中的股票、债券比例不一致，很明显，这与 CAPM

中两部分资金分离的原则相矛盾，该原则要求任何投资组合中股票、债券之比一定。

舍夫林和斯塔曼(Shefrin and Statman)建立行为投资组合(BPT)以代替马科维茨的均值-方差组合，BPT 是在马科维茨现代资产组合理论(MAPT)的基础上发展起来的。MART 认为投资者应该把注意力集中在整个组合上，将组合作为一个整体，构建投资组合时考虑协方差并对风险采取一致的厌恶态度，最优的组合配置处于均值-方差的有效前沿上。BPT 认为现实中的投资者无法做到这一点，他们实际构建的资产组合是基于对不同资产的风险态度的认识以及投资目的所形成的一种金字塔式的行为资产组合，位于金字塔各层的资产都与特定的目标和风险态度相联系，而各层之间的相关性被忽略了。如一部分资金放在保值目的的一层，面临较少的风险，一部分放在升值目的的一层，承担较多的风险。行为组合理论可以很好地解释为什么投资者存在"本土偏好"，即偏好投资本国或本地的股票的现象。按照传统的资产组合理论，由于本地股票和外地股票相关性较低，同时持有本地股票和外地股票能更有效地分散风险，而事实上大部分投资者对于外地股票不感兴趣。行为组合理论认为，由于投资者在心理上将外地股票和外国股票归为高风险资产，而忽视了它们与国内资产相关性较大的因素。

第五节　行为金融与公司财务政策

传统的公司财务理论认为，公司的管理者应该以股东价值最大化为准则理性配置资本，投资于净现值大于零的项目。这种投资管理假设需要有三个基础条件：理性投资者、资本资产定价模型和有效市场。赫什·舍夫林(Hersh Shefrin)认为，心理方面极大地影响了这三个基础条件。深层心理偏差使投资者难以按照理性的方式行动；证券市场的风险溢价也不完全由其决定，还有规模因素、价值因素、动能等；而且，股票价格通常偏离股票的基本价值。同时赫什·舍夫林认为，公司内部的行为和公司外部的行为都对公司财务政策产生影响。公司的管理者的认知不理性和情感影响容易导致决策失误。公司外部的众多投资者和分析师的认知偏差使得公司股票偏离其基本价值。在这种情况下，管理者在进行决策时不知如何把投资者的非理性因素包括进来。

一、管理者非理性情况下的公司财务政策

过度自信是管理者最常见的一种心理偏差，这是人类最显著的心理特征之一。这种心理偏差往往会导致两种非理性的投融资行为：一种是管理者选择风险高而实际收益低的项目，同时采取激进的财务政策，利用债务融资来支持投资，从而增大了财务风险。另外一种情况是过度自信的管理者会认为股权融资成本高，同时他们又不愿意通过债务等外部融资来支持投资，因而只能依赖于公司的现金流，这就可能使公司被迫放弃一些好的投资项

目。这两种情况都对公司的长远利益不利。被广泛关注的兼并收购中也存在着管理者非理性行为。出于对自身能力的过度自信，管理者会实施频繁的并购并容易出价过高。而实证研究表明，大部分的并购并没有给兼并方带来收益。

股市上投资者和分析师的心理偏差和错误预期可能导致股票价格与公司内在价值的严重偏离。而这种非理性行为又会诱使公司管理者的进一步非理性行为。例如投资者的过度乐观会导致管理者对投资项目更加乐观，从而进行风险更高的投资。Schultz and Zirmin 通过研究发现，在网络泡沫兴盛的时候，大多数上市的网络公司的管理者并不认为自己公司的股票被高估。因此，投资者和公司管理层的双重非理性行为结合起来更可能诱使泡沫经济的形成。

二、投资者非理性条件下的公司财务政策

(一)对公司投资行为的影响

投资活动，包括与主营业务相关的投资、多元化经营和兼并收购等。在传统金融学的分析框架下，理性的管理者应该投资于那些净现值大于零的项目。但是当股票的价格没有正确地反映公司的内在价值时，管理者的投资行为也会产生偏差。斯坦研究了在股市非理性的条件下，谋求公司真实价值最大的理性管理者的投资行为。他认为，如果投资者错误地认为公司拥有许多有价值的投资机会，从而导致股票价格被高估，管理者就会因此而增发股票。那么，理性的管理者就不应该把从股市上募集来的资金投入到新项目中去，因为他们知道，这些投资机会的净现值很可能小于零。同理，如果管理者认为公司的股票被低估，他们会利用这个机会回购股票，而不是撤回实际的投资项目，因为理性的投资者知道这些项目很可能带来真实的收益。因此，斯坦认为，如果从公司的真实价值出发，非理性投资者和资本市场只能影响公司融资时机和资本结构，但不会影响公司的投资行为。

很显然，斯坦的研究太理想化了，投资者的非理性行为很大程度上影响着公司的投资行为。由于大多数企业缺乏大量的内部资金和借债能力，因此管理者主要依赖于股票市场来获得资金。这种情况下，如果投资者非理性程度过高，比如股价被严重低估，此时公司如果通过股市融资，成本会很高，即使公司有不少好投资机会也不得不放弃。另外，管理者也会考虑到自身有被解雇的可能。如果投资者对公司过度乐观，管理者处于股东价值最大化的目的而拒绝投资那些被投资者看好的项目，投资者就很可能会不满，从而抛售股票导致公司股票下跌，管理者也就会面临被解雇的风险。因此，这些情况下管理者的决策就会受到投资者非理性行为的重大影响。实证研究支持这种结论。

(二)对公司融资行为和资本结构的影响

投资者的非理性也影响到了公司的融资行为。斯坦的"市场时机假说"认为，市场时机对企业资本结构具有显著的影响，公司一般会选择股票上涨阶段增发股票，而在股票被

低估时不增发或延迟增发，直到股票上涨到合适的价位。所以，对公司来说存在着最佳的融资时机和融资窗口机会。格雷厄姆和哈维对 300 多家美国公司管理者进行了问卷调查，调查发现有三分之二的 CFO 认为"股市对公司股票价格的评估是融资时需要考虑的重要因素"。另外，众多学者对首次公开发行(IPO)和增发新股(SEO)时总规模随股票市场周期的变化和对 IPO 和 SEO 后的事件研究发现，IPO 和 SEO 后股票的长期回报率下降，而宣布回购股票的公司的股票的长期回报率上升。Baker and Wurgler 指出，股票增发是未来股票投资的可靠的预测指标，增发价格往往意味着低的，甚至是负的未来回报率。这与公司管理者选择市场时机并在股价被高估时增发股票的行为是相吻合的。在"市场时机假说"的基础上产生了"基于市场时机的资本结构理论"。该理论认为公司的资本结构是一段时间内公司财务决策行为的结果。假如 A、B 两个公司在规模、盈利能力等传统理论认为的会影响公司资本结构的因素方面相似，而公司 A 的市净率高于公司 B，那么可以推断出公司 A 的管理者已经利用市场时机增发了股票，从而公司 A 有更高比例的股权资本。

本 章 小 结

行为金融学是近十几年来迅速崛起的一门科学，已经有多名行为金融学家获得了诺贝尔经济学奖，该学科也引起了越来越多的关注。相对于传统金融学，它有效地解释了许多传统金融理论难以解释的现象，与人类真实的投资行为更加接近。本章分析了行为金融理论的有限理性，行为投资策略以及行为金融与公司的财务政策还有行为组合理论等方面的知识。

但是，迄今为止，行为金融学尚未出现类似 CAPM 等受到普遍接受的理论框架。行为金融学的完善与发展尚有很长一段路要走。国内关于行为金融的研究刚刚起步，对行为金融学的理解也相对有限。纵观金融学的发展，行为金融学是一门年轻的学科，但从目前发展状况看，行为金融学有希望成为现代金融学实现突破的地方，是一个有相当大潜力并值得进一步挖掘的学科领域。

复习思考题

一、基本概念

经济人　理性人　基本面风险　噪声交易者风险　执行成本　模型风险　小数法则记忆偏差　小盘股投资策略　集中投资策略　资本结构　投资行为

二、单项选择题

1. 有限理性的决策标准是(　　)。

　　A. 最优　　　　　　B. 效用最大化　　　C. 满意　　　　　　D. 风险最小

2. 根据性别，过度自信，频繁交易和所承担的投资风险之间的关系，(　　)投资者承担的投资风险可能最大。

　　A. 单身女性　　　　B. 已婚女性　　　　C. 单身男性　　　　D. 已婚男性

3. "市场总是被高估或低估，因为人们总是贪婪和恐惧"，人的这种非理性由下列哪种因素主导? (　　)

　　A. 人的本能　　　　B. 生理能力的限制　C. 环境因素　　　　D. 心理因素

4. 根据性别，过度自信与频繁交易之间的关系，可以推测下列投资者频繁交易程度由高到低的可能排序(　　)。

　　A. 单身男性——单身女性——已婚男性——已婚女性

　　B. 单身男性——已婚男性——单身女性——已婚女性

　　C. 单身男性——已婚男性——已婚女性——单身女性

　　D. 已婚女性——单身女性——单身男性——已婚男性

5. 投资者通常错误地认为公司过去的经营业绩能够代表未来的业绩，这种判断属于(　　)。

　　A. 算法　　　　　　B. 熟识性思维　　　C. 代表性思维　　　D. 投资者情绪

三、简答题

1. 为什么说套利是有限的?

2. 你认为行为金融学的发展前景是怎么样的? 行为金融学所面临的主要挑战是什么?

3. 行为金融学有哪些核心理论?

4. 在进行投资决策时如何应用行为金融学的研究成果?

5. 投资者过度自信的原因有哪些?

附录　金融经济学的数理基础

一、线性代数

线性代数是数学的一个分支，线性代数包括：行列式、矩阵、线性方程组等基础知识。它的研究对象是向量、线性空间线性变换和有限维的线性方程组。

行列式是线性代数的重要组成部分，它是解线性方程组的常用工具，而线性方程组在经济领域的应用比较广泛。

1. 成本问题

某些产品在生产过程中能获得另外几种产品或副产品，但是对每种产品的单位成本难以确定，这类问题可以通过线性代数，列出方程组求解。例如：

在一次投料生产中能获得四种产品，每次测试的总成本如表 A-1 所示，试求出每种产品的单位成本。

表 A-1

批次	产品(公斤)				总成本(元)
	A	B	C	D	
第一批生产	200	100	100	50	2900
第二批生产	500	250	200	100	7050
第三批生产	100	40	40	20	1360
第四批生产	400	180	160	60	5500

解：设 A、B、C、D 四种产品的单位成本分别为 x_1、x_2、x_3、x_4，由此可以列出方程组：

$$\begin{cases} 200x_1 + 100x_2 + 100x_3 + 50x_4 = 2900 \\ 500x_1 + 250x_2 + 200x_3 + 100x_4 = 7050 \\ 100x_1 + 40x_2 + 40x_3 + 20x_4 = 1360 \\ 400x_1 + 180x_2 + 160x_3 + 60x_4 = 5500 \end{cases}$$

将方程组简化得：

$$\begin{cases} 4x_1 + 2x_2 + 2x_3 + 1x_4 = 58 \\ 10x_1 + 5x_2 + 4x_3 + 2x_4 = 141 \\ 5x_1 + 2x_2 + 2x_3 + 1x_4 = 68 \\ 20x_1 + 9x_2 + 8x_3 + 3x_4 = 275 \end{cases}$$

运用行列式解得：$x_1 = 10, x_2 = 5, x_3 = 3, x_4 = 2$，所以 A、B、C、D 四种产品的单位成本分别为 10 元/公斤，5 元/公斤，3 元/公斤，2 元/公斤。

2. 利润问题

企业经营几类商品，由于有些费用难以划分，因此不能确定每种商品的利润率，这种情况可以通过不同时期(或不同门市部)的总利润，列出方程组求解。

例如：某商店经营四类商品，四个月的销售额及利润如表 A-2 所示，试求每类商品的利润率。

表 A-2

月份 \ 品类	销售额/千元				利润/千元
	A	B	C	D	
1	250	200	300	600	85
2	200	100	500	800	85
3	160	300	400	750	90
4	300	250	500	500	95

解：设 A、B、C、D 四类商品的利润率分别为 x_1, x_2, x_3, x_4，可以列出方程组：

$$\begin{cases} 250x_1 + 200x_2 + 300x_3 + 600x_4 = 80 \\ 200x_1 + 100x_2 + 500x_3 + 800x_4 = 85 \\ 160x_1 + 300x_2 + 400x_3 + 750x_4 = 90 \\ 300x_1 + 250x_2 + 500x_3 + 500x_4 = 95 \end{cases}$$

将方程组化简得：

$$\begin{cases} 25x_1 + 20x_2 + 30x_3 + 60x_4 = 8 \\ 40x_1 + 20x_2 + 100x_3 + 160x_4 = 17 \\ 16x_1 + 30x_2 + 40x_3 + 75x_4 = 9 \\ 60x_1 + 50x_2 + 100x_3 + 100x_4 = 19 \end{cases}$$

解得：$x_1 = 0.10, x_2 = 0.08, x_3 = 0.05, x_4 = 0.04$。

所以 A、B、C、D 四类商品的利润率分别为 10%、8%、5%、4%。

以上两个实例只是运用了线性代数中线性方程组和行列式的方法，可以想象，更多关于线性代数的数学方法应用在经济研究领域中将会对经济发展起到多么大的推动作用。

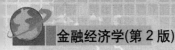

3. 线性代数在经济领域中的作用

线性代数是以抽象的数学关系形式描述客观世界运动方式的一门科学。经济数学是用数学方法来研究经济现象以及对经济学中所提出的数学问题进行专门研究的一门学科，在继续深入研究的同时，加强了数量关系的分析和研究。特别是线性代数等数学方法被经济科学广泛应用，比如，在经济学中可以使用 8 维向量来表示 8 个国家的国民生产总值(GNP)。当所有国家的顺序排定之后，比如(中国、美国、英国、法国、德国、西班牙、印度、澳大利亚)，可以使用向量 $(v_1, v_2, v_3, v_4, v_5, v_6, v_7, v_8)$ 显示这些国家某一年各自的 GNP。这里，每个国家的 GNP 都在各自的位置上。

在线性代数等数学理论与方法的帮助下，经济理论的研究工作取得了很大的进展，使人们对经济规律认识的精确性有了明显提高。特别是近 20 年来，许多经济学家都把数学和经济学结合得十分紧密。利用数学工具作为辅助手段，特别是线性代数步入经济科学的领域，成为分析、研究社会经济现象和社会经济发展服务的有力工具。

二、微积分

微积分主要分为微分和积分。在金融问题中，微分可以用来计算债券价格随收益变化而波动的方式，积分则是用来计算曲线下的面积，当需要确定某一个金融变量在特定范围内取值的可能性时，就需要计算曲线下的面积。

1. 微分

微分学提供一种方法来决定一个变量相对于一个或多个其他变量的变化而变化程度，并且决定这种变化率是增加、减少或不变。

变量 Y 相对于另一个变量 X 的变化的变化率为 Y 对 X 的一阶导数，Y 变量的变化，用 $\dfrac{\mathrm{d}Y}{\mathrm{d}X}$ 表示，只适用于给定的 X 值。要决定这个变化率是增加、减少还是以恒定速率变化，需要求出函数的二阶导数，$\dfrac{\mathrm{d}Y}{\mathrm{d}X}$ 的变化用 Y 对 X 的二阶导数表示，记为 $\dfrac{\mathrm{d}^2 Y}{\mathrm{d}X^2}$。

计算二阶导数时，只需对一阶导数进行微分即可。如果 $Y = 2X^2$，$\dfrac{\mathrm{d}Y}{\mathrm{d}X} = 4X$，则：$\dfrac{\mathrm{d}^2 Y}{\mathrm{d}X^2} = 4$

如果再进行三阶导数，就是对二阶导数进行微分，以此类推。

2. 泰勒级数展开

泰勒级数展开就是将一个在 $x = x_0$ 处具有 n 阶导数的函数 $f(x)$ 利用关于 $(x - x_0)$ 的 n 次多项式来逼近函数的方法。

泰勒级数展开的公式如下：

$$f(x) = f(x_0) + \frac{f'(x_0)}{1!}(x - x_0) + \frac{f''(x_0)}{2!}(x - x_0)^2 + \cdots + \frac{f^{(n)}(x_0)}{n!}(x - x_0)^n + R_n(x)$$

上式中，表示 $f(x)$ 的 n 阶导数，等号后的多项式称为函数 $f(x)$ 在 x_0 处的泰勒展开式，剩余的 $R_n(x)$ 是泰勒公式的余项，是 $(x - x_0)^n$ 的高阶无穷小。

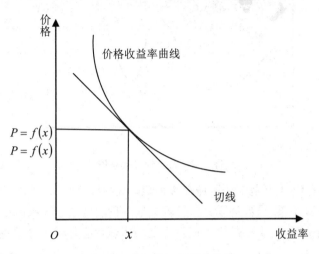

图 A-1　债券价格收益率曲线

在金融问题中，泰勒级数展开怎么解释呢？在图 A-1 中，在 $f(x)$ 中存在一点 x 等于 P，现在要在 x 变化很小时，近似的使 P 等于 $f(x)$，我们可以在加一个近似的值 h，使 $P = f(x+h) = f(x) + f'(x)h$，作为一次近似值，$Y$ 值的变化可以通过沿直线而非曲线移动取近似值。要想提高近似程度可以通过取二次近似值。

3. 最大值和最小值

在金融业务中，很多情况下我们需要知道函数的最大值或最小值。例如，希望知道在给定收益率水平下哪种资产组合的风险最小，或者希望使模型的估计参数是真实参数的可能性最大。微积分用来确定这些函数或许多其他函数的最大值和最小值。

一阶导数和二阶导数可以联合用来确定曲线上一特定点是否在波峰(最大值)或在波谷(最小值)，或者曲线斜率是否发生变化，从凹到凸或从凸到凹。图 A-2 给出波峰和波谷的例子。

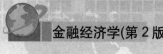
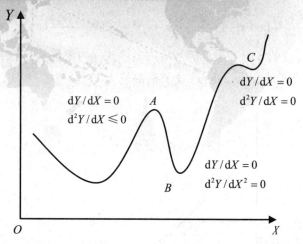

图 A-2　最大值和最小值

从图 A-2 可以看出 A 点是一个区域最大值点，就微积分而言，曲线既不上升(正的变化)也不下降(负的变化)，一阶导数为零。B 点明显在谷底，是一个区域最小值点，一阶导数也为零。C 点是一个拐点，它既不是最大值也不是最小值，但是一阶导数也为零。因此区域最大值、区域最小值和拐点都有一个共同点，他们都是固定点，在这种情况下 $\dfrac{dY}{dX}=0$。

如果区域最大值、区域最小值和拐点特征都用一阶导数等于零表示，那么在没有图的情况下我们如何知道分别是什么点呢？

这时就需要二阶导数。当 $\dfrac{dY}{dX}=0$ 并且二阶导数大于 0 时，即 $\dfrac{d^2Y}{dX^2}$ 大于 0，这点就是区域最小值。反之，如果 $\dfrac{dY}{dX}=0$，二阶导数小于 0，即 $\dfrac{d^2Y}{dX^2}$ 小于 0，这点就是区域最大值点。如果一阶导数为零，二阶导数也为零，这点可能是拐点。图 A-2 中，在 C 点一阶导数为零，二阶导数也为零。

可以总结出以下一些确定最小值、最大值和拐点的原则：

(1) 在任何 $\dfrac{dY}{dX}=0$ 的点，这点可能是区域最小值点，或者是区域最大值点，或者是拐点；

(2) 如果这点同时满足 $\dfrac{d^2Y}{dX^2}$ 小于 0，这点是区域最大值点；

(3) 如果这点同时满足 $\dfrac{d^2Y}{dX^2}$ 大于 0，这点就是区域最小值点；

(4) 如果这点 $\dfrac{d^2Y}{dX^2}=0$，并且二阶导数改变符号，这点就是拐点。

4. 积分

积分主要分为两种形式，第一种是微分的逆过程，称为不定积分；第二种形式是求曲线围成面积的过程，称为定积分。这两种形式我们都曾接触过。

(三)最优化

1. 最优化问题的数学模型和基本概念

最优化问题的一般数学模型为：

$$\min f(x)$$
$$(P) \quad s.t. \begin{cases} h_i(x) = 0 & i = 1, 2 \cdots, m \\ g_i(x) \geqslant 0 & j = 1, 2 \cdots, p \end{cases}$$

其中：$x = (x_1, x_2 \cdots, x_n)^T \in R^n$，即 x 是 n 维向量，在实际问题中也常常把变量 $x_1, x_2, \cdots, x_n$ 叫决策变量；"s.t." 是 "Subject to" 的缩写，表示"受限制于"。

满足约束条件 (P) 的 x 称为可行解或可行点，或允许解，全体可行解构成的集合称为可行域，记为 D。即：

$$D = \left\{ x \middle| h_i(x) = 0, i = 1, 2 \cdots, m, g_i(x) \geqslant 0; j = 1, 2, \cdots, p, x \in R^n \right\}$$

若 $h_i(x), g_i(x)$ 是连续函数，则 D 是闭集。

定义：若 $x^* \in D$，对于一切 $x \in D$，恒有 $f(x^*) \leqslant f(x)$，则称 x^* 为最优化问题 (P) 的整体最优解。

若 $x^* \in D$，对于一切 $x^* \in D, x \neq x^*$，恒有 $f(x^*) < f(x)$，则称 x 为问题 (P) 的严格整体最优解。

最优解 x^* 对应的目标函数值 $f(x^*)$ 称为最优值，常用 f^* 表示。

最优化问题的分类：

按有无约束方程(条件)分为有约束条件的最优化问题和无约束条件的最优化问题。

根据目标函数和约束函数类型分为线性规划和非线性规划。

最优化问题主要应该用金融中的最优投资组合的确定。在最优化问题中，我们能够使用微分法求一个函数的极大值或极小值点。进一步使用拉格朗日乘数求约束条件下的最优化值。

2. 约束最优化

在金融学问题中，投资者通常需要约束选择过程。例如投资者可以要求风险最小化，约束条件是期望收益大于或等于一个给定水平。

因此，投资组合问题就是要最小化投资组合的方差，约束条件是一个最低的收益水平。正如投资组合的方差(Z)可以表示为 ω 向量的转置 ω^T、协方差矩阵 Ω 和 ω 向量即 ω 的乘积。这样，这个问题就是一个二次规划问题，可以正式表示为：

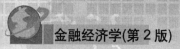

$$\min(Z) = \underline{\omega}^{\mathrm{T}} \Omega \underline{\omega}$$

$$\text{s.t.} \begin{cases} \omega_a + \omega_b + \omega_c = 1 \\ \omega_a E(r_a) + \omega_b E(r_b) + \omega_c E(r_c) \geqslant R \end{cases}$$

其中：R 是最低可接受的收益水平。

注意：矩阵中加入下划线的符号如 $\underline{\omega}$ 表示向量。

3. 投资组合选择——求最优(方差最小)投资组合

假设有三种资产 A、B、C，期望收益率分别为 0.11、0.15、0.08。协方差矩阵记为 Ω，为：

$$\Omega = \begin{array}{c} \\ A \\ B \\ C \end{array} \begin{array}{ccc} A & B & C \\ \left[\begin{array}{ccc} 0.00015 & 0.00005 & -0.00007 \\ 0.00005 & 0.00025 & -0.00003 \\ -0.00007 & -0.00003 & 0.00010 \end{array}\right] \end{array}$$

我们希望求得投资在每个投资上的比例 ω 以获得要求的收益率 11%，，且具有最小方差。即希望求解下面的问题中的 $\underline{\omega}$[即$(\omega_a, \ \omega_b, \ \omega_c)^{\mathrm{T}}$]，

$$\min(Z) = \underline{\omega}^{\mathrm{T}} \Omega \underline{\omega}$$

$$\text{s.t.} \begin{cases} \omega_a + \omega_b + \omega_c = 1 \\ 0.11\omega_a + 0.15\omega_b + 0.08\omega_c = 0.11 \end{cases}$$

注意，这是一个等式约束问题。在这个例子中，我们假设在每个资产上负的投资是不可能的。

方差 $Z = \underline{\omega}^{\mathrm{T}} \Omega \underline{\omega}$ 展开得到：

$$Z = \begin{bmatrix} \omega_a & \omega_b & \omega_c \end{bmatrix} \begin{bmatrix} 0.00015 & 0.00005 & -0.00007 \\ 0.00005 & 0.00025 & -0.00003 \\ -0.00007 & -0.00003 & 0.00010 \end{bmatrix} \begin{bmatrix} \omega_a \\ \omega_b \\ \omega_c \end{bmatrix}$$

$(= \omega_a^2 \sigma_a^2 + \omega_b^2 \sigma_b^2 + \omega_c^2 \sigma_c^2 + 2\omega_a \omega_b \, \mathrm{cov}_{ab} + 2\omega_b \omega_c \, \mathrm{cov}_{bc})$

$= 0.00015\omega_a^2 + 0.00025\omega_b^2 + 0.00010\omega_c^2 + 0.00010\omega_a \omega_b - 0.0014\omega_a \omega_c - 0.00006\omega_b \omega_c$

这样在"长期持有"下，我们的最优化问题是：

$$\min(Z) = 0.00015\omega_a^2 + 0.00025\omega_b^2 + 0.00010\omega_c^2 + 0.00010\omega_a \omega_b$$

$$- 0.0014\omega_a \omega_c - 0.00006\omega_b \omega_c$$

$$\text{s.t.} \begin{cases} \omega_a + \omega_b + \omega_c = 1 \\ 0.11\omega_a + 0.15\omega_b + 0.08\omega_c = 0.11 \end{cases}$$

4. 约束条件下的最优化：拉格朗日乘数

每个约束只有等式约束时，这种问题可以使用拉格朗日乘数。

例如，假设目标函数为：$Z = 5X + 2X^2 - 4Y$，约束条件为：$2X + Y = 20$，利用拉格朗日乘数求最优化数值。

解：首先，把约束函数变形得：

$$20 - 2X - Y = 0$$

然后把约束条件乘以一个非特定变量 λ，即拉格朗日乘数：

$$\lambda(20 - 2X - Y)$$

与原函数一起构造一个新函数：

$$L(X, Y, \lambda) = 5X + 2X^2 - 4Y - \lambda(20 - 2X - Y)$$

这个新函数就是拉格朗日函数，把他对所有变量，包括 λ 微分，得：

$\dfrac{\partial L}{\partial X} = 5 + 4X + 2\lambda$ 　　　　因此　$5 + 4X = -2\lambda$

$\dfrac{\partial L}{\partial Y} = -4 + \lambda = 0$ 　　　　因此　$\lambda = 4$

$\dfrac{\partial L}{\partial \lambda} = 20 - 2X - Y = 0$ 　　　　因此　$2X + Y = 20$

求解得：

$$\begin{cases} X = -3.25 \\ Y = 27.5 \\ \lambda = 4 \end{cases}$$

综上所述，得出当 $X = -3.25$ 时，$Y = 27.5$。

(四)概率统计

概率统计描述了一个随机变量相关的概率是如何分布在这个变量的所有可能值中的，在金融决策的制定过程中至关重要，因为它们能够使我们评价围绕所有事件的不确定性的数值。

1. 随机变量

根据概率的不同而取不同数值的变量，叫做随机变量(Random Variable)。按照随机变量的取值特征可以分为离散型和连续型两种。其中离散型随机变量是只能取有限或可数的多个数值，而连续型随机变量的取值只能充满一个或若干有限或无限区间。

2. 数值特征金融意义

描述随机变量分布数值特征的指标，包括期望值、方差、标准差、协方差、相关系数、偏度和峰度等。

1. 数学期望

数学期望是用来描述随机变量取值的一般水平。在实际应用中，常常只能得到随机变量 X 的一组观察值(称之为样本)，如 $x_1, x_2, \cdots, x_n$，而无法得到每种取值的概率，在这种情况下，可用样本平均数 $\overline{X}$ 来描述该样本的一般水平。

$$\overline{X} = \frac{1}{n}\sum_{i=1}^{n} x_i$$

某项资产的期望收益率的表示：期望收益率包括两部分：各种状态下可能收益率及其发生概率。

投资组合的期望收益率就是组成投资组合的各种投资项目的期望收益率的加权平均数，其权数等于各种投资项目在整个投资组合总额中所占的比例。其公式为：

$$\overline{R}_p = \sum_{j=1}^{m} W_j \overline{R}_j$$

上式中 $\overline{R}_p$ 为投资组合的期望收益率；W_j 为投资于第 j 项资产的资金占总投资额的比例；$\overline{R}_j$ 为投资于第 j 项资产的期望收益率；m 为投资组合中不同投资项目的总数。

2. 方差和标准差

若 X 为离散型随机变量，其期望 EX 存在，如果 $E(X-EX)^2$ 存在，则记 $DX = E(X-EX)^2$。

称它为 R.V.X 的方差，DX 也常记作 $\mathrm{Var}X$，方差的平方根 $\sqrt{DX}$ 称为 X 的标准差或根方差，记作 σX。

X 为连续型随机变量的情况下，方差为：

$$\mathrm{Var}(X) = \sigma_x^2 = \int_{-\infty}^{+\infty} [x - \mu_x]^2 f(x)\mathrm{d}x$$

离散程度是指资产收益率的各种可能结果与预期收益的偏差。表示收益率离散程度的指标主要有收益率的方差、标准差等。

方差以绝对指标来衡量资产的风险大小，在预期收益率相同的情况下，方差越大，风险越大；相反，方差越小，风险越小。方差的局限性在于不适用于比较具有不同预期收益率的资产的风险。

标准差以绝对指标来衡量资产的风险大小，在预期收益率相同的情况下，标准差越大，风险越大；相反，标准差越小，风险越小。标准差的局限性在于不适用于比较具有不同预期收益率的资产的风险。

3. 协方差和相关系数

对于随机变量 X 和随机变量 Y 之间的协方差定义为：

$$\mathrm{Cov}(X,Y) = \sigma_{xy} = E[(X-E(X))(Y-E(Y))]$$

对于两个随机变量 X 和 Y 的样本 $(x_1, x_2, \cdots, x_n)$，$(y_1, y_2, \cdots, y_n)$，样本协方差

$$\hat{\sigma}_{xy} = \frac{1}{n-1}\sum_{i=1}^{n}(x_i - \bar{x})(y_i - \bar{y})$$

协方差是 X 与 Y 之间线性相关关系的一个度量。如果两个变量总是同时大于或小于各自的均值，则协方差为正。若两者相对于各自均值的呈相反变化，如 Y 小于其均值时 X 大于其均值，或者 Y 大于其均值时 X 小于其均值，则协方差为负。

协方差是一个用于测量投资组合中某一具体投资项目相对于另一投资项目风险的统计指标。从本质上讲，组合内各种投资组合相互变化的方式影响着投资组合的整体方差，从而影响其风险。协方差的计算公式为：

$$\mathrm{Cov}(R_1,R_2) = \frac{1}{n-1}\sum_{i=1}^{n}(R_{1i} - \bar{R}_1)(R_{2i} - \bar{R}_2)$$

上式中，$\mathrm{Cov}(R_1,R_2)$ 为投资于两种资产收益率的协方差，R_{1i} 为在第 i 种投资结构下投资于第一种资产的投资收益率，$\bar{R}_1$ 为投资于第一种资产的期望投资收益率，R_{2i} 为在第 i 种投资结构下投资于第二种资产的投资收益率，$\bar{R}_2$ 为投资于第二种资产的期望投资收益率，n 为不同投资组合的种类数。

当协方差为正值时，表示两种资产的收益率呈同方向变动；协方差为负值时，表示两种资产的收益率成相反方向变化。协方差的绝对值越大，表示这两种资产收益率的关系越密切；协方差绝对值越小，则这两种资产收益率的关系就越疏远。

4. 正态分布

若连续型随机变量 X 的概率密度函数具有如下形式：

$$f(x) = \frac{1}{\sqrt{2\pi}\sigma}\mathrm{e}^{-(x-\mu)^2/(2\sigma^2)}$$

其中 μ 和 σ 分别为随机变量 X 的期望和标准差，则称 X 服从正态分布，简记为：$X \sim N(\mu, \sigma^2)$。

$\mu=0$，$\sigma=1$ 的正态分布，称之为标准正态分布，记作 $N(0,1)$。

如果随机变量 $X \sim N(\mu, \sigma^2)$，则变量 $z = \dfrac{x-\mu}{\sigma} \sim N(0,1)$，其概率密度函数的形式为：

$$f(z) = \frac{1}{\sqrt{2\pi}}\mathrm{e}^{-z^2/2}$$

标准正态分布的概率密度函数关于纵轴对称，如图 A-3 所示。

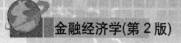

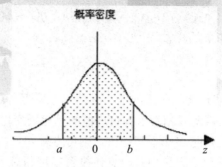

图 A-3　标准正态分布

由此可以得到标准正态分布的累积分布函数：

$$F(z) = \int_{-\infty}^{z} f(z)\mathrm{d}z = \int_{-\infty}^{z} \frac{1}{\sqrt{2\pi}} \mathrm{e}^{-z^2/2}\mathrm{d}z$$

在随机变量 Z 服从标准正态分布的情况下，其取值 z 落在某个区间 $[a,b]$ 内的概率为图 A-3 中从 a 到 b 间概率密度函数曲线下的面积，可直接由标准正态分布的累积分布函数计算而得，即：$P(a \leqslant z \leqslant b) = F(b) - F(a)$。

正态分布有着广泛的应用，其应用领域包括社会科学，自然科学，工程学等。它是最基本的分布。

参 考 文 献

[1] 汪昌云. 金融经济学[M]. 北京：中国人民大学出版社，2006.

[2] 史树中. 金融经济学十讲[M]. 上海：上海人民出版社，2004.

[3] 宋逢明. 金融经济学导论[M]. 北京：高等教育出版社，2006.

[4] 陈伟忠. 金融经济学[M]. 北京：中国金融出版社，2008.

[5] 陈学彬. 金融学[M]. 北京：高等教育出版社，2007.

[6] 丁述军，沈丽. 金融学[M]. 济南：山东人民出版社，2013.

[7] 兹维·博迪，罗伯特·C.默顿，戴维·L.克利顿. 金融学[M]. 北京：中国人民大学出版社，2013.

[8] 王江. 金融经济学[M]. 北京：中国人民大学出版社，2006.

[9] 柳海龙. 金融风险管理[M]. 北京：中国财政经济出版社，2009.

[10] 周晔. 金融风险度量与管理[M]. 北京：首都经济贸易大学出版社，2010.

[11] 张顺明，赵华. 金融经济学[M]. 北京：首都经济贸易大学出版社，2010.

[12] 张顺明. 金融经济学[M]. 北京：首都经济贸易大学出版社，2010.

[13] 陆家骝. 现代金融经济学[M]. 大连：东北财经大学出版社，2007.